「北支」占領
その実相の断片

―日中戦争従軍将兵の遺品と人生から―

1. いづみ資料館入口と泉アルバム

2. 泉アルバムの圭川特集頁

3. 泉アルバムの泰次郎特集頁

一、「北支」占領の実相　1、盂県占領の拠点、盂県城

5. 小西門跡

4. 西北城壁

7. 移築後の承宣坊

6. 今日の大仏殿

8. 大南門跡（南関大街入口）

9. 慰安所跡。「黄金書屋」（青い看板）の位置。

11. トーチカ跡に続く坂道

10. 維持会跡

13. トーチカ跡

12. 日本軍の炊事場跡

15. 今日の東会里。石炭を満載したトラックが列を成す。

14. ご自慢の自宅前の王清元さん

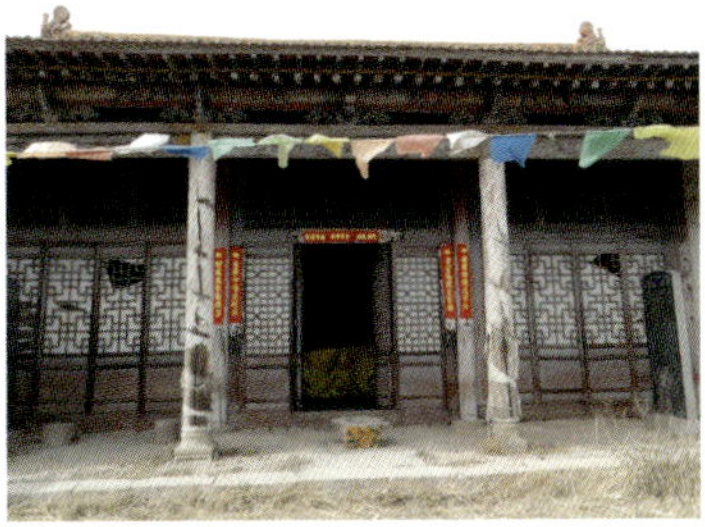

17. 越霄山頂にある廟

16.「仙人村越霄山…行軍途中」撮影地点を捜して

19. 山頂に残る塀の跡

18.「説明を聞く吾輩」撮影地点を捜して

20. 聞き取り調査に背を向け続ける
李玉娥さん（左から2人目）

21.「標高一〇五六ヨリ敵ヲニラム」
撮影地点を捜して

22.

山上に日章旗はためく

城門占領

佛堂村西北方高地占領

戦利品

五台作戦々利品の一部

八路軍少年決死隊（喇叭手）

五台

占領の側より

宣撫演説

ホヤツメルに集つた小孩

活躍す宣撫官

歓仰

無智な民にも

五色旗の下で

保衛團の訓練

反蔣運動

捕虜に説諭

徐州陷落祝賀大會

反英運動

反蔣運動

支那劇

男子生徒の講演

日本語歌合唱

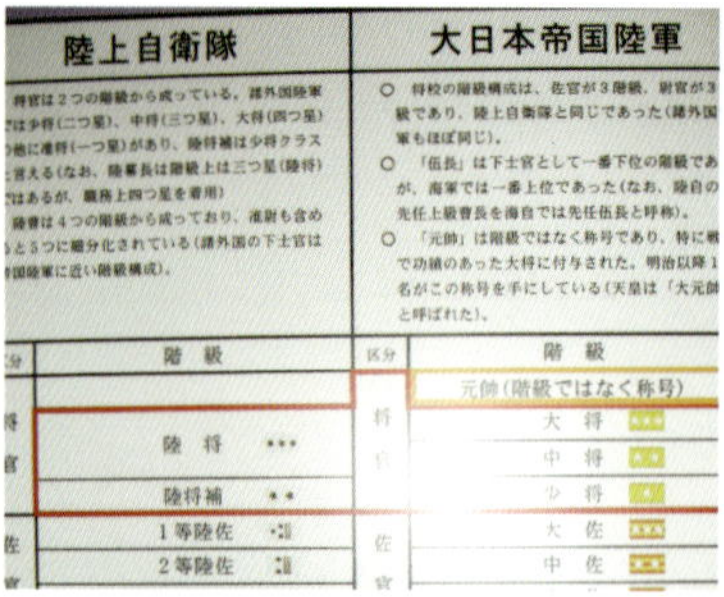

27. 久居駐屯地資料館の展示パネル

26. 第33連隊正門跡（現・自衛隊久居駐屯地）

29. 教導学校本部跡（現・愛知大学記念館）

28. 教導学校期から残る正門と塀
（現・愛知大学）

30. 陸軍を示す星印（現・愛知大学）
（生徒集会所跡の通風孔枠）

31. 生家に残る教導学校
卒業記念の楠

二、「北支」占領の担い手　3、江南での初年兵訓練— 溧水、金壇、丹陽

33. 溧水城の面影（外堀跡）

32. 溧水の練兵場跡

35. 「実弾射撃ニヨク来タ」金壇古龍山の仏塔

34. 「金壇公園」（現・華羅庚公園）

37. 幹部候補生として内地に向かう
（丹陽駅ホーム）

36. 金壇の慰安所跡
（バイクの男性頭上の赤い看板の店あたり）

39. 百団大戦モニュメント

38. 百団大戦記念碑

41. 西営盤跡(左右の赤い看板に地名として見える)

40. 東営盤跡

43. 山西省公署跡(現・山西省人民政府)

42 第一軍司令部跡(元・山西大学堂)

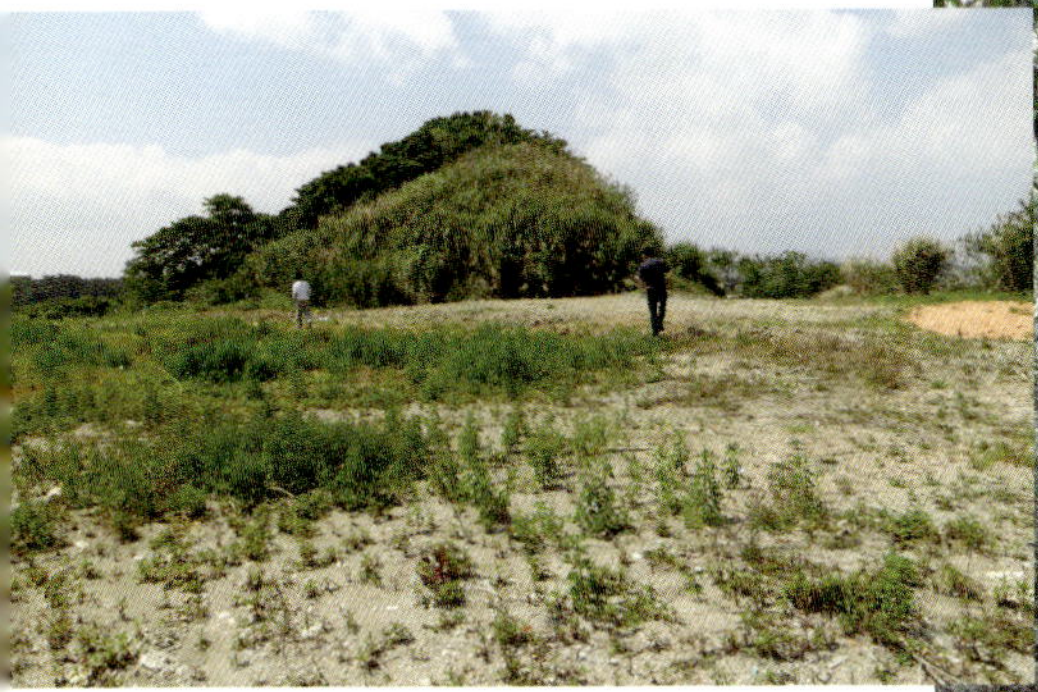

45. 千原高地

44. 幸地陣地跡
（樹木が茂る斜面に組まれた発掘用の足場）

46. 自然壕（米須西側陣地跡付近）

48. 82高地跡
（画面奥右半分に削られた断面が見える）

47.「元独立歩兵第十四大隊三重県戦没者
50回忌沖縄慰霊祭」
（左端でマイクを持つのが山本泉さん）

三、「北支」占領の内側　2、従軍記念品から（従軍土産写真）

50.

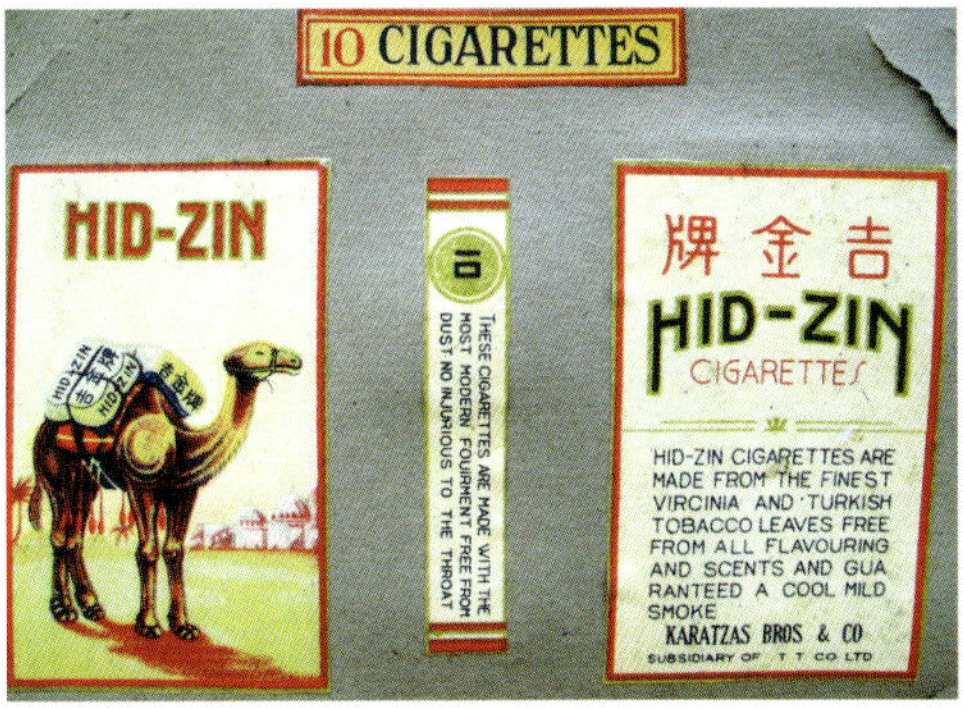
10 CIGARETTES
HID-ZIN
10
THESE CIGARETTES ARE MADE WITH THE MOST MODERN EQUIPMENT FREE FROM DUST NO INJURIOUS TO THE THROAT
吉金牌
HID-ZIN
CIGARETTES
HID-ZIN CIGARETTES ARE MADE FROM THE FINEST VIRGINIA AND TURKISH TOBACCO LEAVES FREE FROM ALL FLAVOURING AND SCENTS AND GUA RANTEED A COOL MILD SMOKE
KARATZAS BROS & CO
SUBSIDIARY OF T T CO LTD

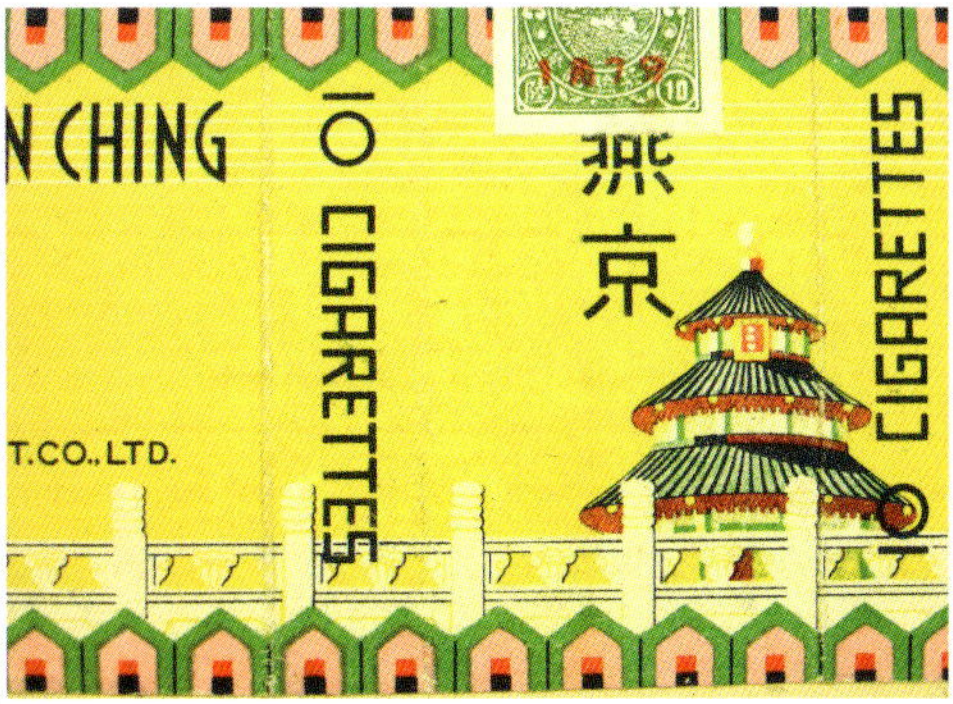
N CHING
T.CO.,LTD.
10 CIGARETTES
燕京
10 CIGARETTES

MAGNUMS
The Baby
Cigarettes
De Luxe
STARFIELD
Cigarettes
10 CIGARETTES
STARFIELD
W. D. & H. O. WILLS
Star Field
CIGARETTES
Star Field

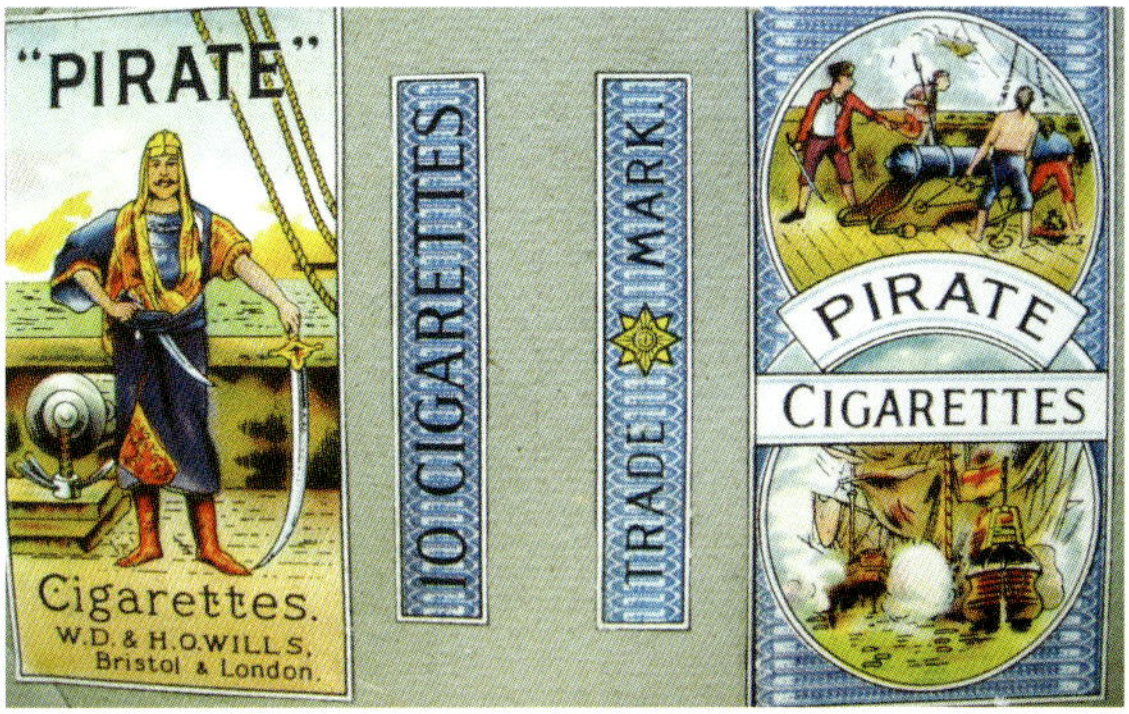
"PIRATE"
Cigarettes.
W.D. & H.O.WILLS.
Bristol & London.
10 CIGARETTES
TRADE MARK
PIRATE
CIGARETTES

皇道宣揚
みどり
みどり
拾本入
定價拾錢
朝鮮總督府専賣局

SPHINX
MAY BLOSSOM
CIGARETTES
LAMBERT & BUTLER
ENGLAND

10 Cigarettes
No. ONE
1
NORTH CHINA
TOBACCO CO.,LTD.

富士
フジ
拾本入
太原捲菸廠

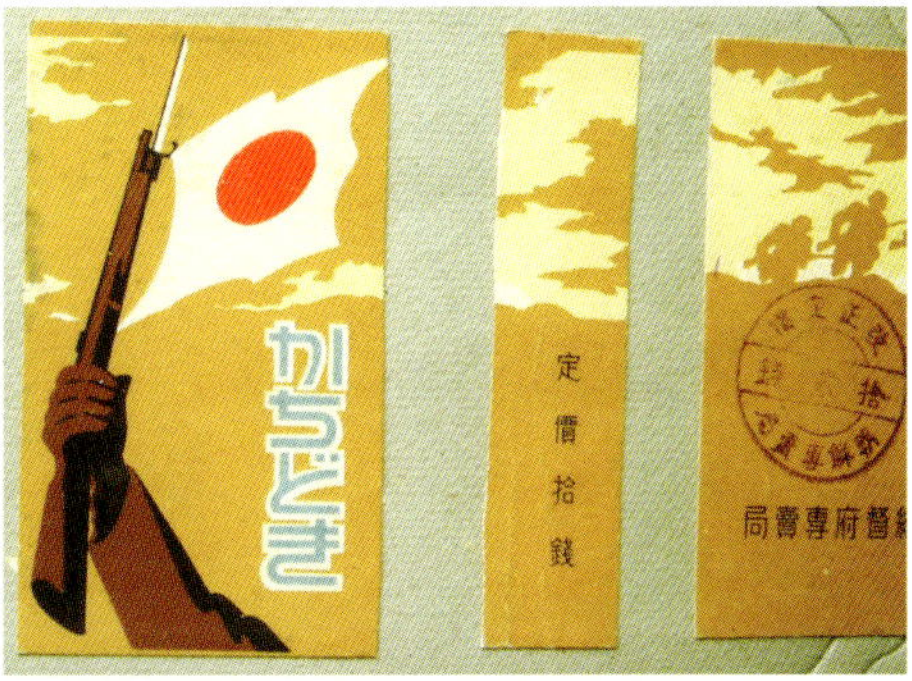
かちどき
定價拾錢

51.

「鶏と豚に餌を与へる少女」

「徐州迎春橋」

「天津鶏飼風景」

「山西省
太原平野にて」

「警戒」

「西郭祠浜」

武運長久　旭日旗と舞妓　日の丸と舞妓

「北文」占領　その実相の断片

日中戦争従軍将兵の遺品と人生から＊目次

はじめに

本書は、日中戦争に従軍した日本軍将兵の遺品を主に中国山西省で従軍した時期の写真を中心に、広く社会に共有される史料とすべく、裏付け調査と現在の視点からの考察を加えて公開しようとするものである。

まず序において、遺品を採用する三人の三重県人――本書の出発点であり、主軸となる遺品を残した田宮圭川、圭川の直属の部下でカメラを持参して出征し、占領地で大量の写真を撮影した山本泉さん、山西での従軍体験に基づいた多くの作品を発表した作家・田村泰次郎について、「北支」戦線での三人の人生の交錯を押さえた上で、第一章では、三人の主な従軍地であった山西省盂県を中心に、占領の拠点となった県城、占領と抵抗の攻防が繰り返された城外の農村地帯、遺品写真に映し出される占領の具体相、占領軍と現地住民との間に立たされた「対日協力者」の人生と遺族たちの現在、の四節に分けて、ほぼ八年に及んだ「北支」占領の実相に迫る。

続く第二章では、本書の出発点となった遺品を残した田宮圭川に焦点を当て、個人の人生と時代との関わりをみるべく、出生と成長、郷里での入営から、江南での初年兵訓練、豊橋陸軍教導学校での幹部候補生訓練を経て、下級将校として「北支」戦線に派遣され、沖縄に転戦、玉砕に終わるまでを遺品写真を手掛かりにその人生を再構成する。

最後に第三章では、「北支」占領の時代の論理と個人の内面世界に迫る。ここでは遺品写真に加え、従軍記念品から時代の論理や戦争観を、新聞記事スクラップ（占領下の中国で発行されていた日本語新聞など）から占領地での宣伝・言論の動向や、記事の選択を通して窺われる故人の意識を考察する。更に、三人の三重県人のうち生還を果たした二人が戦後に書いた文章、特に作家・田村泰次郎の山西での従軍体験に基づいた作品に着目し、「北支」占領を担った個人の意識の解読を試みる。

本書では、加藤修弘氏による解題を付す。加藤氏は独立混成第四旅団、特に圭川が配属された独立歩兵第一四大隊について、元駐屯地の現地住民や元兵士への聞き取り調査、旧日本軍史料の解読など、調査と研究に長年当たってこられた。このため、日中戦争期の山西省や盂県の状況および背景にある戦況や政治動向についての解説を、更にはその中にあった圭川の従軍について、専門的見地からの考察と批評をお願いした。

本書が明らかにするのは、戦争記録の主な対象となってきた戦況や戦闘ではなく、一見「平穏な日常」と化してさえいた占領の諸側面である。また、これらの遺品を遺したのはとりたてて好戦的でも反戦的でもない平凡な個人であり、戦争の大義や従軍への彼らの姿勢と意識は「時代の趨勢」の側に居た大多数の国民や、戦争の遂行に当たった大多数の将兵の意識に繋がるだろう。これらの点は、戦後の戦争についての「語り」や考察の対象となってこなかった側面であるが、この空白は日中戦争の時代の理解を妨げている大きな欠損ではないかと思われる。

筆者としては、本書の意義は「往来性」と「対話」にあると考える。本書では遺品写真を色あせた標本のごとく羅列するのではなく、現地調査を通して、今日の視点および現地の社会や住民の視点から見つめ返すことを試みている。出征将兵が残した遺品を戦地とされた側の視線を意識して見つめ返すことは、それらの遺品を単なる懐旧や自己弁護の材とする結果に陥る愚を避けるために必須であるはずではないだろうか。これらの写真に残る場所は実在し、その地に立ち、その跡を見、写真に写る当人や縁者の声を聞き、自身の言葉を伝えることも今日辛うじてまだ可能である。読者には「『北支』占領」を自身は安全圏から眺められる括弧付の「歴史」としてではなく、今日と読者自身に繋がる切迫感ある事実として伝えたいと思う。

本書について

一、凡例

・口絵カラー写真について本文中で言及する際には、（口絵1）のように写真番号を示す。
・年号は西暦を軸とするが、本文の叙述上において和暦を示す場合には、「西暦（和暦を漢字一文字と数字で示す）年」で表記する。例えば、一九二五（大一四）年。
・○は伏字を示す。個人情報保護に関する箇所などに用いる。○の数は文字数に対応する。
・□は判読不能文字を示す。□の数は文字数に対応する。
・旧体字は現代の当用漢字書体に改めるが、引用文中の送り仮名（カタカナ、旧仮名遣い等）は原文の雰囲気を残すために原文通りとする。
・人物の呼称は、聞き取り調査対象など一般人は「さん」、行政担当者など職務上応対してくれている人物には「氏」（肩書は取材当時）、引用文献や作品の著者などは氏名のみとする。
・中国語を原文で挿入する際には「老百姓《ラオバイシン》」のように日本語の当用漢字書体に中国音を付す。
・聞き取り調査を引用するに当たっては、初出箇所にフルネーム、生年、居住地、属性、実施年月日等を示し、二回目以降は姓（中国人はフルネーム）、実施年月日を示す。

二、本書で扱う資料について

1、田宮圭川の遺品

本書の企画の出発点であり、本書の主軸を形成する。田宮圭川は執筆者の父方の伯父で、日中戦争期に応召し、独立混成第四旅団独立歩兵第一四大隊に配属され、中国山西省で三年近く従軍した後、第六二師団への編成替えに伴い沖縄に転戦、摩文仁で戦死した。生家に以下の遺品が残る。

⑴アルバム一二冊

本書では「圭川アルバム」と呼称する。中国戦線での写真を収録したアルバムは沖縄転戦時に生家に送付されて残ったものである。一二冊は作業順に以下のようにナンバリングし、本文中の言及ではこれに従っている。

「アルバム1」個人アルバム

表紙をめくると見開き数頁にわたって薄紙を被せた皇族の写真が続く。圭川自身の写真は初年兵教育に始まり、豊橋陸軍教導学校での幹部候補生訓練が中心である。豊橋での写真裏面にはほぼ全てに「豊橋陸軍教導学校　学生隊機関銃隊第四区隊　田宮圭川」の印が押されている。豊橋陸軍教導学校卒業後、北支派遣前の一時期に整理されたものと考えられる。

「アルバム2」個人アルバム

見返しに「皇紀二千六百年」と手書きしており、それをめくると皇族写真が貼られている。豊橋陸軍教導学校での訓練および中国戦線での写真を収録。添書は少ないが、剥すと裏書があるものが多い。

「アルバム3」『支那事変記念写真帖』（本文においては『事変写真帖』と略称する）

独立混成第四旅団発行の従軍記念品。奥付に「昭和十五年五月（非売品）河村・百武・片山・津田部隊」とある(1)。Ｂ４版ほどの大判に写真をふんだんに印刷した豪華な体裁のため、特定の範囲内に支給したものではないかと考えられる。主体となるのは印刷された写真頁で、前半で「司令部」「砲兵隊」「通信隊」……と軍の各機構を紹介。後半で「戦闘の準備」「行軍」「戦闘」「占領」「入城」「駐屯」「慰問」「宣撫工作」「建設」「偉業の完成」と軍事行動の全過程を紹介する。巻末の数頁は写真頁とは異なる粗い紙質で、スクラップ用に用意された頁に持ち主が自作のスクラップを行ったように見えるが、見出しは印字されており、貼られている写真も薄い紙に印刷されたもので、新聞の切抜きではない。後述する山本泉さん所有のものを見る機会があったが、全く同じものが貼られていた。「晋冀豫区南部大行作戦」「第四次治安強化運動」など、内容は一九四二（昭一七）年のものである。四〇（昭一五）年に印刷されたものに巻末の内容を付け足して、四二年以降に配布されたもののようだ。

写真頁、巻末のスクラップ用頁ともに使用面は片面のみで、裏面の空白頁には、圭川が八頁にわたりびっしりと従軍中の個人写真を貼り付け、それが終わると新聞記事の切り抜きを貼り付けている。頁に挟まれた状態の記事も多い。圭川によるスクラップのうち日付が分かるものは一九四二（昭一七）年六月から七月にかけてのものであることから、写真や記事の貼り付けを行ったのは、一九四二年六月中旬～七月の「北支」戦線での入院・静養期と思われる。

「アルバム４」『支那事変記念写真帖』

圭川が入隊した中部第三八部隊発行の「支那事変」四周年記念品。一九四一（昭一六）年八月発行であるが、巻末の編纂記は「昭和十六年七月七日」の日付である。合祀の碑と神社、慰霊祭の写真に始まり、約一千名の遺影が出身地毎に二〇頁にわたって続く。後半は部隊が参加した作戦過程を写真で紹介するもので、部隊が上海派遣軍に編入され、南京攻略戦に参加、徐州作戦、漢口攻略戦ののち帰還するまでが収められている。

「アルバム５」個人アルバム

日本と中国での写真が混在するが、山西省盂県従軍期の写真が主体である。

「アルバム６」駒澤大学卒業アルバム

表紙には、ほどなく敵性語となる英語で「Our Life at Komazawa　Here and There（と読める）」と手書きしている。

校舎や校歌、教授陣の紹介が終わると、その年度の卒業生とおぼしき学生たちの写真が延々と続くが、一人の写真は少なく、二人から数人の仲間で撮影しているものが多い。

「アルバム７」『回顧』支那事変第四週年記念絵葉書帖

「支那事変」四周年を記念して支給された絵葉書帖。表紙には「回顧」の文字と中国式城門の前で銃剣を構える兵士の絵を配している。扉頁には「この絵葉書帖は国民の熱誠を込めた恤兵寄付金を以て調整したものでありますから、従軍の思ひ出となりますように利用されることを希望致します。昭和十六年七月支那事変第四週年記念」とある。圭川は全頁をタバコパッケージのコレクションで埋めている。パッケージに印刷された地名は、青島、太原、天津、北京……と北中国が多く、実際に自身が現地で入手したものと思われる。中には、朝鮮総督府専売局発行の「かちどき」や「みどり」もある。

「アルバム８」個人アルバム

兄弟の写真が多いが、圭川の学生時代や教員時代、陸軍教導学校時代のものも混じる。断片的で未整理。

「アルバム９」個人アルバム

前半は兄弟のものなど断片的な写真。後半は中国風俗の絵葉書や中国たばこパッケージが貼られている。断片的で未整理。

「アルバム10」個人アルバム

表紙が表裏とも無くなっており、綴じ紐も切れ、台紙の一部が残った状態。脱落した写真も少なくない。内容は中学時代から高専時代を経て大学時代までを含む。

「アルバム11」個人アルバム

中国たばこパッケージや切手、絵葉書など。

「アルバム12」個人アルバム

乳児期から大学時代、教員時代の教え子、従軍中のものなど順不同。祖父や祖母，兄弟など家族写真を多く含む。

(2)勲章・賞状・証書：支那事変従軍記章などの勲章類、学校での各種賞状、卒業や教員免許などの証書が残る。
(3)講義ノート約一五冊：駒澤大学時代の受講筆記。
(4)卒業論文『周濂渓の学説概論に就いて』
(5)書簡一通。次妹不美の嫁ぎ先に届いたもの。生家には戦場の圭川から多数の手紙が届いていたというが、敗戦後に両親が処分したらしく、確認できる唯一の自筆書簡である。

2、山本泉さんの遺品（三重県熊野市、いづみ資料館所蔵）

山本泉さん（三重県熊野市在住、二〇〇五年七月死去）は、一九三〇（昭一五）年一月に京都で入営、独立混成第四旅団独立歩兵第一四大隊に入隊。五年九か月に及ぶ従軍の間、百団大戦や河南作戦を経験しているが、一九四四年の第六二師団の沖縄転戦時に大陸残置組となり生還した。晩年には自宅に資料館を設け、従軍記念品や戦後の人生での収蔵品を公開していた。泉さんはカメラを持参して入営したとのことで、戦地で夥しい量の写真を撮影していた。それらは『山本泉従軍記念写真帖』と題して、『北支将兵（一）』『北支将兵（二）』『北支討伐』『北支風景』計四冊に収められているが、中には圭川写真と重複するものも少なからずある。圭川とほぼ同時期に同部隊に所属し、小隊の上官と部下という関係の時期もあったことから、圭川写真の周辺状況を明らかにできる資料として関心を持ったが、大量の写真の中には、当時の日本軍内の様子だけでなく、現地の風物、都市景観、人々の暮らしを写したものも多く、二〇世紀前半の華北農村部の風貌を記録している。特に山西省盂県のような内陸部の農村地帯については、現地に当時の写真が殆ど無いため大変貴重である。山本泉さんの遺品アルバムについて、本書では「泉アルバム」と呼称する。

3、田村泰次郎の遺品（三重県立図書館田村泰次郎文庫所蔵）

田村泰次郎は、戦後の文壇で肉体文学作家として知られたが、三重県四日市市の生まれで、一九四〇（昭一五）年一一月に京都で入営、独立混成第四旅団独立歩兵第一三大隊に入隊している。中国山西省を中心に終戦まで従軍したが、一九四四年の第六二師団の沖縄転戦時には大陸残置組となり生還した。戦後は、従軍経験を題材にした作品群を発表した。故郷である三重県の県立図書館に遺品が寄贈されている。従軍期の写真は、圭川と時期や配属地が重なっており、参考価値がある。また、遺品には戦場から泰次郎が書き送った書簡が多く残っている。田村泰次郎の遺品写真について、本書では「泰次郎写真」と呼称する。

［注］

(1)奥付にある印刷所は和歌山市の大正写真工芸所。防衛研究所所蔵の従軍記念写真帳の複数のものがこの印刷所の印刷である。大正写真工芸所は、大正から昭和初期にかけて様々な絵葉書や写真帖を製作した。和歌山市内に本社を置き、日本国内だけでなく朝鮮や満州にも営業所や支店を持っていた。「本邦第一」といわれた優秀なコロタイプ印刷技術を持つ反面、軍部にその技術を利用されたとされる。詳しくは、太田宏一「大正写真工芸所について」『和歌山市立博物館研究紀要』二四号、二〇一〇年一月を参照。

赤い血潮で日の丸染めてよ、
世界統一してみたい、
俺の住処は北支と決めたよ、
しばし日本は仮の宿よ

「三人の三重県人」（序）のひとり
山本泉さんの従軍記念アルバム添書より

序　ある三人の三重県人の交錯

彼らは、明治の終わりから大正の初めにかけ、相前後して三重県に生を受け、昭和を迎えた日本が満州事変から盧溝橋事件へと中国大陸への武力行使をエスカレートさせていく時期に青年期を迎えた。相前後して入営し、同じ旅団に配属され、山西省盂県という、中国でも知る人の少ない、しかし抗日根拠地を近くに控えて厳しい状況にあった地で従軍した。本書は彼らの遺品を手掛かりに日中戦争の時代、特に当時「北支」と呼ばれた華北占領の実相を具体的に再現しようとする。それぞれの遺品の史料としての性質については「本書について」で既に述べたが、中国山西省を主舞台に交錯する三者の人生について改めてここに一瞥する。

田宮圭川（以下、圭川）については、第二章で詳しくその人生をみるが、筆者の父方の伯父に当たる。中国戦線に派遣された後に沖縄戦線に投入されて戦死しているため、筆者はこの人物と生前に会ったことは無いが、少なからぬ遺品が生家に残っており、中には本書で紹介するアルバムや大学の受講録があった。それらをまとめて目にしたのは、戦後も五〇年経った一九九四年、故人五〇回忌の席上であった。アルバムに残る写真や添書の鮮やかさ、戦地の〝日常〟など戦時の具体相の意外さに驚き、時あたかも「戦後五〇年」に当たり、報道機関が写真などの提供を呼び掛けていたため、連絡を取るも実を結ばなかった。次に改めて意識に上ったのは一〇年後の「戦後六〇年」の節目であった。折しも歴史認識をめぐって日中間の軋轢が続く中、アルバムに残る中国戦線での写真の多くは圭川の部下であった山本泉さんの撮影であると聞き、病床にあった山本さんを山深い熊野に訪ねたのが事の始まりとなった。

山本泉さん（以下、泉さん。二〇〇五年死去）は、一九四〇（昭一五）年一月に京都で入営、独立混成第四旅団（以下「独混四旅」）独立歩兵第一四大隊（以下「独歩一四大隊」）に入隊。五年九か月の従軍の間に百団大戦や京漢作戦を経験している。第六二師団の沖縄転戦時に大陸残置組となり生還した。泉さんはカメラを持参して入営したとのことで(1)、自宅に

「いずみ資料館」を設けて、夥しい量の写真をその他のコレクションと共に公開しておられた（口絵1）。写真は『山本泉従軍記念写真帖』と題して、『北支将兵（一）』『北支将兵（二）』『北支討伐』『北支風景』の計四冊に収められている。四冊のアルバムには写真のみならず、折々のちらしや領収書など雑多な従軍〝記念〟が貼り付けられ、更には戦後の感慨がびっしりと書き込まれている。頁からはみ出さんばかりのごった煮のような混沌とした内容と、多くのスクラップで膨れ上がり、長年月の閲覧で擦り切れた外観は、元兵士の戦場の記憶の塊として一種異様なまでの迫力がある。

圭川とは上官と部下の関係で、中隊の機関銃小隊で圭川が小隊長、泉さんは射手であった。泉さんのアルバムには機関銃隊についての記述が多いが、「重機関銃隊（ＭＧ）：92式、7.7ミリ、陸海軍の戦闘の花形」などと華々しい。取材した別の独歩一四大隊第一中隊元兵士（葛野さん）も機関銃隊で、その説明になると熱がこもり、重機関銃につける脚と銃手の配置を描き始めた。機関銃は前後に二名ずつ計四名の銃手に弾薬手四名で一単位、銃手四名には一番から四番まで番号が振られ、四番の「射手」には一番優秀な兵が選ばれたと言う。泉さんは射手だったから、そのことは大きな誇りだっただろう。重機関銃二丁を正面に据えた機関銃小隊の集合写真が残る（199頁）。前列中央に泉さん、圭川はその後ろ二列目中央である。前列の四名が銃手と考えて間違いなさそうだ。射手の泉さんは後ろで帯刀する将校たちを圧倒する体格と風采である。

泉さんが残したアルバムには圭川についての特集頁もあり（口絵2）、そこに貼られた写真のうち二枚は圭川アルバムに同様のものがある。他にも計四冊に収められた大量の写真の中には圭川アルバムと重複するものが少なくない。圭川の次弟圭舟が泉さんから「隊長からお前は写真撮っておればよいと言われて、写真ばかり撮っていた」旨の発言を聞いており、圭川の山西時代の写真の多くが泉さん撮影である可能性がある。圭川特集頁の添書には「九三年一〇月二六日　田宮隊長、自爆の壕の石を持参し、お参す《ママ》」とある。他の頁には圭川の弟である圭道や圭舟とやりとりした書簡も残る。更に、圭川のものは多くが戦地でまとめられたもので、加えて将校という立場も関係するのか、所有する写真は戦闘のない平穏時の記念撮影の類が多く、その周囲のことは見えにくいのに対し、泉さんのものは兵士の立場とカメラを所有しているという自由度もあり、行軍中の様子や軍周辺で使役されている現地住民など、様々な細部にカメラを向けている。更に戦後に整理された関係で、折々の記憶と感想がこと細かく本音で書き込まれてもいる。

田村泰次郎（以下、泰次郎。一九一一～八三年）は、戦後の文壇で肉体文学作家として知られたが、三重県四日市市の生まれで、一九四〇年一一月に京都で入営、独混四旅独歩一三大隊に配属された。山西省を中心に終戦まで従軍したが、泉さんと同じく、一九四四年の第六二師団の沖縄転戦時に大陸残置組となり生還した。戦後は従軍経験を題材にした作品群を発表したが、そのうち一九四七年に発表された「沖縄に死す」は従弟の長尾光直の思い出を綴った作品である。光直は泰次郎と同じ第六二師団に配属され、大隊は圭川と同じ独歩一四大隊であった。光直は圭川と同じく沖縄転戦組となり、圭川より一足早く一九四五年五月三日に戦死している(2)。

故郷である三重県の県立図書館に泰次郎の遺品が寄贈されているが、従軍期の写真は圭川と時期や配属地が重なっており、参考価値がある。また、遺品には戦場から泰次郎が書き送った書簡が多く残っている。三重県出身、東京の大学への進学、同じ時期の山西省での従軍……と環境や経験が似通うため、泰次郎が残した書簡や戦後に執筆した小説は、長文の文章があまり残っていない圭川の内面の理解を側面から助けてくれることが期待できる。圭川と泰次郎に面識があったかどうかは不明であるが、以下の点が確認できており、両者の活動範囲が接近しており、時には重なりもしたと思われる。

まず、「北支」従軍期間が泰次郎は一九四〇年冬から終戦まで、圭川は四一年冬から四四年八月沖縄転戦までと重っている。配属先も同じ旅団の連続する大隊であり、少なくとも二回は泉さんも加えた三人が同じ作戦に参加していることが確認できるため(3)、旅団による他の作戦にも共に参加している可能性がある。

また、陽泉の旅団司令部勤務も泰次郎が四一年三月頃から、圭川は四三年八月から共に四四年の京漢作戦までと重なっている。その旅団司令部では、泰次郎は宣撫班員として「旅団司令部営外の街中にあった公館(4)」で工作員として使う捕虜と起居を共にしており、圭川は教育隊教育要員として、北郊にあった歩兵宿舎（西営盤）で起居していた模様であるが、宣撫活動を管轄する特務機関は司令部と横並びの位置にあり(208頁)、泰次郎の遺品写真には司令部での集合写真がある。圭川も同一の集合写真を所持しており、大人数のため圭川を見分けられたのみであるが、二人が共に写っている可能性が高い(196頁)。両者が市内の司令部に出入りしていたことは確実であり、この時以外にも同じ場に居合わせることは有り得ただろう。

更に、泰次郎が圭川「北支」期の主な従軍地である盂県で活動したことも日記の記述から分かる。泰次郎が演劇活動を記録した日記には、盂県での劇団活動記録があり、県城内の新民会（45頁）に泊まり、県顧問の普天間昌一（146頁）や盂県知事と行動を共にしている。ひと夏を通して盂県に滞在し、城内だけでなく農村各所を回り、上演を行っている（5）。盂県城を舞台にした「春婦伝」が県城内をあれほど具体的に描き出すことが出来たのも納得が行く。このように、両者の活動範囲は非常に接近しており、時には重なってもいる。同郷人で共に東京の大学卒であり、年齢も近い（泰次郎が四歳年長）などの縁から、面識が生じる可能性も十分考えられるのではないだろうか。

泉さんと泰次郎は、同じ年に京都で入営しており、同じ旅団の隣り合う大隊の所属であるから、既に見たように旅団の作戦を何度も共にしているが、大隊を異にするため、戦地では面識がなかったかも知れない。ただ、泉さんは盂県城での従軍が長く、泰次郎が宣撫活動のために盂県に滞在もしていることから、新民会や憲兵隊での接触の可能性はあるだろう（6）。泉アルバムには泰次郎を紹介する頁があり（口絵3）、経歴を書き連ねた後に「靖国の慰霊祭にも足が悪いのに奥さんにかかえられて来る。とても美人だった」とあることから、泉さんが泰次郎と戦後に顔を合わせていることは確かである。泉さんは山西会と名づけた独歩一四大隊の戦友会活動に熱心に取り組んでいた。それが可能となってからはかつての戦地を複数回訪ねている。山西での従軍経験を描いた泰次郎の作品を読んだこともあっただろう。このようにこれら三人の三重県人の人生は山西省従軍期を中心に交錯し、それぞれの遺品にもその痕跡を残している。

「大行《ママ》山の絵」は、泰次郎が敗戦後の捕虜収容所生活を経て四六年に帰還した翌年に発表したもので、帰還直後の泰次郎の思考や心情が書き留められている。

長い戦場生活で一番なつかしく、慕はしく思はれるのは、何といつても大行《ママ》山だ。私たちの戦友の血が、そして中国の人々の血が、一番多く流されたところ、――それは、日本の古い思想と、中国の新しい思想とが一番激しく噛みあつたところだ。

……中でも特によく思ひだすのは、……山西時代――一五年冬から一九年春までの、あの海抜千米もある大行《ママ》山脈の中での生活だ。……大きな屏風のやうに突つ立つた鋸の歯形の大行《ママ》山の峰々、汗と岩ずれとでぼろぼろの戎衣、……昼間は岩も焼ける炎熱、夜は真冬のやうな寒冷――いまとなつてはそんなことがこの世であつたことかと信じ難いほどの自殺者や逃亡者も珍しくない、どんな形容をもはるかに超えた苦しさ、――それらの事柄がしきりに思ひだされるのだ(7)。

一方、泉さんのアルバムには写真の間を埋めるようにびっしりと歌詞が手書きされている。多くが当時の軍歌であるが、歌謡曲も混じる。それらは「敵は幾万ありとても、全て烏合の勢なるぞ……味方に正しき道理あり、邪はそれ正に勝ち難く、直は曲にぞ勝栗の、固き心の一徹は、石に矢の立つ例えあり……」(「敵は幾万」)など、時系列的に発生した事柄を追うだけでは理解できない時代の気分を直感的に感得させてくれる点で優れた社会資料である。そんな中にこんな歌詞がある。「赤い血潮で日の丸染めてよ、世界統一してみたい、俺の住処は北支と決めたよ、しばし日本は仮の宿よ」「万里の長城で小便すればよ、ゴビの砂漠に虹が立つよ」。日中戦争は、日本近代の、主に中国大陸を舞台とした対外拡張の末に起きた。国家や民族単位で動いた歴史の流れの底にあった、日本の風土とは大きく異なる北中国の広漠とした大地や巍巍たる山脈に東海の列島に住む日本人が抱いた野心やロマン(それはどこまでも一方的で身勝手なものであるが)が立ち昇って来るようだ。

こうして、三人は一九四〇年から四四年にかけて同じ旅団の将兵として、日本の「北支」占領を担い、中国大陸での旅団最後の大作戦である京漢作戦(四四年四月~七月)にも共に参加しているが、続く南方転戦に際し、泰次郎と泉さんが残置組となった一方で、圭川は転戦要員となり、旅団と玉砕の命運を共にする(8)。

[注]

(1) 兵士がカメラ持参で従軍し、撮影を認められるというのは、珍しい例ではないかと思うが、泉さんによると撮影に大きな規制は無く、戦闘の撮影も可能であったと言う。「悪い写真さえ撮らなければ。シナ人を殺すところとか」と話された。

(2) 尾西康充『田村泰次郎の戦争文学――中国山西省での従軍体験から』笠間書院、二〇〇八年、二六〇頁。

(3) 一回は四二年の晋冀豫辺区粛正作戦で、三人とも戦闘中に負傷している。二回目は四四年の京漢作戦である。泉さんはここで三度目の負傷をし、部隊が（沖縄に向けて）南下した時点では入院中であった。
（4）尾西、前掲書、一七頁。
（5）泰次郎は一九四一年八月から九月にかけて盂県城を拠点として周辺農村で上演活動を行っている。田村泰次郎「和平劇団日記」尾西康充『田村泰次郎の戦争文学――中国山西省での従軍体験から』笠間書院、二〇〇八年、二九四～三二四頁参照。
（6）泉さんの盂県従軍期間は、本人談によれば、四〇年一二月から四二年六月に討伐で負傷入院するまでと、四三年夏から四四年四月の京漢作戦まで盂県憲兵隊の補助憲兵を務めた期間である（「中国大陸を馳せた戦旅の悲喜 №1～3」泉アルバム1『北支将兵（一）』スクラップ。掲載紙名・年月日は切り落とされているが、「南」一文字が残る。アルバムに切り抜きが登場する地方新聞は『南紀新報』『吉野熊野新聞』など）。泰次郎は一九四一年八月から九月にかけて盂県城を拠点として周辺農村で上演活動を行っていることが確認できる（前掲注5）。日記はひと夏の記録であるが、四四年春までの宣撫班配属中に巡回公演がこの一回だけとは限らない。盂県城では新民会に宿泊しているが、会へは泉さんの出入りも確認できる（45頁）。憲兵隊との接触も考えられる。
（7）田村泰次郎「大行山の絵」『田村泰次郎選集』第二巻、秦昌弘・尾西康充編、日本図書センター、二〇〇五年、二二一～二二二頁。
（8）三人は年齢こそ一〇年近い開きがあるが（泰次郎が最年長で、圭川が四歳年少、泉さんはおそらく九歳年少）、入営はほぼ同年（圭川三九年、泰次郎と泉さんは四〇年）である。ただ、圭川は入営後の派遣先が江南で、その後も幹部候補生として教導学校に入学している時期があるため、四四年の旅団転戦時には「北支」従軍が泰次郎と泉さんが五年近くになっていたのに対し、圭川は二年半余りと短かった。

第一章「北支」占領の実相——山西省盂県を中心に

1　盂県占領の拠点——城塞都市・盂県城

日本軍（1）は盂県城に八年居た。正確に言うと七年七か月だ（孫賜芹07・8・29（2））。

圭川が派遣された一九四一（昭一六）年時点で独混四旅独歩一四大隊が本部を置いていたのは、山西省の省都太原の東約八〇キロにある盂県城で、圭川が配属された第四中隊の本部も盂県城内にあった。太行山脈に繋がる高地に埋もれんばかりの小さな盆地にある（3）、中国でも無名の街であるが、三人が〝遺したもの〟に現地調査で裏付けを加えていくと、日本軍の一個大隊による占領の具体相が仔細に浮かび上がってくる。本節ではまず日本軍の「北支」占領を微視的に再現することで、事実としての「北支」占領に迫る。まず、泰次郎「春婦伝」の冒頭に置かれた盂県城の描写である。

盂県は、こんな山岳地帯の奥深くによくもこんな町があると思へるやうな、高い城壁にかこまれた、山のなかの古い県城であつた。山といつても、そのまわりだけすこし土地がひらけてゐるために、どうかすると平地にあるやうな感じをいだかせられる。けれども、海抜二千メエトル近い山岳地帯の空気は酷烈で、乾燥してゐるために雪も降らないが、なにもかもがぎしぎしと鳴るほど凍つてゐた。城壁の上にも、廟や住民の家の上にも、城内を縦横に貫いてゐる道路の石畳みの上にも、何百年も前からのにちがひない黄塵がつもつて凍つてゐた。

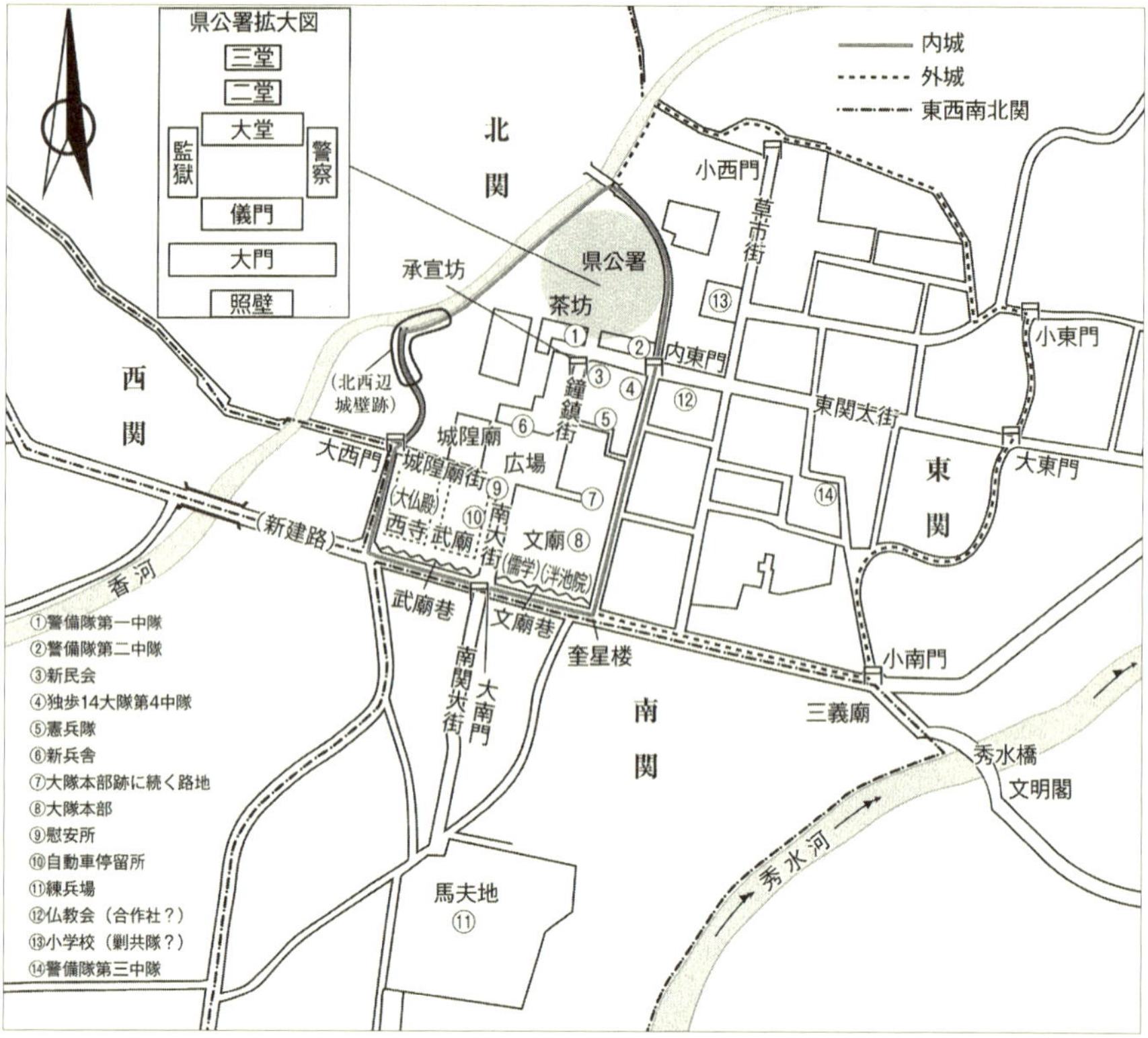

No. 1…「盂県城市街図」

続いて、日本軍占領下の盂県城内の様子が描かれるが、軍関連施設の布陣はこれから述べる当時の状況に符合している。

　ここには二箇中隊が警備し、独立歩兵大隊の大隊本部があつた。大隊長は大佐だつた。別に県長の下に華側の県警備隊が一箇大隊あつて、作戦警備に関しては日本軍の大隊長の指揮に属してゐた。県城内は荒廃しつくしてゐて、むかしの殷盛さをしのばせるわづかに残つた大きな建物には、日本軍や、県警備隊や、県公署が陣取つてゐた。
　大隊本部は中央の廟を改造して、そこにはいつてゐた。住民は東関と西関とに住み、そこだけが人間の住む土地らしい賑はひと、うるほひとを見せてゐた(4)。

　盂県城は中国の他の都市と同じように城壁に囲まれていた。独特な点は内城外城の二重構造になっていることで、内城は起源が隋代末（五九六年）と古く、行政機関や寺廟など規模の大きい公的建築物が主であった。外城（東関）は官僚や富裕層が屋敷を構え、商業活動も盛んになったため、明代（一五四二年）に城壁で囲われ、盂県城は双城となった。北面を除く東西南面それぞれに大小二つの城門、城壁の角には角楼を持ち、内外の城壁は共に堀を伴っていた（№2、3）。内城は南北が最長部分でおよそ一キロ強、東西は八〇〇m弱であろうか(5)。中国伝統の城壁都市は占領の拠点とするにはうってつけの城塞だった。

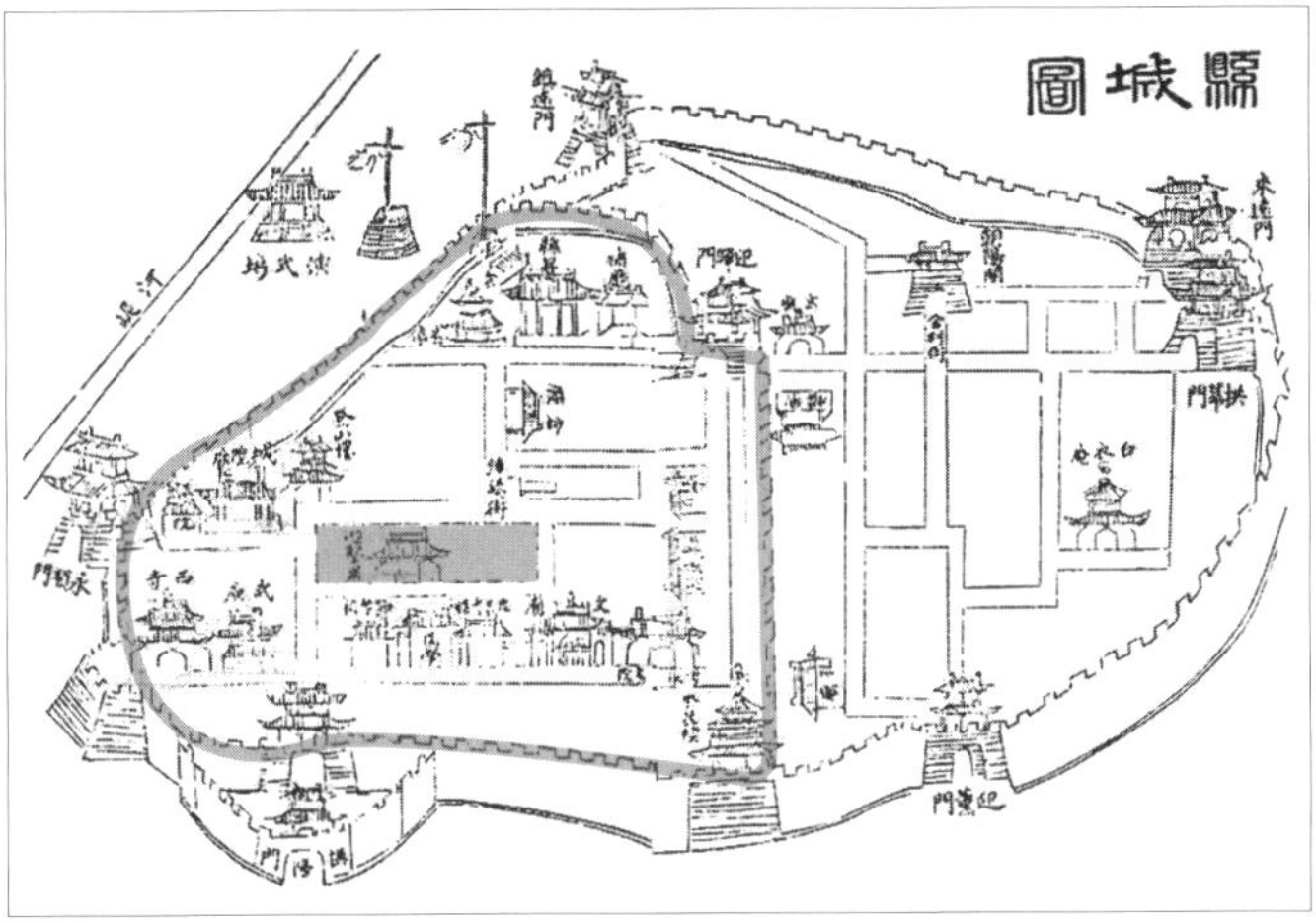

№2…「県城図」（清・光緒年間）

№3…城壁と角楼（盂県城北端）

三八年、盂県城の東門に陽泉の日本軍、西門に寿陽の日本軍が迫り、東西両門から盂県を占領した。国民党軍は逃げてしまっており、共産党軍もおらず、盂県城は「空城」（無防備都市）だった。三八年に内城を日本軍が占領した時には、内城には商店もあり、一般住民も住んでいた。四〇年(6)の第一次治安強化運動で、一般人は疑いを掛けられるのを恐れ、内城から逃げて、外城や外村に住むようになった。四〇年以降、内城に「老百姓《ラオバイシン》」（一般人）は居なくなり、情報班、警備隊、県公署、警察の関係者のみになった（孫賜芹07・8・29）。

No.4…「孟（ママ）県に入城せむとす」（盂県城に入城する日本軍）

No.5…「泉地図」（内城の占領統治態勢）

盂県城は三七年一一月八日に省都太原が陥落すると、一一月二三日には初の空爆を受け、以後は連日のように空爆に曝され、一二月一六日には陽泉にいた一〇九師団一三五連隊の一部千余名からなる攻撃を受けた。この時は占領せずに翌日引き揚げたが、翌三八年一月九日の二度目の攻撃で占領された（7）。No.4「孟《ママ》県に入城せむとす」は占領開始時の入城場面と思われる（8）。内城は上述したように、公的機能が集中しており、居住人口は元々多くなかったようだが、それでも店舗もあり一般住民も居た。上掲の孫証言は治安強化運動の年など細部に正確さを欠くが、占領前後の城内の変化は他の証言とも符合しており、日本軍の入城と同時に一斉に退去させられるといった形ではなく、これから見るような接収、破壊、建設が進行していく中で、移住を余儀なくされ、一般住民は基本的に外城か城外に住む形になっていったようだ。

泉アルバムに内城の占領統治態勢を描いた手書き地図がある（No.5、以下「泉地図」）。東西南に城門を持った外周二キ口弱の小さな空間に、広場を取り囲むように警察署、憲兵隊、新兵舎、本部、寺、慰安所が配置されている。慰安所近くには「日本人御用商人と焼ソバギヨザ店」もある。元第一軍宣撫班員の証言にも、ちょうど圭川が盂県城に居た一九四三年頃の盂県城の状況として、慰安所が城壁の近くにあった、その近くに日本人経営の兵隊相手の飲み屋があった、軍の御用商人が一人いて、野菜や卵や肉を軍に売っていた、他に在留邦人は居なかったとある（9）。

「泉地図」添書には「兵隊は城外にはぜんぜん立入出来ない」「兵隊は月一回程の外室《ママ》証明書入用（夕方まで）」「外室《ママ》証明書ナケレハ立入レナイ」とある。これは、後にみる現地住民証言の、日本軍が県城を占拠している間、軍は城内に住んでいるだけで、現地住民との接触往来は基本的に無かった、という内容と符合する。戦前から外城に住んでいたある老人は当時すでに二〇歳で、「大人だったから内城に入れなかった」「内城に入ったのは日本軍が敗走してから」（胡振華11・4・9（10））とのことで、占領当時の内城内のことは殆どご存じなかった。城門には歩哨が立ち（№47）、城内に住む日本兵と城外に住む住民たち双方の出入りを規制していたのである。

№6…日本軍の布陣を地図上に再現

現地調査・盂県城：二〇〇七年四月二日、八月二九日、九月六日、一三年四月二三日

城塞都市・盂県城は日本の降伏まもない一九四六年初春に県政府の指示で城壁、城門、城楼が取り払われ、堀も埋められて、その防御機能を一挙に消失した。現在わずかに西北角に残る内城の城壁跡がかつての城壁の高さを（口絵4）、外城の小西門跡が城壁の厚みを今に伝える（口絵5）。城内に残った建造物もその後の逐次の再開発で殆ど姿を消しているが、区画や街路など基本構造は変化しておらず、街路の名称も多くが往時を留めており、日本軍の布陣の跡を具体的に確認することが出来た。大量の遺品写真が重要な手掛かりとなったが、現地での確認作業に盂県の文化行政部門や郷土史研究者の協力を得られたことも大きい（№6）。当時の盂県城と日本軍の布陣を再現した№1「盂県城市街図」はその成果である。

No.7…「閣下を迎へる孟（ママ）県小学生」（県公署・儀門前）

No.9…承宣坊（通称・聖旨牌楼）

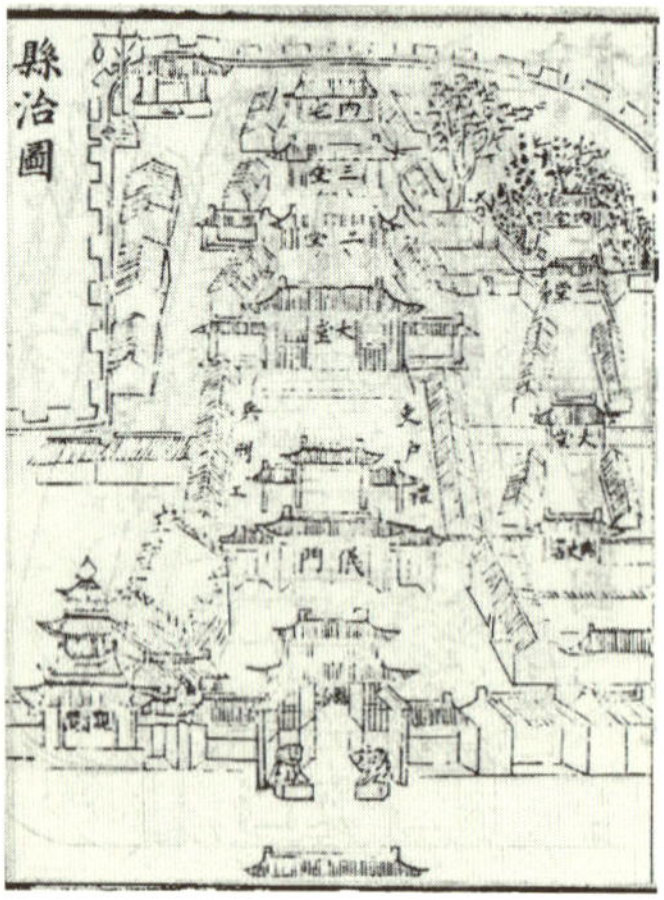

No.8…県治図（清・光緒年間）

承宣坊～県公署

No.7はアルバム3『支那事変記念写真帖』（以下、『事変写真帖』）「偉業の完成」頁の「閣下を迎へる孟《ママ》県(11)小学生」である。当時小学生だった孫賜芹さんは、部隊の異動に伴う歓迎や歓送に動員されたことを記憶していた。壁面中央上部に「孟県公署」と大書されているが、実はこれは県公署本体ではなく「儀門」と言う、正門の次の二番目の門であった。圭川もこの門の前で記念撮影を残している。以下、No.1「市街図」を参照されたい。

孟県の行政中枢の配置は「承宣坊」→「照壁」→「大門」→「儀門」（二門）→「大堂」→「二堂」→「三堂」と、中国伝統の都市構造に則り、南北に走る中軸線上を左右対称に北上しながら下位から高位へと登る形を取っていた（No.8）。

まず、「承宣坊」（通称、聖旨牌楼）は、皇帝の聖旨を県の官僚が叩頭して受け取った場所で、「大門」前の露払いのような門である（No.９）。No.10は左に「大門」、右端に正門と対をなす飾り壁「照壁」が見え、中央に外城から内城への唯一の出入り口である内東門が見えている。一対の石獅子を配した正門「大門」をくぐると、二番目の門である「儀門」（二門）が見える。「儀門」は民国期に元のものを壊して、洋式の門（No.７）に建て替えたという。No.７や8から見ると、「儀門」前は県政の儀礼空間であったようだ。ところが、No.７を見て、「公安局の入り口だ」「ここに監獄があった」と答える老人もいる（王&張11・4・9(12)）。当時、「儀門」内の東に警察署(13)、西に監獄が置かれていたのであった(14)。

No.10…右から照壁、内東門、大門

「儀門」をくぐると、県公署の正堂「大堂」である。現地ではNo.19を「大堂」だとする証言が数件出たが、「大堂」の写真が見つからず、照合できていない(15)。ただ、「大堂」の外観がNo.20に近かったことは確かで、県公署の内部は儀門以外はこの時期もNo.8に描かれるような伝統的建築様式であったことが分かる。「大堂」が県公署の中の最高位の建物で、ここから奥へ進むと住空間になり、「三堂」は県知事公邸である(16)。

現地のいま：かつて県政の中心であった県公署は荘重な儀礼空間を演出していた牌楼や石獅子や幾重もの門の数々と共に姿を消しているが、跡地はほぼそのまま「盂県賓館」となっており、かつて「大門」があった位置が正門となっている（No.11）。正門の左脇、ガラス張りの建物（税務局）が「茶坊」（差房）跡である（No.12後述）。県政の中枢前の露払い的存在であった「承宣坊」が、姿の美しさ故か唯一破壊されずに近くの景勝地に移築さ

No.11…県公署跡（現・盂県賓館）

No.12…茶坊跡（現・税務局）

れて、奇跡的に往時の姿を留める（口絵7[17]）。

茶坊（差房）～新民会～憲兵隊

No.13は『事変写真帖』「建設（日語教育）」頁（口絵25）から。腕章を巻いた軍人の脇の黒板には「日本語練習　アナタワ……来マシタ　私ハ盂県[18]カラ……」と読める。この写真について、現地では「茶坊《チャアファン》」（茶館）説、「差房《チャイファン》」（出張で県城にやって来た役人のための施設）説が出たが、位置はみな県公署「大門」西脇を指す[19]。「差房」説は日本軍が占領当初ここに社会人を集めて日本語を教えたという（94頁）。「茶坊」説はNo.13黒板後ろの幕上に見える飾り窓に注目し、これは茶坊の内部で、中には演芸用の舞台があった、茶坊には日本軍に雇われた警備隊[20]の第二中隊が住んだという[21]（市街図①）。文献記録がまだ見つからないが、複数の証言において地点にぶれがない、二説の音が似ている、施設の機能も両立可能なものであることから、音の変異が起こったもので、いずれも事実

No.13…日本語教室（茶坊或は差房）

である可能性が考えられる。大門を挟んで茶坊（差房）の反対側に警備隊第一中隊があったという（市街図②）。県公署の正門左右に警備隊が控える形である。第三中隊は外城の東関に置かれていた（市街図⑭）。

次は、県公署大門前から南北に走る鐘鎮街に出る。鐘鎮街の北端にある承宣坊の東脇、県公署の敷地外ではあるが正門の向いに新民会があった（No.14、市街図③）。「中華民国新民会盂県総会」の表札の横に立つのは泉さんである。背後には「和平」と大書され、「発揚新民□□（「精神」か）」の文字も見える。

No. 14…新民会

No. 15…憲兵隊

県城の中軸線上にある鐘鎮街を南下して東に小路を入ると憲兵隊があった（No.15、市街図⑤）。現地行政の中枢である県公署と占領軍の中枢である大隊本部の中間に位置し、大通りではなく、小路の中という立地は憲兵隊の位置づけを反映するのだろうか。泉さんは盂県城で補助憲兵を務めた時期があり、アルバムには「我は御稜威を奉して立てり」（泉さん背後の壁面）の語を壁に張った執務室（No.16）や日本人名だが朝鮮人であることが注記された通訳(22)などが登場する(23)。

No. 16…憲兵隊内部

大隊本部広場〜新兵舎

鐘鎮街をそのまま南下するとすぐに広場が開ける。県城の中心部にぽっかり空いた空間は、日本軍が内城の永安巷・西街・東街・新街に囲まれた四角いゾーン内の建物を全て撤去して造り出したものである（24）（No.2左側中央の網掛部分）。

日本軍は県城に入ると、武衛門を壊した。商店や民家もあったが、沢山壊して運動場を造った。とても広いので、人々は「大運動場」と呼ぶようになった（盂県文化研究会13・4・23（25））。

日本軍はこの広場の北面に兵舎を据えた（No.17、「市街図」⑥）。正面玄関上部に施された陸軍を示す星の下に日の丸と五色旗が交差する浮彫りが印象的である（五色旗は97頁参照）。前列中央の尾坂中隊長の右に圭川、最後列左の柱の前に泉さん、三列め右から二人目に大西昇が見える（26）。大西に拠ると、大西の入隊（一九四二年二月）後に盂県城内に完成した「新兵舎」で、兵舎前の広場で第一期検閲まで厳しい訓練を受けたという（27）。

No.17…新兵舎

これは盂県にあった新兵営だ。日本兵はここに住んでいた。……兵営はもとは城外（馬夫地）にあったが、八路軍の攻撃（28）に遭って城内に移した（孫賜芹07・8・29）。

一方で、現地の老人たちは新兵舎の写真を見ると「運動場」と声を発することが多い。

張：これは運動場だよ。（筆者：これは兵舎では？）。運動場の向かいにあった。

No.18…「陸軍記念日、大隊本部広場にて」（広場に整列する部隊）

No.19…大隊本部広場跡（現・人民広場）

王：駐車をするのも運動場だった。……広場はとても大きくて、日本人はここに車を停め、司令部もここにあった。ここは練兵場でもあった（王&張11・4・9）。

泉写真「大隊本部広場にて」（No.18）は陸軍記念日にこの広場で整列する部隊の様子である。左先端が部隊長、次に副官、その後ろの塊が本部、後は中隊が番号順に並び、右端に辛うじて四中隊（尾坂隊）が写っている(29)。孫賜芹さんは日本兵が広場で整列して体操するのを眺めながら兵士の数を数えた。一回めは一二二六人、二回目は一二二八人だったという(30)。「兵舎の前に整列して、武器を前に置き、点呼を取り、数を数えるんだ。イチニサンシ……」。張洪遠さんも「運動場は日本人で一杯だった」と回想した。当時、内城への成人の入城は厳しく制限されていたが、後述するように、小さな子供たちはかなり自由に出入りしていた。当時珍しかった自動車や外国兵で満たされた広場の風景はそれを目にした子供たちに強烈な印象を与えたことだろう。日本軍にとっては「大隊本部広場」であったが、現地では本部も兵営も、まるで広場に付随したかのように記憶されている。

現地のいま：日本軍が内城の中心部を破壊して造営した「広場」は今では「人民広場」と命名され、繁華街の中心となっている（No.19）。当時の「兵舎」はNo.19右上半分を占める商業施設と同じ位置と方向で広場に南面していた。今日では跡形も無い。日本軍が敗走すると、まず正面の日の丸や五色旗のレリーフが削り取られ、円柱を伴った玄関の装飾部分が六〇年代に地震で崩れたため、建物全体が取り壊されたという。

№20…部隊長を囲んだ集合写真（文廟内の大隊本部？）

第四中隊（尾坂中隊）～機関銃小隊（田宮小隊）

「泉地図」には、内城東南域に大きな敷地を占める大隊本部とは別に、内東門南脇に当たる位置（市街図④）に「四中隊」と書き込まれており、第四中隊とその下部の機関銃小隊は兵営や大隊本部とは別の地点に置かれていたらしい。尾坂中隊長を中心とした第四中隊集合写真（195頁）や圭川を中心とした機関銃小隊の集合写真（199頁）はこの中隊本部での撮影と推測される。大隊の集合写真（№20）の廟様式とは異なり、老朽化した民家のように見える。すると、「力第三五九五部隊尾坂隊舎前」として残る、アーチ状の門を背景にした大量の写真群（196頁№6他）はこの第四中隊宿舎入口とみてよいだろう。

文廟～大隊本部

再び広場に戻る。広場を挟んで新兵営とは反対側、内城の東南域を占める「文廟（孔子廟）」には大隊本部が置かれた（市街図⑧）。大隊本部に住んだのは将校たちで、兵士たちは新兵舎に住んだという。清代に描かれた№21「文廟図」を見ると、文廟は四囲を塀で囲み、建物は街路に背を向け、中庭に向けて開口部を持つ伝統的な建築様式である。内部は南を正面として南北に縦に展開する。内城の城壁と文廟との間には「文廟巷」という細い通りが東西に走り、正門はこの通りに面している。広場に接した広い敷地を持つ上に、以下に見るように閉鎖的な構造で出入り口が限られているため、警備の便があったであろう。

再び「文廟図」に戻ると、正門を北にくぐった第一の院子（中庭）には半円形の池「泮池」があり、太鼓橋が掛かっていた。泮池の左右には槐が植えられており、「本部前ニ於テ」（No.22）では太鼓橋の上に立つ圭川の左後ろに槐の木が見えている。背景は二門「戟門」のはずである。その戟門を更に北にくぐると、広い院子を前に本殿「大成殿」がある。No.22添書が「本部前ニ於テ」とあることからも、当時ここに大隊本部の心臓部が置かれたのだろう。部隊長を囲んだ集合写真が多く残る廟風の建物（No.20）はこの大成殿ではないかと思われる(31)。

再び「文廟図」に戻ると、文廟本体の西（左）側に「儒学」が併設されている。科挙受験のための教学の場であった。やはり南が正門で、文廟巷に面している。文廟に比べると小規模で、正門の次

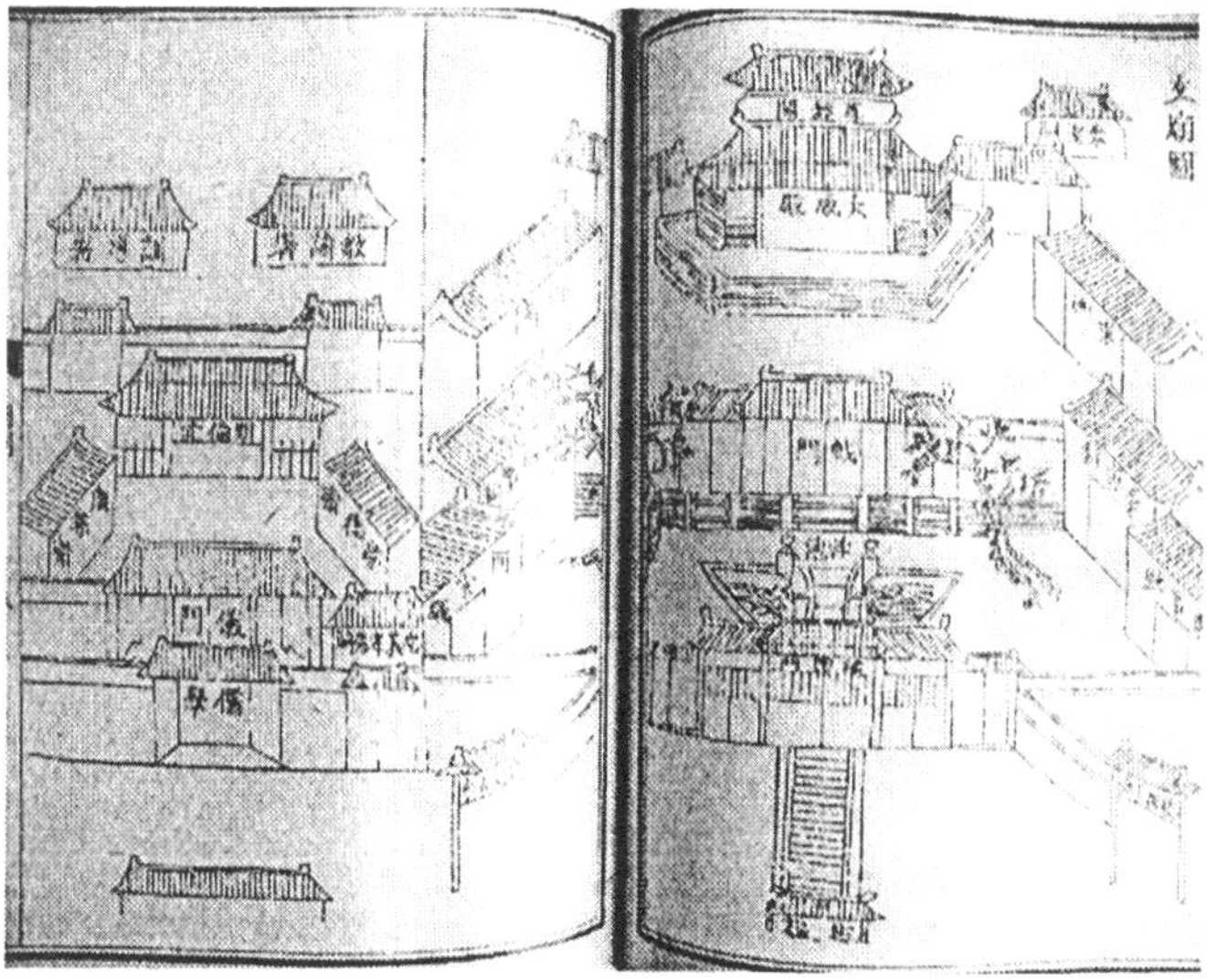

No.21…「文廟図」

No.22…「本部前ニ於テ」

No.23…「大隊幹部一同」（儒学明倫堂）

No.24…儒学明倫堂？（1960年代撮影）

の儀門（二門）をくぐるとすぐに講堂「明倫堂」である。「明倫堂」前でも部隊長との集合写真が複数枚残る（No.23「大隊幹部一同」他）。No.24は現地発行の資料では一九六〇年代撮影の文廟大成殿とされているが、建物前面の構造から見ると明倫堂の戦後の姿ではないかと思われる。儒学は文廟と塀が繋がっており、「文廟図」に描き込まれていることからも文廟と一体の施設だったと考えられる。大隊の集合写真から見ても、日本軍占領期も文廟一帯は大隊本部とその関連施設により大隊の中枢部として一体使用されていたものと思われる(32)。

現地のいま：敷地は広場に面しているのではなく、外に開いているのは狭い路地に続く小さな入り口のみ（No.25、市街図⑦）。この路地を抜けると、中はぱっと拡がり、広い敷地が姿を現す（No.26）。現在は小学校となっている。外界への閉鎖性と敷地の広さは確かに軍の司令部にうってつけである(33)。No.27は一九五七年撮影の文廟泮池院での集合写真であるが、橋側面のデザインがNo.22「本部前ニ於テ」の太鼓橋と一致する。文廟一帯の建物は建国後に漸次取り壊され、小学校や劇団、劇場に用途を変えており、当時の敷地の広さを物語る。文廟の正門はその前にあった文廟巷や城壁と共に、拡幅された自動車道路「新建路」の中に消えてしまい、今では廟の中庭であった泮池院がその新建路に面して残る。No.28の古木は泮池の左右に植えられていた槐のうち右側が残ったものとされ、文廟の跡を留める(34)。

No.26…大隊本部跡（現・実験小学校）

No.25…広場から大隊本部跡に続く路地の入口

No.28…文廟泮池院跡（現・晋劇団と唐槐飯店）

No.27…文廟泮池院（1957年撮影）

No.29…城隍廟全景（1955年冬撮影）

城隍廟～慰安所

再び広場に戻ると、広場の西側全面を占める大きな「城隍廟」があった。No.29は広場側から城隍廟を写した写真で、上記の文廟と同様、南北に縦長の構成で正門は南門である。その南門の斜め前に慰安所があった（市街図⑨）。No.30「孟県《ママ》ノ松の家クーニャン」はその入り口であろうか？　現地の老人たちはNo.30を見ると、「妓院《ジィユエン》」「窑子《ヤオズ》」など娼館や売

No.30…「盂（ママ）県ノ松の家クーニャン」

No.31…城隍廟跡を望む（現・人民広場）

春宿に当たる語を口にする。「韓家小院《ハンチアシャオユエン》」（「朝鮮娘の家」といったところか）と表現する人もおり、呼称は一様でないが、盂県にあった日本軍用の慰安所としてはこの地点しか出ず、ぶれは無い。広場を中心に大隊本部、兵舎、慰安所が立地する構図である。この三者の組み合わせは後に見る江南での連隊本部所在地にも通じる（179頁）。慰安所については改めて述べる（120頁）。

現地のいま：広場の西側全面を占めていた「城隍廟」も今は跡形も無いが（No.31：画面右手は兵営跡、画面中央奥全面が城隍廟跡）、区画は当時の様子を留めているためか、城隍廟南門の斜め前、広場の南西の角にあった「慰安所」の位置は多くの人が覚えていた。口絵9の「黄金書屋」と青い看板が出ている建物の地点で、店の前は城隍廟の正門があった通りのため「城隍廟街」と言い、それと県城の中軸線上にある南大街が交わる角にあった。南大街も元は現在より道幅が狭かったため、慰安所は現在の黄金書屋より画面左側にもう少し張り出していたという。

西寺～大仏殿

南大街を挟んで文廟の反対側、内城の西北域には武廟と三聖禅寺（西寺）が並んでいた（No.32）。共に画面左（南）から右（北）に縦長の構造で、南の正門が武廟巷に面していた。No.32画面奥右（敷地の北端）の大屋根が西寺の正殿「大仏殿」である。No.33「於盂《ママ》県大佛殿前」（左が圭川）は正門と東片門の二説あるが、西寺であることは間違いない。背景の壁に「佛法無辺渡民衆同登楽土(35)」（仏法は限りなく、民衆を救って楽土に渡らせてくれる）と読める。No.34は正面から見た「大仏殿」。堂々たる仏殿である。

No. 32…手前が武廟、奥が三聖禅寺（西寺）

No. 35…大仏殿の内部

No. 33…「於孟（ママ）県大佛殿前」（西寺の大門、或は東片門）

No. 34…大仏殿

内部には金箔が貼られたような大きな仏像もあり、立派な様子が窺える（No.35）。ここで日本軍が行った戦没将兵の慰霊祭については後述する（107頁）。

現地のいま：今日では西寺と武廟とを併せた広い敷地に県人民政府が置か

No. 36…西寺・武廟跡（現・盂県人民政府）

れ、県の党政機関が集中している（No.36）。その敷地内に西寺の正殿「大仏殿」が残る。土台が埋め立てられ、煉瓦壁が填め込まれて、往時の荘厳な様子は見る影も無いが、幸い一九八七年に県級文物保護単位に指定されており、これ以上の損壊は免れ得そうだ（口絵6）。

自動車停留所〜大南門〜南関：練兵場

再び南大街に戻ると、大南門の手前、南大街西側に自動車道の停留所があった（No.37、市街図⑩）。陽泉の旅団司令部勤務となった圭川が盂県城を発つ際の停留所である（201頁）。標識には「華北交通自動車停留所」とある。「盂県」の左側が空白であることから、旅団司令部がある陽泉と大隊本部がある盂県城とをつなぐシャトル便だったようだ（自動車道は99頁）。停留所を過ぎ、大南門を出ると城外の「南関」地区で、その中央を貫く南関大街の突き当りに練兵場があった（市街図⑪）。もともと馬に関係する施設があったものか、現地では「馬夫地《マーフーディ》」と呼ばれている。日本軍は盂県を占領

No. 37…自動車停留所

No. 38…汪兆銘擁護のスローガン（練兵場）

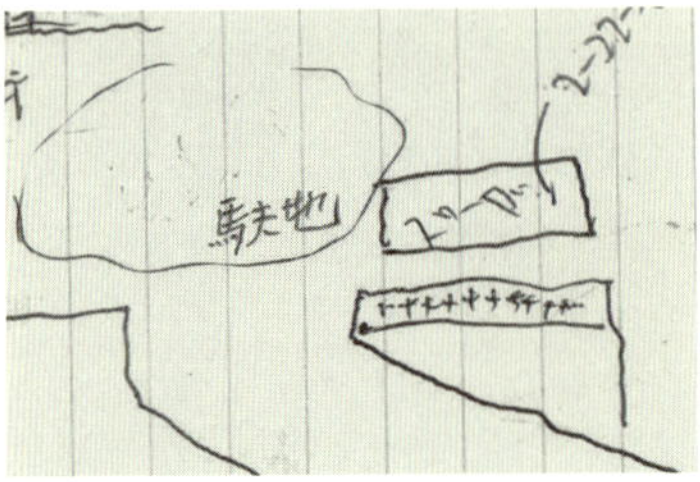

No. 39…No. 38 スローガンの位置（孫賜芹さん画）

するとここを練兵場とした。前述のように、占領当初は兵舎もここにあった。No.38は壁に「擁護汪主席」（汪主席を支持する）の標語が見える。汪主席とは日本と日華基本条約を結び、日本と共に対米英開戦をした中華民国国民政府主席・汪兆銘のことである。孫さんはこの標語が「馬夫地」の練兵場に掲げられていたことを記憶していて、位置関係を描いてくれた（No.39）。No.40「盂県南関外演習」はNo.18と同じ一九四二年の陸軍記念日のもの。大隊長の指揮の下、広場で整列した後に城外に出て演習を行ったのだろう。練兵場周辺は完全に郊外の様相で、演習も可能だったことが分かる。No.41、42は現地発行の写真集から。一九四一年夏に「日偽政府」が馬夫地で行った運動会と解説されている。城外の練兵場での運動会、テント、万国旗、競技をする女子学生、ひしめき合う見物人……宣撫活動として定型化されていたのか、江南期の「日支合同運動会」（177頁）と瓜二つである。当時を知る老人たちは練兵場で「操作《ツァオツォ》」（訓練）を見たことがあると話したが（胡振華11・4・9等）、このような現地住民向けの活動を見物した記憶ではないかと思われる。

No.40…「盂県南関外演習」

No.41…練兵場での運動会（1941年夏）

No.42…女子障害物競争？（同上）

No.43…練兵場跡

現地のいま：県城の表玄関・大南門も城壁と共に姿を消し、今日では武廟巷と文廟巷を吸収した広い自動車道路「新建路」が県城と外界とを繋ぐ。〇七年調査時にはかつての表玄関に何の彩りも無かったが、一三年には豪華な牌楼が出現していた（口絵8）。その牌楼をくぐって、「南関大街」を更に南下すると一〇分足らずで「練兵場」（馬夫地）跡に突き当たる。現地で入手した地図では化学肥料工場となっているが、今は操業しておらず、門には「拆遷《チャイチエン》」（取り壊して引越す）の張り紙が既に古びていた（No.43）。敷地内は荒れ果てていたが、かつて練兵場であったことが頷ける広い平地が拡がっていた。

迎暉門（通称、内東門）

再び県政の中心である県公署の大門前に戻ると、東に内東門が見える。内城と外城の唯一の出入り口であった。内東門の写真は圭川アルバム、泉アルバム、現地に残るわずかな写真、防衛省に残る日本軍写真資料などを総合するとかなりの点数になるが、城門や周囲の建築物の細部から、写真群は二グループ、つまり門の表面（外城側）と裏面（内城側）に分かれる。

（内城側）

No.44は明らかにNo.10と同じ側である。No.10に写るのが右から照壁、内東門、県公署の大門であるという現地での証言と、門の前に据えられた一対の石獅子に基づき(36)、こちらを内城側と考える。No.44には門洞の上に日の丸・五色旗・満州国旗をあしらった円形図（以下「日満華提携図」と仮称、「提携図」と略称。詳細は98頁参照）が描かれているのに対し、No.10にはそれが無いため、No.10は日本軍占領以前か、占領初期の撮影と思われる(37)。

（外城側）

すると、もう一方の写真群は外城側となる。城楼左右に旗竿（？）が立ち、城門中央に「明朗盂県」と大書、その下に反対側と同じく「提携図」が描かれている（No.45）。No.46では「明朗盂県」の下に小文字スローガンが登場する。拡大すると、

No. 44…内東門（内城側）。左手前は県公署の大門

No. 45…内東門（外城側）。「明朗盂県」のスローガンと「日満華提携図」

No.46…小文字スローガン登場

No.47…歩哨に外出証明をかざす兵士

「……建設華北完成大東亜……」と読める。城門の右端では歩哨が敬礼している。No.47では標語の下の「提携図」に布状のものが被さっている[38]。泉さん添書によると、門洞の右隅に立つ人影は日本軍歩哨、更にその右後ろに立つ黒衣は中国軍（汪兆銘政権）歩哨、今まさに内城から門を出ようとしている兵士が外出証明を歩哨にかざしている。

外城側の写真が多いのは「明朗盂県」の標語を写そうとしたためだろう。「明朗」とは当時日本軍が治安を掌握したと考えた占領地域に冠した修飾語である（95頁参照）。盂県占領の拠点として、全県の治安掌握の決意を表明するものであろうか。

前述したように、戦前から外城に住んでいるある老人は当時すでに二〇歳で、「大人だったから内城に入れなかった」「内城に入ったのは日本軍が敗走してから」とのことで、占領期の内城内のことはあまりご存じなかった。当時、日本軍は成人男性の内城への出入りを厳しく制限したようだが、小さな子供の出入りには鷹揚だった。

あの頃は日本人の本部が内城にあるから、内城に入るには、門に憲兵が居て見張っている。入る時は身体検査をして、何か隠してないか調べる。そりゃ厳しかった。「内城に入ったことがあるのですか?」。時には入れる。「娃娃們《ワーワメン》」（小さい子供たち）はみな入れた。

（筆者：何をしに？）焼餅《シャオビン》とか持って行って日本人と物々交換した。セーターとか、あれこれ。彼らのはものが良かったから。何か食べ物を買って行って交換する。（筆者：日本兵と話をしたのですか？）日本兵は子供が好きだった。（アテンド：日本軍がなぜ食べ物を欲しがるんだい？）兵士はお腹を空かしていた。全然足らないんだよ。（筆者：何語でやりとりを？）彼らの言葉は分からないから、あれあれとか、指さしたりして（王&張11・4・9）。

外城の警備は「偽軍《ウェイジュン》」（傀儡軍）にさせていたが、内城は日本軍が歩哨に立ったと言う。こんなエピソードを聞いた。

夜は城門を閉めて歩哨が居る。始めの頃は現地住民に城門の見張りをさせていた。……ある時、民兵か遊撃隊が城門から入った。誰も止めなかった。城門の下水道（排水溝？）を通って、誰かを捕まえに来たか、助けに来たか、とにかく目的を遂げなかった。そこで何もせずには帰れなかったからか、城門を焼いた。近くにあった馬車の積み荷の干し草を城門の中に積み上げ、火をつけて逃げた。翌日は大騒ぎ。「八路軍が入って城門を焼いた」と。城門には大穴が開いた。それ以降は日本軍が自分で城門の見張りをするようになった（趙潤生11・4・9[39]）。

現地のいま：内城と外城の唯一の出入り口であった「内東門」も城壁と共に姿を消したが、「西坡底巷」「城濠溝街」の名前と道筋が城壁と堀の跡を留めており、二つの小路の接点に今も具体的に「内東門」の位置を特定することが出来る（No.48）。

No.48…内東門跡

内東門外・東関地区：仏教会〜新民小学校

内東門を抜けて外城に出るとすぐ東関街南側に凝った門飾りが目を引く建物があった（No.49、（市街図⑫））。圭川もこの前で記念撮影を残している。左側の門柱は「山西省中国仏教□□□会陽泉分会盂県支会」と読める。「北支」占領において仏教組織の利用もあっ

No.49…中国仏教会盂県支会

No.50…泉さんと小学生たち

No.51…「日偽政府が設置した新民小学校」

たことを窺わせる。「泉地図」ではこれとほぼ同地点に「合作社」があるが、仏教会に併設されていたものか、近辺にあったものか不明である(40)。

仏教会を通り過ぎて一つ目の十字路を北に折れ、草市街に入るとT字路の頭に当たる地点に「新民小学校」が置かれていた(市街図⑬(41))。占領当初は上述の茶坊(差房)で日本語を教えたが、その後、男子校と女子校を設置、四三年に合併して新民小学校とした(孫賜芹07・9・6)。新民小学校は男女児童だれでも入学できた(王&張11・4・9)。聞き取り調査をした中でも東関に住んでいた孫賜芹さん、南関に住んでいた鄭永才さんが通学しており、日本語を習ったという。泉さんは補助憲兵時代に暇を持て余し、小学校に出かけて子供たちの写真を撮った(No.50)。No.51は現地発行の写真集から。背景の一致から同地点と分かる。こちらは「日偽政府が設置した盂県県立新民小学校」と解説されている(42)。内城の中心部から数百メートル、憲兵隊からも徒歩一〇分足らずの様子である(43)。とはいえ、あくまで内東門の外。多数の住民が集まる施設は内城に置かなかったようだ。

現地のいま：「新民小学校」跡は街路も区画も変わらず、確認しやすい。門の位置や敷地の構えも大きくは変わっていないよう

No. 52…新民小学校（剿共隊？）跡

である（No.52）。大隊本部跡（No.25、26）と同じく、入口は狭いが、内部には広い敷地が広がっているようだ。

小南門外・南関地区：三義廟～秀水橋～文明閣～奎星楼

城壁の南側に広がる郊外は「南関」と呼ばれた。南側は県城の正面に当たるため、背面の北や側面の東西より景観が良かったものであろうか、圭川や泉アルバムでは城外にも関わらず南関での撮影が多い。

外城の東南の角にあった小南門を出ると、まず右手に「三義廟」があり、その前を東に流れる秀水河に長い弓状を描いて「秀水橋」が架かる。No.53は南郊から盂県城を北に眺望しており、画面手前には秀水河南岸の畑地が、橋の向こうには外城が広がる。No.54は北岸の三義廟上から撮影したものか、一定の高さから俯瞰しており、対岸の文明閣が橋から続く道沿いにはないこと、秀水橋の南岸は上り

No. 53…右から秀水橋、三義廟、外城

No. 54…秀水橋（中央手前）と文明閣（中央奥）

No.55…右から文明閣？、秀水橋、三義廟、奎星楼（左奥）

No.56…文明閣（右が奎星閣、左が文昌閣）

坂で、盂県城が盆地にあること等が見て取れる。左手遠景には黄土高原特有の断崖が見え、No.53に写る外城とは河を隔てて異なる世界となっている。中洲には一〇名ほどの女性たちが洗濯しており、拡大すると和服に割烹着姿のようにも見える。盂県城に居た「慰安婦」たちだろうか（122頁参照）(44)。

No.55は秀水河の南岸から県城を見返した景色。右端は文明閣の一部だろうか。向こう岸の秀水橋のたもとに三義廟、左奥に奎星楼が霞んで見える。画面中央に秀水橋と直角に近い角度で交わる道が見えるが、No.54に写る秀水橋と文明閣との位置関係から推して、この道が文明閣に至るようだ。文明閣は上部に二つの楼閣を持つ珍しい構造で、向かって右が文運を司る奎星を祀る「奎星閣」、左が功名や禄位を司る文昌帝君を祀る「文昌閣」である（No.56）。文昌閣の下部に開いた門洞はかつて「県城から東南郊外に至る際の必経の大道(45)」であった。

しかし、No.54には橋からそのまま南へ上り坂になる広い道がはっきりと見える。No.57は「盂県から陽泉へ」と添書されており、盂県城を出た部隊が秀水橋を渡って、この道を陽泉に向かう場面であろう。No.58の中央に主役のように写る広い道も背景の三義廟と奎星楼の距離や位置から見て、この道のはずだ(46)。No.58は『事変写真帖』「偉業の完成」頁に「歓仰《ママ》」として登場する。城外に出て現地住民の「歓迎」を受ける情景が「偉業の完成」を示すことになるようだ(47)。画面中央を一群の軍人を従えて一人の将校が歩き、背後にいま降りたばかりと思われる車が見える。左端の幟には「盂県南関街公所[48]」とある。No.53、57を見ると、秀水河の南岸は畑地や山地であるため、北岸の南関住民が対岸まで動員されて来ているようだ。住民が振る旗は日の丸が多いが、左の列には五色旗らしき旗も見える。恐らくNo.55の道が文明閣を抜けて南に通じる旧来の路で、No.58等に写る広い道は日本軍が盂県占領後に旅団司令部を置いた陽泉と大隊本部を置いた盂県を結んで造成した自動車道であろう[49](自動車道は99頁)。

ここまで見たように、南関での写真には、内城の東南の角を飾る「奎星楼[50]」(三層構造から通称「三節楼」とも)が多く写し込まれている。圭川や泉さんの写真の中で奎星楼を背景にした記念撮影

No.57…秀水橋と自動車道

No.58…三義廟(中央奥)と奎星楼(左奥)

No.60…奎星楼と泉さん(右)

No.59…「孟(ママ)県古代楼閣」奎星楼

No.61…秀水橋

No.62…文明閣の門洞

は「明朗盂県」を掲げる内東門と同じくらい多い。県城の正面に一際高く聳える姿は、旅団司令部があった陽泉や討伐からの帰還の際に盂県城のランドマークだったのではないだろうか。『事変写真帖』「駐屯地の風景」頁「盂《ママ》県古代楼閣」（No.59）は三層構造の造形が良く分かる。圭川も泉さんも奎星楼を背景に何枚もの〝従軍記念〟を残している（No.60）。

現地のいま：「奎星楼」は既に無いが、「秀水橋」は美しいアーチは失われたものの、同じ場所に往時の名前で残っていた（No.61）。橋の南側のたもとに彩りを添えた文明閣も文革中にほぼ破壊されたが、門洞とその上に刻まれた「文明閣」の文字が辛うじて残る（No.62）。

以上、圭川や泉さんのアルバムには「こんな山岳地帯の奥深くによくもこんな町があると思へるやうな」「むかしの殷盛さをしのばせる」（泰次郎「春婦伝」）かつての盂県城が写る。再開発で様変わりし、太原のような大きい都市と違って、往時の様子を撮影した写真が殆どない盂県には貴重な史料となりうる。ただ、これらの写真には、せっかく至近距離で捉えた奎星楼を遮って兵士が銃を構えるNo.59のように、日本軍のプレゼンスが否応なくまとわりつく。

日本占領期、盂県城の中枢である内城は日本軍の一個大隊に完全に占拠されていた。あるのは軍の関連施設と「対日協力」政権とその関連組織のみ。しかも大隊本部は閉鎖的な中庭構造の建物を選び、外城―内城―外壁という幾重もの壁で防御している。また、重要な宣撫活動であったと思われるが、小学校のような住民を多く集める施設は外城に置く一方で、占領当初には城外の練兵場に置いた兵舎は安全確保のために城内に移転している。すると、盂県駐留日本軍が〝治安〟を完全確保できたのは外周二キロに満たない内城のみだったことになる。大隊は二重の城壁に囲まれた内城の中に立て籠もるかのように布陣し、小さな〝城塞〟の外に拡がる広大な農村地帯の占領を指揮していた。一九四五年八月二五日、本国の降伏を承けて、盂県駐留日本軍は旅団司令部があった陽泉へと撤退し、盂県城は七年七か月におよぶ占領から解放された(51)。

〔注〕

(1) 原文は「日本人」(リーベンレン)。現地では日本軍のことを語る時に「日軍」(リージュン)と同じくらいの頻度で「日本人」が使われる。

(2) 孫賜芹さんは一九三一年八月盂県生まれ。父親が日本占領下で盂県公署の総務課長を務めた。山西省陽泉市盂県県城在住(当時)。聞き取りは二〇〇七年八月二九日と九月六日に実施。二〇一〇年三月二〇日死去。

(3) 「盂」の字義は「はち(鉢)」。四周が高く、中がくぼんだ形状を指す。清朝期の文章に「盂」の地名はその地形にちなむとの見解が見える。清・康熙三七年盂県知県蔡璜「重修文明閣碑記」韓万徳「盂県老城的記憶」『新盂県』盂県文化研究会提供、二〇一二年、六三、六四頁。

(4) 田村泰次郎「春婦伝」秦昌弘・尾西康充編『田村泰次郎選集2』日本図書センター、二〇〇五年、一七九頁。

(5) 現地で入手した地図には縮尺が無いが、清末の光緒年間『盂県志』の記載から、外城東南北外延が二キロ、内外城を併せた周囲が二・七キロ弱と分かる(韓、前掲二〇一二年論文、七頁)のに基づいて概算した。

(6) 第一次治安強化運動の実施期間は実際には一九四一年三月三〇日~四月三日である。証言者が時期を間違っているか、時期が正しければ、第一次治安強化運動とは別の活動であるだろう。ただし、証言者にとって、この「四〇年の第一次治安強化運動」は父が殺された重大な出来事である(146頁)。

(7) 高大雲「盂県淪陥及光復的経過」中国人民政治協商会議山西省盂県委員会文史資料研究委員会編『盂県文史資料』第四輯、三頁参照。

(8) この写真はアルバム3『支那事変記念写真帖』「入城」頁に一九三九年の五台作戦で戦死した「清水少将の遺骨の入城」式

などと共に登場することから、三八年一月盂県占領開始時の入城場面を写したものと考えられる。県城の正門である大南門に向って、城外の南関（55頁№40付近）を進む場面と思われる。入城する将兵たちは晴れやかな笑みを湛えている。

（9）元第一軍第五〇宣撫班班員・市川寅雄さん証言。石田米子・内田知行「山西省の日本軍『慰安婦』と盂県の性暴力」石田米子・内田知行編『黄土の村の性暴力』創土社、二〇〇四年、二四五頁。

（10）胡振華さんは一九二二年七月生まれ。建国前も以後も仕入れ係をする。一貫して当時の外城に当たる盂県東関村一帯に居住。

（11）正確には、「孟県」（モウケン）は河南省にあり、山西省にあるのは「盂県」（ウケン）である。しかし、当時の日本軍および日本兵は「盂」を「孟」と誤認し、「孟県」と書くことが多かったようだ。この例のように印刷されているものもあれば、圭川の手書き記録にも「孟県」と誤って書かれている。読音は「モウケン」「ウケン」双方が行われていたようで、元第一四大隊兵士はこの地名を「『孟《モウ》県』と書いて『ウケン』と読むのだ」と解説した（山田十一郎さん）。一方、現地の老人から「日本兵はここを『モウケン』と呼んだ」とも聞いた。山田さんは三重県松阪市在住。聞き取りは二〇〇五年五月四日と二〇〇七年一〇月八日に実施。

（12）王&張：二人の人物が同席して互いに話しながら答えたので分離が難しく、この聞き取りはこのように表記する。王有銘さんは一九三六年生まれ。当時まだ幼かったため、日本占領下の県城内に入って日本兵と接した経験がある。張洪遠さんは一九四一年生まれ。共に盂県東関村一帯の住人。

（13）一九三八年一月、盂県占領直後に設置されたのは「保安処」であったが、同年六月に「警察隊」に改組、更に八月に「警務局」と改称、翌三九年一月に「警察署」と改称した。潘耀先「盂県日偽政権機構的建立与消亡」には時系列的に機構図も掲載されており、占領態勢が拡充されていく過程が見て取れる。前掲注7『盂県文史資料』第四輯、九九〜一〇四頁。

（14）県衙の儀門の左右に治安機関を置くことは№8に見るように清朝期も同様であり、民国期の県公署はそれを踏襲した結果のようだ。第二章で見る金壇でも同様である（179頁）。

（15）№20では一瀬部隊長を中心に大隊将校が顔を揃えるが、泉アルバムにも吉田部隊長を囲んだ同じ背景の写真がある。県公署の正堂前で現地側指導者を交えない集合写真を撮影するとは考えにくいこと、部隊長を中心とした同じ建物前の集合写真が複数残ることから、№20は大隊本部（文廟）ではないかと考える。

（16）現地では「維持会」が県公署の中にあったと記憶する住民も居たが、写真や文献資料は見つけられず、未確認。

（17）八四年〜八七年に蔵山（盂県城外北部の景勝地）の入口に移築された。韓、前掲論文、六〇頁参照。

(18) 正しくは「盂県」であるが、実際には誤って「盂県」と書かれているようだ（注11参照）。

(19) №1「市街図」にはスペースの関係上、「茶坊」とのみ記入。

(20)「警備隊」の前身は「保衛団」で、盂県が占領された三八年の一一月に設置され、団長は「偽県長」（対日協力政権の県長）が務め、人員は総勢で三〇余人。翌三九年一月には「警備隊」に改称、一個中隊、総勢九〇余人態勢となった。四〇年八月に第二中隊を増設、四三年一月に第三中隊を増設、四三年六月に「保安隊」と改称。この間、隊長は一貫して県長が務めた。現地では「警備隊」の時期が長く、活動も活発であったことから全期間を指して「警備隊」と呼ぶことが多い。日本軍の補助兵力として、現地住民に対する収奪、徴用、更には拷問、虐殺に関わっており、占領軍の手先として現地住民の恨みを買った。潘、前掲注13文献、一〇五～一〇六頁参照。

(21) 盂県文化研究会での調査（13・4・23）で出た証言。その場では警備隊の内部組織として「縦隊」と筆記し、複数の体験者がこれに異を唱えなかった。しかし、盂県発行の資料では注20のように「中隊」としているため、これに従う。「中隊《チョントエ》」「縦隊《ツォントエ》」は音が近い。

(22)「憲兵隊通訳」として泉アルバムにしばしば登場する「新井通訳」は名前の下に「朝鮮慶尚南道……」と住所が書き込まれている。現地では、日本軍の通訳は朝鮮人か東北人（つまり日本植民地住民）だったとする証言が多い。

(23) 泉アルバムには「盂県地区配属憲兵」の表札を持った、№15とは異なる入口での写真もある。建築様式も共通することから、№18左端に写る「前の憲兵隊」（注29）と思われる。

(24) 韓、前掲二〇一一年論文、一七頁。

(25) 二〇一三年四月二三日に盂県文化研究会で実施した調査では会長韓万徳さんを始め、当時の盂県を知る関係者が集まって下さった。個人名が特定できる証言には個人名を記しているが、この証言については録音が残るものの特定が難しい。

(26) 泉アルバムに同一写真があり、人物名が添書きされている。大西昇は後に『沖縄戦記』（注27）を著す。

(27) 大西昇『沖縄戦記　石部隊の部』昭和五三年、口絵写真解説、および同「郷土部隊沖縄戦記」（其五）独旅会編『独旅』独旅会、一六号、四二頁。日本軍側でも現地でもこの兵舎に言及する時には「新」の字を冠する。日本軍が進駐した時点には別地点を兵舎とし、のちに新築したために、占領期を通して「新」と呼ばれ続けたようだ。

(28) 九月六日の聞き取りでは、馬夫地について、後に（時期を特定出来ていない）スローガンが張り出されたりするようになり、地雷が埋められていることを恐れて日本軍は城外に出て来なくなった、とも話している。この「攻撃」も襲撃といった形態ではない可能性もある。

(29) キャプション全文は「昭和一七年三月一〇日憲兵隊前の広場、陸軍記念日、大隊本部にて」。左端上には「前の憲兵隊」という書き込みもある。憲兵隊が市街図⑥以前に広場に面して設置されていたことが分かる。「南門」の書き込み位置から判断して、東を向いて整列し、文廟（本部）の北背面が見えていることになる。

(30) 体操に出ている兵士だけで、本部や憲兵隊などの人員を含まない数だと言い添えた。

(31) No.20には、前述したように県公署「大堂」説もあるが、注15に挙げた理由から「大成殿」の可能性が高いと考える。

(32) No.2「県城図」では、文廟西の「儒学」の左右に「忠義孝悌祠」「節孝祠」が、文廟の東には「秀水書院」、書院の後ろ（北）には「試院」（科挙試験場）が見え、県城の東南角域には文廟を中心に文教施設が集中している。文廟に付随するこれらの施設は多くが城内の別地点から漸次移転してきており、清朝期にこの地域が文教地区として整えられたことが窺われる。韓、前掲二〇一二年論文、二六～三九頁参照。

(33) 二〇〇七年の調査時はここから敷地に入った。No.21「文廟図」では大成殿の後ろの尊経閣の右脇に当たる。図に裏門は描かれておらず、正門は南側であるが、盂県城の再開発では区画はかつての有り方をほぼ踏襲しており、建物は無くても地点を確認することは比較的容易であった。このため、この路地は当時も文廟の裏手に通じていた可能性があるのではないだろうか。

(34) 文廟が創建された唐貞観四（六三〇）年に植えられた槐とされ、「唐槐」と呼ばれている。今日に残るのは泮池東側の槐とされ、泮池院の地点が確認できる。

(35) 写真では第一字が欠けているが、孫賜芹さんの記憶により補った。

(36) 県公署大門前の石獅子一対については地方誌に文字資料・図版資料（No.10等）共にある。内東門外に石獅子を伴う建物が無かったとする資料はないが、外城側は商業・居住区であるため、特にこれほどの大きさの石獅子となると可能性は低いと考える。

(37) No.10の出典である韓万徳主編『盂県百年老照片選集』山西出版集団・山西人民出版社、二〇〇九年、二頁には一九三〇年代撮影とある。

(38) No.45～47と並べると、城門上に「明朗盂県」と「提携図」、小文字スローガン、図を覆う幕と次第に増えるが、時系列的な変化かどうかは不明。

(39) 趙潤生氏は盂県文史史料研究委員会主任（二〇〇七年当時）。盂県現地調査時（二〇〇七年、二〇一一年）にアテンドを依頼した。

(40) 泉アルバム1『北支将兵』に山西省盂県合作社発行の民国三二（一九四三）年一〇月一日付「山本憲兵先生殿」宛の領収証が残る。「□布三十尺、タオル六個」が記載されており、「内地にはスフしかないので木綿買って送った」と添書されている。

（41）⑬の地点にあったのは「剿共隊」で、小学校はその北隣だったと記憶する住民もいた（盂県文化研究会13・4・23）。
（42）キャプション全文は「日偽政府が設置した盂県県立新民小学校卒業班の記念撮影」。韓、前掲二〇〇九年書、一五四頁。
（43）上述したように、内城の出入りは厳しく規制されていたが、「憲兵のマーク（腕章）はどこに行くでもフリー」「このマークがあればどこへでも行ける」だった（泉05・5・1）。
（44）盂県の慰安婦は時期によって増減があり、数名から一〇名と思われる（120頁）。しかし、昼間とはいえ、城外に彼女たちが護衛なしで出られたのかどうか疑問はあり、現地女性たちの洗濯風景かも知れない。
（45）韓、前掲二〇一二年論文、六三頁。
（46）軍人たちの後ろに秀水橋が見えないのは、道が上り坂であるため高低差から見えないと考えられる。
（47）独混四旅特務機関長の回想録に一九三九年八月に着任した頃の状況として、視察に出ると路上に砂を敷き、住民が沿道で歓迎したとして、写真も付している（193頁）。
（48）当時、農村には「村公所」が置かれたが（76頁）、城外に拡がる東西南北の「関」には「街公所」が置かれたと分かる。
（49）自動車が交通手段として登場する前にはNo.58ほどの道幅の平らな道路は必要とされなかった。旧来の道幅は文明閣の門洞（No.56、62）に対応するはずである。
（50）内城東南角の奎星「楼」と秀水橋たもと文明閣の奎星「閣」とは別物。
（51）『仙人村志』は、一九四五年八月二一日までに盂県内の各拠点の日本軍は盂県城内に撤退。日本軍が投降を拒否したため、八月二五日、晋察冀二分区四団、一九団が盂県城に対し攻撃を開始、日本軍は西門から逃走、一部は途中で殲滅されたが、残りは陽泉に逃亡した、と記録する。仙人村志編委会『仙人村志』七頁。

2　占領と抵抗の臨界面――東会里村と仙人村

圭川は「第五次治安強化運動」（一九四二年一〇月八日～一二月一〇日）が展開される中、郊外の分遣隊督励のためか、四二年一〇月二六、二七日とおそらくは泊りがけで盂県東部の農村に出かけている（198頁）。一日目は東会里村、二日目は更に東進して仙人村。二つの村は約五・五キロしか離れておらず、単に県城から東に延びる道沿いに二つの村を視察したに過ぎないかのようだ（解題№５）。

しかし、当時の盂県において東会里村は県城に独歩一四大隊本部を置く日本軍が拡大を目指す治安区の最東端にある拠点である。その東には河北省との省境の山岳地帯に拡がる抗日根拠地・晋察冀辺区が控えており、つまり治安戦の東面の最前線である。方や仙人村は、東は晋察冀辺区の西端に接し、村内に共産党組織も浸透している一方、西には日本軍の治安区が迫っており、抗日勢力の捕捉・殲滅を狙った日本軍の襲撃を頻繁に受けている。このため、八路軍と日本軍それぞれ向けの村長を立て、いわゆる「両面政権」態勢を取っており、日本軍と八路軍が争奪戦を繰り広げる「准治安地区」（日本軍側からの呼称）、あるいは「遊撃区」（八路軍側からの呼称）の典型のような村である（詳細は解題参照）。

　東会里は日本軍の拠点が村にあって、村人はその村で暮らしている。だけど、仙人村は違う。日本軍が来たら、村人は逃げ出す（李玉娥11・4・8（1））。

当時は一〇代の少女だった仙人村出身の李玉娥さん（139頁）は、隣り合う二つの村の日本軍への態度の違いをこう〝総括〟した。アテンドの趙潤生氏はこれを「不打招面《ブダチャオミエン》（応対しない）で逃げ出す」ということだと解説した。村が〝親日〟村長を立てていた事実と齟齬がある気がするが、村の政治状況について仙人村の歴史記録は次のように述べている。村人の意識は「両面政権」の実態を反映したものなのだろう。

一九四一年以降、日本軍が仙人村に不断に襲撃・掃蕩を繰り返すため、村人の生命・財産の損失を抑えるために盂県抗日政府は仙人村に「両面政権」を設立して敵に「支応《チーイン》」（応対）することを決定した。抗日村公所と日偽村公所が同時に存在し、公開されているのは日偽村長で、抗日村長は秘密裏だったが、実際には村の政権は抗日政府が指導していた(2)。

隣り合うように並ぶ二つの村は、奇しくも外国軍による占領と現地社会の抵抗との臨界面にあったのである(3)。現地調査では村で編纂中の『仙人村志』（草稿）を見せて頂くことが出来た。東会里村では村志の編纂はなかったが、東会里に置かれた日本軍拠点の動向は仙人村には重大事であるため、『仙人村志』に関連の記述は多い。村レベルからみた抗日戦争の記録は貴重である。以下に適宜引用する。

(1) 東会里村

圭川は一日め二六日に盂県城から東へ二〇キロ弱の東会里村を訪れている。東会里村集落を北から見下ろす丘に日本軍のトーチカがあり、周囲の集落を監視する拠点となっていた。

一九三九年八月二六日、日本軍が東会里村を占領し、集落の北にある洋馬山にトーチカを建設、拠点を設置した。一九四〇年八月二〇日、日本軍への一斉反攻である百団大戦が始まり、九月二日晋察冀軍区一九団が東会里日本軍拠点を猛攻、盂県城から日本軍増援部隊一三〇余人が駆けつけるも、（東会里と県城の間にある）牛村鎮を占拠していた部隊も含め、日本軍は県城に撤退した。それから一年後の翌四一年九月三日、日本軍による第二次侵攻により村は再び拠点化されるが、圭川が沖縄に到着して間もない四四年八月三〇日、日本の降伏より一年早く、東会里拠点の日本軍は「抗日軍民の包囲のもと県城（一説に牛村）に撤退(4)、「仙人村は以後二度と日本軍および傀儡軍の侵攻を受けることはなかった」。二期にわたる日本軍の占領は通算で四年と三日であった(5)。

№1…「東会里警備隊記念撮影」

圭川が二つの村を訪れている一九四二年一〇月二六、二七日については、村志に襲撃や犠牲の記録はなく、この時には武力行使や村人の拘束などは行っていないようだ。圭川の東会里滞在は、四二年一〇月二六日の一日のみ。この日一日で撮影大会のごとく出で立ちの異なる写真が九枚も残る。一連の写真を眺めると、城外の農村地帯の小さな分遣隊と村落の様子は圭川にとってもの珍しいものだったようだ。

まず「東会里警備隊記念撮影」(№1)。裏面に二六名の氏名と階級が書かれているが、そのうち圭川が唯一の将校で写真中央に収まっているところを見ると、警備隊の視察に訪れたようだ。県城から圭川に同行した者が何名なのか、写真に写っていない隊員がいるかどうか不明であるが、警備隊員は二五名程度と考えられる。裏書にある兵士の名前を拡大して、東会里村の老人たちに見てもらったが、はっきりした反応はなかった(二〇〇七年調査)。拠点に居た日本兵の名前として何人かの名前も出たが、確認のため再度尋ねると別の名前になったり、どんな日本名に相当するのか見当もつかない音だったりした。あまり確かな記憶ではないようだ。拠点の日本兵たちは山の上のトーチカに居て集落には降りて来ない、山の上に使役に行っても日本兵は監督に一人か二人出てくるだけで、あまり接触はなかったという。

圭川はその山の上のトーチカで〝撮影大会〟を繰り広げている。衣装や小道具を取り替えて何枚もの写真を撮る様子には作戦中のような緊迫感はない。まず「防寒具着用姿」。この頃は「北支」に派遣されてまだ一年に満たない。酷寒仕様の軍装がもの珍しかったようだ(6)。次は「驢馬ニ乗リテ討伐行」(№2)。おそらく先程の「防寒具」の外套を脱げばこれが当日の服装で、それに防寒帽を被り、首には双眼鏡をぶら下げ、地元の少年に手綱をとらせた驢馬に乗る。写真に写

No.2…「驢馬ニ乗リテ討伐行」

No.3…圭川写真に見入る李子元さん（右端）

る少年が健在かも知れないと、東会里村の老人たちに見てもらった。なんとある老人が「自分だ」と言う（No.3右端）。

　これは私。これは私のロバ。一日徴用された。数えで一六歳くらい（の時）。この軍人は東会里の一番の上官。「太君《タイジュン》(7)」（と呼んでいた）。三〇人くらいの部下がいた。半年（？）居た。出発する時、ちょうど自分は「公差《コンチャイ》」に行く（日本軍の使役に出る当番だった？）。ロバに乗って、私が前で綱を引く。七里（三・五キロ）ぐらいを回って、午後帰ってきて、ロバを返してもらった。ロバに乗って「ハチログン（八路軍）、ヤマーシャン看看《カンカン》(8)」。（筆者：殴られたりしましたか？）言われたとおりラバを牽いたから殴られはしなかった。（筆者：どんな人物でしたか？）（当日は）ロバを牽いていただけ。どんな人間かは分からない（李子元07・4・2(9)）。

日本軍人がこのように村人にロバなどを引かせて偵察に回ることがよくあったのだろうか。騾馬を曳く少年をNo.4左の李海雲だと言う老人もいたし、圭川もこの地の「太君《タイジュン》」ではない。一日で九枚撮影というペースから考えれば、圭川はこの日「驢馬ニ乗リテ討伐行」の扮装をして記念を残しただけであろうが、この写真が李さんの六〇数年前の記憶を呼び覚ましたのである。

「討伐」は兵士にとって晴れ姿だったのだろうか、「武田兵長ノ討伐姿」は、双眼鏡に軍刀という出で立ちである。圭川はこの日カメラマンを伴い、こうして戦友たちの記念撮影

№ 4…「山本伍長 使用苦力ト共ニ」

にも応じたようだ。次は「山本伍長　使用苦力ト共ニ」（№ 4）。肘掛け椅子に腰掛け、指には煙草、卓上には蓄音機らしきものと茶菓子の用意。向かい合って座る少年は裏書には「苦力」とあるが、身ぎれいにし、日本兵と一緒にテーブルについてお茶の相手をしているようだ。東会里村の老人たちにこの写真を見てもらうと、山本伍長についても、この少年についてもよく覚えていた。

　これはシャンベン・バンジャン（山本班長）だ。（村の外の山にあるトーチカに住んでいるが）暇な時に村に来る。道で会えば話しかけたりする。ここに居た日本軍の長だった。普通は……（聴解困難）くらいだが、この人は一年くらい居た[10]。子供が好きだった。シャンベンは村民をいじめなかった（劉&王07・8・30[11]）。

　他の老人たちも、当時村に居た日本軍というと、中国語で「シャンベン・バンジャン」（山本班長）とか、日本語混じりで「シャンベン・タイチョウ（隊長）」と口にした。当時、分遣隊の隊長のことを「班長《バンジャン》」と呼んだらしい。前述したように、トーチカの日本兵は村民との日常的な往来はなく、村民は兵士たちの名前を知らないが、山本伍長は東会里拠点に居た期間が通常より長く、子供を可愛がったために、当時子供だった今日の老人たちの記憶に残っているようだ。

　少年についてもすぐに名前が出た。「李海雲《ハイユン》」「李海栄《ハイロン》」の二説あったが、人物像には異同がないので、同一人物と考えられる。聞き取りに応じてくれた劉文玉さんと同年だというから、四二年には一二、三歳である。少年は山の上のトーチカで日本兵の世話をして一緒に暮らしていた、その頃には彼の父親は病死していたという。「彼は日本人が好きで、日本人も彼が好きだった」（劉双海07・8・30（12））「色が白くて可愛いので、日本軍に可愛がられていた」（劉文玉07・4・2（13））という。そんなことがあるのかと驚いたが、泰次郎作品には現地の子供たちが軍施設内に住みついて小間使いをしている様子が出てくる。建前上は望ましくないとされたが、実際には珍しくはなかったとある（14）。もし№2の騾馬を引く少年も劉双海さんの見立て通り李海雲であるとすると、日本兵たちの撮影大会に彼もお色直しをして加わっていたことになる。戦中に日本軍と楽しく過ごしていたとは戦後の身の上を心配したが、「子供だから何をした訳でもない」（劉文玉07・4・2）ので、問題にされることはなかったという。戦後は前線支援に行き、その後は太原に住んでいたが既に死去した、息子が太原に住んでいるという。

№5…「東会里分遣隊」

このように警備隊は集落の外の山の上にトーチカを作って駐留していた。このトーチカの写真が泉アルバムにある（№5）。四二年一月のもので、泉さんはこの年に半年間東会里の分遣隊に居た。四二名が写っており、東会里の村人の記憶に残る二、三〇人という規模や圭川視察時の約二五名に比べてかなり多い。この九か月後に圭川が同じ分遣隊を視察しているが、異動の後なのだろう、№5に写る隊員は隊長や泉さんを始め、殆どが姿を消している（15）。背景にトーチカが写っており、「石垣の陣地、この下に住んでいた。山上生活」と添書がある。確かに石垣といった形状である。「陣地構築に毎日二〇〇名程の苦力使用。子供老人来る（16）。昼食、高粱粉を焼いた一五センチ程のパン一枚だけ。目を離すと働かない」ともある（17）。このトーチカ跡は今も山頂に確認できる（口絵13）。

トーチカが置かれた山

圭川アルバムには山の上から日本軍が麓の集落を見下ろす写真がある。「説明ヲ聞ク我輩」（裏表紙上）。支配と被支配の関係が象徴的に現れる構図とキャプションである。当初は撮影日時も地点も不明であったが、盂県内の日本軍拠点に違いないと、まず拠点があり、圭川が訪れてもいる東会里村で聞き取りをした。老人たちはこの写真を見ると口々に自分たちの集落の北にある山の名を口にした。「后山《ホウシャン》」「后面山《ホウミエンシャン》」、あるいは「陽坡山《ヤンポーシャン》」、日本軍が駐屯していた時期は「ヤマーシャン」とも言ったという。「ヤマーシャン」の漢字表記には「閆馬山」「洋馬山」などがある。呼称は一見ばらついているが、集落との位置関係で呼ぶものと日本語の「やま」に中国語の「山《シャン》」を加えたものに大別できる。後者は日本占領期に発生した呼称である。

日本人はこの山を「ヤマー」と呼んだ。「閆馬山」（と書く）。元々はこんな風に呼ばなかった。（アテンド趙潤生氏：つまりだ、日本語で「山」のことを「ヤマー」というから、現地住民も仕方なく中国語で「ヤマーシャン」と呼ぶようになったんだ）（劉双海07・8・30）。

盂県内の他の集落でも日本軍トーチカが置かれた山を「ヤマーシャン」と呼ぶ現象がしばしば見られる[18]。

この日、圭川はトーチカがある山から下りて、東会里村の集落にも入っている。№6「於東会里村々公所」は、衣服から帽子、靴まで中国式の日本軍人たちである。圭川と共に写る三人は冒頭で登場した東会里警備隊員（№1）であることが裏書から確認できる。山上のトーチカから圭川を案内して降りてきたのだろう。右端は地元の少年だろうか、裏書に名前がない。背景の建物がこの時点で裏書通り「村公所」でよいのか、本節で登場する「村公所」「維持会」「商務会」など一連の呼称と概念の混乱については注を参照されたい[19]。ともかく、撮影の場が日本占領下での「対日協力」自治組織の活動の場であったことは確かである。日本軍人たちが嬉しげに身に着けている中国服には折り目がはっきり見え、仕立てたばかりのようだ。同地点で東会里「維持会」メンバーとの記念撮影もあることから、衣裳は当日「維持会」から贈られたものかもしれない。№7は№6と同じ建物前での「維持会」との記念撮影[20]。裏面に「東会里差務股長[21]」「維持会長」という二つの肩書きで「李宜春敬贈」とあり、「維持会員」七名の名が書かれている。写真に写る三列にはくっきりと階層がある。中央の椅子席の列が最上階で日本軍人四名（圭川は右から二人目）と「維持会長」（左端）が座る。後ろの立ち席が第二段で、紳士然とした身なりから前列で地面に座っている人々とは異なる上層の階層であることが分かる。この七名が「維持会員」だろう。最前列は肉体労働に従事する階層のようである。山上の警備隊や集落内の「維持会」で雑役を担った人たちだろうか。右から二人目の少年はNo.6右端で日本軍人たちと長袍《チャンパオ》を着てポーズをとっている彼である。

No.6…「於東会里村々公所」

No.7…東会里維持会員との記念撮影

東会里「維持会員」について

東会里村の老人たちは写真で顔を見分けられなくても、「維持会員」の名前はほぼ全員について聞き覚えがあった。会員たちについて何がしか答えてくれたが、回答者によって食い違う点もあり、精度には疑問がある。老人たちは当時一〇歳そこそこであったのだから、それらのことも戦後の生活の中で断片的に耳にしたことかも知れない。東会里「維持会」といっても、周囲何村かを管轄するため、「維持会員」は東会里村の人間とは限らない。このため、村人たちはまずその人物が自村の人間か、他村の人間かを答え、それから当時何をしたか、戦後何をしてどこに住んだか、子孫は今どうしているか、と続く。傳徳星は東会里村の人で、李宜春の後に維持会長になった。日本降伏時の維持会長だったという。傳徳崇は徳星と兄弟で、ふたりとも建国後に教員になった。他の人物についても出身村や子孫についての簡単な情報であったが、ひとり楊某は「解放前」（共産党政権成立前）に「共産党に処分（鎮圧《チェンヤー》）された」という。何か悪いことをしたのか尋ねると、「そんなことはない。維持会の建物で寝ていて八路軍に捕まった。村人が説明に行ったが、既に銃殺されていた」（李子元07・4・2）という。彼の死については別の見方もあるが、それについては後述する（137頁）。

意外にも、「維持会員」を務めた人物たちについて、村人たちは悪感情を示さないばかりか、尊重してさえいるかのようであった。「維持会員」というのは、「教育を受けていて、能力がある人間を選ぶ」（劉&王07・8・30）のだという。次に見るように会長になった李宜春は中でも別格の感があるが、「維持会員」に指名された人々は往時なら郷紳[22]に相当する基層社会の運営を担う人材だったのだろう。

№8…李宜春と子供たち

№8には「田宮隊長大人惠存　股長李宜春敬贈」と裏書がある。「惠存」は書や絵などを贈る際の定型表現で、李宜春が圭川に贈ったものと分かる。№8と7には撮影日時が書かれていないが、圭川が東会里村を訪れるのは一九四二年一〇月二六日のみであることと、双方に写る李宜春の服装が同じであることから、同日撮影されたものと考えられる[23]。現地で№8を見てもらうと、東会里村でもすぐに李宜春だと見分けられたし、両脇は息子と娘だと教えてくれた。出身村の仙人村では李宜春本人や子孫についてより詳細に分かった。写真に写る息子は銃弾で遊んでいて怪我をし、右手が悪かったという。確かに右手が不自由そうに見える。既に亡くなった。娘は孫と共に陽泉で暮らしていた（二〇一一年に聞き取り調査を実施。139頁)。

圭川はこの日東会里村の集落には入っていないのではと考え始めたが、集落内と思われる写真が残る(No.9)。裏書には「於東会里　風俗写真」とあるが、写っているのは足を前に投げ出して地面に座った(座らされた?)三人の女性である。村で見かけた女性の纏足を珍しい〝風俗〟として撮影したようだ。東会里村の老人たちに写真を見てもらうと、意外なほどすらすらと彼女たちのことが分かった。中央が東会里村の人で劉巨成の妻。左右は鍛冶屋の妻と娘で、東会里村の北にある東関頭村の人間。この東関頭村も日本軍拠点が置かれた村である(解題No.5)。鍛冶屋は村々を巡回して仕事をするのだそうで、東会里村に来た時に劉巨成の家に住んでいた。左端の娘さんは壮花という名前で、この頃はまだ正式なお相手は居なかったという話まで(劉文玉、王清元、劉双海07・8・30)。東会里で圭川が撮った他の写真では被写体はカメラを意識してポーズをとり、いかにも記念撮影的であるのに対し、この女性たちには一方的に撮られている硬さがある。どういう状況なのか尋ねてみたが、答えを持つ人はいなかった。

No.9…「於東会里 風俗写真」

それでも、東会里は拠点が置かれたために、むき出しの暴力に晒されることがなく、トーチカの日本軍と村人との関係は表面的には穏やかだったようだ(24)。特に今日話を聞くことが出来る老人たちは当時子供で、「山本《シャンベン》班長《バンチャン》」の他にも「ハヤシはいつも私をおんぶして遊んだ」(劉双海07・8・30)など、彼らが覚えているのは子供たちと遊ぶ兵士たちである。また老人たちは話しているうちに当時を思い出すようで、「イチ、ニ、シ、サン……」とところどころ間違えながら数え始めたり、「ハチログン(八路軍)」「トウバツ(討伐)」「ハンチョウ(班長)」「トウカイリ(東会里)」と日本語が口をついて出てくる(25)。老人たちの記憶の中だけでなく、村には「維持会」跡や「商務会」跡、トーチカ跡など、日本軍がこの村を拠点とした具体的な痕跡が今もあっけらかんと残る。

現地調査・東会里村：二〇〇七年四月二日、九月二日

建国後の再開発も改革開放後の経済発展の波も及ばない内陸農村では日本軍占領統治の跡があっけらかんと残っている。「商務会」跡は集落の中にあるが、頑丈そうな石垣を伴った石造りの建物で、警備の便が良かったと見える（No.10）。圭川写真には登場しない。盂県西部の河東村で集落内に残る警備隊跡を見たが、同じように集落内にありながらも、高い土塀を伴った閉鎖的で警備のしやすい建物が選ばれていた。

No.10…商務会跡

集落内をしばらく歩いて民家が途絶え、集落を抜けようとするその際《きわ》の辺りに「維持会」跡が残る（口絵10）。元は部屋が三つあったが、右端が取り壊され、「維持会」が使っていた頃より小さくなっている。口絵11の中央の人物（山西大学日本研究所趙金貴氏）の左後ろがこの維持会跡の建物で、その背後の登り坂が山へとゆっくりと続く。維持会が外国軍が陣取るトーチカがある山の世界と集落との接点に置かれたことが分かる。その登り坂を上り始めるとすぐの崖に日本軍が炊事場に使っていた窑洞《ヤオトン》の跡がある（口絵12画面中央の穴）。戦後に自然崩壊した。水の入手のためであろう、他の分遣隊拠点でも炊事場はトーチカが置かれた山の麓にあることが多い。山頂のトーチカとの行き来は一苦労であったはずで、こういう仕事に子供たちを使役したものと思われる（112頁）。頂上には日本軍トーチカの跡と思われる石組みが残る（口絵13）。

今日の東会里村は、村の前の街道を石炭を満載したトラックが恐ろしいほどの列を成し、経済的に潤っているようだ（口絵15）。民家はタイルやセメントで明るく清潔になっており、村の中の小道もきれいに掃き清められ、混乱して薄汚れた印象の盂県城よりずっと小奇麗で端然とした佇まいである。突然の訪問を受け入れてくれる家は中でも暮らし向きのいい家だろうか。外食が困難な農村で昼食を振る舞って下さった王清元さん宅では自宅を改修したばかりとのことでぴかぴかのシステムキッチンを見学させてくれた。口絵14は自慢の自宅前に立つご主人である。

(2) 仙人村

翌一〇月二七日、圭川は更に東進し、五・五キロ先にある仙人村を訪れている（解題No.5）。ここ仙人村では、一九三八（昭一三）年一月九日、日本軍が盂県を占領すると、翌二月、共産党支部の指導の下で救国会や民兵が組織され、抗日態勢が形成されていく。一九三九年八月二六日に日本軍が東会里村を占領して拠点を設置すると、仙人村は八月三〇日には東会里拠点からの初めての襲撃を受け、その後、頻々と襲撃に遭うようになる(26)。

No.11…「東会里分遣隊重機分隊」

泉アルバムには「討伐終りて」と添書した晋察冀辺区粛正作戦（四一年八月一〇日～(27)）の記念撮影と共に泉さんが射手として誇らしげに中央に座を占める「東会里分遣隊重機分隊」（No.11）の写真もある。仙人村襲撃にも出動したかもしれない。一方、同頁に東会里拠点から出発した分遣隊が「八路軍のうまい戦にかゝ」り「一番状況の悪い谷間」で包囲され、小隊長が戦死した事件も書き込まれており、アルバム一頁にも占領と抵抗の攻防が見える。

圭川の仙人村視察では集落に立ち入っていないようで、アルバムに残るのは集落の北にある越霄山での写真のみである。No.12「仙人村越霄山……□□行軍途中」は山を登っていく後姿。約二〇人に見える(28)。仙人村集落から山の南側斜面を登っていくと、この写真と稜線が重なる（口絵16）。頂上には城塞風の囲いと建物が見えるが、現地調査で古廟と周囲にめぐらされていた塀と分かった。いかにも軍事拠点にあつらえ向きの場所がありながら、目と鼻の先の東会里村に新たにトーチカを築いたのは不思議である。老人たちは、日本軍は当初この廟に住もうとしたが（水の調達が？）不便だったので諦めた（東会里村・劉&王07・8・30）

No.12…「仙人村越霄山……行軍途中」

No.13…「標高一〇五六ヨリ敵ヲニラム」

とか、日本軍がやって来て一晩住んだので、「これはまずい」ということになって八路軍が壊した（仙人村・李志光10・9・5）と話す。村の記録には、「日本軍と傀儡軍が越霄山に駐屯するのを防ぐため、県区政府の決定に基づき、村の民兵が山頂の古廟を破壊した」とある(29)。

圭川一行は頂上まで登ると寸劇を演じるかのような記念撮影No.13「標高一〇五六ヨリ敵ヲニラム」。腹這いになって銃を構える兵士たちの背後で望遠鏡を構えている立ち姿の人物が圭川と思われる。同じ写真が泉アルバムにあり、「東会里分遣隊」と添書がある。前日の東会里警備隊が仙人村まで同行してきたと思われるが、写真に写る一一名は東会里分遣隊の約半数に当たる。兵士たちの前面に拡がる風景は現地調査で越霄山頂から北面を見渡した風景と重なった（口絵21）。すると腹ばいになった兵士たちが銃を構える先は、仙人村の北東、つまり晋察冀辺区ということになる。この東部農村視察は一見呑気に見えながら、治安強化運動の一環として抗日根拠地を目前に控えた東の前線を督励にやって来たものだろうか？

「説明ヲ聞ク我輩」（裏表紙上）は山頂から集落を見下ろす。これもまた構図や配置を意識した記念の一枚なのだろう。右寄り帯刀の人物が圭川と思われる(30)。こちらは越霄山頂から南に仙人村集落を見下ろす構図と確認できた（口絵18）。

支配と被支配の関係が象徴的に現れる構図とキャプションである。

『仙人村志』には、抗日戦期の民兵組織についての記載もある。偵察班、遊撃班、爆破班があった。仙人村は近隣の東会里村に日本軍拠点があるため、途中の七里路(31)に座地哨を置き、日本軍の動向を監視、(東会里拠点から村に至る)三箇所に連絡哨を置き、案山子を信号にした。ふたつの案山子が両方立っていれば何事もない。案山子が一つだけになると、日本軍が東会里を出発しており、敵に備える準備をすべき。案山子が二つとも倒れると、敵は既に七里路を通って村に向かっており、爆破班と遊撃班はただちに戦闘態勢を取らねばならない、とある。圭川が仙人村にやって来た日は『村志』に襲撃記録はないが、日本軍がトーチカを降りて村に向かってくれば、これらのんびりした記念撮影の裏で、この日も案山子が倒され、村では緊迫した警戒態勢が取られたことと思われる。

越霄山に拉致された少年

村に日本軍が来た時に越霄山に連行された少年が今も健在で、二度にわたって話を伺うことが出来た。李広栄さん、一九二六年一一月二六日生まれ(調査時は八四歳。№14)。二回目は事前に約束をしていたので、襟元までボタンを留めた人民服に帽子という正装で現れた。農民とおっしゃったが、お話を伺っていくと抗日戦争期に八路軍に入っており、五年間の従軍経験を持っておられた。調査時には地元政府関係者がアテンドとして同席している。以下、文中に登場するのは、第二回時の趙潤生氏(盂県政府職員)、李晶明氏(盂県政府職員・仙人村出身)、仙人村の受け入れ窓口李志光氏(仙人村老幹部)である。

・拉致された時の状況

一九四一年の秋に日本軍が村に来て越霄山に連れて行かれた。収穫の頃(32)に日本軍が村を襲い、村人一三人が山に連れて行かれた。それぞれが働いていた畑から連れて行かれた。日本軍は村に視察(あるいは偵察)にやって来て一晩泊まった。それで雑用をさせるために連れて行かれた。炊事など。自分は一〇歳だった(一五歳のはず?)が、

No.14…李広栄さん（左。右は李志光氏）

他の人たちは大人で、途中で逃げ出した。（自分は）朝に連れて行かれ、一晩居て翌朝に逃げ出した。

（筆者：山の上では拷問されましたか？）殴ることも尋問もなかった。（筆者：山では命の危険を感じましたか？）そんな考えはなかった。山の上には李宜春や李□□が居た。村の人間が居たから怖くなかった。（筆者：日本軍に連れて行かれて戻ってこなかった人はいましたか？）一〇数人が戻って来なかった(33)。

（筆者：日本軍はその時は東会里の維持会と一緒に巡視に来ただけですか？）

盂県城と東会里から日本軍百人余りがやって来た(34)。軍用車両二〇台で。村に糧食を出せと。とうもろこしだ。（筆者：代金は払わないのですか？）まさか。ハハ……「殺し尽くし奪い尽くす(35)」というのに。山の上では食事をさせてくれなかった。一日食事にありつけなかった。日本軍は大米《ターミー》（コメのごはん）を食べていた。


村志には「四二年九月二五日に日本軍が仙人村を襲った時には、越霄山頂を占領し、村民李広栄を連れ去った。仙人村と東庄頭一帯の大量の糧食と財物、家畜を略奪し、一〇月二日に撤退した(36)」とある。李広栄さんの記憶と村志の記録とを合わせると、これは日本軍の所謂「収買工作」を受けたのではないだろうか。

収買工作は特務機関の任務で、管轄下の県政連絡員や新民会顧問を供出督励会議に集め、各県ごとに小麦や雑穀、綿花等の収買割当量が命令された。山西省で宣撫活動に従事した村上政則は、新民会顧問として収買工作に当たり、日本軍一個小隊の支援を受けて、県の保安隊と馬車数十台を率い、村々を回って穀類を供出させている(37)。また、新民会会員であった岡田春生は山東や河北の綿花地帯で重要戦略物資であった綿花を日本に送るために強制収買をやり、華北交通（99頁参照）のトラック数十台に綿花を山積みにして鉄道沿線へピストン輸送した、「対米開戦後は民衆に与えるものが無くなり、逆に取り上げるようになった」と述懐している(38)。強制収買にはこのように日本への物資供給の側面があったが、日本軍側と中共側との民衆・物資収奪戦の一端でもあった。双方が民衆を自分側に組織化すること、相手方地域の糧道を断つことを狙って、強制集荷や経済封鎖を行った[39]。このため、「接敵地区」では日本軍側への供出量は少なくなりがちであり、武力を伴う強制収買の対象となった[40]。仙人村が経験した収奪はこのような抗日根拠地への経済的打撃や接敵地区への牽制を狙った強制収買ではないだろうか[41]。

・親族の被害

自分は祖父と祖母が殺された。祖母は享年五三歳、一九四二年にこめかみを撃たれた。村に日本軍が来た時に逃げたが、中庭に出たところで民兵を追っていた日本兵が撃った弾が当たった。祖父は享年五〇歳。教育を受けていた。一九四一年、日本軍が来た時、スローガンを書かされた（筆者注：教育を受けていて、字が書けたため）。途中で逃げ出して捕まり、井戸に投げ込まれて殺された。家族は遠くに連れて行かれたと思っていたが、死後半月も経ってから発見された。

・抗日戦争期の村の生活について

［情報員］日本軍は村ごとに情報員《チンパオユエン》を出させた。八路軍の動静を報告させる。（筆者：それは日本軍が指名するのか、村で選ぶのか）　日本軍の指名ではなくて、金を出してひとを雇う。（趙潤生：村長だの維持会長だのが日本軍の命令を受けて、村でどの家から出すか指名するが、金のある家、気の弱い者はやらない。金がある者は金を出して、度胸のある者を雇って代わりをさせる）　度胸がある者は金が目的でやる。気の弱いのはやらない。日本人に殺されるのが怖い。（李晶明：八路軍にやられるのも怖い（笑）。趙潤生：両面ある。情報員というのはつまり漢奸だから）。

［日本語］一二歳から一六歳の青年は男も女も東会里村に行かされ、訓練を受けさせられた（受訓《ショウシュン》）。羊馬山《ヤンマーシャン》（筆者注：隣村東会里の日本軍トーチカがある山）で訓練した。日本語を学ばせられた。週に二回行った。（筆者：東会里に学校を設けたんですか？）　学校ではない。臨時の場所で日本語を教えるだけ。

［使役］村人は（東会里の）羊馬山まで行かされ、使役をさせられた。家や見張り台やトーチカを作らされた。

・抗日戦勝利の時

(筆者：日本が降伏した時はおいくつでしたか？)　一八歳で村を離れ（一九四三年？）八路軍に入った。五年間軍に居て、四八年に村に戻った。（筆者：日本が降伏した時はどんなお気持ちでしたか？）　降参したぞ！　華北に平和が来た！　みな日本人が出て行くのを、日本人が降参するのを待ち望んでいた。

一九四四年八月三〇日には日本軍が東会里拠点から県城に撤退、仙人村も日本軍の侵攻から解放され、そのまま日本の降伏を迎える。四五年八月二五日盂県全域が解放され、「村人は駆け回って知らせ合い、喜びに沸いた(42)」。『仙人村志』は村の抗戦被害をこう総括している。

　四二年から四五年秋に日本軍が投降するまでの四年間、日本軍は抗日根拠地にしきりに掃蕩を繰り返し、前後四八回仙人村を襲った。村民は日本軍の殺戮から逃れるため、たびたび山中などに身を潜め、寒さや飢え、湿気などで腸チフスなどの疾病が蔓延し、百余人が死亡、一家全滅もあった。……五七人が逃げおくれ、日本軍の銃弾や銃剣で殺された。六人が拉致、拷問され、身体障害者となった(43)。

現地調査・仙人村：二〇一〇年九月五日、二〇一一年四月七日

「説明ヲ聞ク我輩」（裏表紙上）を初めて見た時には「占領」を象徴するかのようなその構図とキャプションに強い衝撃を受けた。撮影地点を探して、日本軍が拠点を置いた盂県東部農村の山を訪ね歩いたが、泉アルバムに同一写真を見つけ、添書から仙人村の越霄山と分かった。一帯の日本軍拠点があった山は皆そうだが、越霄山も麓から見るとさほど高くは見えない。村の登山路は余りに遠回りに見え、二〇一〇年は山頂の真下から登り始めたが、思いの外の急勾配に四つん這いで攀《よ》じ登る羽目となり、その防御機能を身を以て味わった。一一年は大人しく地元の経路に従う。道は緩い傾斜を選んで遠くからゆっくりと山頂に近づいていく。山西の山々は表土が僅かで岩肌がむき出しに近く、草が生える夏場（口絵16）と黄土一色の冬場（口絵21）では景観が一変する。

　この山での圭川写真三枚の撮影ポイントを探しながら登る。山頂の廟と塀が破壊され、後に一九九〇年代に廟が再建された以外は山容は七〇年前と変わらない。口絵16は二〇一〇年の撮影。No.12「越霄山……行軍途中」にアングルが近い。一一年はもっと左寄りを登ったらしく、角度がどうしても重ならなかった。登り始めてから約一時間で山頂に辿りつく。山頂の平地部分を縁取るように石組みが残る。日本軍の拠点にされるのを防ぐために破壊されたという塀の跡と思われる（口絵19）。「説明ヲ聞ク我輩」の撮影ポイントを探す。登って来た方角、仙人村を南に見下ろすと、近景の浸食台地と中景の集落、遠景の山脈の三者が眼前に揃った（口絵18）。

頂上には廟が二つ並んでいる。一一年には前回は無かった五色の旗が周囲に張り巡らされ、うち棄てられた廃墟のようではなくなった（口絵17）。廟の背面に回り、仙人村集落とは反対の北面を見渡してみると、草木も無く、地形がそのままむき出しで見える（口絵21）。遠くの山脈や近景の丘陵がNo.13「敵ヲニラム」に重なる。ということは、腹ばいになった兵士たちが銃を構える先は仙人村の北東、つまり晋察冀辺区だったのだ。キャプションに込められた意味がようやく分かった。

仙人村は道路事情の悪さから筆者が二〇〇七年の調査開始後も二〇一〇年までなかなか調査に入れなかったように、今日でも外界とのアクセスが悪い。もともと三方を山に囲まれ、東西〇・五キロ、南北〇・二五キロ、山間に埋もれた人口一五〇〇人余の小さな村である。その条件の厳しさが、東会里村とは異なり日本軍の直接支配が及ばず、抗日組織が村内に存続し得た所以であろうが、近年北京に通じる高速鉄道が開通し、急速に変貌し始めた盂県城から直線距離でわずか二五キロにも関わらず、今日も経済発展の機会から取り残され、うら寂しい印象である。村の様子は当時とどれほども変っていないのではないだろうか。泰次郎「春婦伝」は黄土高原の中に蹲《うずくま》るかのような当時の盂県城を「空から眺めたなら、恐らくまわりの黄土と見きわめのつかない黄一色にしか見えないにちがひない」と描写しているが、越霄山から見下ろした仙人村はまさに今にも黄土の中に溶けてしまいそうである（裏表紙下）。

現地調査・盂北村：二〇〇七年九月六日

「説明ヲ聞ク我輩」の撮影地点を探して、日本軍がトーチカを設置した盂北村の山にも登った。盂県一帯の集落は風水の見地からほぼ例外なく小高い山を背に南面して構えられている。山には木が茂っていないため、麓から山に近づく動きは一目瞭然である。日本軍はその山の上にトーチカを築いて四周の集落を監視した。頂上から南に集落を見下ろした風景は当時の日本軍から見えた光景のままのはずである（本扉下）。今日の山西は煤煙と砂埃で常にどんよりと曇っているが、山頂には強い風が吹き、澄んだ青空が広がっていた（本扉上）。

［注］

（1）李玉娥さんは一九二七年生まれ。東会里維持会長を務めた李宜春（134頁）の長女。陽泉市在住。

（2）仙人村志編委会『仙人村志』（草稿）、七頁。

（3）ただ、東会里村内には確かに共産党組織は無かったが、日本軍側が組織した東会里維持会長も八路軍と連絡を取り続けていたことが県史に見え（134〜136頁参照）、村での聞き取りでは東会里村長も八路軍と連絡を持ち、村内に党員もいた（劉＆王07・8・30）とのことであった。

（4）前掲『仙人村志』（七頁）では「県城」とするが、中国人民政治協商会議山西省盂県委員会文史研究委員会編『盂県文史資料』第四輯（一一頁）では、「牛村」とする。

（5）編輯組「日軍蟠踞盂県期間有関重大行動略叙」前掲『盂県文史資料』第四輯一〇〜一八頁、および前掲『仙人村志』四〜七頁参照。

（6）同年三月（「北支」駐屯三か月）の盂県城での防寒着姿に「防寒帽防寒外套を着て　裏は羊の毛皮です」と特に裏書している。

（7）当時を知る老人たちが日本軍人に言及する時しばしば「太君《タイジュン》」という語が登場する。階級を問わず将校でも兵士でも日本軍人なら尊称として「太君」と呼んだという（盂県・孫賜芹07・8・29）。

（8）「八路軍を偵察するために山に見に行く」の意か。日本語の語順に日本語と中国語単語を織り交ぜており、日本兵が当時、村人に向かって発した表現を記憶しているものであろうか。

（9）李子元さんは一九二七年前後生まれ。一九四一年までは外で羊飼いをしていて、四一年に村に戻ってきた。軍隊に入ったのは一九四五年。日本が投降した後に八路軍に入った。盂県東会里村在住。

（10）二年説もある（東会里・李子元07・4・2）。

（11）劉文玉さんと王清元さん。東会里村の王清元さん宅での聞き取りに近所の劉さんも加わる。二人が同時に話すのは望ましくないが、展開上やむを得ずそうなった。二人が口々に話し、相互に記憶を確認しあったりするので、録音でもどちらが話しているのか確認できない。一九四二年には一二、一三歳であった、小さな村の同年代の村民の共通の記憶として記録する。劉文玉さんの生年は一九二九年前後。農民。盂県東会里村在住。王清元さんの生年は一九三〇年前後。軍隊経験あり。朝鮮戦争に参加。

三年で負傷して除隊。五六年から六六年まで村長（人民公社社長）を務めた。党員。東会里村在住。
（12）劉双海さんの生年は一九三一年前後。農民。東会里村在住。
（13）劉文玉さんについては前掲注11参照。
（14）泰次郎「黄土の人」の一節に「山岡さんがきてから、一〇日ほどすぎた頃、どこからともなく、一人の小孩《ショウハイ》があらわれて、山岡さんの身辺の世話をはじめた。中国人を部隊のなかに、むやみにひき入れることは、やかましかつたが、そのくせ、中国に駐屯している当時の日本軍の部隊には、どこにも多数の中国人が使われていた。観念的には用心しながらも、現地人を使えば、それだけ自分たちがらくになるので、幹部も兵隊たちも、なんとか理由をもうけては、部隊のなかにひき入れて、なにかの仕事をさせていた」とある。『田村泰次郎選集』第四巻、秦昌弘・尾西康充編、日本図書センター、二〇〇五年、九頁。
（15）No.1「東会里警備隊記念撮影」裏面に二六名全員の氏名と階級が書かれており、No.5には四二名のうち約三〇名の名前や出身地が写真周囲に書き込まれている。同姓同名が一名、同じ姓の者が二名いる他は重ならない。
（16）泉アルバム添書原文では、（子供老人来る）と括弧が付されているが、文意から括弧は不要と考え、引用では読みやすさを考慮して括弧を外した。
（17）東会里には最初に拠点化された一九三九年八月にトーチカが建設されている。この時の工事は日本軍が四〇年九月に百団大戦で拠点を一旦放棄した後、翌四一年九月に再拠点化した後に新設か修復工事を行ったものと思われる。
（18）盂県西部にある河東村の「羊馬山」など。
（19）本節では「村公所」「維持会」「商務会」など、日本軍占領下での基層自治組織の呼称が混在し、分かりにくい。例えば、No.6は「於東会里村々公所」と裏書がある一方、これと同地点で撮影されたNo.7裏書の李宜春には「差務股長」「維持会長」の二つの肩書きがある。二つの肩書きのうち「維持会長」はそれだけが筆跡やインクの色が異なるため、後から書き加えられたもので、現地住民、少なくとも李宜春本人は自身を「維持会長」ではなく「差務股長」と認識していた可能性もある。No.6「於東会里村々公所」の方は圭川か日本軍側による裏書であるため、撮影地点を日本軍側が「村公所」と認識していたことは間違いないが、No.7の李宜春に「維持会長」と付記しているのも筆跡とインクの色からNo.6裏書と同一人物である。あるいはメンバーは「維持会」で、維持会の活動拠点は「村公所」と認識していたのであろうか？
　一方、東会里村での聞き取りでは、村人が使用する呼称は「維持会」で、こちらから持ち出さない限り「村公所」と口にしていないようだ（調査時にはこの点について問題意識がなく、十分な確認が出来ていない）。上記二枚の写真に写る地点として村に残る跡（口絵10）に案内された時も村人は「維持会」跡と呼んでいる。No.7裏書に列記された八名についてのやり取りでも村人は「維持会員」としか呼ばず、「村公所所員」などの呼称は登場しなかった。

一方、日本占領期の「商務会」跡として集落内の別の建物に案内されもした(№10)。これと関連するのかどうか、仙人村の老人は東会里にあった〝自治〟組織のことを「商会」、李宜春を「商務会長」と呼んだ(李広栄10・9・5)。『仙人村志』も李宜春を「東会里で商会会長を務める」と表現している。ところが、県の記録では李宜春は「維持会長」となっている。

占領下での自治組織について調べてみると、省都太原では三七年一一月の日本軍による占領後まもなく「商務会」が結成され、商工業各会を組織して市場を開き、日本軍への物資供給を始めた。占領地では「商務会」の基礎の上に省、道、市、県で「対日協力」政権が作られていった。盂県では三八年一月上旬、日本軍の指導下で県に維持会が結成された。維持会内部は維持会長の下に「差務局長」が一人、総務、財政、教育主任が一人ずつ居た。維持会は同年三月には「県公署」に改組されている。村レベルでは、民国期の行政組織としてもともと「村公所」があったが、日本軍占領で大きな村に「維持会」が作られ、周辺の複数の村を管理するようになった。今日の東会里村に「商務会」跡と「維持会」跡が併存するのは、日本軍に対応する地域の自治組織が「商務会」と呼ばれた時期に使っていた建物と「維持会」と呼ばれた時期に使っていた建物が別々に残っている可能性が考えられる。

以上の例はごく一部で、日本軍や地元の県、村の記録に断片的に現れる情報はしばしば相矛盾する。日本軍や現地の県の記録では村レベルでの具体的個別例を突き止めることは難しく、東会里村には抗日期の記録もないため、明確に制度の変遷を辿ることは困難である。聞き取りに応じる住民にも呼称や概念の混乱がある。清朝の崩壊、民国政府の樹立、日本の占領、日本の占領政策の転変、抗日政権との二重構造、日本の降伏と内戦という、二〇世紀前半の中国の政治的激動を反映して、末端の行政制度も短期間で転変しており、人々(日本軍側、現地社会双方を含む)の認識が付いていけていない、あるいは変更を認識していても、変更後の組織に連続性や近似性があれば、従前の呼称が依然として使用され続けることもあり得ることで、それが「商務会(商会)」「村公所」「維持会」などの呼称の乱立と概念の混乱を招いていると考えられる。このため、戦後の中国で日本占領期の「対日協力」機構を総称的に指すものとして「維持会」の語が当てられ、時期や地域で名称が異なった治安維持機構がこの語で再認識されるようになったのではないかとする指摘がある。この理解は、今日の現地では「維持会」「維持会員」「維持会長」が最も通りがよく、異なる名称が出てくるのは、高齢の農民の証言や村志の記述であるという現象をうまく説明できるように思う。本節では四二年時点のものについては村人の現時点での認識に従い「維持会」を基本とし、それぞれの文献や住民の証言中の呼称は相互に矛盾する場合もそのまま使用することとした(参考文献:中国人民政治協商会議山西省盂県委員会文史資料研究委員会編『盂県文史資料』、仙人村志編委会『仙人村志』(草稿)、石田米子・内田知行編『黄土の村の性

暴力　大娘たちの戦争は終わらない』創土社、二〇〇四年)。
(20)圭川が東会里村を訪れるのは昭和一七年一〇月二六日のみで、撮影地点や被写体が共通することから同日撮影と考えられる。
(21)「差」には「派遣する」「使役する」の意があり(73頁の「公差」が一例)、「差遣」「差使」などの用例から推して「差務」は行政上の公務を指すものと考えられる。なお、山西省で県連絡員を務めた宣撫官の一九三九年の回想記に「県公署差務局」が登場し、「差務」に「庶務」と注記している(青江舜二郎『大日本軍宣撫官　ある青春の記録』芙蓉書房、一九七〇年、一八五頁)。また、「股長」は「股」が科より低い級を指すため、下級組織の長に用いると思われる。
(22)明清期に科挙官僚やその経験者をその郷里で呼んだ語。経済力、学識、官界との繋がり等を以て、その郷里の名望家として影響力を持ち、地域の政治的社会的秩序の維持者としての役割を担った。
(23)撮影は圭川側が行ったはずと思われるので、後に李に贈られたものに署名して、更に李が圭川に贈ったものだろうか。
(24)村内で略奪はしない、重い食糧供出を課されることが無い等、次に見る仙人村とは状況が大きく異なる。とはいえ、村の子供たちはみな日本軍の使役に出ており、異口同音に「大人だと殴られるが、子供にはあまりひどいことをしないので、親の替わりに子供が行った」と言う。また、トーチカ上に女性が連れて来られていた、維持会を通して村にも女性供出の要求があり、一度に二人出したことが二、三回あったとの証言もあった。自村の女性被害については特に口が重く、問いを重ねてようやく話したが、「名前は言えないよ」とすぐに言い添えた(劉双海07・8・30)。女性の被害は地域で誰もが知りながら本人や親族の名誉のために秘匿されてしまうようである。
(25)現地で編纂された聞き取り調査記録には、日本兵が発した言葉として「バカヤロー」(「八格呀路」などと表記される)がしばしば登場する。拠点があったこの村に限らず、筆者の聞き取りに応じた老人たちが口にする日本語に(123頁孫賜芹さんの回想など僅かな例外を除いて)罵倒語が登場しないのは日本人である調査者に対する配慮があると思われる。
(26)前掲『仙人村志』五〜七頁参照。
(27)作戦期間は、泉アルバムは「16・8・10〜」としているが、防衛省資料では「8・14〜10・15」(防衛庁防衛研修所戦史室編『北支の治安戦〈1〉』朝雲新聞社、昭和46年、付表)。
(28)No.13「敵ヲニラム」より約八名多いのは、No.12「行軍途中」では荷物運びなどの現地住民が混じっているのかも知れない。
(29)前掲『仙人村志』六頁。記載されている破壊の時期は一九四四年春であるが、これは占領の展開から見ると遅すぎるという疑問が残る。廟は九〇年代に再建された。
(30)この写真は圭川アルバムの同じ頁にNo.13「敵ヲニラム」と上下に貼られていたものの、撮影日も地点も記されていなかった。

泉アルバムに「東会里仙人村」として同じ写真があり、圭川が仙人村を訪れるのは一回のみであるため、撮影地点と撮影日が特定できた。

（31）「仙人村地貌図」（前掲『仙人村志』口絵頁）には、東会里村方向から仙人村に至る口に「七里峪」という地名が見える。正しくは「七里峪」である可能性がある。

（32）第二回では「植え付けの頃」と言っているが、季節と日本軍が農作物を収奪するという目的から判断して、第一回聞き取りでの発言を採用する。

（33）この時に限っての記憶なのか、占領期を通しての印象なのか、確認できていない。占領期の被害についての村の記録は86頁参照。

（34）第一回聞取りでは「日本軍一一〇人、偽軍六〇人、商会（維持会を指す）七人が東会里から来た」。

（35）いわゆる「三光政策」を指す。解題311頁参照。

（36）前掲『仙人村志』六頁。

（37）「収買」について、笠原は費用は支給されなかったので、実態は収奪であったとする。一方、村上は、一応公定価格で買い上げたがインフレの中では適正価格では無かったとする。笠原十九司『日本軍の治安戦――日中戦争の実相』岩波書店、二〇一〇年、一六四～一六七頁、村上政則『黄土の残照――ある宣撫官の記録』文芸社、二〇〇四年、一一三～一一六、一三七頁参照。

（38）岡田春生編『新民会外史　黄土に挺身した人達の歴史　前編』五稜出版社、昭和六一年、二六五頁。広中一成『ニセチャイナ――中国傀儡政権 満洲・蒙疆・冀東・臨時・維新・南京』社会評論社、二〇一三年、三三六頁。

（39）岡田、前掲書、二六三～二六五頁参照。

（40）村上、前掲書、一三七～一四〇頁参照。

（41）「工作」遂行に当たった宣撫官や新民会員の回想録には、現地住民と日本軍との間で苦しむ心情が綴られている。村上は、合作社顧問として赴いた県で、特務機関から派遣された強制収買督励班が県境の供出成績が最も悪い村で村長らの耳を削ぐ等の見せしめ的な「督励」を行うのを記録している。村上、前掲書、一五七～一六九頁。

（42）前掲『仙人村志』七頁。

（43）「附：日軍暴行録」前掲『仙人村志』（付録頁のため頁記載なし）。

3　占領の諸断面

外国軍による八年にも及ぶ「占領」とは如何なるものだったのか。そこには暮らしが発生し、娯楽が供され、女性の姿もある。現地社会の〝経営〟が始まり、現地社会は迎合し且つ抵抗する。本節では、駐屯将兵たちの遺した写真から「占領」の具体相に接近する。

宣撫工作

『支那事変記念写真帖』（以後、『事変写真帖』）には「宣撫工作」頁が二頁にわたってあり、「其の一」（口絵23）には「活躍す宣撫官」「無智な民にも」などとある。その中の「占領の側より」（左上）では、「大日本……」「宣撫……」と読める腕章をした、恐らくは「大日本軍宣撫官(1)」が「蔣介石是亡中国的姦賊」（蔣介石は中国を滅ぼす大悪人）という宣伝文を壁に貼っている。「キャラメルに集った小孩」（左二枚目）では住民の歓心を買おうとお菓子を配っているが、数年後には日本で「Give me chocolate!」の光景が繰り広げられることになる。この頁は武力制圧直後に行った所謂「従軍宣撫」を収録しているようだ(2)。

続く「其の二」（口絵24）は、占領維持の態勢に入ってからの所謂「定着宣撫」である(3)。「反蔣運動」「反英運動」が計三枚（左上、右下、左下）あるが、よく見ると幟に見える地名が共通することから、同じ集会のようだ。万国旗が張り渡された下で現地住民が日の丸と五色旗の小旗を振っており、幟には「倒蔣……」（蔣介石政権打倒？）「民衆反蔣……」（民衆が蔣介石政権に反対する？）「打倒□□容共之国民……」（共産党と手を結ぶ国民党政権を打倒？）などのスローガンが見える。左下には、地元の有力者らしい紳士が日本軍人に両脇を挟まれる格好で前列中央に座っているのも見える。現地住民を動員して「徐州陥落祝賀大会」（左下から二枚目）を行っていることに驚かされる。更に、少年に掛けた縄を手綱のように握り、頭を小突くような仕草で得意げに笑いながら「捕虜に説諭」してもいる（左二枚目(4)）。この頁に置く

No.1…「宣伝隊活躍（紙芝居）」

No.2…和平劇団の紙芝居と泰次郎（トラック中央）

からにはこれも「宣撫工作」の一環であったらしい。

　『事変写真帖』巻末の「第四次治安強化運動」頁も宣撫工作の写真が多い。「剿共自□」の横断幕を掲げた「突撃宣伝隊」や「和平劇団員の紙芝居」があるが、和平劇団や紙芝居といえば泰次郎が関わった活動である（5）。No.1「宣伝隊活躍（紙芝居）」は人物の服装や紙芝居の装置、垂れ幕など細部の一致から同日の写真と思われるものを泰次郎が所有しており、そちらには泰次郎が写っている（No.2）。

　同じく『事変写真帖』の「建設（日本語教育）」頁（口絵25）では、占領地〝建設〟事業として行われた日本語教育が紹介されている。うち二枚（左右上と左二枚目）は盂県城内の「茶坊《チャアファン》（差房《チャイファン》）」で、日本軍は占領当初ここに社会人を集めて、日本語を教えたという（44頁）。右上写真では腕章を付けた宣撫官が教官を務める。黒板の文字は「日本語練習　アナタワ……来マシタ　私ハ盂県カラ……」と読める。将校らしき人物が講話をする様子（左二枚目）の黒板には「終了式次第　一、開式之辞　一、特務機関長誨告　一、終了証書授与　一、表彰状並ニ感謝状授与　一、文化班長の指示　一、第二十班長之□辞　一、警務局長……　一、感謝状奉呈　一、閉式之辞」とある。

　同頁の下半分では、日の丸を中心に、右に五色旗、左に満州国旗を掲げた舞台上での「東亜建設二週年記念学芸大会」

No.3…東亜新秩序スローガンと泰次郎

の「支那劇」（右上から二枚目）」や「日本語歌合唱」（その下）、「東亜建設二週年記念雄弁大会」（左下から二枚目と右最下）が展開する(6)。先ほど見た「捕虜に説諭」と比べれば、まだしも宣撫らしい宣撫である。「東亜建設二週年」とは、日満華三国が「東亜新秩序ノ建設ヲ共同ノ目的トシテ結合シ、相互ニ善隣友好、共同防共、経済提携ノ実ヲ挙ゲ(7)」ることを提唱する「東亜新秩序ノ建設」声明が三八年に近衛首相によって発表されてから二周年を指すものと思われる。元第一軍宣撫班長の回顧録に、声明を受けて三九年は「その思想の高揚が……わが対支民衆工作の重点とされ」派手な式典がいろいろ挙行されたとある(8)。二年目の四〇年も引き続き各種記念行事が日本占領下の各地で盛んに行われたようだ。泰次郎が一九四一年元旦の北京で写した記念写真の背景には大意こう書かれている。「友好的に手を結び、東亜の新秩序を共に目指そう。われら東亜の黄色人種……」（No.3）。この前で記念撮影に興じた現地住民は果して居たのだろうか。

「明朗」

「明朗」は当時日本軍が治安を掌握したと考えた占領地域に冠した修飾語で、都市名に冠するだけでなく、「明朗支那」「明朗北支」「明朗山西」などの使用例もある。No.4は山西省の省都太原城の小東門。添書に「日本軍が突撃した正面」「城壁の要所要所に書かれた大文字は北支でも有名」とある。この要領で占領した地域や都市名の前に枕詞のように使用したようだ。「明朗」のこの用法については、独混四旅参謀で陽泉特務機関初代機関長を務めた広瀬頼吾が一九三八年一二月に第一軍の作戦地域が山西省のみに変更された頃に「明朗山西」の語を提言、娘子関南側山腹に「明朗山西」の看板を立てた、後に「明朗北支」に変わった、この語はルビッチ監督の米映画「陽気な中尉さん」からヒントを得たもの

No.4…「明朗山西」（太原城小東門）

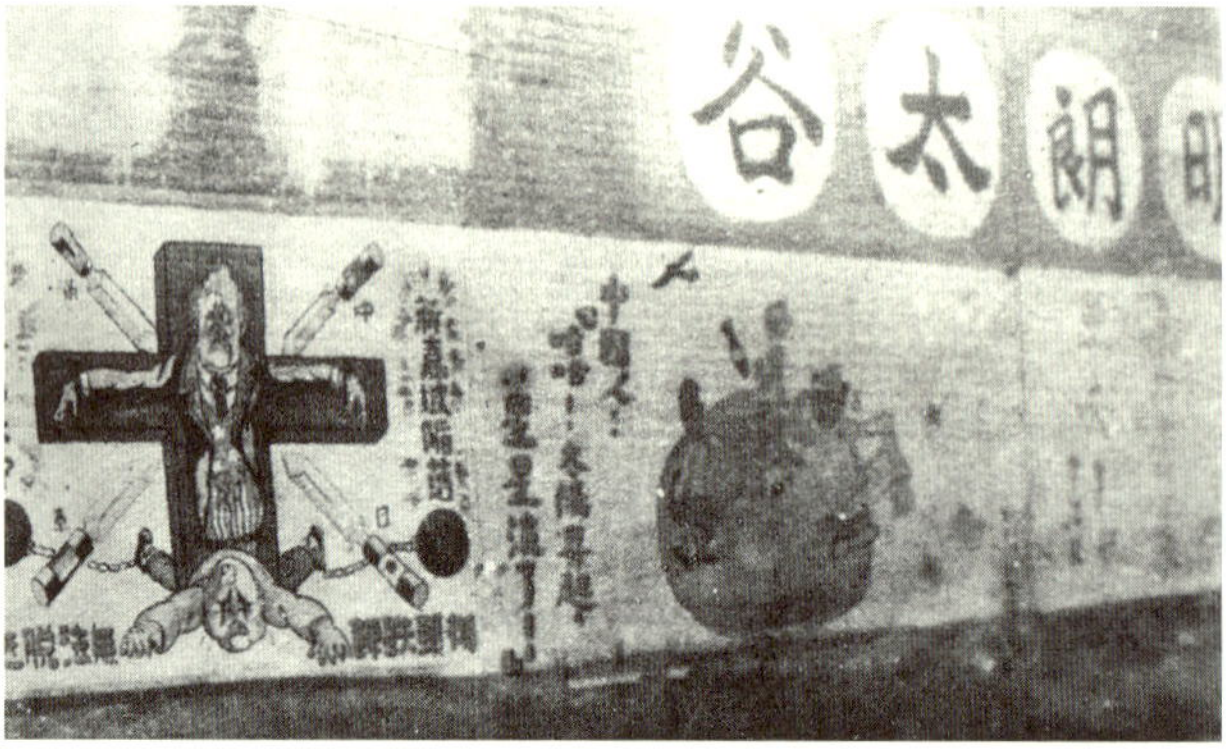

No.5…「明朗太谷」

No.6…「明朗陽泉」と泰次郎（陽泉保晋閣）

と回想している(9)。「占領」政策にハリウッド製恋愛コメディが登場するのは唐突に感じられるが、占領政策を主導した側の気分を反映するのかもしれない。

　盂県城門に掲げられた「明朗盂県」は既に見たが（56頁）、その下には「建設華北完成大東亜……」（華北を建設して、大東亜……を完成しよう）のスローガンがあった。「明朗太谷」と大書した壁面（No.5）は「大東亜共栄圏」がテーマと思われる。右側の十字架に米英に見立てたと思われる男たちが磔にされ、四方から突き刺さる刃に「日」「中」「満」「泰」の文字が見える(10)。

　泰次郎には「中日官民　協力建設　明朗陽泉」（中日の官民が力を合わせて陽泉の治安を確立しよう）と大書した前での記念写真もある（No.6）。陽泉には独混四旅の旅団司令部が置かれていた。現地調査で撮影地点は市街中心部にあった保晋閣と分かった。この標語の前を右に入ると特務機関、その並びに司令部があった（208頁）。人力車の上で踏ん反り返る日本軍人と車を引く現地の肉体労働者。当時の「中日協力」の実態を暴露するかのような皮肉な構図は意図的なものだろうか。

五色旗

少女が掲げる五色の旗はその名も五色旗（口絵23左下）。『事変写真帖』「宣撫工作」頁に「五色旗の下で」として登場する。五色旗は赤、黄、藍、白、黒の五色がそれぞれ漢、満、蒙、回、チベット族を表わし、五族共和を象徴するとされる。中華民国建国時に臨時国旗に選ばれ、その後も北洋政府の下で国旗として存続したが、一九二五年に孫文らが広州で国民政府を樹立し、青天白日満地紅旗を国旗に定めると、中華民国には二つの国旗が並存する事態に。二八年、国民党が北伐に成功（北京政府が消滅）すると、五色旗を廃止した。しかし、三二年に満州国が五色旗を基にした「新五色旗」を国旗に定め、三六年に冀東防共自治政府が、三七年に中華民国臨時政府が、三八年には中華民国維新政府が五色旗を採用、五色旗は「対日協力」政権の系譜と結びつくこととなった（11）。「偉業の完成（12）」の象徴であるかのように、『事変写真帖』、特に「宣撫工作」頁には現地で五色旗を掲げる様子が頻出する。上述の「五色旗の下で」も単に物理的に旗を掲げていることを指すのではないだろう。口絵24（右中）は五色旗と日の丸が交差して飾りつけられた式典会場である。中央脇に式次第が見える。「日華提携」を謳う式典であろうか、中央で日本軍将校が大声で演説する様子である。同じ会場を捉えた右上写真では、中央に「兵団長閣下」と書いた机が置かれ、その脇に現地住民の長らしい紳士が立ち、これも何やら演説している。同頁の他の写真では動員されたらしい現地住民たちが手に手に日の丸と五色旗の小旗を持つ。「反蔣運動」（左上、左下）「反英運動」（右下）と解説が付き、幟には蔣介石や国民党を「容共」として非難するスローガンが見える。前述の「東亜建設二週年記念」の「学芸大会」や「雄弁大会」会場にも五色旗が掲げられている（口絵25）。

泉アルバムにも山西省各地での使用例が見える。石太線沿線の楡次の城門（No.7）や省都太原の市場やホテルにも同じように交差させた日の丸と五色旗が飾りつけられている（No.8）。地点は分からないが、No.9「姑娘たちの出迎え」では

No.8…太原市場の入り口

No.7…「楡次門」

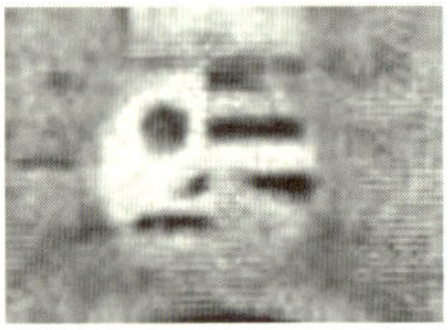

No.10…「日満華提携図」
(盂県城内東門・部分)

No.9…「姑娘たちの出迎え」

動員されたらしい旗袍姿の娘たちが日の丸と五色旗の小旗を振って、何かを待つ様子である。

「日満華提携図」（仮称）

独混四旅司令部が置かれた陽泉の市街地中心にあった保晋閣（210頁）では「滅共」スローガンの真ん中に、独歩一四大隊の大隊本部が置かれた盂県城の内東門（57頁）では「明朗盂県」スローガンの下に円形の図柄が見える（No.10）。円は不鮮明ながらも、三分割に見え、左上が日の丸、右上は白と黒に見える線が五本あるため五色旗であろうか。その下は三分の一のスペースが更に二つに分かれているように見え、左半分は白黒の線が四本に見えるため満州国旗と見てよいのではないだろうか。とすれば、「東亜建設二週年記念」会場（口絵25）に飾られた三「国旗」と同じように日満華提携を象徴する「日満華提携図」（仮称）なのではないかと推測する。第一軍管轄下の地域に限定して見られるようである点がヒントとなるように思われるが、これまでのところ裏付けとなる史料を見つけられず、正式な名称もその背景も不明である。

自動車道

前述したように、旅団司令部がある陽泉と大隊本部がある盂県城との間を自動車道が結んでいた。自動車は鉄道と並んで当時の先進的交通手段であったはずだが、盂県城内にあった停留所は立て看板があるだけの簡素なものである（54頁）。その看板には「華北交通(13)自動車停留所　陽泉↑盂県↓」とあり、「盂県」の左側が空白であることから、旅団司令部と大隊本部とをつなぐシャトル便だったようだ。圭川が陽泉の旅団司令部勤務となって盂県城を発つ際にも利用している（201頁）。

『事変写真帖』「自動車隊」頁№11はこの自動車道を行くトラック隊であろう。陽泉と盂県城とのほぼ中間にある河底鎮は一帯でも屈指の難所であったらしく、『事変写真帖』にしきりに登場する。「行軍山嶽」頁№12もそうである。元独歩一四大隊兵士によると、自動車（隊?）が河底鎮付近で襲撃を受け、「兵隊がだいぶ死んだ」こともあったという(14)（葛野09・5・4(15)）。盂県城を舞台とする泰次郎「春婦伝」は陽泉から盂県城に向かうトラック隊がまさにその河底鎮付近に差し掛かった場面で始まる。

石太鉄路に沿つた炭鉱町である陽泉の兵站を出発したときは、明けるにおそい冬の山西の夜はまだ暗かつたが、河底鎮をすぎる頃から、まわりに波のやうに連なつた山のその黄土の色が、ほのかに眼の前に浮かびあがつてきた。……絶えず起伏し、まがりくねつてつづいてゐる山間の道路を、いましがたヘッド・ライトを消したばかりの十五台のトラックが、夜明けの山岳地帯の静寂に爆音をとどろかせてすすんでゐた。

この後、トラックの一台が道路に仕掛けられた地雷を踏む。

No. 11…「砂埃をあげて前進又前進（河底鎮附近）」

No. 12…「胸つく坂を」

今日、補給輸送のあることを知つて、昨夜のうちに、敵といふよりも恐らくこの附近の部落の民兵が、埋めておいたものにちがひない。……

「このへんの部落は愛路村だろ。畜生、また二、三人ひつぱつて、たたき斬らにや、わからねえな。見ろ、けろつとして澄ましてやがるぢやねえか」

……成程、その部落はいまのこの物音にも、なにごとだらうとそとへ出てくる人の影一つ見えず、背丈の高い枯れ樹にかこまれて、しいんと静まりかへつてゐる。……見ようによつては、ふてぶてしく構へてゐるやうでもあるし、また別の見ようでは、家のなかで、つぎに起るべきことに対して全身を恐怖で硬直させてゐるのではないかとも見られる。地雷の埋没《ママ》を通報しなかつたといふことで、部落の人間が幾人か日本軍にひつぱられ、ときには責任者が処刑される。道路の破壊や通信線の切断、地雷の埋没《ママ》を、すぐに通報しないときには、責任者を処刑すると、前もつて布

No.13…道路破壊

告が出てゐるのだ(16)。

盂県城外での日本軍歓迎シーン（63頁）では画面半分近くを路面が占めており、当時の自動車道の状態がよく分かる。路面は土の道を押し固めただけのようであるが(17)、周囲より高く嵩上げされている。傾斜のある路肩も土を押し固めたのみのようだが、住民持参の素朴な工具と人力とで障害となる石や樹木を撤去する重労働が行なわれたものと思われる。No.11の路面と路肩も一様に平坦な状態を呈していることから、全線にわたって車両の順調な走行を確保するための工事が沿線住民を使役して行われたものと思われる(18)。

しかし、その道路は泰次郎が描くように、「愛路村(19)」設置などの対策にも関わらず、しばしば破壊された。No.13はまさに自動車道路が破壊された現場である。画面奥の、行列が大きく蛇行して乱れている地点が破壊地点であろう。泉さんは「道路が破壊されて、迂回して進む、たびたびやられる」「夜土《ママ》路破壊し、昼は修理す」と添書している。一帯の住民は、昼間は日本軍の使役で道路の敷設や修理をし、夜間は八路軍の指揮でその破壊を行う羽目になっているという記述が日本軍側、中国側双方の資料にしばしば見られる(20)。

作戦

黄塵の季節にはまだ間があつたが、寒さがゆるんで来ると、また年中行事の春の大きな作戦が近づいてゐた。今年はどこだらう、北か、南か、どつちにしてもまた百日ばかり銃火の生活がつづくのだ。そして、私たちのうちの幾割かが死んだり、傷ついたりするのだ。作戦が近づくと、古い兵隊たちの気持はきまつてすこしばかり憂鬱になり、荒みはじめる。これが最後の外出日だといひあつて、街にどつと兵隊の姿が溢れ、酒保や、飯店や、女たちのゐる家では、酔つてつかみあひがはじまる(21)。

独混四旅は普段は駐屯地で治安維持にあたる一方、ほぼ各季に一度程度の割合で一月《つき》から長い場合は三月《つき》も山中に入り、山岳地帯のゲリラ対策として大規模な作戦を実施した。『事変写真帖』や泉アルバムには太行山脈の険しい尾根に延々と続く行軍など、作戦の記録がふんだんに収録されており(№12他)、独混四旅と太行山中の作戦は切り離しがたいイメージである。泰次郎作品でも作戦は主要な背景となっている。『事変写真帖』「砲兵隊」頁では「泥濘《ぬかるみ》を衝いて」「道なき道を」「馬もあえぐ」と、山西特有の険しい地形に加えてぬかるむ足元と格闘している。当時の軍歌に「どこまで続くぬかるみぞ」(「討匪行」)とあるが、山西の日本軍はこの泥濘にずいぶん苦しめられたようだ。泰次郎「沖縄に死す」は京漢作戦総攻撃前夜を描いているが、総攻撃を前に雨が降り出す。

「畜生、やりきれねえなあ」
みんなはもう、明日の、泥でこねまはされたぬかるみの進撃を胸に描いて、うんざりするのです。黄土はちよつと雨が降つても、粘土のやうにべたつくのです。砲や馬と一緒に、膝まで没して泥のなかを進む苦しさ、それをよく知つてゐる私たちは、もうそのことを考へただけでいやになるのでした。あらかじめ用意された人員の三分の一の白木の箱が、私達を追つかけて黄河南岸の新郷まで来て待機してゐるといふ噂のあるこんどの作戦、その開始を明日の朝にひかへて、誰も自分の生命のはかなさを胸に抱きしめて、その頼りないいのちの焔のゆらめきをじつとみつめてゐるその夜の私たち兵隊の気持に、これはあんまり残酷すぎるのでした(22)。

山西の黄土高原を訪れた後では泥濘の「残酷」さはよく分かる。現地の土壌は粒子の細かいパウダー状を呈しており、乾いていれば風に舞い上がって黄砂となり、一旦水を含むと粘着度の高い、ずっしりと重たい泥になる。筆者も盂県農村で雨に降られ、重量のある車両のタイヤが泥にめり込んで立ち往生、同行者総出で路傍の草や石を運んで泥濘を埋め、後ろから車両を押し出して脱出した経験がある。大砲となれば推して知るべしである。

作戦中は行軍に次ぐ行軍となるが、その間は「輜重隊大休止」（No.14）のように、通過点の集落で適当に宿泊したらしい。泉アルバムには「敵地区に行くと、人は皆逃げていっておらない」とあり、「人は皆逃げていっておらないが、牛豚とり等残っているので」と続く。行軍中は住民が逃げた後の集落に宿泊し、残された食糧を「徴発」して食べたようだ。「徴発して来た牛等、久しぶりに牛の片足、生ねぎ、味噌汁（味噌樽）にありつき、思わず料理の

No.14…「輜重隊大休止」

No.15…「大休止」

手に力が入る」「牛一頭で足だけ持って来て、すぐ料理」「木が少ないので、家具壊して人民にとっては甚だ迷惑」（No.15）。これとそっくりな体験談を同部隊の別の兵士からも聞いた。「豚や牛や肉を食べたいから、徴収《ママ》して、牛一頭殺しても食べんのは足一本くらい。自分らだけ満腹になったら、後は捨てて行く。盗みというたら言葉悪いけど、取ってきて、足一本だけ担いで、急いで追いつく」（山田05・5・4[23]）。行軍中、食料に代金を支払った記憶はなかった。ではどうするのか。「警備行軍中食於峯頭村」（No.16）には「鶏、玉子は村長から持参か、徴発かで」とある。この時は食材を徴発して、鍋ですき焼きをしたと言う。やはり代金は支払っていない[24]。

No.16…「警備行軍中食於峯頭村」

ある従軍記に「北支」戦線で行われた接収と徴発の様子が具体的に描写されており、接収と徴発は行軍中の「通常行動」となっていたようである(傍点筆者)。

露営地の区署を受け……土壁に囲まれた家に行き、堅く閉ざされた門を叩いて「爾的開門」と叫ぶがなかなか出てこないので、いまいましくなり激しく叩いて大声で呼ぶと……気の早い兵が教えられたとおり着剣して構える姿を見て、七十を越したと思われる白髪無精髭の老爺は二三歩後すだ《ママ》りをした……中に入り見れば、これはどうだ、外から見る構えで相当な家だと思ったが……すでに先進部隊が使用したか、粟や高粱柄が散乱、残飯に蝿の群集に茫然、奥に入ってみたがどこも同じ。……とりあえずその仏間を中隊長室と指揮班、その他の建物を三分して各小隊とし……大掃除、新しい高粱柄を徴発して敷き替え……満州事変の古強者たちの指導でどこから調《ママ》発して来たか、風呂釜のような大鍋……やはり歴戦の経験者はやるなあと礼をいう(25)。

作戦では日本軍にも犠牲が出る。京漢作戦では「あらかじめ用意された人員の三分の一の白木の箱」が黄河南岸で待機しているという噂が兵士の間にあったという(前述)。No.17では泰次郎と思われる兵士が白木の箱を首に掛けている。泰次郎「ある死」は、作戦から駐屯地に帰る際の部隊の様子とそれを迎える居留民の反応を遺骨箱、それも中隊の厄介者で、その戦死が部隊内では歓迎された気配さえある兵士の遺骨箱を中心に描いている。

白布につつまれた遺骨箱が一つでも、多いことは、その中隊がそれだけ山のなかで、奮戦してきた証拠である。一つも遺骨箱のない帰還は、なんとなく、ひけ目を感じる。これまで、山のなかで、幾十日も誰からも気にもかけられ

No.17…白木の箱を首に掛けた兵士

なかつた伊勢田の遺骨は、急にみんなから関心を持たれはじめた。明日の鉄道沿線への中隊の帰還は、伊勢田の遺骨を中心に、行軍の序列がきめられた。

翌日、私たちは、白布につつまれた遺骨を中心に、粛々として、県城にはいつた。県城には日本の居留民たちが、城門のそとまで出迎えていた。居留民たちは、二列に並んでいた。男たちは国防服と巻脚絆に身を固め、女たちはそろいの白い上つぱりに、国防婦人会と書いたタスキをして、私たちをまつていた。

「ご苦労さんでした」

団長がそういうと、彼らは一せいに、私たちにむかつて、頭をさげた。遺骨箱がくると、なかには、手をあわせる者さえあつた(26)。

このように討伐から駐屯地に帰還する際には住民による出迎えが行われた。盂県城には日本人居留民が居らず、現地住民が動員されている（No.18他多数）。No.18には「十八春　大行《ママ》作戦よりかへりて　盂県城南関街」と添書がある。南関街は城外にある練兵場から城門に至る道である（54頁）。内城の中心広場に向かうのだろう、騎馬で凱旋する日本軍を動員されたらしい住民が沿道に立って迎えている。手前には揃いの帽子を被った子供たちが日の丸の小旗を振ってずらりと並ぶ。引率の教師らしき人影や五色旗も見える。横断幕は「歓迎労苦功高的一□□□(27)」（戦功高き一□□□ご苦労様でした。お帰りなさい）と読める。盂県城を舞台にした泰次郎「春婦伝」では「慰安婦」たちも出迎えに駆けつけている。

部隊の帰るのは、城門分哨の位置からは半里もさきから見えた。分哨は部隊を発見すると、電話で本部に知らせるので、またたくまに方々に知れわたる。彼女たちもあわてて、パフで顔をたたき、口紅をぬつて、そとへ駆けだす、どつちの城門からはいつてくるかをたしかめて、その城門まで走つていく。城門の分哨のわきで、彼女たちはかたま頁「市街図」参照）(29)。

No.18…「大行作戦よりかへりて」

No.19…「隊長出迎」

つて、部隊の帰りを待つのである。

No.19「隊長出迎」にはずらりと並ばされた現地住民の反対側に、留守部隊らしい日本兵たちからも離れた場所でうずくまる四名の後姿が見える。そのうち少なくとも二名は和服に白い割烹着姿であることが分かるため、盂県城に居た「慰安婦」ではないかと思われる(28)。地点は城外であるが、左手の敷地が杭で囲われているのが見えること、No.18との関連から南関街と馬夫地（練兵場）が接する辺りではないだろうか（38

慰霊祭

兵士が死ぬとここで追悼会をやり、廟の後ろで荼毘に付した。追悼式には花輪があった（孫賜芹07・9・6）。

圭川アルバムには盂県城大仏殿（53頁）での「慰霊祭」の様子がある（No.20）。盂県城に本部を置く独歩一四大隊主催と思われる。祭壇には骨箱と思われる白い箱状のものが数個見え、その両脇に花環、中央と左側前列の兵士が抜刀し、檀上左右で数名がお辞儀をする。No.21を見ると右側は将校姿である。壇下に並ぶ一般兵士たちは捧げ銃の姿勢を執る。No.21は大仏殿での慰霊祭をNo.20とは違う角度からやや俯瞰で撮っている。拡大して見ると細部の違いから別の日の慰霊祭と分かるが、祭壇の設定も人物の配置も共通していることから、当時の慰霊祭には定型が出来ていたようだ。

No.22は細部の一致からNo.21の祭壇と分かる。祭壇の骨箱は約一八柱。祭壇左には「万人永仰靖国神」と見え、祭壇に向かって左側の白装束の人々は神主と巫女のように見えるが、祭壇正面に座るのは仏僧である。元

No.20…慰霊祭（盂県大仏殿）

No.21…慰霊祭（盂県大仏殿）

No.22…慰霊祭の祭壇

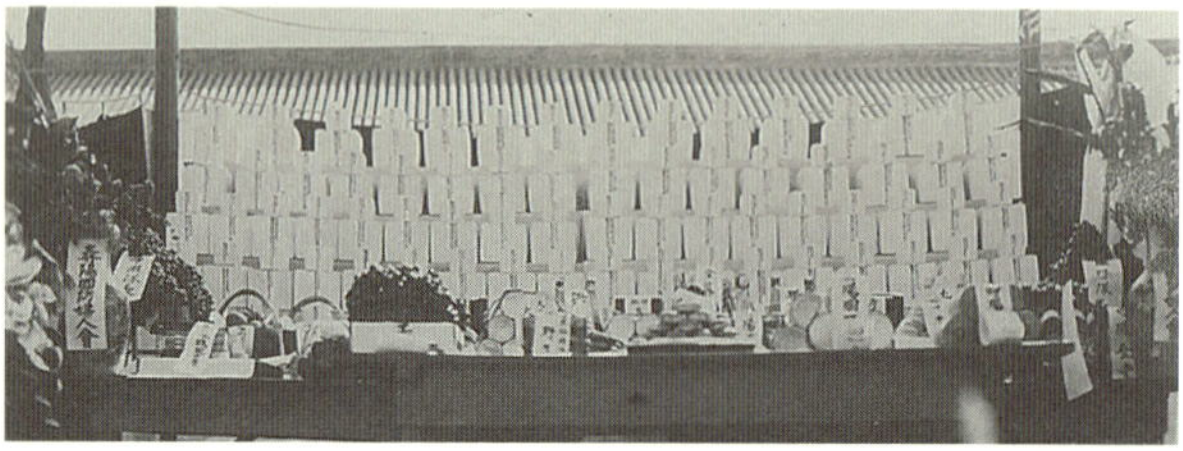

No.23…慰霊祭の祭壇(寿陽独歩14大隊本部)

第一軍宣撫班長の手記に戦場での火葬は「すべて仏式」だが、「正式の合同慰霊祭は神仏二道で行われる」とあるのと符合する(30)。No.23は百団大戦時の慰霊祭祭壇のクローズアップ。百団大戦当時、寿陽にあった独歩一四大隊本部でのものである。添書から遺骨は六六柱、「興道大捷」(解題301頁)の犠牲者が主であると分かる。菓子や果物などの供え物、右端にはビール瓶も見える。両脇に供えられた花輪のうち左端は「寿陽国防婦人会」からである。No.21の慰霊祭の戦死者を出した経緯が添書されていて、盂県城から三里ほどの小部落に八路軍が来たという村民の情報があり、「新米将校」以下一〇名程が出撃するも「敵」はおらず、出撃先で昼食中を包囲されたとある。「ゲリラ作戦にかかる」と結ばれており、住民を巻き込んだ現地抵抗勢力との攻防の一端が見える(31)。

神社

日本が植民地台湾に建設した台湾神社は有名であるが、中国大陸の占領地でも各地に神社を建てたようだ。泉アルバムには泉さんが従軍中に滞在した各地の神社の写真が残る。例えば、負傷して入院生活を送った省都太原(第一軍司令部所在地)の太原神社(No.24)は居留民と思われる少年たちが祭りの神輿を担ぐ場面もある(No.25)。また、泉さんが長い山西省勤務の後、除隊前にしばらく勤務した山東省での青島神社の写真も残る(No.27)。山西省楡次(大隊本部、のち旅団司令部所在地)に住んでいた元居留民の女性が帰国時にわずかに持ち帰った写真の中にも楡次神社での写真があった(No.26)。

No.24…太原神社

No.25…太原神社の神輿行列

No.26…楡次神社

No.27…青島神社の桜と舞妓

写真で見る限り、太原や楡次の神社は急ごしらえの仮設のような造りで、占領地での神社は皆この程度のものであったかと思いきや、青島神社は広大な敷地とかなりの樹齢があるように見える木立を伴っている[32]。添書には「桜の並木が美しい。日本人も沢山いる」とある。するとNo.27は桜の花の下の舞妓といういかにも「日本情緒」を醸し出す光景であるようだ。

　圭川アルバムに神社の写真は見当たらないが、スクラップ記事には北京神社や天津神社が登場する（264頁）。盂県城では前項で見たように仏教寺院を接収して慰霊祭を行っており、神社を建てた様子はない。後述する江南期の金壇（連隊本部所在地）や溧水（大隊本部所在地）にも神社は無い（二章3節）。神社の有無は居留民社会の有無と関係があるようだ。

　日本の占領下において一時は夥しい数に上ったであろうこれらの神社は日本の敗戦後、殆どが一瞬にして跡形もなく姿を消しているが、旅団司令部が置かれていた

No.28…陽泉神社境内跡

No.29…陽泉神社（当時）

陽泉で「陽泉神社」跡とされる場所に案内された。道路に面した入口から細い階段が小高い丘に続いていく（No.28）。日本の神社によくある地形である。この階段を画面奥まで登り切ると行き止まりで、進行方向左に折れる階段が続く。それを登り切ると細長い平地が姿を見せる。ここが境内であったと思われる。

陽泉特務機関長であった広瀬頼吾によれば、陽泉神社は彼の発案で、一九三九年四月着工、翌四〇年五月に完成した（No.29）。「北支」における最初の神社であったという。「陽泉市街の南側の山陵《ママ》の上（獅脳山の北東五〇〇ｍ）。西方延安に対面」、祭神は「一、日本軍独混四旅戦没者陸軍大佐清水喜代美以下諸英霊。二、中華民国軍特に中共軍楊成武麾下の抗日救国決死隊の諸精霊（特に秦山岡鎮の戦闘及中華民国軍戦死傷没諸精霊）。三、仏舎利一粒」であった。中国側戦死者を祀るのは、自軍との戦いで全滅した第八路軍犠牲救国同盟決死隊に「大和魂は日本のみの専売ではないことを痛感し」、血に染まった標識を集めて、図嚢に納めておいたものと言う。注記して、「中共の百団攻勢に於て陽泉街の要所には侵入し破壊を企てたるも夜のうちに獅脳山周辺に集結し在陽泉の日本軍及日本人等の全滅を企図せざりしは陽泉神社を建立せられたためと宣言せり(33)」とも言う。なお、仮に「跡」と呼称したが、この空間は陽泉神社の前もおそらく廟などの公共的な空間であったと思われ、現地社会にとって陽泉神社期は束の間の占領期に過ぎないのだろう。

ひらがな・万葉仮名……「小日本」

当時、中国に置かれた日本軍施設には一見軍事には不似合いなひらがなの使用が見られる。No.30は「山田部隊津支隊」

No.30…警備隊の表札

No.32…警備隊の表札

No.31…旅団司令部教育隊正門の表札

と読める。あるいは万葉仮名に先祖帰りしたかのように一文字ずつの漢字の音で日本語を表記したものもある。No.31は「いしだい三五九五ぶたいしばたたい」(石第三五九五部隊柴田隊)だろうか。これらは現地住民に読まれるのを避けようとする工夫だろう。裏返せば、漢字で表記する場合は現地住民に読ませたい場合だろうか(No.32)。このように漢字で表記すれば、現地住民は中国語の読音で「大日本《ダーリーベン》」と読むだろうが、「大日本《だいにっぽん》」が言わんとするところは伝わる。住民が心の中で何を呟いたかは察しがつく。今日も使われる日本の蔑称「小日本《シャオリーベン》」は当時中国各地で掲げられた「大日本《だいにっぽん》」が生んだものと思われる。

使役

農村で聞き取りをしていると、老人たちの日本占領期の記憶として日本軍の使役に出た話がしばしば登場する。彼らは使役に出ることを「苦力《クーリー》」とか「公差《コンチャイ》」という。

山のトーチカへの苦力《クーリー》は薪取りなど。大人だと殴られることもあるが、子供にはあまりひどいことをしないので、親の替わりに子供が行った(東会里・李子元07・4・2)。

No. 33…水桶を担ぐ子供たち

No. 34…遮断壕の構築作業（？）

当時は山（のトーチカ）へ（日本軍の）使用後の炭を拾いによく行った。堀を掘ったりする仕事もした。二人とも行ったことがある。大人が行くと殴られるが、子供だと殴らないし、ご飯を食べさせてくれた（東会里・劉&王07・8・30）。

小学校から帰ると、彼らは私たちに水汲みや食器洗いをさせた。子供たちにはコメのご飯を食べさせてくれた（盂県南関・鄭永才13・4・23[34]）。

泰次郎写真では幼い子供たちが水桶を吊った棒を担いで丘陵の斜面を登ってくる（No.33）。急な坂道と背景に広がる渓谷は山西省の農村地帯に点在した日本軍拠点から眼下の集落を見下ろす風景そのものである（本扉下）。東会里村を含め、山西の拠点では山上にトーチカを設けるが、炊事場は水が必要なことから麓にあることが多かった（口絵12）。水の便の

No.35…徴発された住民たち

No.36…「盂県地区西煙鎮北方討伐」「膝まで没す河中を」

ある麓から山上の拠点への水運びにはこんなふうに地元住民を使役したのであろう。使役には暴力を避けるため親の代わりに子供が出ることが多かったというが、子供が出来ることには限界がある。重い力仕事にはやはり大人を集めたようだ。No.34は遮断壕の構築作業か(35)、どこまでも続く溝とおびただしい数の人々。画面中央の斜面を鶴嘴で削り、生じた土砂を積み上げたのか、右端では成人の背丈ほどの高さの土盛りをならしている。手前右端に立つのは作業を監督する日本兵のようだ。このような労役に使用する工具は基本的に住民持参で、日当の支払いも無かったという(36)。

泉写真No.35には行軍する日本軍の荷物運びをする住民が写っている。銃を持って監督する日本兵らしい人影も見える。添書して「苦力の一役、駄馬、荷物を運ぶロバ、なかなか力が強い」「中国人、だれ《ママ》なしに苦力とし、筋肉労働に強いた」と言う。「苦力」には「驢馬持参で来る」と注意書き。東会里村の李子元さんが体験した「公差《コンチャイ》」(73頁)もこの驢馬持参での苦力に当たるのではないだろうか。No.36では河原を行く行軍が蛇行する河を渡っている。行軍の末尾は地平線に霞む。荷を載せているのは馬では無く驢馬で、その手綱を引くのが住民なのだろう。添書して「日本軍兵は戦地で会った、中国を《ママ》、すべて、苦力《クーリー》とみなし、筋肉労働を強いた」。行軍では出くわした住民をそのまま使役することが常態であったようだ。

泉さんはまた東会里拠点のトーチカ写真に添え

て「陣地構築に毎日二〇〇名程の苦力使用。子供老人来る。昼食、高粱粉を焼いた一五センチ程のパン一枚だけ。目を離すと働かない」とも。「子供だと殴らないし、ご飯を食べさせてくれた」という村の老人たちの記憶も兵士の側から見ればそっけない話になる。「子供にはコメのご飯を食べさせてくれた」という鄭さんの記憶も次節の元兵士の話から行けば、皿洗いの残りかすを掬って食べるのを黙認した、というのが真相なのかも知れない。

力仕事でも老人や子供だったのは、青壮年男子が日本軍の前に迂闊に姿を現すことはなかったためのようだ。一九四〇年の百団大戦を挟んで盂県一帯で約五年間従軍し、討伐で東会里村や仙人村にも行ったことがあるという独歩一四大隊元兵士は「あちこち分遣隊で行っていても、討伐でなくて警備の巡回でも、日本の兵隊が来れば若い男や女はもうどっかに姿を隠してしまって、絶対!日本の兵隊の目に留まるようなとこには絶対!出てこない。居るのは年寄りと子供だけ」(葛野09・5・4)と「絶対!」に力を込めて繰り返した。

一方で、大隊本部があった盂県城に住んでいた孫賜芹さんは八年近くにわたる占領期に使役を経験していない。「自分は子供で、毎日学校に行っていました」と言う。部隊長の歓送迎式など軍の行事に地元の小学生が動員されてはいるが使役はさせられていない。旅団司令部があった陽泉でも使役の話は出なかった。都市と農村、あるいは学校に行っているかどうかで状況は違うようだ。

子供たち

日本兵の中には子供の頭を撫でて涙ぐむ人も居た。自分の子供を思い出すんだろう。(日本兵だって)人情もあった(盂県文化研究会13・4・23)。

実を言えば、兵隊たちの中には子供を可愛がる者が結構いた。ほんとのことだ。(日本兵にだって)何もいいとこが無かった訳じゃない(杜修新07・9・5)。

日本兵たちは子供を使役もしたが、可愛がりもした。現地取材では老人たちから異口同音に「日本兵は子供を可愛がった」と聞かされる。今日、話を伺うことが出来る老人たちは当時一〇歳そこそこの子供だった。東会里村の老人たちは子供好きな「シャンベン（山本）タイチョウ」や「いつも私をおんぶして遊んだ」ハヤシを今も覚えていた（79頁）。日本軍トーチカに住んでいた少年については既に見た（74頁）。泉アルバムには子供たちの写真が多い（No.37他）。泉さんは戦後現地を訪れた時には写真を引き伸ばして持参し、子供たちの消息を尋ねて再会しようとした。アルバムの余白には一人ひとりの名前と知ることが出来た消息が細かな字で書き込んである。泰次郎にも子供たちとの写真が少なくない（No.38他[37]）。次は、前述の独歩一四大隊元兵士の回想である。盂県一帯で五年間従軍し、討伐で東会里や仙人村にも行ったことがある。

No.37…泉さんと子供

No.38…泰次郎と子供たち

上社鎮にいる時、トーチカの下に炊事場があって、食器を洗うと食べかすが出るのを小孩《シャオハイ》らが狙って水をさらって残り物を食べる。それでも子供にはご馳走。そういうの見てるから……一週間に一度加給品のまんじゅうや羊羹やカステラなどが出る。食べずに残して子供にくれたりした。すると子供は喜んで。兵隊だって戦争を離れると普段の人間に戻るんですよ。子供の顔を見ると可愛くて。自分は食べなくても子供にくれたくなってね（葛野09・5・4）。

元兵士たちにとって子供たちとの交流は、戦地の体験の中で家族に話すことが出来るほぼ唯一の話題なのだろう。元兵士たちを訪ねるとご家族が戦地での子供たちとの写真を見せてくれたり、子供たちとのエピソードを話して下さる。泉さん宅でもそうであったし、この元兵士の奥さんも「うちのおじいさんは戦場でも子供に懐かれていたんですよ」と穏やかな笑みをたたえて話された。どの家族も「うちの人間だけは」たとえ戦場でもむごいことはしなかったと信じきっておられる。一方、現地住民は兵士たちが子供たちを可愛がったことを知っていると同時に、大人たちに加えられた拷問や殺害、居留民も含めた日本人の我が物顔の振る舞いも目撃している。子供好きな日本兵は被「占領」体験の一部に過ぎない(38)。

日本軍人の中国服姿

占領地での日本軍人の中国服姿は特務工作など特殊任務を想起させる。圭川アルバムにも裏書から日本人の少尉であると分かる同一人物の中国服姿の写真が複数枚ある。裏書には姓や階級、所属隊名まで書かれているため、機密性の高い任務を帯びている訳ではないのだろうが、現地人と思われる武装した集団との写真(№39他)には、警備隊や保安隊など、占領地で日本軍が組織した傀儡武装勢力との関連が想像される。

№39…中国服姿の日本軍人（少尉・後列右）と武装勢力

№40…「特別工作隊の頃」

泰次郎にも中国服姿の写真が少なくない。富裕層の身なりをしたお遊び風のものもあるが、中には彼の小説に描かれる便衣を着ての調査を思

No.41…泉さん憲兵時代の便衣姿

わせるものもある（No.40他）。泰次郎は八路軍根拠地に接した山西省での宣撫活動体験に基づいた作品を多く残しているが、たとえば「肉体の悪魔」では、県城周辺の分遣隊が絶えず八路軍の襲撃に晒される中を「便衣で毎日のやうに城外に出て、附近の村落調査をつづけて」いる。「檻」でも情報班による便衣での調査を描いており、便衣を身に着け、地元の保安隊にひとり混じって城外に出て行く(39)。

一方、あっけらかんとした中国服姿もある。衣服から帽子や靴まで全身を中国式で固めた日本軍人たちの、いかにも記念撮影という一枚（77頁）。服には折り目がはっきり見え、仕立てたばかりのようだ。帽子や靴も真新しく見える。撮影地点は軍拠点を置いた村の村公所で、同地点で維持会メンバーとの記念撮影も残ることから、「衣裳」一式を維持会から贈られての記念かもしれない。煙草を片手に大人風のドレスに身を包み、肩を組む姿には遊びの気分が滲む。

一方、泉さんは分厚いアルバム四冊に四五〇枚近い写真を残しながら中国服姿は一回しか見当らない。いつもの憲兵隊の腕章姿ではなく、布靴を履いた便衣姿である（No.41）。同じ大隊の元兵士に中国服について尋ねたところ、「日曜なんかで遊びに行く時、作戦に行く時も中国の服を着てカモフラージュして」と返ってきた（山田05・5・4）。大学出の将校にとっては遊びや憧れでもあったかもしれないが、一般の兵にとっての中国服はあくまで偵察に出たり、休日に出歩くための方便であったということだろうか。

No.42…中国〝風俗〟頁

女性たち

圭川アルバムには戦時にも関わらず女性の写真が意外に目に着く。出征の際に贈られ

No.43…「朝鮮女子風俗」

No.44…チマチョゴリ姿の女性

No.45…「支那女子風俗」

たものだろうか、裏面に女性名で「……より」と書かれた女学生風の写真もある。以下は、中国戦線での写真の中に現れる女性たちである。慰問団の女優だろうか、舞台化粧のような濃い化粧の女性が『事変写真帖』空白頁に貼られている。B4版ほどの大判の頁の中央にただ一枚貼られており、「皇軍」を讃える前後の頁と異様な断絶がある。また、看護関係者だろうか、将校たちが居並ぶ旅団司令部での集合写真に颯爽とした様子で混じる女性たちもいる（196頁）。

一方、中国人女性や朝鮮半島出身と思われる女性たちに圭川が向けた視線は好奇を感じさせるものである。ある一対の見開き頁に多くの女性たちが登場するが、この頁は中国〝風俗〟を集めた頁らしい（No.42）。というのも、他に貼られているのは、日本人には珍しかったと思われる、駱駝や驢馬などが写る北中国の生活風景で、当時土産用に販売されていた写真（後述）のようにも見えること、女性たちの写真には「〇〇風俗」などと裏書されているためである。そのうちチマチョゴリ姿の若い女性（No.43）はその下に自身の肖像写真を貼りつけており、他の写真とは別扱いのようにも見えるが、裏書は「朝鮮女子風俗」と素っ気ない。可憐な容姿と照明を当てたような撮影から女優のブロマイドかとも考えたが、泉アルバムに姉妹編のような一枚を発見した（No.44）。背景だけでなく、チマチョゴリ姿やポーズまで同じである。背景のカレンダーは李香蘭に似た女性の右に「……乾板と印刷紙」の文字が見える。どうやら泉さんが写真館でお気に入りの「慰安婦」を写したもののようだ。

No.45は「支那女子風俗」と裏書されている。衣服は絹のような光沢のある

No.46…「支那部落民」

No.48…纏足をした若い娘

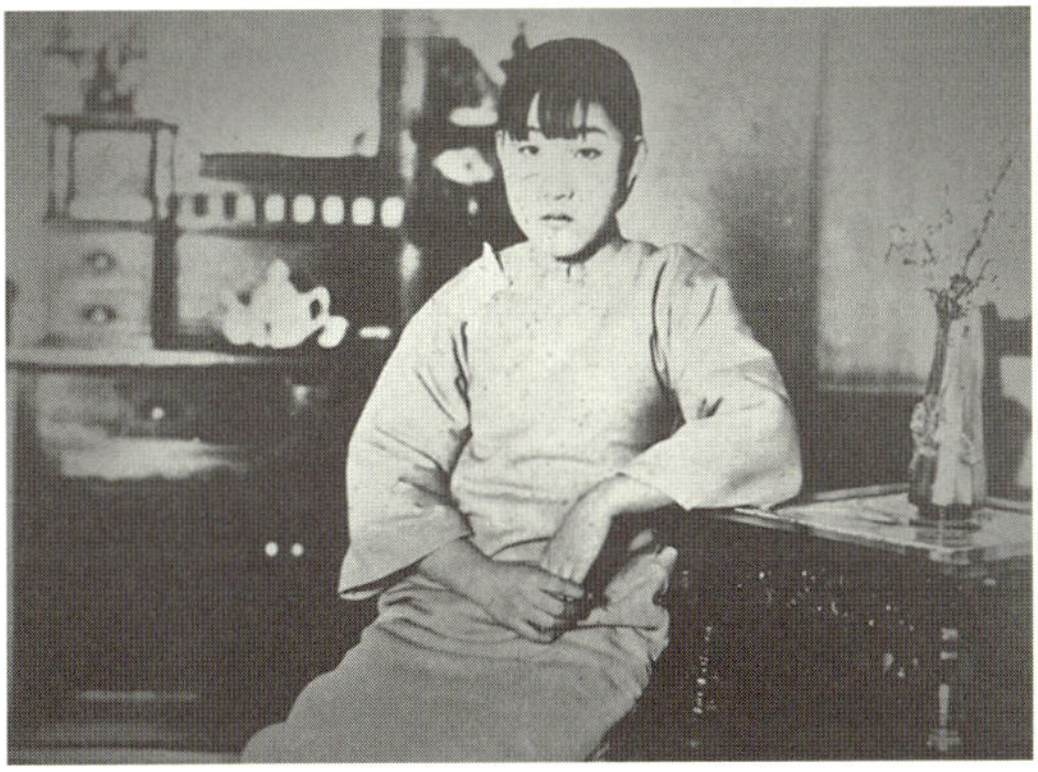

No.47…チャイナドレス姿の女性

生地で上下とも柄が入り、髪にはパーマを当てている。No.46「支那部落民」と比べると、彼女の身なりは一般の農村女性とは明らかに異なる。現地では「いかにも女将といった感じ」という声があった（王&張11・4・9）。一方、長髪で伝統的な身なりの若い女性（No.47）。前髪を垂らすのは未婚の娘である。纏足かどうかは分からないが、旗袍《チャイナドレス》の右胸元にハンカチを挟んだ様子や室内の調度などから富裕な家庭の娘か（杜修新07・9・5[40]）、あるいは娼館を写した土産写真の類かもしれない。一方、No.48の少女は、前髪や束ね髪、耳輪、纏足と伝統的な未婚女性の身なりで、埃っぽい道端に粗末な服で座りこんでいる。枕状のものを抱えているのは売り物か、それとも娼館などの小間使いだろうか。

79頁No.9は屋外で足を投げ出して座る（座らされた?）三人の女性たち。裏書には「於東会里　風俗写真」とある。先行する写真の女性たちと比べると、日焼けした肌や粗い生地の衣服などから農村女性と分かる[41]。東会里村で尋ねると三人の名前も身元も容易に分かった。この村を訪れた圭川は日本軍分遣隊や現地協力者たちとの記念撮影を多数残しているが、その中で集落の住民が写るのはこの一枚のみである。「風俗写真」として撮影したのは農村女性の姿に興味を覚えたのだろうが、その関心は明らかに足にあるようだ。突然やって来た外国兵に指示されて、性的タブーの対象であった足先を写される彼女たちの心境はその表情にありありと現れている。

慰安施設

アルバムには、旅館や倶楽部など慰安施設におけるものと思われる写真もある。圭川アルバムに名前が登場するのは大隊本部があった盂県の「松の家」と旅団司令部が置かれた陽泉にあったと思われる「亀ノ家旅館」の二軒である。52頁№30は「盂《ママ》県ノ松の家クーニャン」と裏書されており、慰安所と考えてほぼ間違いないだろう。三人の女性は割烹着姿に見える。泰次郎「春婦伝」は盂県の慰安所を舞台にしている。

春美たちの新しくきた家は城内の北門の近くにあつた(42)。民家を改造したもので、院子を中心に彼女たちの部屋があり、表には「日の出館」といふ看板がかかつてゐた。女は前からゐる者をくわへて、六名だつた。三軒置いて隣りに、「君のや」といふのがあつた。ここにも女たちが四名ゐた。これだけの女が、この県城を中心とするこの附近一帯を警備する一箇大隊の兵隊たちを、——千名に近い慾望にうづく若い肉体をひきうけるのだ(43)。

「院子(中庭)を中心に」した構造は「四合院」という伝統的な建築様式で、現地調査結果と符合する。「店」が二軒あるのは、現地調査では慰安所は一か所であることと食い違うが、上述した一九四三年頃の盂県城に関する市川証言(41頁)に登場する、慰安所の近くに「日本人経営の兵隊相手の飲み屋」があったという状況を反映しているのではないだろうか。市川によると、在留邦人は軍の御用商人一人だけだったとのことだから、双方を一手に経営したものと思われる。盂県城に居た慰安婦の人数は時期による増減があったであろうが、残る写真や証言を総合すると数名から一〇名程度であったと思われる(44)。

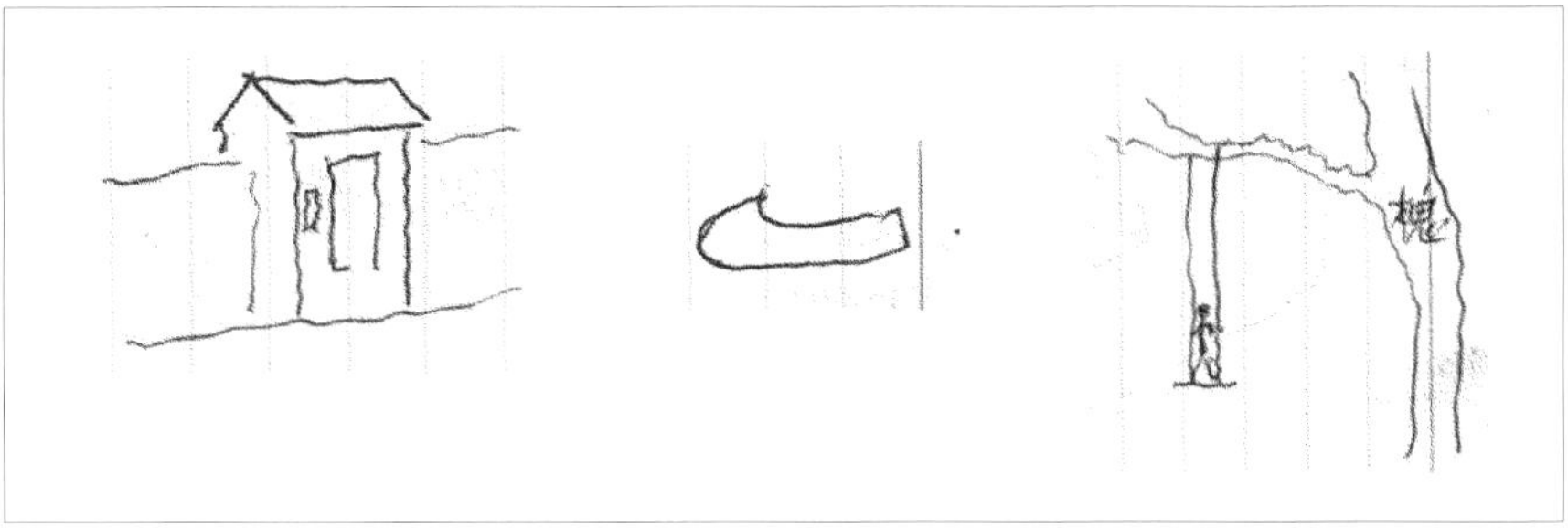

№49…左から「慰安所入り口」「朝鮮人慰安婦が履いていた靴」「朝鮮女性たちが遊んだブランコ」（孫賜芹さん画）

盂県城の慰安所は小さな四合院を当てたもので、内部については、東に二部屋、南に三部屋あったと記憶する住民もいるが（韓万徳13・4・23(45)）、「泉地図」（40頁）の慰安所の中の小さな丸はそれらの個室を示すのかも知れない。これに従うと東側に二部屋、西に三部屋である。四合院内の配置としてはこちらが自然である。

当時は慰安所とは言わず、「窑子《ヤオズ》」（売春宿）と呼んでいた。城隍廟南門の斜め前にあった。中国人の慰安婦は居なかった。盂県の慰安婦は朝鮮服を着て、朝鮮の靴「香蕉鞋」を履いていた。ブランコをこぎながら歌を歌っていた（№49）。（歌いだす）「アタシジュウロクマンシュウムスメ～♪」。五、六人居た。将校だけが入れる。兵士は入れなかった(46)。盂県の慰安婦は纏足ではなかった。また盂県の地元の人もいなかった。（居たのは）朝鮮人。人数は五人から八人、多くて一二人くらい。慰安婦は日本軍の編制の一部だった(47)。（筆者：慰安婦と話したことがありますか?）ないです。私たちは物珍しさで眺めただけ。日本女性(48)を見たことがないので、身なりなどを眺めた（孫賜芹07・8・29）。

孫さんは記憶を頼りに慰安所の入口を描いてくれた（№49(49)）。「松の屋」を「松之屋」と表記して尋ねてみたが、その名は記憶に無かった。数回の現地調査でも「松の屋」が分かる人は一人もいなかったが、日本軍用の慰安所として知られているのは「城隍廟南門斜め前」の一点のみでぶれは出ない。現地住民は「妓院《ジィユエン》」（娼館）「窑子《ヤオズ》」（売春宿）などと呼んでおり、日本軍向けに名乗っていた店名は現地社会には知られなかったようだ。

泉アルバムには「朝鮮人慰安婦」と明記されている写真がある（№50）。憲兵の腕

No. 50…「朝鮮人慰安婦」と憲兵たち

No. 51…「慰問」

章をした軍人たちがビールを飲む中に割烹着姿の女性が見える。添書には「朝鮮人慰安婦三人いる」「(盂県には)夏子、春子、花子等五、六人いたといふ」とある。室内は四合院の中のようには見えない。慰安所の近くにあったという「兵隊相手の飲み屋」(前述)の方だろうか。また、泰次郎「春婦伝」には軍の将校たちが大隊本部で宴席を張る時には城内の「女たち(50)」が酌婦として呼ばれるとあるから、「慰安婦」は軍の施設にも出入り出来たようだ。泉アルバムには「慰安婦」に関する記述が少なくない。その中に「日本人は高級高い、朝鮮人は多い、中国人安い(51)」とある。

『事変写真帖』「駐屯地の風景」頁「慰問」(No.51)には、チマチョゴリ姿の女性が四名。泉さんが同じ写真集を所有しており(52)、秦郁彦『慰安婦と戦場の性』はこの写真を泉さん提供として掲載し、「陽泉の朝鮮人慰安婦」とキャプションを振っている(53)。泉さんも自身のアルバムの陽泉特集頁に同じ写真を貼り付け、「慰問(と書いて「安」の字を横に添えている)婦」「半島娘」と添書きしている。

陽泉といえば、No.52を見て、盂県城の孫さんは「陽泉にあった軍用倶楽部かもしれない」と言い、この洋式建築風の玄関を見ながら、ある「廟」の話を始めた。小学生の時に四人の生徒が校長に連れられて、陽泉に日本語実習に出かけた時の体験だと言う。

陽泉のある「廟《ミャオ》」には日本女性がたくさん居た。(筆者:この建物は西洋式に見えますが?)盂県にはこういう

「神社《シェンシャー》」（老君廟を指すと思われる）は無い。中に居るのは女性たちばかり。私たちは知らないで中に入った。日本語で何か言うけど、我々にはよく分からなかった。慌てて出てきたけど、彼女たちは「バカヤロー」と怒鳴った（孫賜芹07・9・6）。

そこで、No.52について陽泉で聞き取りをしてみると、当時を知る住民は一様に軍の将校用慰安施設だと答える。呼称には、「陽泉会館」（孫賜芹07・8・29）「日本倶楽部」「軍用倶楽部」（杜修新07・9・5）などバリエーションがあったが、日本軍内の呼称としては、先述した広瀬の回顧録に登場する「陽泉クラブ」「陽泉倶楽部」（表記は広瀬にも二種あり）が確かなようだ。というのも、広瀬は「倶楽部」の設置、運営、使用に関わったと思われるためである。広瀬の回顧録には、都市計画に基づいて陽泉の街路が整備され、邦人家屋が新築されて、飲食店、慰安所などが立ち並ぶ歓楽街「新市街」（No.60、208頁「市街図」）が誕生する中、三九年元旦には新装なった「陽泉クラブ」で第一軍参謀を迎えて在陽泉各部隊長等との会食宴を張ると出ており、「倶楽部」は新築ではなく改装であったと分かる(54)。泰次郎が四一年六月二三日夜に「陽泉クラブ」での軍楽隊の演奏に捕虜の劇団員を連れて行ってもいる(55)。

No.52…陽泉「亀ノ家旅館」？

現地で記憶される呼称にはばらつきがあるが、地点は「老君廟」（現・下站小学校）のみでぶれはない(56)。現在の下站小学校の校庭の一角に「老君廟」は今も残る（No.53）。内部のアーチ状の窓を持った一階部分（No.54）は当時のままだと言う。再びNo.52を見てみる。孫さんは「当時の盂県にはセメントを使った建物は無かったから、これが盂県でないことは確かだ」と断言した（孫07・8・29）。確かに、盂県「松の家」（52頁No.30）の日干し煉瓦のように磨滅した壁面に比して、格の違いを感じさせる堅牢な造りである。圭川の「北支」での

No. 53…老君廟（校舎の前の屋根瓦の建物）

No. 54…老君廟（中庭に面した内部）

No. 55…割烹着姿の女性たち

No. 56…「○○少尉ト共ニ　亀ノ家旅館ニ於テ」

滞在地のうち都市部は陽泉が最も長く、省都太原は出張程度であるため、ここが陽泉である可能性は高い。右端は将校である。女性二人は和服に割烹着姿。右側の女性の足元には鼻緒が見え、左側の女性は風呂敷包みを抱えていて、日本風俗である。着物を着ていても日本人とは限らないが（No.50等）、調査をした全ての街で将校用施設にいた女性たちは日本人だったという証言が得られたから、ここが将校用の施設であれば日本女性である可能性が高い。二人とも若くは見えない。

陽泉の慰安所についての先行研究に「老君廟に将校宿舎があり、ここに日本人女性がいる将校用倶楽部が出来た」という住民の証言が見え、聞き取りに基づいた手書き地図によると、「将校宿舎」は№53の「老君廟」の後ろに見える小学校校舎の辺りに校舎と同じ方向で建っていた(57)。孫さんが№52を見て、なぜ廟の話を始めるのか、当初は奇妙に思ったが、「倶楽部」は元々あった

No.57…「戦地ニ於テ〝同期生ノ集ヒ〟」

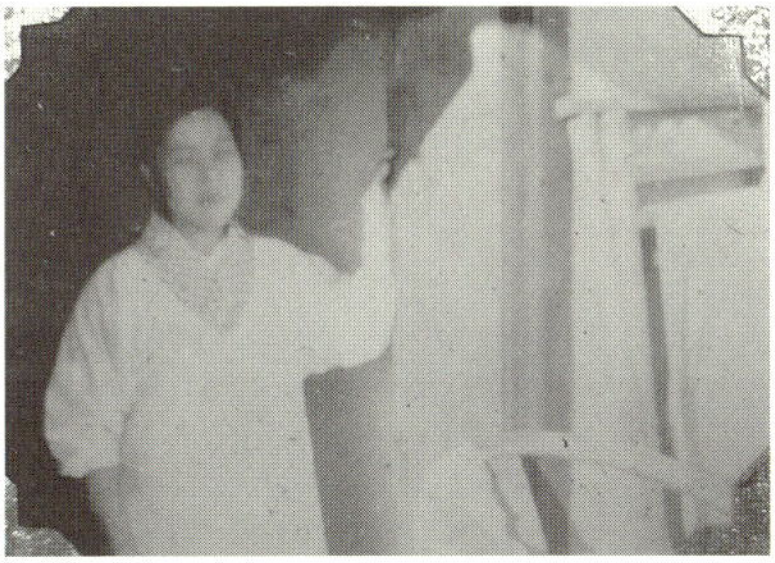

No.58…「亀の家屋上ニテ」佇む女性

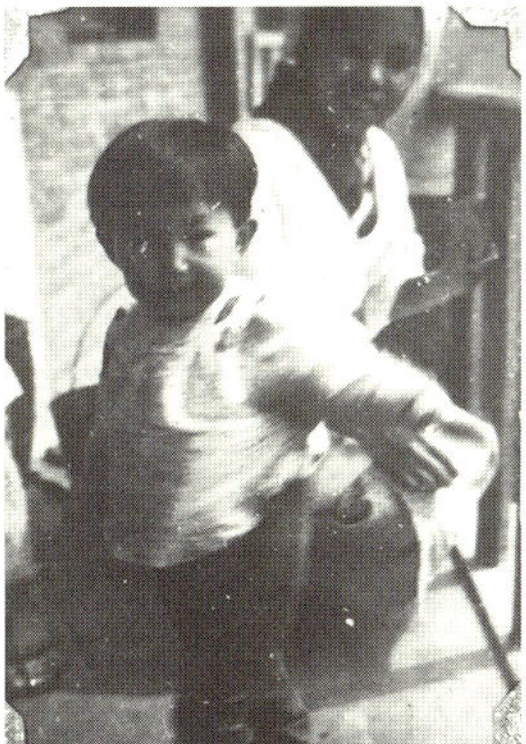

No.59…亀ノ家旅館？

「老君廟」を「新装」して設置されたということのようだ。

No.52の表札は「……家旅……」と読めることから、ここは「亀ノ家旅館」の玄関で、「亀ノ家旅館」が即ち「将校宿舎」なのだろうか？　圭川写真の中には、割烹着姿の女性たちが写る連続写真（No.55他）がある。No.52の壁面と様式的に連続性を持つ建築物と割烹着姿の女性たち、室内で酒の相手をするらしい割烹着姿……。これらは「老君廟」にあった「陽泉倶楽部」内部であろうか？

No.56「〇〇少尉ト共ニ　亀ノ家旅館ニ於テ」は旅館の階上の様子と思われ[58]、幾つかの点からNo.57「戦地ニ於テ〝同期生ノ集ヒ〟」とNo.56は四三年六月下旬に行われた同期会での撮影と思われる[59]。No.57が「亀ノ家旅館」なのか、同敷地にあった「陽泉倶楽部」内なのかは分からないが、床の間に畳敷きの和室で、真ん中には和服の女性が二人混じる。若くはない。圭川は女性二人の間に埋もれるようにして顔をのぞかせている。No.58には裏書が無いが、女性の右側に写る建具や調度が「亀の家屋上ニテ」で始まる圭川写真「入浴上りノ褌《ふんどし》□姿」と共通

No.60…当時の歓楽街・新市街

する。No.59も柱や外壁の近似から亀ノ家旅館での撮影かもしれない。女性は姉さん被りをし、やはり和服に割烹着姿。隣の人物も和服らしく、足元に鼻緒が見えている。手前に幼児が写る(60)。No.57とは別の和室にも割烹着姿の女性が二人。これらが全て亀ノ家旅館（或は「陽泉倶楽部」）内であるとすると、登場する女性たちは一二名を数え(61)、「中に居るのは女性たちばかり」（上述）に見えたのも頷ける(62)。

当時、旅団司令部が置かれた陽泉・日本軍民社会は、居留民二万近くに達した太原には及ばないまでもかなりの賑わいを呈したようだ。広瀬の次の機関長である土田兵吾の記録には一九三九〜四〇年頃の状況として、居留民数千人、料理屋一〇数軒を数えるとある。居留民は陽泉炭鉱や陽泉鉄廠、華北交通など国策会社の職員に軍相手の飲食店や御用商人たちなどであった。No.60は当時の歓楽街・新市街で、「関の屋菓子店。満蒙写真館。ピーヤ」「関の屋の生菓子は一番の楽しみ。うまかった」と泉さんの添書がある。『独旅』には当時の陽泉日本軍民社会の繁栄を謳歌する「陽泉小唄」も収録されている。当時の旅団将兵や居留民にとって陽泉の賑わいは戦後も懐かしいものだったようだ。陽泉の文化局では「陽泉会」という戦友会が「陽泉市を第二の故郷と思っております」と「陽泉市の皆様」宛に再訪を願い出た手紙も目にした。しかし、現地では日本占領期が懐かしい日々とはいかないのは自然なことである。これらの写真が写し出す、自分たちの街で我が物顔に振る舞う外国軍将兵や居留民を見る住民の表情や口調は複雑だ。帰国後に取材録音を文字に起こしてもらうと、筆者の周囲で現地方言のみで交わされていたやり取りが顔を覗かせた(63)。

（現地人アテンドが聞き取り対象者を写真に撮ろうとしたのを拒否して）こういう取材は元々受けたくないんだ。わしらにだって民族の尊厳というものがある。八年もわしらを侮辱したんだ。言うべきことは言うぞ。○さん（アテンドとの間の仲介者）の顔を立てるんじゃなかったらこんな取材は受けない。写真を撮るのはやめてくれ。わしは何をされたか忘れていない（杜修新07・9・5）。

以上、「北支」占領の具体相を見てきた。圭川アルバムの「風俗」写真は植民地のもの珍しい風物を集めた西洋近代の博物館の視線に通じるところがある。ここでは一部しか取り上げられなかったが、「占領地」に発生する居留民社会の具体相は、その背後に日本間を作った大工たちや畳職人たち、人々が身に付ける着物や下駄を商う人たち、旅館で働く女中たち(64)……が居ることに気づかせてくれる。駐屯軍を中心に発生する日本人共同体を支える各地の神社、そこで催される折々の祭り……。占領は占領地に占領者たちの日常生活を生み、日本軍民社会が出現する。これらの写真に現地住民が登場することは稀だが、たまさか姿を見せる時には日本軍のお供か使役か動員の中である(65)。

［注］

（1）宣撫官は北支那方面軍特務部が占領地の治安工作のため民間から募集した人員。軍人ではなく、軍属であるが、軍服を着用、襟の座金には「宣」の文字、左腕に「大日本軍宣撫官」の腕章を巻き、軍刀・拳銃を身に帯びたが、民衆愛護に挺身する「武器なき戦士」を自任した。始まりは盧溝橋事件直後の一九三七年八月上旬に満鉄派遣要員が天津の支那駐屯軍「宣伝」班に配属され、軍に随伴して宣撫工作を行ったことで、戦線の拡大に伴い、人員を増加、翌三八年一月には本部を北京に移し、特務部「宣撫」班本部と称した。数回に亘り日本国内で人員を募集、「北支」全域に分散配置された。従軍宣撫が一段落し、定着宣撫が主になってくると、四〇年三月に新民会に統合され、宣撫官は新民会職員となった。防衛庁防衛研修所戦史室編『北支の治安戦〈1〉』（戦史叢書）朝雲新聞社、昭和四六年、七八～八〇頁、青江舜二郎『大日本軍宣撫官　ある青春の記録』芙蓉書房、一九七〇年、岡田春生編『新民会外史　黄土に挺身した人達の歴史』五稜出版社、前編・昭和六一年、後編・昭和六二年、村上政則『黄土の残照――ある宣撫官の記録』文芸社、二〇〇四年、笠原十九司『日本軍の治安戦――日中戦争の実相』岩波書店、二〇一〇年、三七～三九頁参照。

（2）「宣撫工作実施要目一覧図」前掲『北支の治安戦〈1〉』七九頁参照。従軍宣撫については、元第一軍宣撫班長・青江舜二郎の回顧録に実例が数多く収録されている。青江、前掲書、七〇～七四頁他。

（3）「定着宣撫」についても、青木の回顧録に多くの事例が収録されている。盧溝橋事件翌年の一九三八年には秋分や双十節に蔣介石下野要求の民衆大会を立てつづけに開き、漢口、広州など主要都市が陥落する度に祝賀大会を開き、芝居や踊りなどの余興を催して見物人を集めている。青木、前掲書、一九七～一九八頁他。

（4）小突いている人物の腕章は「警……」のようにも見え、宣撫官ではないかも知れない。

（5）田村泰次郎の山西における宣撫活動について詳しくは尾西康充『田村泰次郎の戦争文学――中国山西省での従軍体験から』笠間書院、二〇〇八年参照。
（6）「支那劇」は舞台背景の横断幕が写っていないが、「弁論大会」より「学芸大会」の演目に相応しいと判断した。これらは頁上半分の盂県城内差房における日本語教育の続きに見えるが、盂県城の孫賜芹さんによると、写っている会場は差房ではないと言う。よく見ると確かに異なる。目下、場所は特定できていない。
（7）防衛省防衛研修所戦史研究室編『支那事変陸軍作戦〈2〉』朝雲新聞社、昭和五一年、二六〇頁。
（8）青江、前掲書、二四二頁。
（9）広瀬頼吾「私の思い出（其六）」『独旅』第八号、昭和五〇年六月。映画はエルンスト・ルビッチ監督、モーリス・シュヴァリエ主演「陽気な中尉さん（The Smiling Lieutenant）」一九三一年、アメリカ。
（10）壁画の中央には「中国人！『ハハ!!太陽が昇って、星は流れた！』」。右端には十字架に磔になった男。チョッキに星マークがあるので米国か。その十字架に押しつぶされている太ったピエロは英国？　四方から突き刺さる刃に「日」「中」「満」「泰」の文字。十字架の右には「新嘉坡《シンガポール》陥落」「爪哇《ジャワ》島失守」。ピエロの左に「無法脱逃」（逃げ道なし）とある。
（11）四〇年に成立した中華民国国民政府（首班・汪兆銘）は自らを国民党政権と規定する立場から青天白日満地紅旗を国旗とし（「和平反共建国」と書いた黄色の三角形の小旗つき）、五色旗は新民会の会旗となった。「五色旗」を始め、中国国旗をめぐる経緯は二〇世紀前半中国の政治状況を反映して非常に錯綜している。小野寺史郎『国旗・国歌・国慶　ナショナリズムとシンボルの中国近代史』東京大学出版会、二〇一一年、広中一成『ニセチャイナ――中国傀儡政権　満洲・蒙疆・冀東・臨時・維新・南京』社会評論社、二〇一三年参照。
（12）アルバム3『事変写真帖』印刷頁の後半では軍事行動の全過程が紹介されていくが、「戦闘の準備」「行軍」「戦闘」「占領」「入城」「駐屯」「慰問」「宣撫工作」「建設」の末に最終段階として「偉業の完成」が登場する。
（13）華北交通は「華北と蒙疆の鉄道、自動車、水運及びその附帯事業を総合的一元的に運営する」ために北支那開発株式会社と南満州鉄道株式会社、中華民国臨時政府が出資して、一九三九年に設立された日中合弁会社。林采成「日中戦争下の華北交通の設立と戦時輸送の展開」経済史学会編『歴史と経済』四九巻、二〇〇六年参照。
（14）時期が明らかでないが、証言者である葛野さん（注15）が盂県従軍を経験した一九三八～四三年の間のことであるはずである。
（15）葛野陽次さん。独立歩兵第一四大隊第一中隊元兵士。静岡県沼津市在住。

(16) 田村泰次郎「春婦伝」秦昌弘・尾西康充編『田村泰次郎選集2』日本図書センター、二〇〇五年、一七六頁。
(17) 独混四旅司令部の特務機関長の回想録によると、日本軍幹部の視察を迎える時には地元住民が路上に砂を敷いていたという(193頁)。
(18) 使役の実情については、111頁参照。
(19) 北支那方面軍司令部が鉄道保全のための「鉄道愛護村」の「実施要領」を全軍に示しており、最後に通信線や主要道路、水路等の保全に関しても、これら規定に準じて「愛護村ヲ結成セシメ 之カ防護ニ関スル義務ヲ負担セシムルモノトス」としている。それによると、沿線両側約一〇キロ範囲にある村落が対象で、「鉄道ノ保護ニ任シ且ツ情報ノ蒐集等ニ依リ鉄道守備ニ協力スルモノトス」とある。沿線村落に補修のための使役や破壊行為の監視や報告などの義務を課したと思われる。(占領直後には)宣撫班が指導を担当しているが、逐次運営会社に委譲する、村落に対する賞与や福祉増進のための経費も運営会社が負担するとしている(実際に賞与等の支給がなされたかは不明)。北支那方面軍司令部「治安粛正要綱」一九三九年四月二〇日。前掲『北支の治安戦〈1〉』一二三頁。なお、「鉄道愛護村」については、松本ますみ「モンゴル人と『回民』像を写真で記録するということ:『華北交通写真』からみる日本占領地の『近代』」『アジア研究別冊3』二〇一五年二月、四〇~四二頁も参照。
(20) No.13添書にも「昼は日本軍、夜になると電線切に土路破壊にゲリラ戦術活発に展開した」「日本軍村長と中共軍村長二人いる。住民は両方に付く」「夜土路破壊し、昼は修理す」「軍使用の有線の電柱、線はたび々切れる」とある(行が錯綜しているため一か所筆者が語順を整えた他は原文のまま。「土路」は「道路」を指すと思われる)。
(21) 田村泰次郎「肉体の悪魔」『田村泰次郎選集』第二巻、秦昌弘・尾西康充編、日本図書センター、二〇〇五年、一〇一頁。
(22) 田村泰次郎「沖縄に死す」秦・尾西編、前掲書、一六〇頁。
(23) 山田さんについては、66頁注11参照。
(24) 具体的やりとり:(著者:徴発というのはやはり(お金は)払わない?) そやけど村長が負担してるんでしょう。(筆者:日本軍が村に入って、まず村長に払うのですか?) 払わない。利口な村長なら後で負担してるやろ。(筆者:農民に?) そう。(筆者:現地の負担で?) そう。(筆者:日本軍が払う訳ではない? 基本的にはあまり払うことは無いんですか?) そうですね(山本05・5・1)。
(25) 柳生進「私の旧軍関係略歴と支那事変従軍の思い出」『独旅』第一一号、昭和五二年八月、八〇頁。表記は基本的に原文通りであるが、読点が殆ど無いため、読みやすさを考慮して読点を挿入した。
(26) 田村泰次郎「ある死」秦・尾西、前掲書、三一九頁。この作品については、尾西康充「田村泰次郎の戦場を訪ねて~戦場小説からのメッセージ」（WAM特別シンポジウム「中国山西省・戦場での日本兵〜田村泰次郎の戦争文学から〜」口頭発表、二〇〇九年三月一日）に示唆を受けた。

(27)「一□□□」は慰労する対象の固有名詞に当たるはずである。部隊名であれば「一」の前に「第」が冠せられると考えられるため、独歩一四大隊長であった一瀬中佐の名であろうか。

(28) №19は『事変写真帖』「偉業の完成」頁から。同頁掲載の写真五枚のうち、キャプションから二枚が盂県、一枚が寿陽県でのものと分かる。盂県城には御用商人一人の他は日本人居留民は居なかったが、慰安婦は数名から一〇名居た（注44）。

(29) 出迎えを捉えた写真は№19や280頁№4のように郊外の風景が多い。「ある死」の引用部分にもあるように、出迎えは城門の外まで出て行われることが多かったようだ。

(30) 青江、前掲書、五七〜五八頁。

(31) 東会里拠点での事例（81頁）に酷似するが別件である。

(32) 青島の日本人居留民社会は一九一四年のドイツ租借地占領に淵源し、一九三七年盧溝橋事件勃発以降に形成されたその他の「北支」占領地より古い。

(33) 原文は「この方面の中共軍の政治部員は鄧小平」と続く。広瀬頼吾「私の思い出」独旅会編『独旅』独旅会、第七、一〇、一四、一六号参照。

(34) 鄭永才さんは一九三四年盂県南関生まれ。生家は盂県に駐屯した日本軍の練兵場（馬夫地）近くで、日本軍の使役を経験している。新民小学校に通い、日本語を学んでもいる。

(35) 前掲『北支の治安戦〈2〉』に「遮断壕の構築作業」として、堀や人員の様子や規模がこれと非常に良く似た写真がある（口絵写真）。遮断壕については、解題306頁参照。

(36) 笠原、前掲書、一八五頁参照。

(37) 圭川写真にも少年に騾馬を引かせた写真（73頁）など子供が登場するが、ごく稀で、泉さんや泰次郎のように子供を抱きかかえるような親しげな写真となると更に稀である。日本での圭川写真に親戚や下宿先の子供、教え子が頻出するのとは対照的である。将校と兵士との現地社会との接点の違いを反映しているのかもしれない。

(38) 元日本兵はその一部のみを家族に語る。記憶の落差はこうして形成されるのだろう。

(39) 便衣での「特別工作」中に記念撮影をする点に疑問を感じたが、新民会の記録にこれと酷似した設定の便衣写真「工作中の岩崎参事」を見つけた。岡田、前掲書・前編、二〇二頁。河北省での清郷工作中に民衆を背景に現地住民をまねた姿勢でしゃがんでいる。当時の便衣工作は日本軍による「治安確保」を背景に行われるため、治安上の緊張感は少なく、機密性も低いということであろうか。わざわざ民衆を背景に「ただいま工作中」の記念を残すという状況もあったようだ。

(40) 杜修新さんの生年は一九二七年前後。電気溶接工であった。日本占領下の新民小学校で三か月勉強したことがある。陽泉市内在住。

(41) 左右の女性が断髪であることは、この地域（盂県東部農村）に共産党の政治文化の影響が及んでいることを窺わせる。八路軍地区に接する村の女性たちの断髪についての考察が岡田、前掲書・前編、二〇三頁に見える。

(42) 実際には盂県城に北門は無く、慰安所があったのは西門の近くである（38頁「市街図」）。

(43) 田村泰次郎「春婦伝」『田村泰次郎選集』第二巻、秦昌弘・尾西康充編、日本図書センター、二〇〇五年、一七九頁。

(44) 市川証言は「私が見たのは朝鮮人慰安婦一人だけだったが、駐屯部隊の人数が多かったときにはもっといたかもしれない」。52頁№30に三名が写り、№50への泉さん添書には「朝鮮人慰安婦三人いる」「（盂県には）夏子、春子、花子等五、六人いたといふ」。盂県城・孫賜芹証言は「人数は五人から八人、多くて一二人くらい」。泰次郎「春婦伝」の計一〇名説も細部まで現地の状況を反映した作品の具体性を考えると参考になる。

(45) 韓万徳さんは一九三七年九月一四日盂県中岔口村生まれ。村には日本軍トーチカがあり、日本軍を間近に見ていた。聞き取り当時は盂県文化研究会会長。

(46) 泰次郎「春婦伝」には、休日は中隊毎に別になっていて、一度に兵士が押し寄せないようになっている、昼間は一般兵士相手、日が暮れると下士官たちが現れ、三時間ほどで下士官たちが引き揚げると、将校たちがやって来る、とある。後に見る連隊本部所在地・金壇では慰安所は将校用と一般兵士用に二か所あった（179頁）のとは違い、大隊本部レベルの盂県城には慰安所は一軒のみであったから、実際にも曜日や時刻で振り分けられていた可能性は高い。

(47) 日本軍進駐後、内城内は日本軍関連施設のみとなった（本章第1節）のであるから、現地住民にはそう映っただろう。

(48) 先に「慰安婦」は朝鮮女性と言っているので、ここは後述する陽泉での経験が混じっているのかも知れない。

(49) 絵は52頁№30とは形状が違う。写真には上部が写っていないだけという意見もある（韓13・4・23）が、52頁№30は四合院の内部かもしれない。

(50) 盂県城の当時の状況を反映して、「春婦伝」でも県城に女性居留民はおらず、登場する「女たち」は「慰安婦」のみである。

(51) 泉アルバム1『北支将兵』「慰安婦特集頁」書込み。この頁には慰安婦に関する新聞記事のスクラップが貼り付けられている。

(52)『支那事変記念写真帖』は「本書について」で述べたように、特定の範囲内で限定的に支給したものと思われるため、泉さんが入手したのは戦後と思われる。
(53)秦郁彦『慰安婦と戦場の性』新潮社、一九九九年、二〇五頁。
(54)広瀬頼吾「私の思い出」『独旅』第七、第八、第一五号。「陽泉倶楽部」は高級副官と主計正が万事を世話し、元御用商人が経営したという。
(55)尾西康充『田村泰次郎の戦争文学――中国山西省での従軍体験から』笠間書院、二〇〇八年、二九八頁。注49取材地図では将校宿舎の前に倶楽部と並んで舞台がある。
(56)盂県の孫さんは「老君廟」の語を出さなかったが、No.52を見て想起した「女性が沢山いた廟」が「老君廟」を指していることは間違いないだろう。
(57)石田米子・内田知行「山西省の日本軍『慰安所』と盂県の性暴力」石田米子・内田知行編『黄土の村の性暴力――大娘たちの戦争は終わらない』創土社、二〇〇四年、二四七頁。
(58)四三年八月四日に撮影された圭川写真「亀の家屋上ニテ　入浴上りノ褌□姿」と背景に共通性がある。
(59)No.57の撮影地点は無記載であるが、No.56と同日同地点での撮影ではないかと推測する。というのは、共に四三年六月撮影である、(拡大すると)○○少尉の頭髪の刈り上げ状態が全く同じである、この時期は旅団が参加した十八春太行作戦が終了した直後であり、旅団の編成替えを目前としていることから、旅団の同期会を行うことは尤もと思われることからである。「同期生」とは四一年一二月九日に終了している「陽泉旅団本部　新任将校集合教育」の同期であろう。
(60)現地調査では、この写真から日本兵と「慰安婦」や現地女性との間に生まれた子供のことが話題になった。ある市民グループは第一三大隊が駐屯した山西省晋祠鎮で日本兵が残していった子供として周囲に知られている人物に遭遇している(内海愛子・石田米子・加藤修弘編『ある日本兵の二つの戦場　近藤一の終わらない戦争』社会評論社、二〇〇五年、一九五頁)。
(61)一人が後姿である以外は、女性たちは顔立ちの見分けがつく状態で写っている。
(62)現地調査では、女性たちが写る一連の写真を見ながら「市街図」には登場しない店名も挙がり、日本人が経営していた大和館は「ニホンジンはいいが、シナジンは入れなかった」などと日本語音で説明し始めたり(杜修新07・9・5)、大人に連れられ、四川院に訳も分からずに入って、中の様子に驚いて飛び出したという孫さんと似た体験談も出た(商占泰07・9・5)。商占泰さんは陽泉市小陽泉村生まれ。生年は一九三〇年前後。農民。小学校で日本語を学んだことがある。陽泉市内在住。
(63)現地方言は音だけでは殆ど意味が分からないが、文字に起こすと共通語の知識で十分理解できる。

(64) 独混四旅司令部が置かれたことがある石太線沿線都市の楡次にあった兵站旅館「楡次ホテル」経営者の長女によると、女中はみな郷里の静岡から連れてきた未婚女性であった。証言者は鈴木和子さん。家業の関係から圭川の沖縄戦時の直属の上官である内山独歩一四大隊長を始め、独立混成第四旅団の多くの将兵と交流があった。東京都大田区在住。聞き取りは二〇〇八年五月二五日、二〇一一年七月三一日に実施。

(65) 注64の女性は女学生として暮らした北京について「当時の北京は日本人ばかりだった。中国人も居るには居たけど。日本語で暮らせた」と回想した(鈴木08・5・25)。

4　占領の痕《あと》――「対日協力者」たちの人生と現在

駐屯将兵たちの占領地での写真には、自ずと現地社会や住民が写り込む。土地名や人物名が記されている場合にはなるべくその地を実際に訪ねて取材したが、これらの写真に名を残す人々は多くが何らかの「対日協力者」（漢奸）ということになる。今も残るその「痕《あと》」を訪ねた。

(1) 東会里維持会長の場合

一九四二年一〇月二六、二七日の二日間にわたる圭川の盂県東部農村視察で残された写真群の中には東会里維持会員との記念撮影や維持会長の家族写真があり、裏面には「田宮隊長大人惠存　股長李宜春敬贈」「東会里差務股長　維持会長⑴　李宜春敬贈」と維持会長であった李宜春自身の筆と思われる裏書がある（76、78頁）。圭川と李宜春との間に少なくとも表面的には親しげな社交辞令が交わされたものと思われる。

日本占領下で維持会長を務めたような人物に対して、土地の人々はどのような感情を持っているのだろうか。東会里でも仙人村でも盂県城でも「教養があって、仕事が出来、人望がある」（有文化《ヨウウエンホア》、有才幹《ツァイカン》、有声望《ションワン》）の三点が挙がった。「誰でもいい訳ではない」（孫賜芹07・9・6）。つまり、この辺りでそういう人物といったら李宜春だったから白羽の矢が立ったのだと言いたいらしい。李宜春をめぐっては異口同音に好意的な評価が聞かれ、誰の口からもわだかまりや反感などを感じさせる言葉は出なかった。個人的に人柄が良かったこともあるのだろう。仙人村で一時期隣人として暮らした婦人は、筆者が老幹部である彼女の夫に李宜春について聞き取りする最中に「頭もいいし、人柄もいい」と横から口を挟んだ。一般に農村婦人が村外からの来客に給仕以外で積極的な接触をすることはなく、彼女が口を挟んだのはこの時のみである。

しかし、占領の一翼を担った「対日協力者」は政治的には「漢奸」ではないのか。李宜春についての現地での好評価に「漢奸と見なされていないのか」と尋ねたところ、上記の仙人村老幹部は「漢奸に当たるはずだ」と答え、「ただし、血債がない（人を殺していない）」と付け加えた（李志光10・9・5）。東会里維持会員の一人は八路軍に銃殺されているし（78頁）、四三年一〇月に仙人村で開かれた群衆大会で「罪状が大きい漢奸」六名が処刑されてもいる(2)。「漢奸」の罪状の追求は厳しかったことが分かるが、一方で、「対日協力者」となることを余儀なくされただけで無闇に処罰の対象となった訳ではなかったようだ。

東会里維持会（77頁）を例にとると、前述したように楊某が日本の投降以前に八路軍に銃殺されているのを除けば、戦後も処罰を受けた形跡がなく、現地での聞き取りでも李宜春に限らず会員たちへの悪感情は感じられなかった。傅徳星・徳崇兄弟を含め維持会員は戦後に教員を務めている例が少なくない。日本軍は治安維持の方策として、教養と人望を備えたその地の「名士」に白羽の矢を立てたようだが、中でも会長に指名された李宜春は突出した存在だったようだ。李宜春については、維持会が置かれた東会里村でも、出身村の仙人村でも、更には盂県城でも証言が得られた。盂県や仙人村の地方志にも記載がある。

李宜春は、名を開元といい、宜春は字である。清朝末期の一九〇八年、盂県仙人村の富裕な家庭に生まれた。幼少の頃から聡明で、書画音楽など芸術方面に才能を発揮、太原美術専科学校を卒業した(3)。太原中学（初級中学）で盂県城在住の孫賜芹さんの父、孫泰国と同窓だったというから、少なくとも中学から村を離れて省都で勉学したことになる。清朝崩壊からまだ日も浅い頃に人口一〇〇〇人に満たない小さな村から省都の中学校に送られた時点で既に地元では秀才として知られていたに違いない。

李宜春は盧溝橋事変勃発前には、盂県牛村二高小教員、旧一、三区区公所助理員を務めており、日本軍が東会里を占領すると、「抗日政府の批准を経て」東会里維持会会長を務めた。解放後は平定師範、太原師範の教員を前後して務めた。その後、左権師範の副校長、太原一四中教導主任などの職を務めた。更には盂県人民代表大会代表に選ばれてもいる(4)。

県の抗日史には李宜春の名を冠した一文が収録されており、「一九三九年、日本軍が東会里を占領すると、『以華治華(5)』の悪辣な陰謀を実現するために、漢奸スパイを買収し、人民を迫害して抗日を破壊しようとした。李宜春氏は民族の気概を持った愛国志士で、悪辣な漢奸や走狗を骨の髄まで憎み、あらゆる手段で懲らしめ、民を救おうとした」と記している。日本軍の「買収」に応じて治安機関や武装部隊の末端実働部隊になった、多くが社会底辺の遊民層であったような人々を「漢奸」「走狗」として厳しく非難する一方、日本軍に指名されて「日華提携」を担わされた知識人層をそれらとは区別している。

上述したように、県史は、李宜春の維持会長職は抗日政府の批准を経たものとしており、より具体的に「一九四二年秋、李宜春は地下の党組織に派遣され（傍点筆者）、東会里維持会会長を務めた」とも記す。そして、李宜春が維持会長の立場を利用して立てた二つの功績が紹介される。一つは、任務に就いて間もなくの頃、「村人の財産を収奪し、アヘンを吸い、スパイ行為を働いて我方の情報を集め、度々日本軍を連れてきて我が抗日軍民を殺害するなど、悪の限りを尽くして」いた「漢奸李昌仁」を一計を案じて、東会里拠点の日本軍に殺させた話。「東会里にまたひとつ害が少なくなり、人々は拍手喝采を送った」。

二つ目は、一九四三年春の農繁期に日本軍拠点が大勢の日偽軍を派遣して、東会里周辺の村々から千余頭の家畜を収奪した際に、李が両面工作を展開し、翌日には全ての家畜を戻させることに成功した話。「再び人々を大いに救った」と称えている。県の抗日史に収録された「旧知識人の模範――李宜春先生に関する二、三のこと」と題するこの文章は「偽りの任に就いて、抗日に貢献する」（明任偽職《ミンレンウエイチー》、実助抗日《シイチューカンリー》）の評価で一文を結んでいる(6)。

『仙人村志』にも、村民が日本軍に盗られた家畜を李宜春に取り戻してもらった記録がある(7)。盂県城での聞き取りでも李宜春が捕まえられた村人を解放させたり「いいこともした」「村人はよい感情を持っていた」（趙潤生07・9・6(8)）と聞いた。李宜春は占領下の維持会長という苦しい任務に就きつつ、外国軍の被害から人々を少しでも守ろうと力の及ぶ限りを尽くしたのだろう。これはひとり李宜春のみではなく、日本占領下におかれた山西、広くは「北支」で上は国政レベルから下は東会里村のような農村地帯に点在する分遣隊拠点まで、占領行政に関わることになった知識人に選択可能であったほぼ唯一の消極的ながらも良心的な身の処し方であっただろう。

日本軍に越霄山に連行された仙人村農民・李広栄さん（当時一四歳）は「山では怖かったですか？」という質問に、「山の上には李宜春が居た。村の人間が居たから怖くなかった」と答えた（84頁）。この時には東会里維持会が日本軍に同行していたようだ。地域の維持会長に村の出身者がなっていて、困った時には日本軍にとりなしてもらえるというのは仙人村村民には心強いことだった。「対日協力者」を務めることになった地域の知識人たちは、占領軍から地元住民を蔭に日向に庇護することを期待され、可能な限りでそれに応えた人物には相応の感謝の念を人々は抱いた。一方で、保身から住民のために尽力しなかったり、占領軍の〝威光〟を笠に着て甘い汁を吸ったり、住民を苦しめさえした場合には相応の恨みの対象となった。

前述の李広栄さんは「村の人は李宜春のような対日協力者をどう思っているのか?」という問いかけに、「対待本地人《トエタイベンティレン》不錯《ブツオ》」(土地の者に良くしてくれた)「寛大《クアンダー》。共産党没処理《コンチャンダンメイチューリ》」(だから)寛大に(扱われた)。共産党は処分しなかった)と答えた。一方で、戦中に八路軍に銃殺された東会里維持会の楊某については「他不老実《タブラオシ》。不給老百姓弁好事《ブゲイラオバイシンバンハオシ》」(彼は悪い。みんなのためになることをしなかった)と述べた。「対日協力者」の異なる命運には住民感情をベースに下された政治的評価があることが窺われる。

日本の「北支」占領は夥しい数の「漢奸」を発生させたが、それゆえに全ての対日協力者を単純に断罪することは不可能で、政治権力による審判以前に地域社会の素朴なものさしが形成されたようだ(9)。この問題については、盂県城の孫賜芹さんとのやり取りを以下に紹介する。趙潤生氏(盂県文史史料研究委員会主任。当時)がアテンド兼通訳として同席したが、現地方言から共通語への通訳という範囲を越えてしばしば自説を述べてもいる。

「対日協力者」問題をめぐって　二〇〇七年九月六日、盂県城の孫賜芹さん宅にて

「李宜春は日本軍に協力したのに戦後に処分されなかったのですか?」

孫:彼のことが分からないうちは誤解もあった。李宜春、□□□、□□□、この三人は……聴解困難……

趙:彼は「辺縁人物《ビエンユエンレンウー》」(境界線上の人間)。日本軍に協力して悪いことをしなかったかどうか、はっきりしない。だから政治運動があると監視対象になった。学習班の類に入れて身柄を拘束する。これは建国後のこと。国民党でなくて共産党。彼のような人物たちを一所に集めて、彼らの問題を調べる。

孫:彼には問題はない。維持会長にはなったが、殺人とか放火とか、そういう罪を犯していない(趙:「血債《シュエチャイ》」が

無いということ）。日本軍が……と言えば戻ってきて皆に伝える……聴解困難……

趙：彼は日本軍の言うことを村人に伝えただけ。日本軍が村人を捕まえたりすると、とりなして解放させたりもした。

孫：だから、彼には「罪案《ツォエアン》」（罪状）が無いし、「民憤《ミンフェン》」（民衆の恨み）も無い。

趙：村人は彼に良い感情を持っていた。

孫：日本軍が村人の家畜を奪っても……聴解困難……彼が取り戻した。

「建国以降はどこかで身柄を拘束されていたのですか？」

趙：そうじゃない。建国後はすぐに小学校の教員になっている。何か政治運動があると、かつて「日偽人員《リーウェイレンユエン》」（傀儡政権職員）だった、つまり維持会長になった経歴があるから、〝学習〟させられたり、時には批判されることもあったが、「判刑《パンシン》」（刑罰を科す）とか、そういう深刻なレベルには行かなかった。

「では、戦後は表面上は平穏に教員生活を送ったのですか？」

孫・趙：そうだよ！　趙：ただ監視はされていた。

孫：……反革命鎮圧……訴苦会……（聴解困難）……仇の有る者は仇を討ち、無実の者は無実を訴えた。彼には関係がない。

趙：（上記の発言を解説して）建国後、大衆運動が「訴苦《スウクウ》」とか「伸冤《シェンユエン》」とか、いろいろあった。過去の漢奸、特に血債がある、人を殺している者には過去の仇を討つということになる。人を殺している者は鎮圧されれば今度は殺される番だ。しかし、李宜春は人を殺していないし、いいこともした。……反革命鎮圧だの三反五反だの、いろいろあったが、彼は運動の対象になったことはない。彼はそういう範疇には入らない。

孫：共産党は彼を用いたんだよ（趙：共産党は彼を重用した）。何故なら彼は罪を犯していないから。日本人を手引きして、殺人、放火、強姦……そういったことをやっていない。だから彼には罪がない。

かなり省略しているが、「対日協力者」「漢奸」への政治的追及について繰り返し質問する筆者に、孫さんと趙氏が二人がかりで弁護する展開になった。

一九四四年八月に日本軍が東会里拠点から撤退すると、日本が降伏する前の四五年二月に仙人村に全日制小学校が設置されるが、その時の教員の筆頭に李宜春の名がある(10)。孫さんはこれを「共産党指導下の小学校で教えた」と表現した。これは趙氏の証言「内戦期(一九四五~四九年)には、共産党は(李宜春は)かつて日本軍のために働いたのだから、今度は国民党に協力するのではないかと案じて、監視していた」「監督下に置き、常に注意していた」を考えると、監視下に置かれていたとも考えられるが、その後も教育職を続け、盂県人民代表大会代表に選ばれてもいる。維持会長の〝前歴〟は彼にとって生涯の重荷であったろうと思われるが、結局は一度も処罰を受けることはなかった。何より県の抗日史に「愛国志士《アイクオチーシ》」「模範《モオファン》」として顕彰されており、生前に人民代表大会代表に選ばれてもいることから、最終的には共産党の信頼も得て、「愛国的党外人士」という政治的評価を得たと言える。

その後「病気になったので村に帰ってきて、野良をやっていた」(李広栄10・9・5(11))という証言は前後関係がはっきりしないが、晩年は仙人村に戻っていたこと、持病があったことは確かなようだ。仙人村の李志光さんのお宅で話を伺っていると、隣は李宜春が住んでいた家だという。今は住人はおらず、うち棄てられているが、慎ましくも落ち着いた暮らしがあった様子が窺われる。後日、李宜春の長女から「六八歳で亡くなった。もう三七年になる」と伺った。六八歳は数え歳で、一九七四年に満六六歳で亡くなられたものと思われる。

李宜春の長女、李玉娥さん聞き取り調査　二〇一一年四月八日

李宜春と一緒に圭川写真に写る長女(78頁)の李玉娥さんが健在であると一〇年秋の調査で知り、一一年春の現地調査では事前に聞き取りの打診をしておいた。李玉娥さんは仙人村の南約四〇キロにある陽泉市(かつての旅団司令部所在地)にお住まいであった。盂県城から車で陽泉市に向かう。アテンドの趙氏が捜し出した盂県政府宣伝部の李晶明氏が李玉娥さんと一族で、そのつてで連絡が着いたものであった。

陽泉に向かう車中、趙氏から「彼女は当初大変強硬で、親戚である李氏には会うが日本人には会わないと言った。なんとかなだめて、あなたが『認錯《レンツオ》』(過ちを認めて謝罪)すれば会うことになっている」と告げられる。筆者が「先方が嫌

がるなら無理強いしないで。漢奸の嫌疑がかかるような話題だから日本人が来るのは心理的負担が大きいのでは」と言うと、趙氏は「あなたがちょっと犠牲になって、謝罪の言葉を言えばいいだけ。漢奸の件は私が説得する」と応じた。「会ったこともないのに何を謝罪するのか」と不快に感じたが、「日本人として被害側に遺憾の意を表明してほしい」という意味であるのは分かったし、とにかく李宜春の後代に会ってみたいと思い、〝踏絵〟を踏む覚悟を決める。

陽泉では調査地点となったアパート近くの歩道に李玉娥さんの息子さんが出て待っていた。緊張と警戒感を感じさせる表情であった。趙氏が車から下りて、早速の「説得工作」か、李宜春を党が評価している県史の文章を彼に指さしながら見せている。それが済むと二、三分ほど歩いて古いアパートへ。李玉娥さんの住いと思っていたが、後で録音を漢字に起こしたものを見ると「私は来たくなかった」としきりに言っているので、そこは息子さんの住いで、普段は別の場所にお住まいのようだ。

李玉娥さんは痩せて小柄な老婦人であった。筆者を紹介されて「日本人に会うのは怖かった」と言ったようだった。それから筆者に飛びかかるように向かって来て、首に手をたたきつける動作をし「こうして首を切った」。それから筆者の左右の頬をぶつ真似をして「こうして叩いた」と言った（と思う）。続いて、身振りを交えて、高いところから突き落とすような話になった。日本軍の行状を訴えたのだろう。後で「なぐられたのですか?」と尋ねると、「私は足が速かったから逃げた」と少し笑みを見せた。「私は纏足していなかったから」。このため、首を切るはもちろんであるが、突き落とす、殴るなども自身のことではなく、目撃や伝聞かもしれない。とにかく、初対面の挨拶もしないうちの急展開に面食らい、早口の方言音でもあったため不明点が多い。

筆者からは車中での要望に応えて前口上。「お目にかかれて光栄です。日本人にはお会いになりたくないところを特別に受け入れて下さり、心から感謝します。かつて日本は中国を侵略し、あなた方ご一家を始め、多くの中国人民に多大な苦しみを与えました。皆さんの苦しみに対し、かつて中国を侵略した日本の後代として深くお詫びします」。筆者が用意したのはこのような台詞であったが、李玉娥さんは共通語がよく分からないのか、特に反応を示さず、自分の話をし始めた。筆者の態度表明は周りにとってより意味があったようで、「かつて日本は中国を侵略し」と言ったところで、息子さんが「そうそう侵略なんだよ！」と強く反応した。日本は侵略を認めていないといった類の情報に怒りを感じていたようだ。趙氏、李氏、それに同行の姪が三人がかりでこの様子を撮影してフラッシュが盛んに光る。その後も李玉娥さんは興奮気味に早口で多くのことを話し続けたが、筆者には殆ど聞き取れなかった。以下は後に録音を文字に起こしてもらって理解できた内容である（冒頭の場面には録音が間に合わなかった）。

［聞き取りをお願いしたところでの最初の発言］

二度と中国に侵略に来ないでおくれ！　誰にも二度と中国を侵略させるもんかね！

あの頃は逃げて逃げて、ああ、ほんとにどんなに走ったことか。捕まれば殴られる（から）。もう（あんなに）走りたくない。あの頃は足は血豆だらけ。日本人が来たとなると、すぐに走り出して、逃げて逃げて……もうどこに逃げたらいいか……

［李玉娥さん自身について］

「かぞえで八五歳、満八四歳、うさぎ歳」とのことであるから、一九二七年生まれで、圭川が訪れた一九四二年には一五歳だったことになる。日本軍が村を襲った時の恐怖について興奮気味に語ったが、纏足していなかったから逃げ遅れたことは無かったという。小学校二年生の時に児童団（八路軍が組織した抗日大衆組織）に入り、村々で宣伝をした。児童団の話になると抗日歌を歌い出した。「日本の鬼はひどい♪中国人に中国人を苦しめさせる♪」

［父、李宜春について］

当時、家族は仙人村に住み、父は東会里で日本軍の仕事をしていて、行ったり来たりしていた。仙人村に帰ると、八路軍に漢奸の様子など状況報告をしていた。

（筆者：お父さんについて覚えていることは？）　こんな歳になって何も覚えてない。（筆者：おばあさんに優しくしてくれましたか？）　そりゃあ優しかった！……父は死んでもう三七年になる。六八歳で死んだ（一九七四年死去と思われる）。

［家族写真（李宜春親子三人）について］（78頁№８）

（筆者：（この写真を撮影した）一九四二年頃は何歳くらいですか？）　知らない。（筆者：この日のことは覚えていますか?）覚えてない。……（弟が拾った銃弾で手の指を怪我した話を始める）……（趙氏）「写真でも分かるね」私は見ない、見たくない……。（李氏と趙氏が代わる代わるに）「これはあんたじゃないか。とぼけるのかい?」知らないって言ったら知らない……。（息子さん）「弟も死んでいるし、父親も他界した。悲しいから昔のことは話したくないんですよ」

［父、李宜春の維持会長としての苦労］

（筆者：お父さんから何か苦労話を聞いていらっしゃいますか? 日本軍と村との間に入ってご苦労されたと思いますが?）そりゃ苦労した。間に挟まれて、「鬼子《ゴェッ》」（日本軍）は怖いし、八路軍に疑われるのも怖い。とても危ない。中国人なのに日本人のために働いて、もし八路軍に知られたら首を切られる。（息子さん：到着時に趙氏から見せられた県史の文章に基づいて）「……維持会長になったのは八路軍の指示なんだ。時には日本人を使って漢奸をやっつけたんだよ」

［日本軍の記憶（聞き取り中の切れ切れの発言から）］

「抗戦八年、たくさんの中国人が殺された」「日本人が村を襲った時は怖くて怖くて……」「日本侵略軍はとてもひどかった。掃蕩に来て人を捕まえられない、物を盗れないと、大便をして、それを紙で包み、神棚の前に置いたり、台所の瓦甕（糧食を入れる容器）の中に入れた。そうやって村人を侮辱した」「日本軍の中にもいい人悪い人がいた。（父・李宜春のことか）その悪いのを誘い出して、八路軍にやっつけてもらった」

小一時間経ったところで次の予定のために急かされながら、ようやく切り上げた。息子さんは到着した時の歩道まで見送りに出て来た。発車する時にこちらに視線を向けて会釈した彼と目があった。

この聞き取り調査には隔靴掻痒の感が強かった。四人もの同席者に取り巻かれ、フラッシュを焚かれ続ける中ではなく、もっと静かに李玉娥さんに話しかけ、彼女の言葉を直接聞いてみたかった。李玉娥さんが話す現地方言を直接聞き取れない筆者はその場に居ながら事態を理解できず、息子さんが共通語でしきりに筆者に話しかけるのを聞き取りの邪魔と感じ、李玉娥さんを自分の方に向かせる趙氏に不満を感じていた（口絵20）。正直に言えば、朝からの経緯と針の蓆状態とに緊張し、不信感さえ感じていた。しかし、後に録音を文字に起こしてもらって、ようやく周囲で進行していた状況が見えてきた。

李玉娥さんはしきりに占領下の恐怖を語っている。興奮状態である。当時のことを聞かれること、話すことを非常に嫌がっている。日本人にそれらを質問されるということがまた嫌だったようだ。息子さんは母が嫌がっている訳を筆者に説明し、趙氏は嫌がる彼女をなだめて、「日本人には話さなくていいから私に話しなさいよ」と彼女の相手を務めてくれていた。

息子さんが筆者に「『国恥』だから思い出したくないんだ」「日本の中国侵略は全ての中国人の心に消し難い烙印を残した」「母は私の娘に日本軍がどんなことをしたか話す。うちの娘も次の世代に話す。代々伝えていく」などと話しかけて来たのはその場で聞き取れていたが、その時には教条主義的に聞こえて反感さえ感じた。しかし、フラッシュバックに陥って興奮状態の李玉娥さんの訴えや拒絶の言葉の間にそれらの言葉を置いて、ようやく事態が呑み込めたのであった。

〝飛び掛かられた〟こともあり、頑なに感じられた李玉娥さんにしても、命からがら「日本人⑫」から逃げ続けた彼女にとって、たとえ七〇年の歳月が経とうと、日本人に会うことは強い精神的負担であり、とにかく当時を思い出すと怖くて嫌だったのだ。あの後、老婦人が幾晩も悪夢に苦しんだのではと思うと心が痛む。筆者を日本人として咎め続けた（と感じられた）息子さんにしても、祖父の対日協力の歴史を蒸し返される不愉快さを抑えて、住いを聞き取り調査に提供し、恐怖にかられる母の様子に心を痛め、終わった後も興奮した彼女に付き添ってくれたことだろう。最後の見送りも含め、彼は日本人の不愉快な訪問に大局的見地から協力し、礼を尽くしたのであった。仙人村での聞き取りによると、李宜春の孫に当たる彼は陽泉で中学校教員を務めている。彼は生徒たちに初めて会った日本人のこと、抗日戦のこと、祖父のことをどう語っただろうか。

(2) 盂県公署総務科長の場合

現地調査では多くの方にご協力頂き、遺された写真について多くの貴重な情報を得ることが出来た。中でも一際印象に残った方がいる。孫賜芹さん。盂県城で聞き取りに応じてくれ、占領期の盂県城および盂県について豊富で具体的な情報を提供して下さった。父親が日本占領下で行政に携わっており、その関係で子供の頃に軍関連施設に父と共に出入りしたこともあったということで、一般の住民より当時の日本軍の状況を多く見聞きしていた。その後の経歴を見れば、聡明な子供であったろうし、戦後の盂県で文化事業に携わった経験からでもあろう、聞き取りに対して次々と明快な答えをくれた。それまでの方々を基準にすれば、一人で優に一〇人分くらいの貢献であった。このため初回は半日の予定で午前に出かけたが、急遽予定を変更して午後も聞き取りを続け、更に日を改めて再度訪ねた。

孫賜芹さんは一九三一年八月盂県生まれ。聞き取り時は満七六歳であった。建国後は文化館や文化局に勤務。主に文化行政に従事したようだ。県の政治協商会議委員を第一～三期まで務めている。孫さんは日本軍の盂県占領を七、八歳から一四歳まで実体験しており、父親が占領行政に携わった関係もある。加えて、戦後に盂県の抗日史の編纂に関わることにより、多くの資料や証言に接していた(13)。

孫賜芹さんの父は孫泰国。孫さんによると、三八年から三九年春まで県公署の総務科長を務めたという。一方、孫さんも執筆陣である地方志には、三八年一月に日本軍の指導下で県に維持会が結成された時に会長を務めたのが孫泰国で、ひと月後に李祖齢（旧盂県政府財政局副局長）に交代したと記載されている(14)。そもそも、こういった人々はどのような経緯で占領行政に携わることになるのだろうか。今日の盂県政府による地方志では「日本軍は盂県城を占領するや閻錫山政府の残党や反動的土豪劣紳を掻き集めて維持会を急ごしらえし」たとする(15)。一方、当時の日本軍側資料では、維持会は「古老、実業家、公安局員、その他の名望家を以て結成(16)」としている。具体的には、省・道レベルでの行政官の任命は特務機関長が「適任者を選定する(17)」としているから、県においても日本軍側の選定による任命が行われたと推察できる。

孫さんによると「三八年に日本軍が盂県を占領すると、維持会名簿を日本軍が直接作った。県公署の中七、八人。人望がある人、元官僚、インテリから選んだ」「父が維持会員に選ばれた。父は画家で大卒だった」「日本軍をつれてきた人物が維持会員に任命されたことを伝えた。従わなければ、殺されたり、（財産を？）没収される」。「盂県以外では東会里維持会長の李宜春は父親と同窓」「維持会成立時の挨拶は『日華親善』『日満華提携』『建設東亜新秩序』だった」。

地域にわずかしかいない高学歴の人間に立つ白羽の矢は李宜春を想起させるが、奇しくも孫さんの父は李宜春と太原中学（初級中学）の同窓だった。李宜春について「清朝崩壊からまだ日も浅い頃に小さな村から省都の中学校に送られた時点で既に地元では秀才として知られていたに違いない」と述べたが、これは孫さんの父にも当てはまる。往時なら地域の自治に携わる郷紳層に属する人たちだっただろう。日本占領下では地域の人材として対日協力を余儀なくされることになった。日本占領下でその占領統治に関わることになった人々は「漢奸」に当たるはずであるが、盂県での聞き取りでは、維持会員に指名された人々について、その教養や能力を評価し、対日協力をした立場を弁護する声が支配的であった。

№1…日本軍人たちの中央に座る紳士

これも前述したように、日本の降伏以前に「漢奸」として処刑されている人たちもいるから、住民の恨みを買っていたケースもあることが分かるが、盂県で「漢奸」として処刑された人物たちの行状録を見ると、多くが憲兵隊のスパイや警備隊関係者という日本軍の治安維持政策（共産ゲリラ対策）の末端の実働部隊だった人物たちで、その経歴や行状を見ると土地のならず者的な人物が多く、ゲリラ狩りを口実に金品のゆすりたかり、物資の強奪、強姦、嗜虐的な拷問・殺害を行っている[18]。現地住民は「『漢奸』として処刑された者たちはみな人を殺している。日本軍と一緒になって人殺し

No.2…孫賜芹さん（右。背後に息子さん）

や放火をやった者。大抵が憲兵隊のスパイ」（孫賜芹07・9・6）と総括する。日本軍の占領政策は平時であれば明らかな犯罪行為を「治安維持」行為とする不条理を生み出し、現地社会の治安と公正を大いに揺るがした。「漢奸」の処刑が「大快人《タークアイレン》心《シン》」（人々の溜飲を下げた）「為民平憤《ウェイミンピンフェン》」（公憤を晴らした）と表現されるのはこのためである。

一方で、教養と人望を備え、地元の名士であったが故に占領統治の矢面に立たされた立場に対しては、現地には広く同情があるように見受けられる。李宜春も固い様子で日本軍人と同列に座らされているが（77頁）、No.1の紳士は彼らの立場を象徴するかのようだ。地元住民を動員した宣撫活動の式典会場、翻る日の丸と五色旗を背に「日華提携」を示そうとするのか、最前列で「日本軍人の中央に座を占める」という形になってはいるが、実質は日本軍人に左右を挟まれて座らされていることが、思い思いに身体を動かしている日本軍人の中に全身をこわばらせて座っている姿に表れている。

孫さんの父は最後には日本軍に殺されたと言う。その経緯や様子を詳細に熱心に話してくれたが、興奮しているためか、他の場面では比較的聞き取りやすい共通語で話してくれたのに、その下りは殆ど聞き取れなかった。通訳も長い話を「つまり殺されたということです」と一言。やはり聞き取れなかったらしい。後にこの地域の方言を解する人を捜し出して録音を文字に起こしてもらった。占領下で行政に携わる身の地雷原を行くような経緯が話されている。

> 父は三八年から三九年春まで一年余り県公署の総務科長を務めたが、三九年の春に首になった……当時、県公署には普天間昌一という日本人顧問が住んでいたが、この人物は三八年の占領から四五年の撤退までずっと盂県に居て、盂県のことをよく知っていた[19]。……父と幾人かの同僚たちは普天間がいつも共産党や八路軍のことを詮索するので政治に関わるのを嫌がった。それで普天間は父（たち？）を共産党に通じていると疑った……そこで四〇年の第一

次治安強化運動の時(20)、彼らを疑わしき人物として憲兵隊に連行し、拷問にかけた。父は憲兵隊施設の門の右横の部屋に監禁された。当時三二歳だった……陰暦一一月六日に処刑された……四〇年の第一次治安強化運動では一度に四二人を殺した。県公署の仕事を辞めた孫泰国、施乃婁、于軍、張国男はみな嫌疑をかけられて処刑された……父は一番後に殺された。刀で顔を切りつけて写真に撮り、それから殺した……

聞き取りの帰り道、アテンドの趙氏が孫さんの父の最期に関して地元に伝わっている話をしてくれた。それによると、八路軍が日本軍のために働いている中国人の名前を書いて、八路軍と通じていると思わせるもの(紙片?)を作成し、わざと日本軍の目に付くように落とした。要するに八路軍は日本軍の手で漢奸を始末させたのだと(21)。孫さんの父と李宜春の二人は中学の同窓の縁だけでなく、地域における地位や運命にも似たものがあった。李宜春は危うく難を免れたが、八路軍に処分されるか日本軍の手にかかるか、彼らが身を置くことになった立場の厳しさ危うさを感じさせられる。

日本軍の手に掛かれば「漢奸」ではなくなるのだろうか。戦後を生きる後代に対日協力の〝前科〟は今も影を落としているのだろうか。当初、孫さんに聞き取り依頼をした時は電話を受けた息子が「風邪をひいている」と断ったが、無理を言って訪ねていくことになった。その息子はこちらの宿泊先まで出向いて来ていたが、後で聞いたところでは訪問を断りに来ていたようだ。筆者は現地方言を解さないため蚊帳の外だったが、アレンジをしてくれていた趙氏がなんとかなだめたらしい。退職して隠居生活の孫さん自身はひとが自分の話を聞きに来るのは大歓迎の様子だったが、自身もまだ現役で子供の将来も心配な息子にとっては、祖父の不名誉な経歴は政治的重荷なのではないだろうか。聞き取りの場に張り付いて覗き込んだり、写真を撮る様子(№2右奥)には、父親が日本人と当時の話をすることに感じている警戒や抵抗感がありありと表れていた。

二度にわたる聞き取りで孫さんからは実に豊富で具体的な情報を得ることが出来た。それらの情報は適宜本章に活かしているが、占領下の暮らしについて印象的なやりとりを以下に紹介する。当時小学生であった人の六四年後の記憶であるから、年月日や人数などに正確さを欠く可能性があるが、当時現地社会に日本軍がどのように見えていて、半世紀以上たった今どのように記憶されているかという趣旨で、語りのニュアンスも伝わるよう会話体のまま抄録する。

［日本兵を数える］
（筆者：盂県城の日本軍を数えたことがあるそうですがどうやって？）　新兵営の前の広場で列を作って、訓練しているのを数えた。一回めは二二六人。二回目は二二八人。本部に居る兵や憲兵などは含まない。訓練に出ている兵隊だけ。イチニサンシ……ヤスメ！　キヲツケ！　マエヘススメ！　バンザイ！　バンザイ！
［占領下の暮らし］
（筆者：占領期に日本人とはどんな話をしましたか？）（話をしたことは）ないです。私は子供で、毎日学校に行っていました。「軍と現地社会とはやりとりはないのですか？」行き来は無かった。日本軍が盂県の城内に住んでいた時、民間のことには干渉しなかった……（筆者：日本軍が占領した後も一般人の生活には大きな変化はなかったということですか？）　県城では、一般住民は日本軍と関わらなかったし、日本軍も一般住民のことは構わなかった。日本軍は（現地人と）気ままに交友関係を持つことはなかったし、気ままに民家にやって来ることもなかった。ただ城内に住んでいるだけ。日本軍は県城で軽々しく一般住民と接触することはなかった。
日本軍は我々の粟を食べず、自分たちの軍用食料を食べていた。県城では日本軍は自分で野菜を育て、牛や羊は買ったものを自分たちでさばいて食べていた。県城では物を奪ったり、勝手に取ったりということはなかった。
事実はありのままに話すべきで、でたらめを言ってはいけない。彼らがやった誤ったことを隠しはしないが、無かったことはでたらめで言ってはいけない。でないと私たち中国人の道徳にもとる。
［日本語の歌］
孫さんは日本軍が設置した新民学校で六年間学んだそうだ。今では若干の単語や短文を覚えているのみのようであったが、校長先生に連れられて、生徒四人が陽泉に日本語研修に行った時のことを話してくれ、そこで日本語の歌を習ったと言うと突然歌いだした。「ユウヤケコヤケ～♪」「アタマヲクモノウエニダシ～♪」全曲歌詞も旋律も完璧であった。「ミヨ、トウカイノソラアケテ。ワガニッポンノ～♪」これは日本軍が掃蕩から帰って歌う。「シングンラッパキクタビニ～♪」意味は分からないけど、日本軍が歌っていた歌。盂県の慰安婦が歌っていた歌は「アタシジュウロクマンシュウムスメ～♪シ～ナノヨ～ル♪」（筆者：六〇年以上経ってこれほど完璧に歌えるなんて、普段

歌っているのですか?」）まさか。今日は日本軍が居た頃のことを説明するために歌っただけ。ヤマヤカワ〜♪これも日本軍が歌った歌です。彼らが歌えば私はそれを聞いていた。

［軍装の劣化に日本軍の窮状をみる］

日本軍が三八年に盂県を占領した時、将校はみな毛織のコートを着ていた。純毛の。降伏が近づいた頃は軍の経済もダメになったのが庶民の目にも付くほど。戦争でたくさんのお金を使ったからだろう。軍服も布生地になって、もう毛織ではなかった。

孫さんは当時小学生だが、広場で教練する兵士を数えて駐屯軍の規模を把握したり、軍装の劣化に日本軍の台所事情を見ていたり（これは大人たちが噂していた可能性もある）と大変な観察眼である。意味はよく分かっていないらしいが、日本軍や「慰安婦」が歌っていた数々の歌を発音も歌詞もメロディも完璧な形で歌う。孫さんは「彼らが歌えば私はそれを聞いていた」と言う。泉さんの写真を目にするとすぐに「山本《シャンベン》だ！」と叫んだが[22]、なんと「彼が一番ハンサムだったよ！」とおっしゃる。街に駐留する外国兵について住民の間では他のランキングもあったことだろう。孫さんは特に聡明な子であったとは思うが、占領軍は彼らが無邪気だとみていた子供たちや無知だと思い込んでいた農民たちも含め、現地住民の目や耳や口に、軍が雇った通訳にも分からないような方言で晒されていたのだ。

No.３…民間に所持されている日本刀

聞き取りを終えてお暇しようとすると、孫さんから改めて話しかけられた。「あなたは教師だそうだね。日本の若者に何があったのかを、私には日本に父を殺された仇があるけれども、中国と日本は平和共存していかなければならないと伝えて欲しい」。聞き取り中には拷問や虐待の話も出たが、一定の条件下では略奪も殺人もしなかったことも指摘した。「事実はありのままに話すべきで、でたらめを言ってはいけない。彼らがやった誤ったことを隠しはしないが、無かったことはでたらめで言ってはいけない。でないと私たち中国人の道徳にもとる」。日本社会に伝えたい言葉である(23)。

一日目のインタビューの最後に孫さんは日本刀を出して来た。刀身には「昭和一五年」の銘文があった(No.3)。孫さんが鞘を外して刀を振りかぶってみせた時に折悪しく一旦は引き上げていた息子さんが部屋に戻って来て、その場面を目撃することになり、実に不愉快そうであった。山西では日本軍や居留民が残していったものが民間に数多く埋もれているようで、聞き取りが終わると所蔵の品を出してきて見せてくれることは他にもあった。省都太原の骨董市や骨董屋には当時のタバコパッケージや花札などが並び、最盛期には民間人だけで二万人近くに達した(24)日本軍民社会の喧騒が立ち昇ってくる。

〔注〕

(1)「維持会長」四文字は他の部分とはインクの色と筆跡が異なるため、別の人物(所有者の圭川か)が後から記入した可能性がある。

(2)開かれたのは平定県六区群集大会で、六区内で活動していた「罪大悪跡《ママ》」(罪状が大きく悪質。「跡」はおそらく「極」の誤り)とされた漢奸六人が処刑された。盂県では四二年に中共冀晋区党委の決定で管轄区の再編が行われ、仙人村は当時は平定県管轄であった。前掲『仙人村志』六頁参照。

(3)以上は、高海義「旧知識分子的楷模——李宜春先生二、三事」中国人民政治協商会議山西省盂県委員会文史資料研究委員会編『盂県文史資料』第三輯参照。前掲『仙人村志』では「建国前に大学および専門学校〔大専院校〕に進学した学生」という項目の筆頭に李宜春の名が挙がり、民国一一(一九二二)年、山西国民師範に進学したとなっており、若干の異同がある。

(4)前掲『盂県文史資料』第三輯、二三七頁。

(5)日本軍が直接的な支配から間接的な支配へと現地化を図ろうとした政策。現地では「中国人の手で中国人を抑圧させる」政策として反発が強い。

(6)以上、県史の記述は、高、前掲注3文献。

(7)「一九四一年五月一四日、東会里拠点の偽軍が仙人村に侵入、……(仙人村民の)牛を六頭追い立てて行った。東会里で商会会長をしている仙人村出身の李宜春を通じてとりなしてもらい、偽軍の頭目に銀五〇元を渡してようやく取り戻した」前掲『仙人村志』五頁。

（8）趙潤生氏は盂県文史料研究委員会主任（二〇〇七年当時）。盂県現地調査時（二〇〇七年、二〇一一年）にアテンドを依頼した。

（9）また、原則的には「漢奸」に当たる事例が数多く発生したが故に、全国的一般的な「漢奸」認識に対して、具体的な実情を弁護したい感情が少なくとも山西省盂県東部地区にはあるように思われる。

（10）前掲『仙人村志』七頁（草稿の手書き挿入部分）。

（11）李広栄さんは一九二六年生まれ。仙人村村民。日本軍が村を襲った時に拉致された経験がある（83頁）。仙人村在住。

（12）ここに採録したように、李玉娥さんは日本軍に言及する際、五割近い頻度で「日本人」と表現している。これは彼女に限ったことではなく、現地での聞き取りで普遍的に見られる現象である。

（13）例えば、『日軍暴行録』（前掲『盂県文史資料』第四輯）には、孫さんによる「奇恥大辱孰可忍——記日軍在神泉村戯弄侮辱我群衆的暴行」、「日軍暴行瑣記」（共著）、「駐盂日軍憲兵隊是如何残殺我県人民的」（共著）、「盂県偽警備隊助紂為虐屠殺人民的罪行」の四篇が収録されており、挿入資料「日軍入侵盂県示意図」も彼の署名である。

（14）前掲『盂県文史資料』第四輯、八八頁。地方志の記載と親族の証言が食い違うが、三八年一月九日の盂県城占領後ただちに日本軍が維持会を結成した際には会長を孫泰国氏が務め、そのひと月後に占領以前の盂県政府内での行政経験がある人物に交代、孫氏はその後三九年の春まで県公署の総務科長を務めたと考えれば時間的な辻褄は合う。しかし、なぜ会長がひと月で交代したのか、孫さん自らも編纂に関わった地方志に記載されている父親の維持会長歴に聞き取り時はなぜ言及しなかったのかは疑問である。二つの疑問のうち会長人事については、維持会は臨時機構で、会長の下に局長一人主任三人、総勢わずか一三人といういかにも急ごしらえの組織で、わずか二か月で県公署に改編され、百余名の態勢に拡充されている。このため維持会発足時の人員配置は占領直後の暫定的なもので、何か問題があった上での左遷とか降格人事ではなかった可能性はある。一方で、県編纂の「日偽盂県政府組織系統表」では総務科は四三年秋成立と付記がある点が新たに問題になる（前掲『盂県文史資料』第四輯、九一頁）。

（15）前掲『盂県文史資料』四頁。

（16）北支那方面軍参謀長岡部直三郎「軍隊ノ実施スル治安維持指導等ノ参考」一九三七年一〇月（『陸支密大日記』昭和一二年第九号）、堀井弘一郎「山西省における日本軍特務機関と傀儡政権機構——盂県での性暴力に関連して」石田米子・内田知行編『黄土の村の性暴力　大娘たちの戦争は終わらない』創土社、二〇〇四年、三三八頁参照。

（17）防衛庁防衛研修所戦史室編『北支の治安戦（一）』（戦史叢書）朝雲新聞社、昭和四六年、一一八頁。堀井前掲論文、三三五頁参照。

(18)「日偽政権及漢奸走狗罪行録」前掲『盂県文史資料』第四輯、八一～一五四頁。

(19)普天間昌一は盂県公署の顧問として県政全体を「指導」した。県政府内に設置した特務組織（呼称は宣伝班、情報班、宣伝科と変遷）を一手に操縦・指揮し、現地社会の〝自治組織〟とされた新民会についても顧問として監督した（前掲『盂県文史資料』第四輯「日軍暴行録」参照）。顧問に関しては交代記録がないことから、孫賜芹氏の証言通り一九三八年一月の盂県占領から四五年八月の撤退まで日本軍による盂県占領統治を統括したと思われる。泰次郎が四一年八、九月に盂県で劇団活動を行った際の記録にも県顧問として普天間が登場している。顧問は前身が「県連絡員」で、日本軍から各県に派遣され、県の行政を指導した。県公署の一室に住み込み、特務機関長の分身として県知事の目付け役的存在であった。「連絡員」と呼称したのは県政の主導権を握るものではなく、単に陸軍特務機関との連絡役という建前からであった。その後、占領統治の現地化を図る動きの中で陸軍特務機関の役割も縮小され、一九四二年初めには「連絡員」は廃止されて〝自治組織〟新民会に統合され、県公署の中では「顧問」と呼称した。しかし、実質的な変化は殆ど無かったという（堀井弘一郎「山西省における日本軍特務機関と傀儡政権機構——盂県での性暴力に関連して」前掲『黄土の村の性暴力』三三一～三三三頁参照）。

(20)第一次治安強化運動の実施期間は一九四一年三月三〇日～四月三日である。証言者が時期を間違っているか、時期が正しければ、別の粛清運動で身柄拘束されたものだろう。

(21)盂県の地方志に同じような手法で日本軍の手で漢奸を始末させた事例が見える。「日偽政権及漢奸走狗罪行録」前掲『盂県文史資料』第四輯、一五一頁。

(22)ルポライター・班忠義が三重県の山本泉さんを取材した後で盂県の孫賜芹さんを取材しており、孫さんは泉アルバムを接写したものを数枚所有していた。孫さんが泉さんの顔を見分けられるのにはそのことも関係しているかも知れない。班忠義『ガイサンシーとその姉妹たち』梨の木舎、二〇〇六年参照。

(23)孫さんには次の機会にも聞き取りを申し入れたが、残念ながら二〇一〇年三月に亡くなられた。心からご冥福をお祈りしたい。

(24)「中華民国在留本邦人及第三国人人口概計表」（外務省外交史料館蔵）に拠ると、太原「内地人」人口は一九四一年一〇月には一万三〇〇〇人強で、四三年一月まで増加が続き一万八八六八人となった後、同年四月には減少に転じている。「表」には以降の統計が無いが、世界情勢と戦況を考えれば、減少傾向が続いたものと思われる。

第二章　「北支」占領の担い手——ある下級将校の人生から

本書の出発点となったのは、筆者の実家に遺されていた父方の伯父圭川の遺品群である。本章では、「北支」占領の一端を担った具体的な個人の人生と時代との関わりをこれら遺品写真を主な手掛かりに考察する。

No. 1…圭川（右端）と父、妹弟たち

1　禅寺に生を受け、仏教者を志し、儒学を学ぶ

(1) 出生

田宮圭川《けいせん》は、一九一五（大四）年六月二六日、田宮琢道《たくどう》とみゑとの間の四男四女の長男として、三重県鈴鹿市に生まれた（No. 1）。生家は臨済宗東福寺派の禅寺である。その後の進路を見れば、周囲も本人も住職を継ぐものと想定していたことだろう。圭川は一八歳で仏教系専門学校に進学した後は通学に便利な親戚の家に住み込み、大学は東京に下宿、その後は広島で教員、そして入隊と続くため、長弟圭道（七歳年下）、次弟圭舟（一〇歳年下）ら、この作業を始めた頃に

話を聞くことが可能であった兄弟たちの記憶は、一緒に暮らしていた幼少時の記憶の他は、圭川が出征までの折々に生家に戻った時の断片的なものである。幼い兄弟姉妹たちにとって首都で大学生活を送っている歳の離れた兄というのは、特別な存在だったようだ。

その兄弟たちが語る圭川は、小学校の修学旅行の時に駅まで送ってくれて小遣いをくれたとか、中学校の入学試験に付いて来てくれたなど、親代わりの側面を持っている。また、中学生の頃と思われるが、風呂上りの姿（おそらく褌姿）で胸を張り、「〇〇少尉！」と連呼していたという。圭川のその後の進路からは軍人への関心はみられないが、当時の青少年の一般的心理として、体力気力に秀で、社会的に尊重される男の姿として将校に憧れを持ってもいたようだ。

甲種合格というが、アルバムに残る写真を見ると、軍人としては小柄であり、周囲の部下に埋もれんばかりである。軍刀も特別にあつらえた短めのものを使っていたと言う（237頁）。しかし、年少の弟たちには、広く厚い胸板を持った頑健な青年として記憶されている。出征前に自宅に暫時滞在した時期の記憶が多くを占めるためか、圭川についての弟たちの記憶には軍刀や軍靴などが登場し、戦時色が濃い。

(2) 成長

幼少期については、それを知り得る人々はすでに故人であり、残る写真も少なく、本人による添書も無いため、殆ど分らない。村の小学校の正面玄関での入学か卒業記念と思われる写真が残る。

中学時代からはおぼろげながら様子が分るようになる。ほぼ毎学年、皆勤賞の賞状が残り、武道寒稽古の皆勤褒章もある。生真面目で努力や克己に励む性向を持っていること、また身体的には健康であることが分かる。写真も多くなり、添書も登場する。自宅近くの浜辺でハモニカを吹く写真が残っているが、浜辺の曲線や樹木の水面への投影の中に身を置き、構図にこだわった撮影である。その後に発揮される写真好きで、ややナルシスティックなロマンティストぶりが既に窺われる。この頃の写真を収めたアルバム10には「中学時代ハ余リニモ社交下手デ／コレトイフ友達モナク／黙々トシテ勉強シタ時代。写真少シ」と添書がある。確かにその後の学生生活では友人達との写真が格段に増えて行く。

中学卒業後は浄土真宗高田派の高田本山にある高田専門学校に進学した(1)。この学校では通常の教科に加え、浄土真宗や他宗についての学習や法主の法話などが行われていたという。生家にはこの頃の日記が残る。背表紙に『昭和五年当用日記』、扉頁に「Tamiya Keisen」の署名があることから、圭川一五歳中学二年生の年の日記と分る。日記に書き付けられているのは、その日の天気や通学の様子など簡潔な内容で、内面の記述は見当たらない。「四月四日　雨。学校新入学。真宗勧学院高等科午後一時父同道、入学式参列」といった具合である。この学校への入学は一九三三(昭八)年春のこと。巻末の「金銭出納録」には、内容から専門学校時のものと分かる記録が小さな几帳面な字で残り、気候のよい五月に奈良に旅行に出かけ、その際に法隆寺に二〇銭寄付しているとか、翌六月から旅行貯金一円を始めているとか、大学高専号飛行機献納費として五〇銭出しているなど、この時期の生活ぶりが見える。仏教は彼にとって単なる〝家業〟ではなかったこと、旅行好きであること、倹約家だが可能な範囲で楽しんでもいたことが分かる。この専門学校での勉学については、『法式』と題された受講ノートが残るが、第一頁に朱筆で記された「序文」がある。

> 禅宗臨済派の一員として、下位を占めて居る小生が他力宗浄土真宗の学徒と共に研鑽大いに勉む事、吾が一身上大いに愉快を感ずると共に、宗教家として、博識の才を養ふに足る。……他院の徒にして、他宗の本山内にて学ぶ者幾何ありや我知らず、今独り吾あるのみ。

自力本願である臨済宗派でありながら、他力本願の他宗で修行することの意義を述べる。「宗教家」を自任し、研鑽を積む意欲を語っている。「今独り吾あるのみ」の語に青年らしい自負心が感じられる。中身は年中行事や法要の次第などであるが、楷書で几帳面に記されており、真剣な姿勢が伝わってくる。ここでも毎学年皆勤賞である。日曜学校の活動の様子も残り、大学時代に入っているような仏教組織かどうかは不明だが、社会活動に参加していることが分かる。長弟圭道は、圭川が高田時代に修身の検定を取るため懸命に勉強していた様子を印象的に覚えている(2)。「真面目な性格だった」と言い添えた。№2は高専時代の仲間たち(左端が圭川)。同メンバーとの写真が多く、この数人でよく遊んだようだ。卒業後にも再会している。この時期から友人との交遊の写真が多くなる。青春時代が始まっているのだろう。

日記帳にみる大日本帝国の具体相

上述の日記は本人の記載はごく簡潔である上に四月中旬以降は途絶えており、圭川個人についてはこれ以上のことは読み取れないが、日記の付録として印刷されている情報は時代色が濃く、昭和初期の社会資料満載である。大日本帝国のハード・ソフト両面の枠組みが誇らしげに呈示されており、これより数年後に入学する大学での教学内容が比較的リベラルで戦時色が薄いのとは大きく異なる。

例えば、第一頁冒頭には、「皇家御一門の御繁栄」を祈る言葉が掲げられ、その下に皇室・皇族の名簿が並ぶが、昭和天皇に始まり、「朝鮮王族及皇族」で終わる。また、日記用の頁には、欄外にその日に起こった歴史上の出来事が印刷されている。似たような趣向は今日の日記やカレンダーにも残るが、「台湾征討の令を発す」「支那対支要求案を全部承認す」「韓国を併合し朝鮮と改む」など、出来事の選択やその表現には、大日本帝国の世界観がにじみ出る。

No.2…高専時代（圭川は左端）

巻末には「現代百科大鑑」と題した付録頁があり、度量衡や各種法規など実用的情報を満載する。これも現在の手帳付録に通じるものだが、当時の国家体制や社会制度が反映されていて興味深い。例えば、「我国の位置、面積及人口」では、「我国」の東西南北の極として極南の「台湾高雄州恒春郡恒春庄七星七星岩南端」に始まり、台湾島南端、アライト島北端、占守島東端、台湾島西端の地を挙げていく。人口も内地、朝鮮、台湾、樺太の順で、一九二五（大一四）年の「国勢調査」結果を挙げている。植民地や北方領土を「我国」として扱いつつも、人口は内地、朝鮮、台湾、樺太に四区分している。「帝国陸軍衛戍地表」が東京の近衛師団を起点に各地の師団を列挙しながら日本列島を南下したのを京都の師団で受け、第一九師団（朝鮮羅南）、第二〇師団（朝鮮龍山）、朝鮮軍（京城）、台湾軍（台北）と続き、関東軍（旅順）、支那駐屯軍（天津）で終わるのも大日本帝国の世界観を示すのだろう。

また、郵便規定も高度に政治的なものである。例えば、「外国郵便」に対して「内国郵便」のカテゴリーがあるが、それには「日満郵便ヲ含ム」と但し書きが付き、「帝国（南洋諸島ヲ含ム）及関東庁管内間ニ発着スル郵便ハ日満郵便ト称シ概略内国郵便ニ関スル規定ヲ準用ス」とされている。満州は独立国というのが当時の建前のはずであるが、郵便のような公的制度にさえ実態が露呈している。その「内国郵便」中の「小包郵便」には、「内地相互間」「内地、台湾、樺太相互間」「内地、朝鮮、関東庁管内、南洋群島相互間」の三区分があり、更に「◎日満小包（帝国「南洋群島ヲ含ム」及関東庁管内相互間）」が◎印付きで別扱いで並んでいる。一方、「外国郵便」には「支那宛別掲」と但し書きが付き、「支那宛」郵便は一部例外を除いて「内国」「内地」と同じとされている。

視線を日記の記述に戻すと、日記巻末の「備忘録」頁に昭和七年度の徴兵適齢についての規定が書き写されていて、「在学徴集延期願」（三重県の津連隊宛）の書式や「徴収延期ヲ受ケタル者其学校ヲ卒業後次ノ学校ニ入学スル場合」（圭川のその後の進路に該当する）の書式など全八頁に亘っており、真剣な関心を感じさせる。実家に置かれていたこれら圭川のノート類には稀に戦後も含めて後日に他の親族が書いたと思われる部分があり、この日記帳にも次男圭道のものと分かるメモがあるため、このメモが圭川のものと断定は出来ないが、圭川であれば一九三二（昭七）年には一七歳である。地元の中学（五年制）の第四学年にあたり、翌春に卒業を控えている。二〇歳の徴兵検査を前に進路を思案したものであろうか。結局、圭川は翌春地元の浄土真宗の専門学校（三年）に入学し、大学は経済的理由により専門学校を経て三年間で卒業する道を選択したものの、禅宗曹洞宗の駒沢大学に進学、念願であったらしい東京での大学生活を叶えている。教職と僧職が本人の望んだ道であった。

(3) 大学生活

圭川は一九三六（昭一一）年、駒澤大学文学部東洋学科に入学、三九年に卒業している。駒澤大学編纂の大学史では、一九三一（昭六）年以降を「学問の場を奪われ、暗闇の時代へ」と総括している(3)。日本が中国大陸で満州国建国、華北分離工作を進め、中国では抗日機運が高まる中、国際連盟脱退、二・二六事件を経て、盧溝橋事件でついに泥沼の全面戦争に入っていく時期である。

駒澤大学の前身は江戸時代に「禅の実践と仏教の研究、そして漢学の振興を目的として設立(4)」されている。これから見ていくように、圭川の大学時代はまさしくこの三者を中心にあったようである。大学に圭川の「履修証明書」を申請してみると、そこには、「仏教概論」「禅学概論」などの仏教学関係、「国語学概論」「江戸文学史」などの国学関係、「支那語」「唐詩選」「支那哲学史」など漢学関係の科目が並び、「教育学」「教授法」など教職関係がそれらに加わっている。

大学ノートの頁から立ち現れるキャンパス・ライフ

生家には一〇数冊の受講ノートが残る。小さな字で丁寧に書き込まれた筆記や、裏面に残る細かな出納記録などからは、几帳面な性格が窺われる。受講内容には、上記の科目の他に英語やドイツ語、更に欧州の文学や哲学思想関係も含まれている。ノートの頁を繰っていくと、大日本帝国期の大学の講義室にタイムスリップするかのようである。

ノート① 『支那語』

東洋学科では漢文、つまり中国古文の訓読だけでなく、現代中国語を教えていた。ノート表紙には左肩に『支那語』とある他、「Reality Chinese Japanese Conversation」と手書きされている。「実用性」を目的としたらしい。授業は言語の性質や特質の説明に始まり、発音や声調に入り、基本語彙や文型に進み、日常会話を扱っている。筆者は大学で中国語を教授しているが、大枠は現在の教学内容と変わらない。今日では蔑称とされる「支那」の語を冠してはいるが、現代中国語の口語を扱う授業としての普遍性がある。当時の中国語教育が活きた人間と意志疎通を行うことを目的としていたことは確かなようだ。とはいえ、収録された語彙はまさに「実用」に徹しており、意思疎通といっても、現地での通商上軍事上のやり取りに間に合えば事足りる程度の認識らしいことも示している。このノートの後半は『実用日支小辞典』と題され、辞書を書き写したのであろうか、いろは順に日本語と中国語の対訳が並ぶが、これもどこまでも「実用」に徹している。「日本」の中国語訳が「東洋 tung1yang2」であることや、「ボイコット」「排日」などの語彙が時代を感じさせる。

このノートの中にガリ版印刷の「微妙会」会則と会員名簿が折り畳まれて残る。圭川アルバムには京都臨済学院学長を迎えて駒澤大学講堂で提唱を行った際の記念撮影（No.3）があり、禅宗曹洞宗である駒澤大学で京都臨済宗（圭川の所属宗派）の会派が組織されていたことが分かる。会員名簿には、圭川も「三重県……心造寺（東洋科一年生）」として見えている。通常会員（現役学生）八名と賛助会員（卒業生）三七名が記載される中で、圭川の名の上に理事と手書きされている。一年生で理事を務めていることから、活動に積極的だったことが窺える。

No.3…「京都済門青年会支部　駒澤大学微妙会一同」（圭川は中央人物の左）

ノート②「西洋倫理学史」

「西洋倫理学史」のノートは、明治以来の歩みが国家主義への一本道ではなかったことを想起させてもくれる。例えば、「自由平等主義」の見出しで、仏革命以降の「臣民」の無差別平等が述べられている。

> 近世ノ憲法ハ佛革命ノ憲法ニ做《ママ》ヒ(5)臣民ノ自由平等ヲ保証セル規定ヲ設ク。君主専制時代ニアリテハ臣民ハ殆ンド自由ヲ奪ハレ君主ノ意志ニ依リテホシイママニ身分上ノ侵害ヲコウムレリ。一七八九年仏革命政府ハ其ノ壁頭ニ天賦人権ヲ宣明シ所有権ノ不可侵ヲ高称セリ。

此ノ宣言ハヤガテ近世諸国ノ憲法ニ取リ入レラレ、併セテ臣民ノ無差別平等・特権階級ノ存在ヲ認メザル主義ヲ採用スルニ至レリ

「議会主義」の箇所では、国家の「奴隷」であった「臣民」が立法に参与する権利を得て、「公民」に「向上」したと説いている。

近世ノ憲法ハ臣民ノ自由ヲ保証スルト同時ニ立法ニ参与スル権ヲ認ム　之又一八世紀思想ノ生ムトコロニシテ臣民ノ此ノ時ヨリ国家ノ努《ママ》隷タル地位ヨリ国家ノ公民タル地位ニ向上スル事ヲ得タルナリ

当時の大日本帝国の体制については、「帝国憲法ノ概要」として大日本帝国憲法が欽定憲法であることを、「民定又ハ君民協定ノ憲法」と比較して以下のように講じている。

第《ママ》日本帝国憲法ハ欽定憲法ナルコトヲ特色トス。即チ皇祖皇宗ノ残シタマヘル統治ノ洪範ニノツトリ天皇ノ意志ノミニモトヅイテ成リ少シモ民意ヲ混ヘテツクラレズ　之レ民定又ハ君民協定ノ憲法ト異ナルトコロナリ。而シテ欽定憲法タル特色ヲツラヌクガ為憲法改正ノ必要オコリシ場合ニ当ツテモ、ソノ改正案ハ天皇ノミガ詔書ヲ以テ提出セラレ議員ハ之ニ対シ賛否ヲ表示スルノミニテ之ヲ修正シテ決議スル事ヲ得ズ

ノートには、感服しているのか、批判的なのか「天皇ノ意志ノミニモトヅイテ成リ少シモ民意ヲ混ヘテツクラレズ」に波線が引かれるなど、ところどころに朱筆で波線や二重線、或いは朱点が加えられている。講義は他に「国際公法」や「相互尊重権」「国際争議処理」などを扱っていく。その叙述はリベラルかつ学究的であって、偏狭で排他的といった〝戦時イメージ〟とは異なるものである。

また、「江戸文学史」には、走り書きのメモ用紙が畳み込まれて残っていた。多くのノートは非常に端正な筆致で書か

れているが、受講時にここまでのノートを取るのは不可能と思われるため、このようなメモをもとに浄書したのだろう。残ったメモの裏面には家計簿メモが。このために下書き用紙が残ったのだろうが、これまた几帳面な日常のやりくりがびっしりと書き込まれていた（No.4）。

このような、走り書きメモや落書きを含め、残されたノートの全てに目を通したが、講義内容は日中戦争開戦の前後であるにもかかわらず、リベラルで学究的であり、中国の言語や思想について、また西洋の哲学や教育について、あるいは日本の天皇制や憲法などについても、その講義に国粋主義的な歪みは特に見られない。この点は後に見る新聞記事の論調とは大きく異なる。戦中もアカデミズムの中では非政治的である〝自由〟はあったということであろうか（6）。

No.4…出納記録

卒業論文

卒業論文の閲覧が可能かどうか駒澤大学に問い合わせたところ、「遺族に返還する」として郵送されてきた。論文の題目は「周濂渓の学説概論に就いて」。周濂渓は周敦頤（一〇一七～七三年）の号である。宋学の創始者とされるが、その思想には道学に加え、仏教（特に禅宗）の影響が指摘されており、東洋哲学を専攻する禅僧らしい関心と言える。

論文を執筆したのは、翌春に卒業を控えた一九三八年であろう。中国大陸では、前年末の南京攻略戦に続いて、徐州・武漢・広州を占領し、国内では国家総動員法が施行される年である。論文は古代思想を扱っているため、先秦期の諸子にしても宋代の理学にしても既に古典として確立しており、関連する史実や個別の人物、流派の思想的特徴などについての叙述には現在行われているものとの間に大きな違いはないが、やはり歴史的評価には時代の色を見出すことも出来る。例えば、漢の武帝を「偉材」と評し、「君主の尊貴」「国権の拡張」を述べ、果断に権力を行使する指導者により君臣関係が明確になり、国威の発揚がなることを好ましいものとするところに軍国主義の影を指摘できるだろう。しかし、時代色を

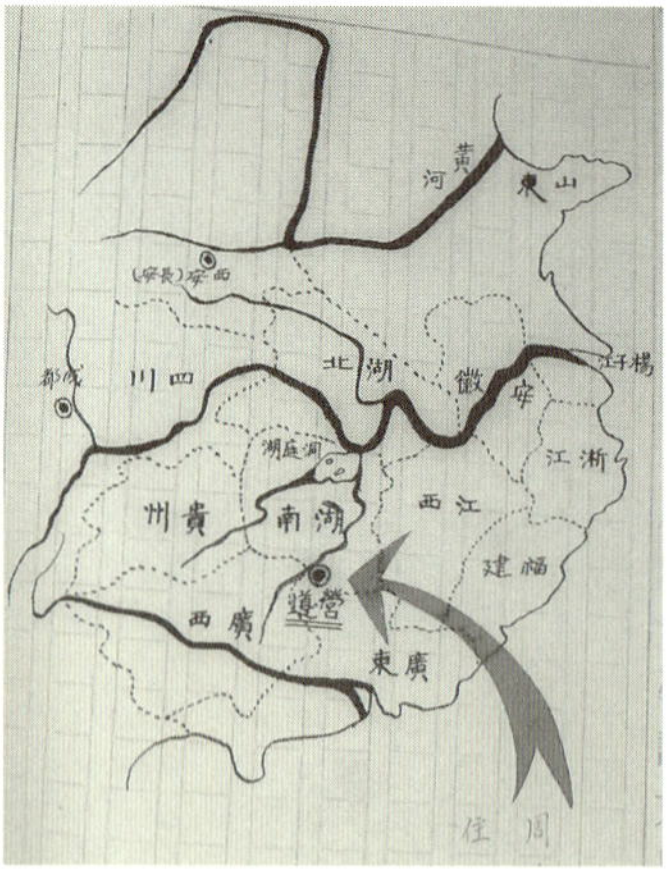

No.5…卒業論文中の手書き地図

感じさせるものは全文を通じてこの程度で、全体としては倫理説への関心に終始したものである。

　意外であったのは、文中の年代表記が、例えば「真宗の天禧元年、（西紀一千十七年）、〔皇紀一千六百七十七年、後一條天皇の寛仁元年に中る〕」のように、中国暦に続いて（西暦）〔皇紀、日本天皇暦〕を表記しており、中国暦や西暦を皇紀より前に持ってきていることであった。対米開戦後はまた事情が違うのかも知れないが、こういうところにもイメージとしての戦時と実態とのずれが見える。

　また、周敦頤の居住の地を示す手書きの地図に書き込まれた揚子江や洞庭湖や赤い矢印はその地を一目見たいという憧れを感じさせる（No.5）。海外に渡る経路が限られていた時代に、中国に渡れるということ、揚子江や黄河、万里の長城の地に立てる（圭川のアルバムには中国で購入したと思われる土産写真や絵葉書が多く残る）ということの意味も現在とは大きく異なるものであっただろうことにも気づかされる(7)。

この時期の写真

　従軍後の写真量には遠く及ばないが、それ以前に比せば、大学時代からは写真もぐんと多くなり、学友との記念撮影や下宿先の家族との写真などが社交的な学生生活を窺わせる。下宿先の自室を写した一枚（No.6）は卓上のインクの瓶から傍らの火鉢上の薬缶、背景の本棚の上の写真まで細部の配置を整えた気配があり、ランプを据えた中国山西での自室写真（240頁）に通じるものがある。

　卒業を三月に控えた一九三九年二月三日には、学友四名で連れ立ち、皇居周辺の撮影スポットでポーズをとる写真が一〇枚ほど残り、さながら卒業記念撮影大会といった趣である（No.7）。選んだ地点は、東京駅、日本劇場、日本橋、桜田門、国会議事堂、皇居前広場、楠正成像、二重橋……。当時の典型的な東京名所なのだろう。

駒澤大学の卒業記念アルバムの表紙には、ほどなく敵性語となる英語で「Our Life at Komazawa/Here and There」と青い万年筆で手書きされている。枯葉に埋もれたり、芝生の上で人文字を作ったりと、思い入れたっぷりのポーズをとる学生たちの姿には、大正ロマンの残影がある。ちなみに圭川は水鳥が浮かぶ池の畔でひとり物思いに耽っている。もちろん戦時色が全く無い訳ではなく、年に一度実施されていたらしい学部の「戦史旅行」には配属将校が同行し（中央の引率教員の左右）、学生たちもゲートル巻き姿であるが（No.8）、ここまで見たように大学生活は総じて戦時色は薄く、前述の『当用日記』に見たような当時の社会の有り様はあたかも塀の外の喧騒であるかのようである。

No.6…大学時代の下宿にて

No.7…「桜田門ヨリ 国会議事堂ヲ背景ニシテ」

No.8…「学部戦史旅行　瑞鳳殿前ニテ」

(4) 教員生活

圭川は大学を卒業した一九三九（昭一四）年の四月に広島の高田中学校に国語・漢文担当の教師として赴任する。アルバム5に挿まれていた「高田中学校報第九号」（昭和一四年六月一五日発行）には新任教員の紹介があり、「田宮先生を迎へまつる」として、「聖地伊勢」出身と紹介している。この号には四月から五月の学内行事が紹介されているが、

No.9…高田中学校の教え子

No.10…「休ミ時間ノ一ト時」

「東方遥拝」「靖国神社……護国の英霊に対し……黙祷」「シナ事変講話」「配属将校令公布十五週年記念」など戦時色が濃い。

この時期は短いため、写真の数も相対的に少ないが、多くない写真の中にも教え子を写したものが数枚あり（No.9他）、この人物の写真好きと共に教え子への思い入れが強いことも分かる。それは「北支」期のアルバム見開き二頁に兵士の写真をびっしり貼り付けた「我が教へ児」頁（235頁）に繋がって行く。

No.10は赴任して三か月が経った七月の「休ミ時間ノ一ト時《ひととき》」。スーツ姿になお初々しさが残る。結局、教師としての日々は本当にわずかな「一ト時」で終わることになるが、髪型や服装には軍服を身にまとう前に束の間味わった自由さがある。

アルバムには本願寺布教使の名刺が残る。住所は広島のものであるため、この時期に広島で仏教関係者との交際があったことが分る。また、同じ頁に貼り付けられた別の名刺に残る手書きメモや印刷された住所から世田谷に下宿している人物（駒澤大生か）との間で古書紹介の雑誌で見つけた仏教書の購入に関するやり取りをしたことも分かる。教員生活を始めてからも仏教への関心と何らかの活動は継続していたようだ。しかし、この年の一二月には郷里の部隊に入営し、教員生活はわずか八か月で終わりを告げる。

［注］

（1）卒業証書は「高田専門学校」となっているが、日記には真宗勧学院高等科という名称も見える。

（2）高田専門学校卒業によって「修身」は無試験合格となるため、「教員免許状」には「無試験検定合格」と記載されているが、その資格を得るための学内の条件があったものと思われる。なお、「修身」の「教員免許状」裏面には「日本帝国臣民にあらさる者に対しては私立学校に於いてのみ有効とす」との但し書きがある。
（3）駒澤大学開校百二十年史編纂委員会『駒澤大学百二十年　過去からいま　そして未来へ』駒澤大学、平成一四年、四八頁。
（4）駒澤大学ＨＰ「沿革」http://www.komazawa-u.ac.jp/cms/enkaku　二〇一五年二月一八日現在。
（5）「倣《なら》ヒ」の誤り。
（6）但し、新聞記事は対米開戦後のものであり、政治状況の違いもある。
（7）次弟圭舟から圭川は「中国に行きたかったから」中国戦線を希望したと聞いたことは筆者にとって長年不可解なことであった。

No.1…中部第38部隊正門（当時）

No.2…「勇躍征途ニ就カントス」

No.3…「暴支膺懲の征途へ」

2　郷里三重での入営

圭川は一九三九（昭一四）年一二月一日、歩兵（中部）第三八部隊（1）に入営した（No.1）。同日撮影の入営記念と思われる写真には「勇躍征途ニ就カントス」と書き添えられている（No.2）。『支那事変記念写真帖』（アルバム4）に収録されている『三重日報』記事には「暴支膺懲の征途へ」（No.3）「勇躍！征途に上る」などの見出しが躍る。後者の本文には「支那事変は長期戦に入り蒋政権が頑迷なる喘ぎを示してゐる時暴支膺懲の聖戦に参加すべく……多数の万歳歓呼に送られて新緑萌ゆる故山を後に勇躍征途に上り一路胡砂吹きすさぶ北支に向かつた」とある。当時「征途」の語は「暴支膺懲」とほとんど同義のように使われたようだ。圭川が入営記念写真に「勇躍征途ニ」と書きつけるに当たってどの程度意識的であったか分からないが、少なくとも当時の風潮に距離を置いてはいないようだ。

出征

一〇歳年少の次弟圭舟によると、圭川の出征時には、家の前に教鞭を執っていた中学校から贈られた、圭川の名を書いた「お稲荷さんにあるような」赤地の幟が立ち並び、村人たちが大勢集まり、駅まで送ってくれた。圭川は一旦家を出た後、「あかん」（駄目だ）と泣いて戻ってきて、酒をあおり、それから出て行ったという。圭舟はこの場面を繰り返し語った。少年時に盛大な見送りの光景に感じた高揚感やそれが最後となった悲しみがない交ぜとなった記憶なのだろう。以下に引くのは、かつて三重県のある村の小学生として多くの出征兵士の見送りに参加した体験記で、出征兵士の見送りがどのように行われたか、当時の定型が語られている。

> 兵隊送りの日は早朝五時に村の神社に集まるのが慣例であった。社殿前では軍服に身をかためた出征者が村人の挨拶を次々と受けている。夏の朝はさわやかだが、冬の五時はまだ暗く冷たかった。家族、親戚、隣組、青年団、婦人会をはじめ、村中総出である。社殿で武運長久祈願の式があり出発である。
>
> 天に代わりて不義を打つ　忠勇無双のわが兵は　歓呼の声に送られて
> 今ぞ出でたつ父母の国　勝たずば生きて帰らじと　誓う心の勇ましさ
>
> ……この歌を歌いながら村はずれまで一粁（キロメートル）余、小学生を先頭に日の丸の小旗を手に手に行進である。昭和一九年四月、私は村の国民学校高等科二年に進級、川原区の通学団長となる。前年度の団長から受け継いだ兵隊送り用の日の丸を掲げ、一年間その先頭に立って歩いた。……
>
> 区長さんが激励の言葉を述べ、出征者が別れの挨拶をする。その締め括りは「では元気で行きます」と決まっていた。……「行って来ます」ではなく「行きます」と言うのである。「行って来ますは、行って帰って来ると言うことで、女々しい事だから言わないのだ」と父から聞いたことがある。当時の禁句のひとつであった。……
>
> 最後に万歳三唱があり、兵隊送りは終る。出征者とその家族は、電車の駅まで更に六粁余を歩くことになる。……
>
> 出征者はまた、武運長久と書き、家族や親戚の名を寄せ書きした国旗を肩から斜めに掛けていた。生きて帰ってほしいとの願いのこもっていることを、出征者自身が一番重く感じとっていたはずである（2）。

「武運長久」は勇ましい戦功を願ったものと見えて、実は「生きて帰ってきて欲しい」と言葉に出せない時代に暗黙の願いを込めた言葉であった。

現地調査・陸上自衛隊久居駐屯地（三重県津市久居）二〇〇九年一月五日

圭川が入営した第三三連隊跡は、現在も陸上自衛隊が使用し、敷地内には旧陸軍当時の建物が残る。広報パンフレットには「全国で唯一帝国陸軍時代と同一の場所にあり、同一の連隊番号（歩兵第三三連隊と第三三普通科連隊）を持つ伝統深い駐屯地」とある。確かに正門（口絵26）は圭川の入営記念と思われるアルバム4の入営部隊正門（No.1）と重なり合う。敷地内には歩兵第三三連隊本部や第三〇旅団司令部跡が当時のまま保存され、後者は資料館となっている。展示は歩兵第五一連隊などこの地で編成された部隊の歴史や編成などのパネル、旧日本軍の武器や軍服など充実した内容であるが、随所に「大日本帝国陸軍」と「陸上自衛隊」を地続きのものとして示す歴史観が見られ、見る者を困惑させもする（口絵27）。正門正面にある「誠心」の碑（口絵26中央）も「軍人勅諭」を記念して旧軍時代に立てられたものであると傍らのパネルで解説されている。

［注］

（1）圭川の書き込みには、「歩兵第三八部隊」「中部第三八部隊」の二種類がある。『支那事変従軍記念写真帖』（アルバム4）収録の部隊正門（No.1）に掲げられている部隊名は「中部第三八部隊」である。

（2）三重県戦争資料館HP／体験文集／出征・軍隊・戦地／「兵隊送り」（投稿者名無記載）

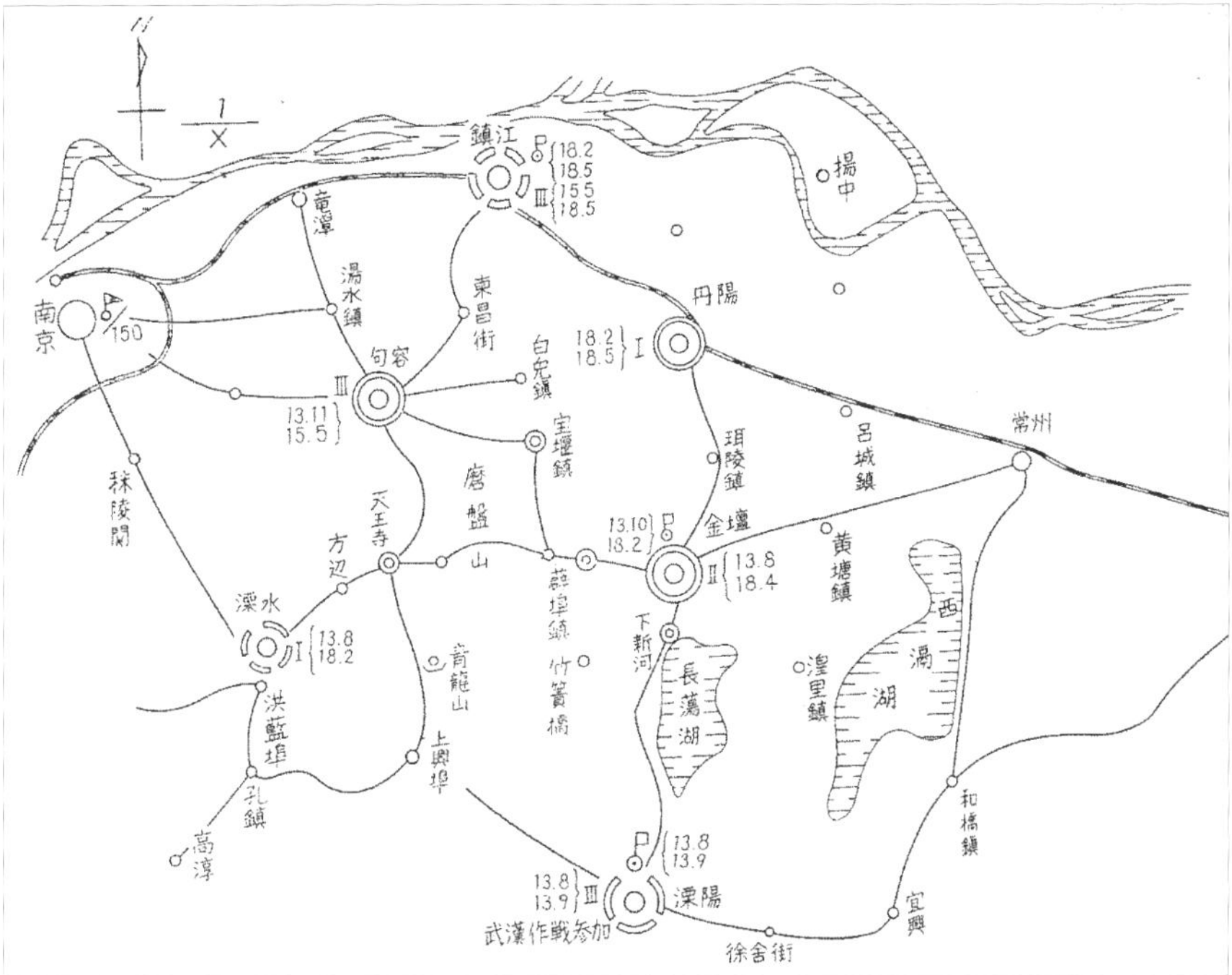

No. 1…「第 51 連隊各大隊配置図」

3　江南での初年兵訓練

圭川は一九三九（昭一四）年一二月一日に三重県久居にあった第三三連隊本部に入営すると、国内では訓練もそこそこに中国に出発したと思われ、一二月二八日には南京下関に到着、翌二九日「トラック輸送を以って漂水《ママ》(1)第一MG中隊に入隊」している。MG中隊とは機関銃中隊のことである。大陸上陸後の期日が分かる写真では四〇年「一月中旬」とするものが最も早く、「陣中勤務演習」などの語が見えることから、四〇年一月から初年兵教育が始まっているものと思われる(2)。

アルバム1では「野戦写真集」と銘打って、訓練期間中の写真を収録。冒頭には手書き地図で守備地域などを示している。それによれば、南京に第一五師団司令部(3)があり、金壇に歩兵第五一連隊の連隊本部と第二大隊が、圭川が配属された第一大隊が溧水《リッスイ》、第三大隊が句容にあった（No.1）。総合すると圭川の最初の配属は、第一五師団歩兵第五一連隊第一大隊機関銃中隊となる。

歩兵第五一連隊は一九二五（大一四）年に宇垣軍

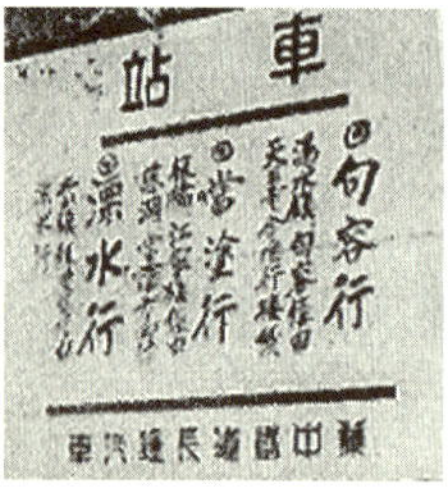

No.2…南京のバス停標識

縮で解散したが、一九三七（昭一二）年七月の盧溝橋事件、八月の第二次上海事変、その後の南京攻略戦（一二月一三日陥落）といった展開を受けて、三八年四月に再編成され（第一五師団隷下）、同年八月に第一五師団に中支那派遣の命令が下ると、八月八日には上海に上陸。歩兵第五一連隊は連隊本部と第三大隊が江蘇省溧陽《リツヨウ》、第二大隊は金壇、第一大隊は溧水地区を「警備」することになった。その後、連隊本部は以下に見るような情勢を受けて三八年九月二九日に金壇に移駐する。圭川は三九年一二月二九日に入隊し、翌四〇年一一月一四日まで訓練を受けた。

歩兵第五一連隊には帰還者が戦後編集した連隊史がある。連隊の編成から敗戦に至るまでの連隊の歴史はもちろん、元兵士たちの手記が大量に収録されており、当時の写真と共に駐屯地の手書き地図などもある。以下、『連隊史（4）』として参照・引用する。その『連隊史』の第五一連隊各大隊配置図（No.1）を見ると、各拠点の関係がよく分かる。『連隊史』にはバス停（華中鉄道長途汽車）の写真もあり、師団司令部があった南京から句容、溧水など第五一連隊の大隊本部があった各拠点へのバス路線があったことも分かる（No.2）。

No.3…初年兵時代

この時期の写真は他の時期のように何冊かのアルバムに分散せず、アルバム1の見開き九頁に連続して収まっている。新兵の時期のため写真の枚数が限定的だったこと、次の豊橋時代には「北支」派遣までの時期に時間的余裕があったことなどのためだろう。江南期の第一頁は兵舎での生活から始まる（No.3）。圭川にとって初めての軍隊生活である。「第三班勇士　我等の楽しき入浴後の一時」（頁上）では前列左端ではにかんでいる。「銃後の熱誠こめた慰問袋を手にして　ニコ、部隊」（頁右下）は一九四〇年「一月中旬」とあるから、入隊してまだひと月めである。「爾的散髪　快々的、　明白、」では散髪に並ぶ（頁左下）。片言の中国語でのやりとりも初体験の頃である。

現地情勢

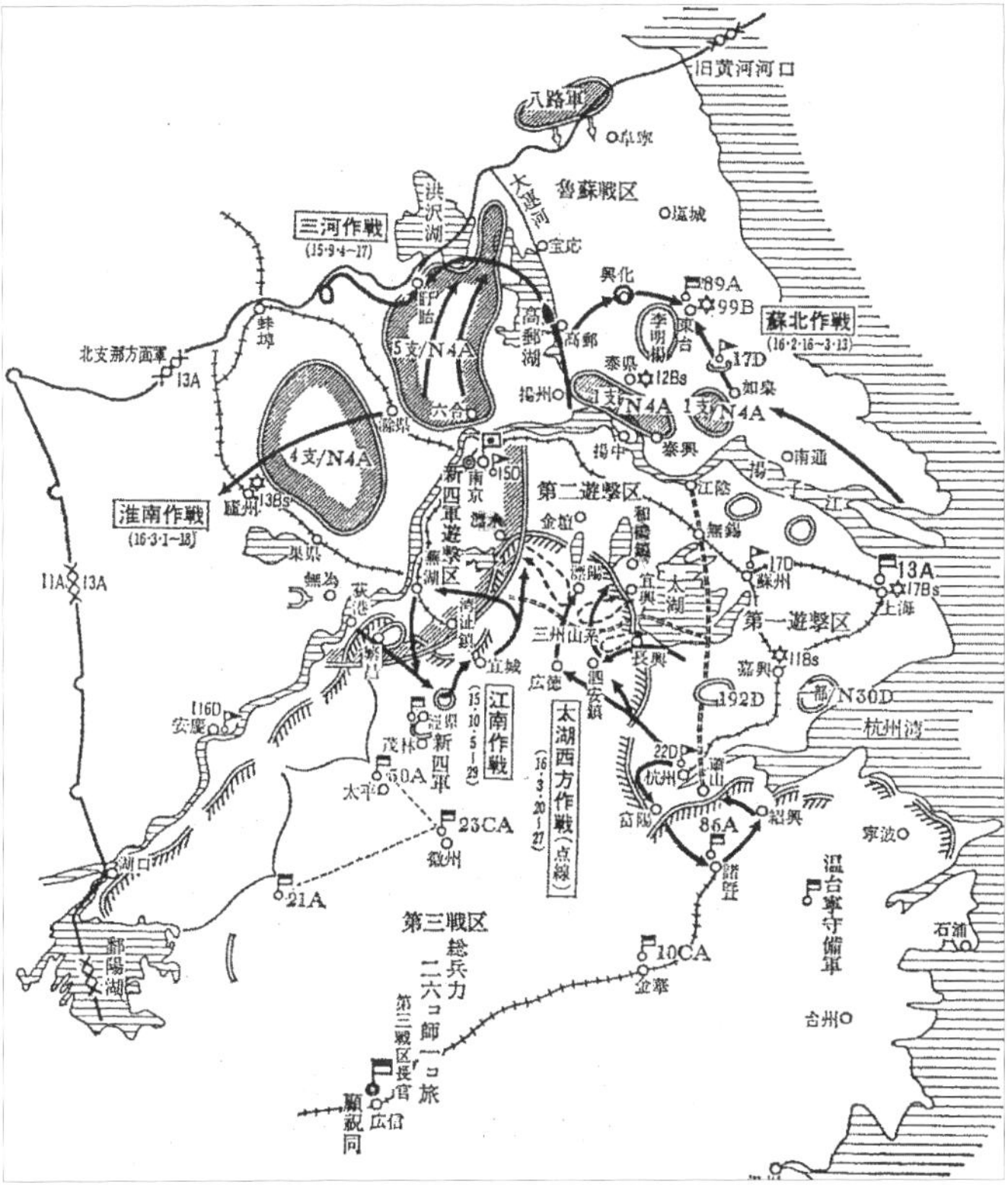

No.4…「第十三軍作戦経過概要図」（昭和15年9月～16年3月）

圭川は幹部候補生としてこの地を離れるまでの一年足らずの間に計五回の「討伐」を経験している。アルバム1に残された「討伐」の記録と第一三軍の「作戦」記録(5)を照合してみると、「郎渓溧陽作戦」（一九四〇年二月一五日～二七日）、「春季皖南作戦」（一九四〇年四月二〇日～五月二日）、江南作戦（一九四〇年一〇月一日～二〇日）が符合する。No.4は一九四〇（昭一五）年九月頃の第一三軍（歩兵第五一連隊はその指揮下）と現地勢力の態勢を示したもの。この頃、重慶軍は約三〇万、新四軍は約四～一〇万であった。『連隊史』に「新編第四軍（共産軍）はその軽快なる機動力を以て警備地区内に侵入し警備の間隙に乗じ通信線、軍用道路破壊等後方撹乱工作に任じ……正規軍は常時、前面に対峙し友軍部隊の交代時期或いは警備兵力の手薄に乗じ攻撃を仕掛ける（6）」とある。日本軍部隊が配置された拠点（点）とそれらを結ぶ道路や通信線（線）を破壊するゲリラ攻撃、中央軍と共産軍、更に汪兆銘軍を加えた現地勢力の三つ巴の構図は、圭川の次の派遣先である山西省の状況によく似る。圭川が一年未満の間に数回も〝討伐〟に参加している背景にはこのような現地情勢があった。

(1)溧水——大隊本部所在地

No.5頁からは歩兵第五一連隊の駐屯地紹介が始まる。まずは圭川が配属された第一大隊本部があった溧水。「漂水《ママ》」と大書した下に第一機関銃中隊屋上から北方を眺望したという写真（頁上（7））。画面奥左、城外になだらかに広がるのが「吾等ノ演習場〝迎撃山〟」とある。No.6「溧水地図」で第一機関銃中隊から北に城外を見ると演習場のおおよその地点が特定できる。

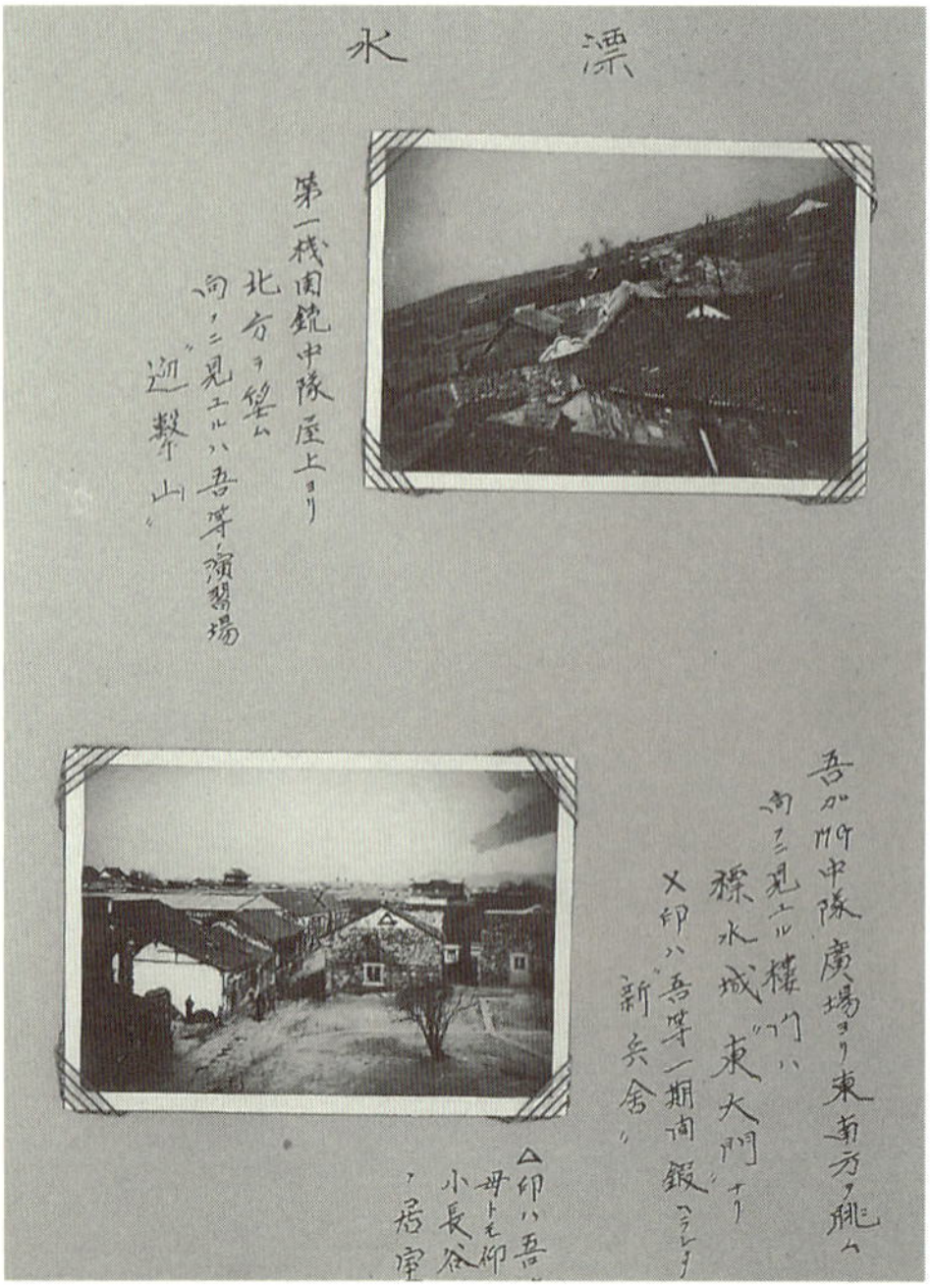

No.5…溧水特集頁

No.5演習場写真の下は宿舎である。機関銃中隊の広場から東南の方角を眺望したもので、画面奥の中央左寄りに見える楼閣は「東大門」だという。「溧水地図」の第一機関銃中隊と東門（8）との位置関係に符合する。写真に×や△を付して「×印ハ吾等一期間鍛ヘラレタ〝新兵舎〟」「△印ハ吾等ノ慈母トモ仰グ……教官殿ノ居室」と書き込んでいる。次の見開き二頁は第一機関銃中隊本部の様子である。傍らに鐘楼が見える本部外観写真に添書きして「鐘楼！　吾等ノ手ニナリシ此鐘楼　鐘ガ鳴ル、……　喇叭ニ代ル此ノ鐘ノ音コソ今尚耳ニ響イテ居ル」。懐かしげな筆致である。

頁を繰ると、中隊での生活が展開される（№７左頁）。「山ト積マレタ薪、吾等ノ糧ハ此ノ薪カラ！　吾等ノ疲労回復モ此ノ薪カラ」（左頁上）。圭川の軍隊生活の第一頁は入浴の話題で始まっていた（№３頁上）が、圭川アルバムに限らず、従軍中の記録では入浴が憩いの主要な源泉となっている。添書は「使役トイヘバ此ノ薪集メダ　小銃手三、四人ノ護衛ヲツケテ　城外ニ全員ニテ……」と続く。

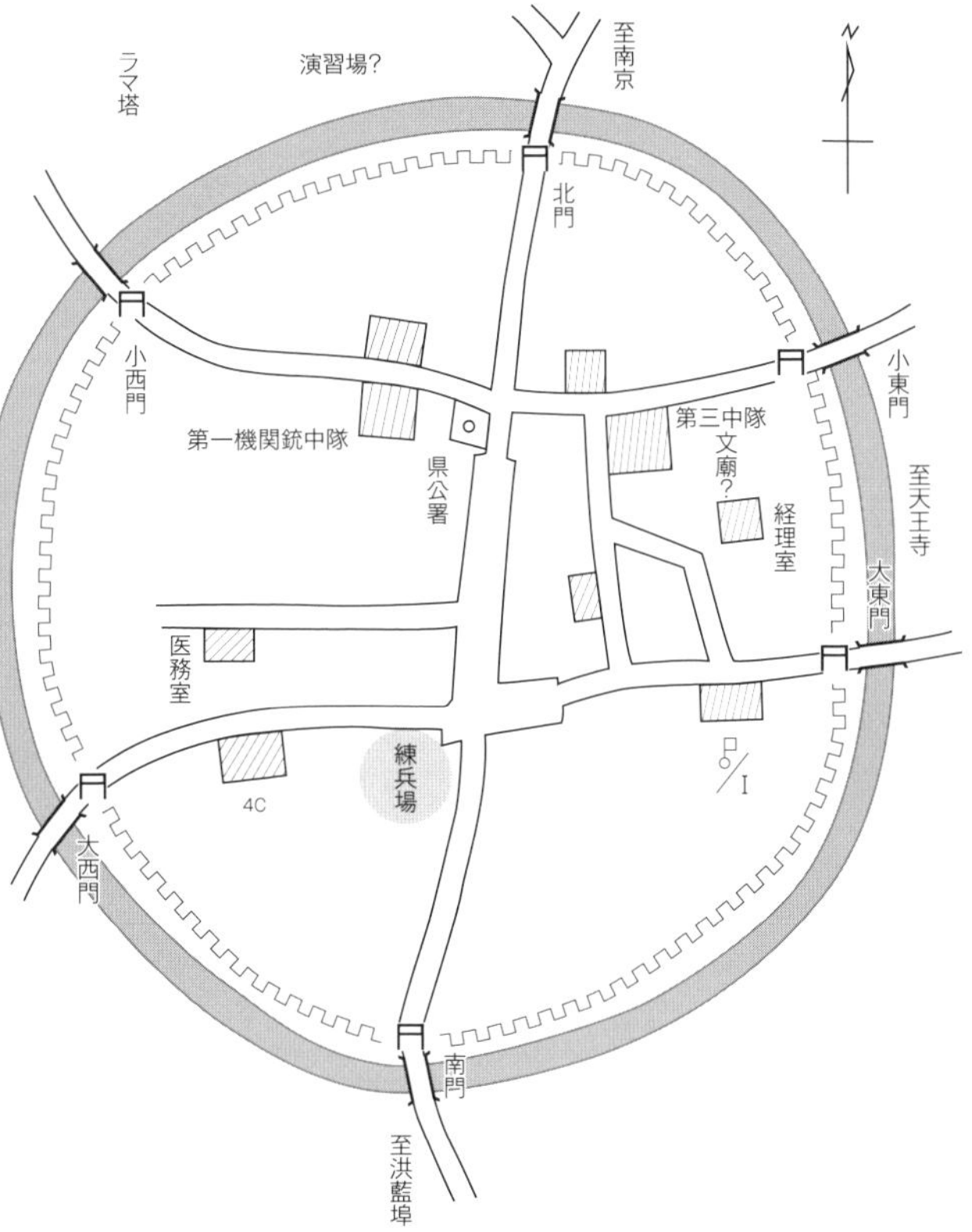

№６…「溧水地図」（溧水城内部隊配置図）

この頃、日本兵が城外に出るのは危険を伴う状況であったことが分かる。金壇に移転する前に連隊本部があった溧陽では、警備の必要から城内に住民を入れていなかった(9)。つまり元の住民を城外に追い出し、城内は日本軍が占拠している状態である。前章でみた盂県城も同様であった。溧水も小さい街であるからそうであった可能性が高い。続くのは、中隊内に設けた「娯楽室」（№７左頁中）と「公園」（左頁下）。公園は「南郷少佐空爆ニ遇ヒタル廃墟ト化シタ漂《ママ》水ノ一隅ニ吾等ノ家ハ吾等ノ手ニテ美シク!!ヲモットートシ　中隊長ヲ核心トシテ壊レタ家ヲ取リ除キ、木ヲ植エ　連隊第一ノ公園トシタ」もので、「吾中隊ノ誇リノ一ツナリ」。中隊本部が空爆されたのか、空爆があって空き地が出来た地点を中隊本部としたのかは不明だが、日本軍への現地勢力の反撃には空爆もあったことがわかる(10)。

現地調査・溧水（江蘇省南京市溧水県）二〇一〇年三月一六日

溧水、金壇など江南の地は圭川が初めての軍隊生活を送った地である。溧水行政服務中心に受け入れ窓口の孔偉副主任を訪ねる。現地では当時のものに限らず、現在の市街地図も入手できず、結局、元日本兵が手書きした№6「溧水地図」の原図を手がかりに当時の日本軍施設跡を確認することとなった。旧城内を徒歩で回る。大隊本部が置かれた溧水は連隊本部があった金壇よりずっと小さい。今日では城壁や城門は取り除かれ、戦前からの古い建物は一切無かった。しかし、盂県城と同様、市街の構造は変わっていないため、歩きながら各施設があった地点の説明を受ける。

振り出し地点は行政服務中心がある旧城内北東部。「溧水地図」の「経理室」は文廟（孔子廟）があった地点で、日本軍はここを厩舎にしていたという。日本軍は占領地で廟などの大きな建物を接収して使うことが多かった。そこから城内を東西に走る道を西に行くと「県公署」があった。城内の中心である。孔氏は「汪偽政府」（汪兆銘政権）があった場所だと表現した。県公署から城内中央を南北に走る道を南に下っていくと、東西に走る道路と交わる交差点角に「練兵場」があった（口絵32）。ここで住民三、四〇名を虐殺する事件が起こったという。

そこから再び北上して、「第一機関銃中隊」跡へ。今では集合住宅となっていた。「溧水地図」では第一機関銃中隊と道路を挟んで北側にも日本軍施設があるが、そこには七〇年代には裁判所が置かれたという。第三中隊の斜め向かいは「溧水地図」では用途が記されていないが、学校だったところを日本軍が接収して使用していた。日本軍は市街地の枢要部分の立派な建物、あるいは広い敷地が確保できる場所を悉く接収していたことが分かる。第一機関銃中隊跡前の東西に走る道を西に向かい、「小西門」があった地点に出る。溧水の城壁や城門は殆ど取り壊されているが、ここに外堀が一部残っており、かつての面影が残る。小西門跡から北門跡までを川沿いに歩く（口絵33）。以上、旧城内をぐるりと徒歩で回り終わっても一時間と経っていなかった。小さな街は日本軍の一個大隊に完全に占拠されていた。

No.7…溧水頁（左頁）と金壇頁（右頁）

(2) 金壇――連隊本部所在地

溧水が終わると、隣頁から連隊本部があった金壇の頁が始まる（No.7右頁）。圭川は初年兵訓練が終了したのだろうか(11)、溧水を離れて六月一日から一一月一〇日までこの地で五か月余りにわたり幹部候補生集合教育を受けている。金壇についても、『連隊史』収録の手書き地図からNo.8「金壇地図」を作成した。

「金壇大南門」（No.7右頁上）は当時の金壇城の正門に当たる。壁面に「滅共興亜」と大書されている。添書に「立テルハ　吾ガ歩哨　支那人警察　支那女巡警」とあるから、城門前の三人の人影は日本軍の歩哨と汪兆銘政府の警察と女巡警である。その下は「聳ユル孔子廟」（右頁中）。孔子廟は「金壇地図」の「新兵舎」の位置に相当することから、日本軍が廟を接収して兵舎にしていた可能性がある。孔子廟の下は「金壇水門」（右頁下）。「演習終了後　ヨク洗濯ニ来タ処　揚子江ノ支流ニテ泥水ナリ」。水門とは「金壇地図」で城内中央を南北に貫くクリークが城壁とぶつかる地点にある門である。現地では「水関《シュイクアン》」という。当然ながら南北二か所にあり、これは「北《ベイ》水関」の方である(12)。

次の見開き頁も金壇が続く。「金壇県古龍山」（No.9）。添

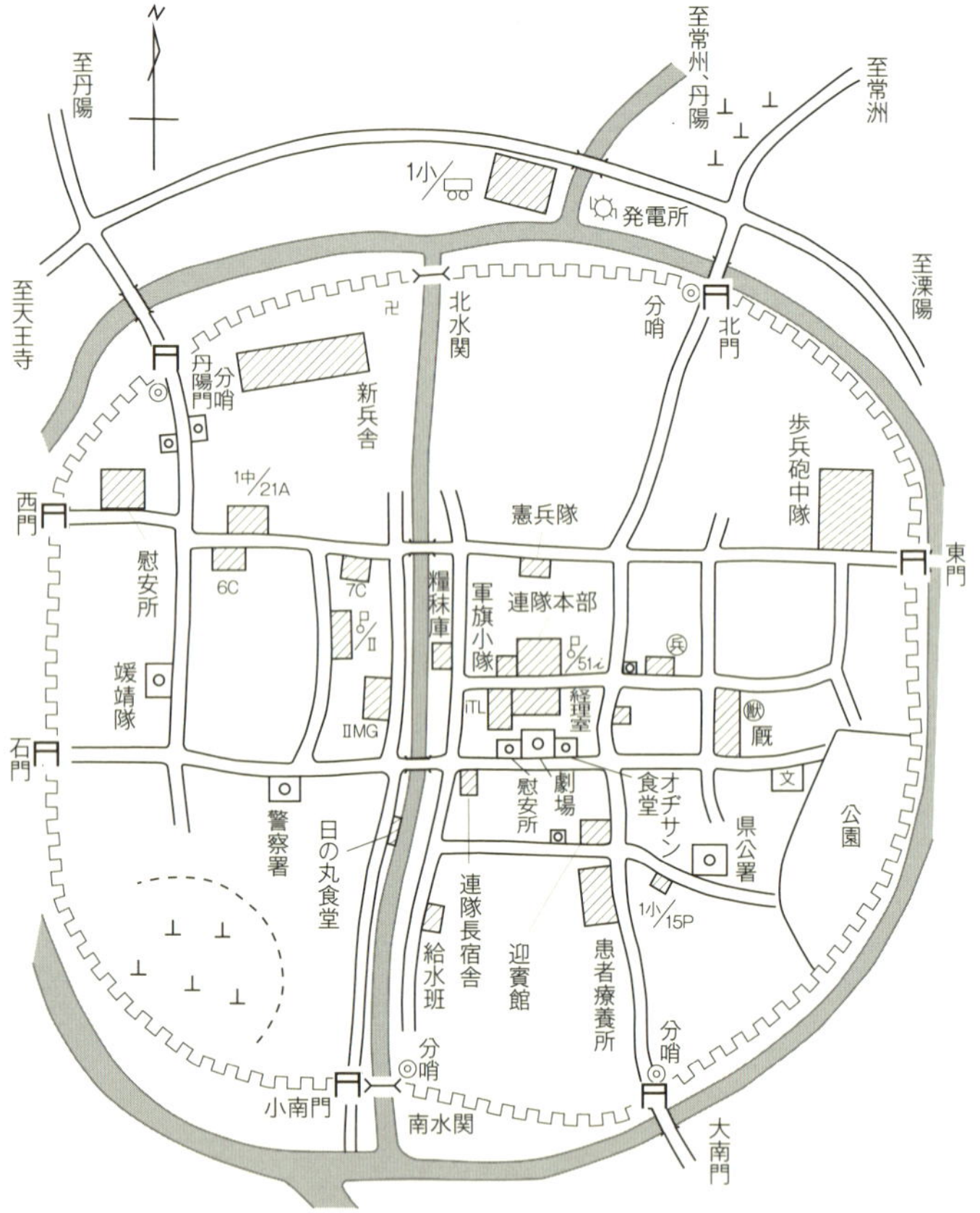

No.8…「金壇地図」（金壇城内部隊配置図）

No.9…「実弾射撃ニヨク来タ」古龍山（中心は宝塔禅寺の仏塔）

書には「金壇城ヨリ一里距ル古龍山実弾射撃ニヨク来タモノダ」。塔は今も元の位置にそのまま残る（口絵35）。「金壇公園⒀」（No.10）には亭や水辺に寛ぐ人影が見える。この公園も元の位置に残っていた（口絵34）。

次頁からは三頁にわたる幹部候補生教育隊特集。それが終わると、金壇練兵場⒁が見開きで登場する。まず左頁に「軍旗拝受記念日」（一九四〇年七月一四日）。馬に乗った将校や軍楽隊が見える。右頁には一九四〇年一一月一〇日の「紀元二六〇〇年記念祝賀会」のNo.11「剣術試合」。グラウンド中央に日の丸がはためく。手前には兵士たちがひしめいており、写真奥左のテントには将校たちが椅子席で座っている。観覧する現地住民たちは右半分を占める兵舎らしき平屋前に露天で立ったままである(15)。立場の異なる三者が写っているが、表情が見えないのが残念である。『連隊史』に同じ日の写真があり、ひしめき合って観覧する現地住民の姿がもっと近くに見えるが(No.12)、やはり表情までは見えない。『連隊史』では「金壇に於ける日支合同運動会」と解説されている。どう見ても日本主体に見えるが、これが当時の「日支合同」の実態であったらしい。

江南期最後の見開き頁に再び金壇公園が登場する。同じ日の舞台を写した二枚が上下になっていて、

No.10…「金壇公園」

No.11…「紀元二千六百年記念祝賀会余興」(剣術試合)

No.12…「提灯競争(女学生)」(背景は露天で観覧する現地住民たち

No.13…「支那女学生ノ合唱」

No.14…「支那児童ノ余興」

上には「支那女学生ノ合唱」（No.13）。おかっぱ頭に旗袍《チャイナドレス》という民国期の女学生の典型的な身なりの娘たちが一〇数名、如何にも浮かぬ顔をしている。舞台右袖の演題はなぜか「笑話」、背景に日の丸、舞台下には見物する子供たちや人員整理に当たる警察官らしき後姿が見える。その下の写真は「支那児童ノ余興」（No.14）。バレエのチュチュのような衣装で踊る一〇歳前後の女の子たち。『連隊史』に子供の衣装や舞台背景などから同日の同じ舞台と思われる写真があり、兵士たちの頭が写りこんでいることから、舞台正面には日本兵たちが陣取って観覧しているようである。

これら二枚には日付がないが、この前頁が一九四〇年一一月一〇日に金壇で行なわれた紀元二六〇〇年記念祝賀会の様子、次頁が一一月一三日丹陽駅での写真であることから、一三日の日華基本条約締結に関連する祝賀行事かもしれない。『連隊史』では写真を「金壇住民の皇軍慰問演芸会」としている[16]。

現地調査・金壇（江蘇省金壇市）　二〇一〇年三月一六日

郷土史研究会である金壇市炎黄文化研究会の朱一明氏の案内で旧城内を確認した。ここではNo.8「金壇地図」を参照する。まず、旧城内南東の城壁沿いにあった「公園」から。日の丸を背景に女学生が合唱する「皇軍慰問演芸会」が行われていた「金壇公園」である。公園は今では郷土出身の著名学者の名を冠して「華羅庚公園」となっていたが、元の位置に今もあった。圭川写真に写る池は公園の中心にあり、今では亭や階段がきれいに整備されてはいるが、土台の石積みは当時のままのようだ（口絵34）。園内には由緒ある樹木や碑文などがあったが、その中に「陣没軍犬之墓」碑があった。新四軍との戦闘で軍犬が死んだのを日本軍が悼んで建てた墓の墓碑だという。今では地面に横倒しになり、風雨に晒されていた。

公園を出ると、道沿いに「県公署」があった。ここは清朝期には県衙門が、日本占領期にも県公署が、共和国期には人民政府が置かれ、歴代の政治中枢であった。盂県城と同様、その敷地内に刑務所が置かれていたという。旧城内中心部に入る。当時は日本軍の関連施設が集中していた。交通量の多いにぎやかな交差点にある駐車場（No.15：写真中央）に日本軍の宿舎があった。「金壇地図」の「連隊長宿舎」に当たるようだ。地図では連隊長宿舎前の通りの向い側に「慰安所」「劇場」「食堂」と遊興施設が道沿いに並んでいる。慰安所は大通りから路地への入り口脇にあった（口絵36）。現地では「神樹巷の向かいの慰安所」と記憶されていた。中心部に置かれてはいるが、大通りではなく路地に（「巷」は路地に当たる）、しかし路地の奥深く人目を忍ぶ訳ではなく、入口脇で出入りの便は良い。この立地は盂県城の慰安所とも共通する。当時の日本軍内における慰安所の位置付けを反映しているとも考えられる。ここに居た「慰安婦」は朝鮮人だけではなく、「綺麗な中国娘たちもいた」し、「日本の女性たちも居た」「日本人女性は将校用だった」（朱氏談）。「金壇地図」では西門脇にも「慰安所」がある。市街中心部の連隊長宿舎斜め前が将校用で、兵舎近くの城門脇にある方が一般の兵士用であろうか。大隊本部レベルの溧水の地図には慰安所の記載はないが、連隊本部所在地となると慰安所も二か所あり、将校用に日本人「慰安婦」も来ていたのだ。慰安所や劇場と並んでいた食堂は日本軍では「おじさん食堂」と呼んでいた（No.16）。その跡は今では拡幅された道路の真ん中

No.15…連隊長宿舎跡

No.16…「おじさん食堂の姑娘」

になってしまっていたが、それでも現地ではこの地点に日本軍用の食堂があったことが記憶されていた。兵士たちの憩いの場だったことだろう。

No.17…「連隊本部」

No.18…連隊本部跡

No.19…新兵舎跡（現・華羅庚中学）

まさしく居住地区的な上記の通りと平行に北を走る通りは城内の心臓部に当たる。そのまた中央に「連隊本部」が置かれていた（No.17）。朱氏は中国語で「司令部《スーリンプー》」と言ったが、日本人は「ホンプー[17]」と呼んでいたと言い添えた。更に「とてもきれいな西洋建築だった」とも。日本軍は城内随一の立派な建物を接収して本部を置いたのだろう。閉鎖的な立地で警備がしやすそうでもある。今では建物を取り払って、開放的な中心広場としている（No.18）。本部跡を通り過ぎ、川沿いに糧秣庫があった辺りから、川向こうに「聳ユル孔子廟」跡が見えた。「金壇地図」の「新兵舎」の位置である。今は学問を司る孔子廟の跡にふさわしく、先ほどの公園と同じ人物の名を冠した立派な中学校となっている（No.19）。そのまま北上すると、圭川が「ヨク洗濯ニ来タ」「金壇水門」。今日では城壁や水門は取り払われ、広々とした水路を貨物運搬船が通っていた（No.20）。北門跡を確認した後、南下して金壇城の正門「大南門」跡へ。当時は「滅共興亜」と大書した前に「吾ガ歩哨」が立っていた。案内のお二人が立つ位置が城門があった地点である（No.21）。金壇の街を一巡した後、郊外に案内された。No.9「実弾射撃ニヨク来タ」「古龍山」の仏塔が

No. 20…水門跡

No. 21…大南門跡（左が朱一明氏）

当時のままの姿で佇む（口絵35）。城外にあるため再開発に伴う破壊を免れたようだ。この山には仏教寺院や道観が複数点在しており、信者の寄進で改修が進んでいるとのことであった。

以上、旧金壇城は一見殆ど跡形も無く姿を消したかのように見えるが、盂県城と同じく、市街の区画や街路は動いていないため、占領期の日本軍の布陣はほぼ完全に確認できる。朱氏は一九四八年生まれだが、当時の状況を実体験したかのように具体的に話してくれた。子供の頃はまだ再開発が行われず、街は殆ど当時のままで、その中で大人たちの話を聞いて育ったから、「どこに何があったか」「何が起こったか」よく知っているとおっしゃった。

(3) 丹陽駅——将校となるべく一時帰国

圭川の江南期最後の一枚は一九四〇年一一月一三日丹陽駅での撮影である（No.22）。集合教育が終了する前夜の一一月九日夜に「甲幹」が発表され、翌一〇日の「紀元二六〇〇年記念祝賀会」の後、一旦はそれぞれの中隊に戻った上で南京に向けて出発している。丹陽は当時上海—南京間を繋いでいた華中鉄道の中間点である（No.1）。圭川は線路に降りて明るい表情でポーズをとっており、前途に希望を抱いている様子である。添書には「第一機関銃中隊ヨリ選バレシ中井君ヲ残シテ故国ニ帰ルトハ……!!」とあり、「両漂《ママ》作戦ニ於テ護国ノ華ト散ル」と続くことから、幹部候補生集合教育が始まってすぐの六月の作戦で候補生が戦死していることが分かる。「第一機関銃中隊ヨリ選バレシ」という口調に気負いが滲む。写真下の余白には「回顧!!」と見出しを付けて、入営から幹部候補生として陸軍教導学校に入学するために一時

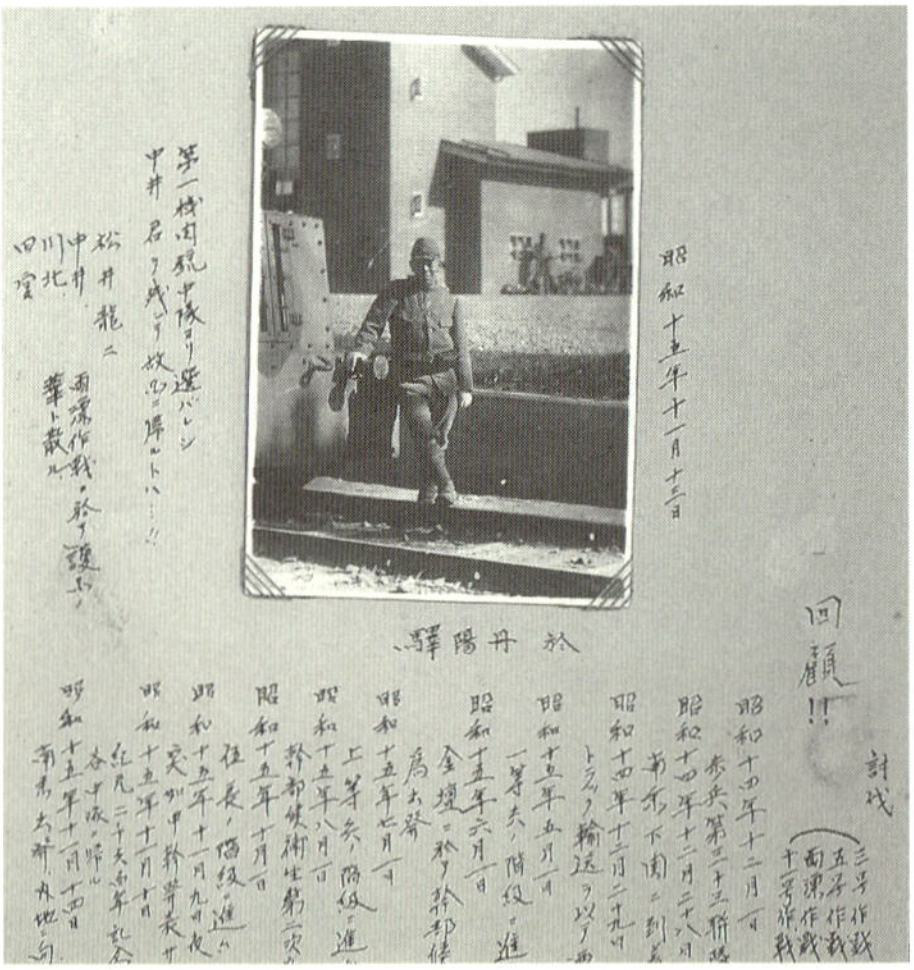

No.22…「回顧!!」

帰国するまでの経過が大学時代のノートを髣髴とさせる几帳面な字でびっしりと書き込まれている。圭川は翌一四日「ゑりい丸」で「南京出発、内地に向かう」。

現地調査・丹陽駅（江蘇省鎮江市丹陽市）二〇一〇年三月一六日

金壇と溧水を回って丹陽駅に着いた時には既に午後六時を過ぎていたが、まだ陽はあった。小さな駅ではあるが乗降客は多く、活気がある。ホームから圭川が降り立った線路を見ようとするが、なかなか許可が出ず、責任者らしき女性駅員に頼み込んでようやくホームに辿り着いた時には線路は闇の中に沈んでいた。撮影のためにホームの照明を点灯してくれ、駅名がくっきりと浮かび上がった（口絵37）。

［注］

（1）圭川は「漂水」（ヒョウスイ）と書いているが誤りで、江蘇省の地名としては「溧水」（リッスイ）が正しい。

（2）当時は「初年兵教育」という明確な時期や呼称は無かったのか、アルバム1には入営から幹部候補生としての教育を受けるために帰国するまで詳細に経緯が記録されているが、「初年兵教育」という記述はない。それに相当するらしい当時の表現としては「一期間」があり、圭川アルバムや泉アルバムにも登場する。

（3）添書は「師団本部」となっているが、旧日本陸軍での呼称としては「旅団司令部」が正しい。

（4）歩兵第五十一連隊史編集委員会『歩兵第五十一連隊史（中支よりインパールへ）』歩兵第五十一連隊史編集委員会、昭和四五年。

（5）防衛庁防衛研修所戦史室『支那事変陸軍作戦〈3〉昭和十六年十二月まで』（戦史叢書）朝雲新聞社、昭和五〇年、三七三～三八〇頁および「付録第二　主要暦日表」。

（6）尾崎正夫（連隊本部）「警備通信網の概略図」付言、前掲注4『連隊史』六〇頁。
（7）これと同一の写真が「兵舎の点景」というキャプションで前掲注4『連隊史』に掲載されている。この時期の圭川写真は圭川個人が写るものは少ないので、これらは部隊内で販売されたり、配布された記念写真かもしれない。
（8）原図には北門と記されていたが、現地調査で東門であること、東門は大小二つあったことが確認できた。
（9）時岡秀雄（第十二中隊）「溧陽から南京へ」前掲注4『連隊史』六一頁。
（10）前掲注4『連隊史』には、昭和一四年五月二日深夜に迫撃砲弾数発が溧水城内に撃ち込まれ、うち一発は大隊本部に命中、本部舎屋に大穴が開いたという記述がある（第一大隊本部・前川千代治「溧水の思い出」一〇二頁）。
（11）初年兵訓練は三か月のケースもあれば、五か月というケースもある。時期や部隊によって一様ではなかったようだ。圭川は江南時期について詳細に記録しているにも関わらず訓練期間を記していないということは、本人に初年兵訓練という期間の認識がなかったのかも知れない（前掲注2参照）。
（12）前掲注4『連隊史』に「金壇北門付近火鐘と発電所」とする写真があり、火鐘の一致から二枚が同じ地点を写したものと確認できる。「金壇地図」でも確かに北門近くに発電所がある。
（13）前掲注4『連隊史』では「金壇城内中山公園」となっている。圭川アルバムが「金壇公園」とするのは、金壇を占領中の日本軍がそう呼んでもいたのだろう。孫文の号を冠した名を避けたものだろうか。
（14）「金壇練兵場」として使用された広い敷地があったことが分かるが、「金壇地図」には練兵場の記載が無い。溧水の「演習場」のように城外にあった可能性も大きいが、現地調査でも練兵場については明らかには出来なかった。
（15）盂県城の練兵場で行われた「運動会」（55頁）と趣向や様式が酷似する。宣撫活動の一環として何らかの規格があった可能性もある。
（16）前掲注4『連隊史』二六八頁。
（17）日本語の「本部」（ホンブ）は日本占領下の現地社会で良く知られたようで、音訳的な「紅部」「洪部」（共に音は「ホンプー」）などの表記が見られる。

4　豊橋陸軍教導学校での幹部候補生訓練

一九四〇（昭一五）年一二月一日、圭川は日本に戻り、豊橋陸軍教導学校に入学する（No.１）。豊橋陸軍教導学校は、一九二七（昭二）年に全国三か所に設置された陸軍教導学校のうちの一つである。一九〇八（明四一）年に豊橋市町畑町（当時は渥美郡高師村）に第一五師団が新設されたのがこの地に軍施設が置かれた始まりであったが、第一五師団は第一次世界大戦後の軍縮の流れ（宇垣軍縮）の中で、一九二五（大一四）年に廃止され、二年後、その跡地に陸軍教導学校が設置されていた。

訓練に精励す

陸軍教導学校の教育は「教育綱領（1）」によると「幹部候補生ヲシテ将校タルベキ性格、徳操ヲ涵養シ且戦時初級尉官

No.１…「豊橋陸軍教導学校表門」

No.２…「我輩の学校時代」

タルニ必要ナル学識、技能ヲ具備」させることを目指すものであった。指揮官としての精神面と同時に実戦に耐える技術面を習得させることを重視し、「教育ノ実施ニ方《あた》リテハ特ニ実習、訓練ニ重キヲ置」くと述べられている。

No.3…「校庭ニ於テ勤労奉仕」圭川は中央人物の左。一際小柄である。

No.4…「野戦会食」

圭川アルバムには、江南期に続き、豊橋期も訓練や各種活動の様子が事細かに写真に手書き地図や添書を加えて記録される。訓練期間中の写真ほぼ全ての裏面に「豊橋陸軍教導学校　学生隊機関銃隊第四区隊(2)」という印が押されていることから、圭川はここでも機関銃隊所属であったようだ。No.2は「我輩の学校時代」と題して、剣道着姿、乗馬姿、軍服姿など自身の様々な姿を並べる。教導学校で学ぶことに晴れがましさや愛着を感じていたようだ。また、後述するように、この時期、豊橋陸軍教導学校は新校舎に移転したばかりで、圭川入学当初は校内がまだ未整備だったのだろう、花壇作りなど学生が「校庭ニ於テ勤労奉仕」に励む写真（No.3）も多い(3)。

圭川は教導学校ではますます嬉々として訓練に励んでいる。まず、「当地ハ附近ニ古戦場ヲ控ヘ南ハ怒涛逆巻ク太平洋ニ面シ修練スルニ好適ノ地」と意気込み、豊橋期第一頁「校門」（No.1）の下には「〝至誠実行〟　修練ノ指針　一、勅諭勅語ヲ本源トスル武徳ノ涵養、高潔ナル品性ノ陶冶、率先垂範、幹部タルノ矜持ト自学、鞏固ナル意思鍛錬、旺盛ナル責任観念、悦ンデ難局ヲ克服スル犠牲的習性、積極果敢ナル気魄ノ養成、真剣且堅実ナル気風ノ振作……」と訓練生に示されたと思われる「指針」を几帳面な字で書き写している。

No.５…「豊川稲荷参拝」

No.６…機関銃隊集合写真（岩屋観音への遠足）

この時期のアルバムは学生である気軽さからか、時間的余裕のためか、どの時期より饒舌である。「講堂ニ於テ　戦術ニ或ハ精神訓話ニ耳ヲ傾ケ　校庭ニ於テ剣術ニ或ハ銃剣術ノ体操ニ武技ヲ練リ体力ヲ練磨シ（ス？）」（「吾等の日課」添書）「豊橋名物ノ寒風ニ肌ヲサラシ　零下０度ノ□□ニテ　猛訓練振リ」「寒稽古　剣術□□試合　白兵戦闘ハ□軍ノ特色ナリ　武□ノ涵養　体力ノ練磨　古風ノ振作」。軍事教練に取り組む圭川の理解と姿勢は殆ど武道の鍛錬に近いものであったようだ。「射撃!!　機関銃ノ生命ハ射撃ナリ　必中無故障主義!!」（「高山射撃場」添書）「最後ノ勝利ヲ得ル為ニハ　歩兵ノ裏ニハ　工兵隊ノ必死ノ作業アリ!!」（No.９架橋渡河訓練の添書）など、武器使用の的中率を上げることの軍事的意味やチームワークを発揮して成し遂げようとしている戦略目標の意味について思いを致した翳りは無く、あたかもスポーツの合宿訓練に臨むかのように朗らかである。

その背景であろうか、教導学校での訓練には娯楽的要素が少なからず見受けられる。陸軍記念日（4）には校庭で剣術試合の後に野戦会食（No.4）。四日間の連続陣中勤務最終日にも豊川稲荷参拝（No.5）を行っている。また、「養気行軍」と称して、機関銃隊全員で「休日ヲ利用シテ名勝旧跡ヲ散策」（No.6）してもいる。教導学校の「入校ニ際シ与フル訓示」や「教育綱領」では「将校候補者タルノ重責ノ自覚ト矜持トヲ堅持シ」「予備役将校ノ身分ニ関スル自覚ヲ堅持シ」のように「矜持」や「自覚」が重視され、そのために教育は「訓育ヲ基調トシ」「克《よ》ク幹部候補生ノ教養ニ稽《かんが》ヘテ之ヲ指導」しなければならないとしていて、私的制裁が横行する旧日本軍イメージと趣を異にする。この辺りがアルバムに表出される軍人であることへの誇りやある種の愛着めいた感情と関係するのかもしれない。

No.7…生徒集会所の「支那大地図」（画面右）

中国大陸攻略をめざして

教導学校生徒集会所には「□□支那大地図」（No.7：右側の窓中央）が掲げられており、ここでの訓練が中国大陸での戦線を想定したものであったことを示している(5)。アルバムには北中国の平原を思わせる地形での行軍（No.8）を始め、架橋渡河訓練（No.9）などが記録されている。これらの訓練は圭川が参加した中国大陸最後の大作戦・京漢作戦での架橋による黄河渡河（205頁）など、「北支」戦線で実戦運用されることになる。アルバムでは、歩戦（歩兵と戦車）連合演習を始め、歩飛（歩兵と飛行機）、歩工（歩兵と工兵）など連合演習の記録が目立つ。「連続陣中勤務」では四日間に亙る訓練の過程を多数の写真と添書に手書き地図も交えて詳細に記録している。

No.6添書には地名を織り込んだこんな狂歌もある。「鬼の天伯　蛇の高

No. 8…北中国の平原を思わせる地形での行軍

No. 9…架橋渡河訓練

師　流す涙は梅田川」。この狂歌はこの演習場での訓練の厳しさを詠って、訓練生たちに代々知られたもののようだ(6)。教導学校から南に遠州灘に至る平野には今では市街地が広がるが、当時は訓練写真に写るように中国大陸を思わせる広漠とした様子で、平野をほぼ二分する形で流れる梅田川を挟んで天伯原、高師原と呼ばれていた。この地は師団期から「大陸作戦に適した」演習場として使用され(7)、「訓練用の中国風城壁」があったともいう(8)。射撃訓練の添書には「アノ広漠タル　天伯高師原ノ野ヲ　汗ト塵ニマミレ乍ラ日夜駆ケ廻ッタ　此ノ処ニ於テ　流ス汗コソ戦場ニ於テ流ス血ヲ節約スルコトナリ」ともある。

現地調査・豊橋陸軍教導学校跡（愛知県豊橋市）　二〇〇六年三月一七日、一三年三月六日

戦後、陸軍解体を受けて空き地となった町畑町の教導学校跡には、敗戦で中国大陸から引き揚げて来た大学の関係者有志が新大学を設立したが、筆者は偶然にもこの大学に学んだ。筆者の在学時にはキャンパスは依然として陸軍施設当時の様子を色濃く留めていたため、No.1「表門」を始め、学生寮や将校集会所など圭川アルバムに写し出される陸軍教導学校の風景は既視感を感じさせるものであった。

しかし、正確には、教導学校が一九二七（昭二）年に初めて開設された地点は確かに町畑町の地点であるものの、四〇年一一月に三、四キロ東の西口町に移転しており（天伯・高師原演習場により近い）、圭川が入学したのは移転直後の同年一一月一日、西口町校舎の方であった。アルバムに一二月二一日付けで「地鎮祭」や「落成式」の写真があるのも腑に落ちる。今日では西口校舎は跡形も無く市街地に姿を変えているが、町畑校舎は大学キャンパスとして当時の規模と配置をほぼ留め、施設は老朽化に伴い取り壊しが進んだものの、教導学校本部跡（大学記念館）など一部が文化財として保存され、正門や副門や敷地を取り囲む塀などは当時のものが今も現役である（口絵28、29）。今では後代の若者たちが中国人教員や留学生も交えて学生生活を満喫する地で、当時の青年たちは中国大陸攻略の訓練に励んだのであった。

楠木を残して

訓練は約八か月半にわたり、圭川はこの間に軍曹（四〇年一二月一日）、見習士官（四一年七月一日）と進んでいる(9)。四一年七月二五日に卒業し（兵科甲種幹部候補生・予備役将校課程）、一旦郷里に帰る。再び中国に向けて出発するまでしばらく家に留まり、遺品として残ることになるアルバムを作成したり、親戚や友人に別れの挨拶をして過ごしたようだ(10)。久居の部隊に入ってからも時々帰宅はしたということだが、戦地への出発日は家族にも伝えることは出来なかったらしく、いつ発ったかは不明である。

しかし、残る写真から日本を発つまでのおおよその動きは追える。八月には三重県久居の中部第三八部隊営庭での「見習士官記念撮影」が残る。No.10は襟章が曹長のものであることから、七月一日の見習士官（階級は曹長）昇進後、一一月

一日に少尉に進むまでの撮影のはずである(11)。次に一一月一〇日撮影と思われる(12)少尉の襟章姿の写真が原隊のある久居の写真館で撮影されている。そして、次は一二月九日、中国山西省陽泉にあった独立混成第四旅団司令部での、新任将校集合教育終了時の写真(194頁)である。以上から、日本を発ったのは一一月一〇日以降一一月中となり、卒業後約四か月は日本で過ごしたことになる。圭川は豊橋から持ち帰った卒業記念の楠の苗木を生家の境内に植えて出征した。苗木は主の戦死も敗戦も越えて大木に育ち、今も地上に大きな樹影を投げかけている(口絵31)。

No.10…「北支那派遣」

［注］

(1)「陸軍諸学校幹部候補生隊教育綱領」『嗚呼、豊橋――学校所在碑除幕記念誌』高士会、平成七年、一九三～一九五頁。

(2) 三九年に教導学校と併置されたという予備士官学校の資料では、入学後は各中隊各区隊に配属されたとなっており、それに準ずれば、機関銃隊は中隊に当たることになる。

(3) 豊橋陸軍教導学校は一九二七年に現在の現愛知大学豊橋キャンパス(愛知県豊橋市町畑町)の地点に設置されたが、三九年に予備士官学校が同地点に併置されると、教導学校は翌四〇年一一月にそれと分離する形で、三、四キロ東の市内西口町に移転した。戦後、西口校舎の方は開発の中で市街地に姿を変え、往時の痕跡は全く無くないが、町畑校舎跡には愛知大学がおかれ、旧陸軍施設がほぼそのまま使用された。施設は老朽化のため逐次新築が行われたが、一部が文化財として保存され、今日も往時の様子を伝える。圭川アルバムに写る西口校舎の風景は現存あるいは写真で残る町畑校舎と見紛うばかりによく似ているが、明治の建軍以来、軍施設は様式の統一が進行していたとのことで、新旧教導学校となれば尚更必要となる施設とその様式がほぼ同一であったとしても不思議ではない。以上については、愛知大学・東亜同文書院大学記念センター研究員、佃隆一郎氏のご教示に負うところが大きい。詳しくは、佃隆一郎「愛知大学豊橋校舎旧軍施設の変遷」愛知大学一般教育研究室『一般教育論集』(第三一号、二〇〇六年)、同「豊橋にあった、陸軍教導学校と予備士官学校――愛知大学の『施設面での〝前身〟』として」愛知大学東亜同文書院大学記念センター『愛知大学史研究』(第三号、二〇〇九年)を参照。

（4）三月一〇日。日露戦争時の奉天会戦（一九〇五年）の戦果を記念するもの。

（5）「支那大地図」の右上には「三月十日」と大書したポスター。陸軍記念日に関するものだろう。

（6）戦後、豊橋陸軍教導学校および陸軍予備士官学校などの教官・卒業生の親睦団体が発行した記念誌に、字句は若干異なるが同じ歌が紹介されている。「高師原・天伯原陸軍演習場」の見出しで「梅田川を挟んで南北に連なる、この広漠且つ起伏の激しい複雑な地形の演習場は、当時『鬼ノ天伯、地獄ノ高師、流ス涙ハ梅田川』と謳われた。ここで、日夜猛訓練を受けた下士官候補生、士官候補生徒達にとっては、まことに恨めしい限り憎たらしい極みの存在であったのであるが、それだけに、尽きぬ思い出を秘めた懐かしい土地であった」とある。前掲注1文献、一四九頁。

（7）佃隆一郎「豊橋にあった、陸軍教導学校と予備士官学校：愛知大学の『施設面での〝前身〟』として」愛知大学東亜同文書院大学記念センター『愛知大学史研究』第三号、二〇〇九年。

（8）山本七平『一下級将校の見た帝国陸軍』一九八七年、文芸春秋、四三頁。著者は一九四三年二月に幹部候補生として豊橋第一陸軍予備士官学校に入校、約一〇ヶ月間にわたり訓練を受けている。同書の中で著者は、旧日本陸軍にとって仮想敵は一貫してソビエト・ロシア軍であり、実際に戦争を続けて来た相手は中国軍であり、編成・装備・戦法・訓練から演習地の選定まで、常に一貫してこの想定下にあったと対米開戦の準備が無かったことを指摘している。佃、前掲〇九年論文、一三〇頁参照。

（9）本人による添書では、「軍曹」「見習士官」「少尉」と進んでいるが、三重県庁発行の「軍歴証明」では、四〇年一二月一日の軍曹任官の後、四一年七月二八日付で曹長任官となっており、備考欄に「見習士官」と記載されている。三重県庁に残る記録は敗戦時に一旦廃棄された後、戦後しばらくしてから遺族への聞き取りなどにより復元したとのことで、例えば中尉への昇任時期が生家に残る任命状に照らして明らかに間違っており、ここでは本人による記載に拠ることとする。

（10）当時一五歳であった次弟圭舟は、出征を前に生家で過ごす圭川が熱心にアルバムに書き込みをする姿を印象的に覚えている。

（11）三重県発行の「軍歴証明」に一一月一日付で「少尉任官。予備役編入。独立歩兵第一四大隊に応召。北支派遣」とある。

（12）圭川の少尉姿のこの写真には撮影日がないが、同じアルバムの戦友の写真を集めた頁にこれと同じ写真館の刻印がある同規格の写真が二枚と写真館の刻印は無いものの同じ規格の写真一枚が続けて貼られている。襟章からみな三八連隊の少尉と分かる。中部第三八部隊見習士官の同期生と思われる。前者二枚の裏書は昭和一六年一〇月か一一月一〇日と読め、後者一枚には昭和一六年一一月一〇日と裏書されている。圭川の少尉任官が一一月一日であることから、撮影日を昭和一六年一一月一〇日と推定する。

5　「北支」派遣――山西省での従軍

圭川アルバムの中で最も重い比重を占めるのが「北支」戦線でのものである。彼は「北支」占領を如何に担ったのか。ここではまず約二年九か月に及ぶ「北支」従軍期を時系列的に概観する。

一九四一（昭一六）年までの「北支」戦線

現在の河北省、河南省、山東省、山西省、内モンゴル自治区を含む中国の華北地域を当時の日本は「北支那」と呼び、「北支」と略称した。この地域は一九三七（昭一二）年七月七日には北京近郊で盧溝橋事件が発生、八年の長きにわたる日中戦争で最も早く戦場になった。山西省が日本軍の攻撃を受けたのも早く、同年一一月には省都太原が陥落した。山西省は日中戦争の主戦場の一つとなり、圭川が派遣される前年の一九四〇年には現地勢力からの初の本格的な反撃として有名な百団大戦が山西省の中でもまさに圭川が配属される部隊の守備地域で戦われ、日中戦争中に日本軍が行った軍事行動の中でもひときわ悪名高い三光作戦はその百団大戦で受けた打撃への日本軍からの反撃という側面がある。つまり圭川が配属された独立混成第四旅団は「百団大戦」や「三光作戦」といった、特に人民共和国の「抗日戦争史」では大文字で記される出来事と深い関わりを持った部隊であった。

以上、日中戦争の全戦域における「北支」戦線の意味や、その中でも特殊な状況にあった山西省について、独立混成旅団という特殊な部隊について、圭川が配属された独立歩兵第一四大隊について、詳しくは加藤解題に譲り、ここでは、圭川が派遣される直前、百団大戦の衝撃の中にある現地日本軍の雰囲気を見ておく。

独立混成第四旅団司令部の特務機関長であった土田兵吾少将の回想録には、やや自嘲的な筆致で百団大戦前後の山西省駐留日本軍の状況が記録されている(1)。それによると、一九三九年八月に土田が着任した当初も占領状況は「点と線を確保してゐる程度」というのが実情であったが、一見平穏そのものであった。視察に出ると路上には砂を敷き、住民が沿道で歓迎し、「明朗北支(2)」に見えていた。しかし、後になって考えてみると、この頃はゲリラ戦開始前の準備（地下工作）期だった。土田は見かけだけの「明朗北支」を象徴するような歓迎風景に「うそく表面的」と添書している（No.1）。

土田の任期末期の四〇年末になると、毎日分遣隊のどこかが戦闘していて、司令部が平穏に過ごせる日はなかった。討伐は各大隊で熱心にやり、ひと月に一度は兵団あげて大討伐していたが、共産軍には痛手は少く、住民の苦痛が大きかった。「住民としては日本軍がいっても共軍が来ても困るのである(3)」。百団大戦の勃発で日本軍は「太平の夢が破れた」。一守備隊に五～一〇倍の兵力で完全包囲され、兵団内の守備隊は約一〇日で二〇余が全滅した。枕木を積み上げて、連日連夜焼き払うため、夜は「火炎天を焦がすの壮観」。兵舎も駅も全焼した。「全世界に宣伝したのも無理もない。敵としては大勝利」。日本軍は「北支」全域に大小の情報網と分遣隊を配置し、民心をつかんでいた積りであったが、このような大規模な攻撃を事前に察知出来なかった。「敵国内のこと」は「仲仲分からぬ」。「民心をもう少しよく把握しておれば少しはヒントを得た」はずと思うが、そんなことは「無理かも知れん」と自嘲的である。

No.1…日の丸を振る市民たち

また、独立歩兵第一四大隊第一中隊の元兵士は、聞き取りの冒頭にこちらが「中国戦線の記憶について」と切り出すと、すぐに「どうしても忘れられないことと言ったら、昭和一五年八月の百団大戦のこと」と話し始めた（葛野09・5・4）。中隊名や人名に記憶違いが若干あることが後で分かったが、それにしても七〇年も前のことを、村落名や部隊名、上官名、戦闘があった地点の地形など、実に具体的かつ詳細に、憑《つ》かれたように興奮してお話になった。泉アルバムにも百団大戦の特集頁（No.２）や慰霊祭の写真が大量の書き込みと共に数多く残る（慰霊祭は107頁参照）。

当時、日本軍は周到に用意した八路軍に不意打ちを食らって劣勢に立たされ、多くの犠牲者を出して、強い恐怖を味わったようだ。日本軍は百団大戦を契機に「北支」占領政策を大きく転換していく。現地調査では、百団大戦以前は日本軍も規律があったとか、住民に乱暴なことはしなかったといった声を度々聞いた。軍と兵士が現地社会に向き合う姿勢にも質的変化が起こったらしい。圭川は、百団大戦翌年の衝撃さめやらぬ「北支」戦線に派遣され、百団大戦の主舞台であった石太線沿線を守備する独立混成第四旅団（以下「独混四旅」）独立歩兵第一四大隊（以下「独歩一四大隊」）に配属された。

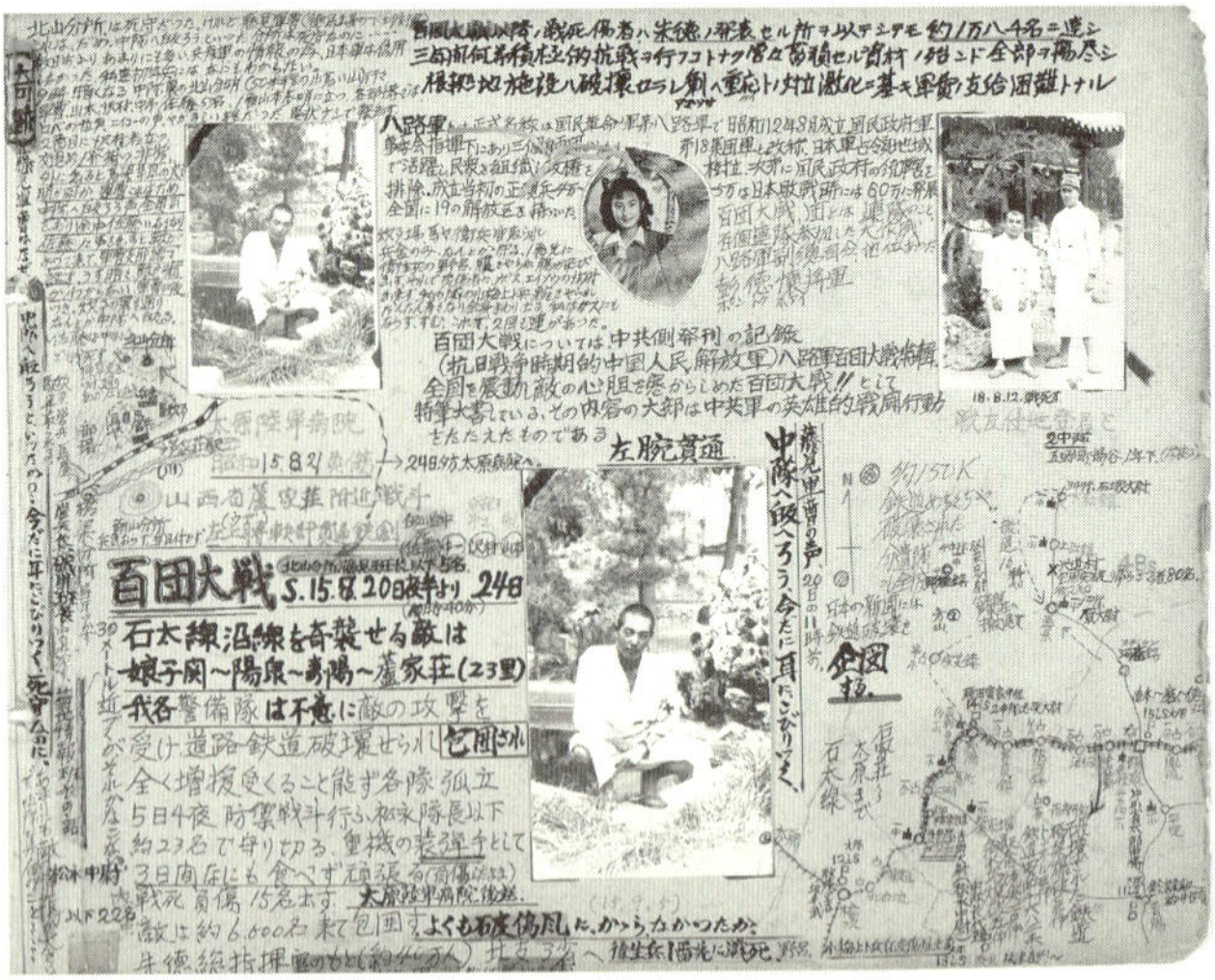

No.２…泉アルバム「百団大戦特集頁」

一九四一（昭一六）年

この年一二月八日には、日本軍が真珠湾を攻撃、太平洋戦争に突入するが、「北支」では一一月下旬から一二月中旬にかけて、山西、冀東、蒙疆各地で粛正作戦が展開された。そんな中、圭川は一二月九日に山西省陽泉

No.３…「陽泉旅団本部ニテ」

にあった独混四旅司令部で新任将校集合教育を終了している。新任将校仲間と撮り合った記念写真が残る。この時二六歳、心なしか気負いが感じられる姿である（No.３）。

一九四二（昭一七）年

No.４…中隊（尾坂隊）集合写真（盂県城）圭川は最前列右から４人目

明けて四二年の元旦に「北支派遣力《ちから》第三五九五部隊　尾坂隊」集合写真（No.４）が撮影されている。圭川は当時盂県城に大隊本部があった独歩一四大隊の第四中隊（中隊長：尾坂雅人）に配属されたことが分かる。泉アルバムでは同じ写真にびっしり人名を書き込んでおり、お蔭で圭川が前列右から四人めであることが分かった。軍資料では、二月上旬〜三月上旬の間、冬季山西粛正作戦を行っている。泉アルバムに「17・2・1〜3・6冬季山西粛清作戦に参加」とあるのがそうだろう(4)。

二月一一日「紀元節」の集合写真（No.５）は津田部隊長や梅崎参謀の名が裏書に見える。泰次郎に同じ写真がある(5)。個人写真にはまずない大きさ（27cm×21・5cm）のものを、圭川と泰次郎が共に所有するのは恐らく旅団から配布されたのではないだろうか。圭川と泰次郎が一緒に写っている可能性があるが、二列め右から二人めが圭川に似るものの泰次郎の姿は見つけられない。背景は立派な四合院で、盂県城での大隊集合写真（No.４）の老朽化して瓦が波打った様に比して、陽泉という一帯では大きな都市にある旅団司令部の権威が感じられる。

次は作戦明けの安堵感の中での撮影大会か、三月八日付で「力第三五九五部隊尾坂隊舎前ニ於テ」、つまり盂県城の第四中隊宿舎前での写

No.5…旅団司令部集合写真（陽泉）

No.6…当番兵たちと

真群が残る。山西の厳しい冬に備えた防寒着姿、日直の襷姿、防寒帽と日直の襷で当番兵たち（6）との記念撮影（No.6）。今回も背景を選び、幾度も衣装や小道具を取り替えての撮影である。

三月一〇日の陸軍記念日には、城内の大隊本部前広場で整列する様子や、南関外で演習する様子が泉アルバムにある（47、55頁）。書き込みに独歩一四大隊長吉田部隊長や尾坂第四中隊長の名がみえる。圭川は、三月八日の盂県城兵営前での写真の後は六月まで写真が途絶えていることから、その間の晋冀豫辺区粛正作戦（C号作戦、五月一五日～七月二〇日）に大隊と共に参加しているものと思われる。この時期に行われている第四次治安強化運動（三月三〇日～六月中旬）については、『事変写真帖』に特集頁がある。

晋冀豫辺区粛正作戦（C号作戦、五月一五日～七月二〇日）については泉写真が残るが、岩山の急斜面をよじ登るような厳しい行軍である。六月八日から始まった第三期作戦（六月八日〜六月一九日）で圭川は負傷する。入院中の無聊を慰めたのか、『事変写真帖』にはこの作戦に関する記事スクラップが多い。この作戦は河南方面の中央軍撃滅を企図したもので、第一梯団長を独歩一四大隊長が務め、林県付近の重慶軍の攻撃を行った(7)。林県平野は河南省に属するが、山西省に入り江のように入り込んだ地である。第四（尾坂）中隊が旅団の先遣隊として中央突破を命じられ、機関銃小隊長であった圭川はこの戦闘で負傷する(8)。No.7裏面に入院するまでの経緯を詳細に記録しており、さながら実況中継である。

それによると、「河南省林県西南十二粁《キロメートル》ノ地点ニテ昭和十七年六月十四日午後三時受傷」「十五日朝　彰徳ニ移送」「十七日　カンタン（邯鄲）ニ移送」「十九日　石門ニ移送」。重傷ではなかったようで、負傷三日めに当たる一七日には邯鄲の陸軍野戦病院で笑顔を見せている（No.7）。

No.7…負傷３日め、邯鄲の陸軍野戦病院にて

圭川アルバムには尾坂中隊に出された賞状と同中隊の登木口小隊に出された賞詞写真が残り、更に第一三大隊山本中隊の活躍を報じる新聞記事（266頁）もスクラップされている。入院期間を通して作戦の進展を注視していたものだろう。独混四旅は険しい山岳戦で地の利を持つ中国軍を相手に苦戦を強いられ、泰次郎「肉体の悪魔」にもこの作戦で一帯独特の地隙（絶壁に囲まれた谷間）で完全包囲に陥った窮地が印象的に描かれている。

圭川は作戦中の負傷から入院までは詳細に記録しているが、退院や部隊復帰については記録が無く、七月については空白だが、世界に目を転ずれば、この年七月には蒋介石が中国戦域連合国最高指揮官に就任している。しかし、「北支」ではしばし従前と変わらぬ占領維持が行われており、圭川写真は七月の空白のあと唐突に八月一九日「歩砲飛連合演習ニ太原ニ出張シテ求ム」（口絵49右下）で再開する。時には第一軍司令部のある太原への出張もあったことが分かる。

翌九月三日には、支那派遣軍に「五号作戦」準備の指示が出ており、これから見るこの年の冬の作戦につながる。翌一〇月八日から一二月一〇日まで「第

№8…東京からの演芸慰問団

№9…戦車の前での記念撮影

五次治安強化運動及び北支全域の治共戦」が展開されているが、そんな中の一〇月一一日に№8「陸軍恤兵部派遣演芸慰問団　東京ヨリ」がある。粗末な幕を張った舞台で女性歌手がアコーデオン伴奏で歌っており、兵士たちは地面にゴザを敷いて鑑賞している。背景は盂県城の文廟（48頁：当時は大隊本部）に似ている。東京からの慰問団が省都太原はともかく山岳地帯の前線まで来ていたのであろうか。

　第五次治安強化運動の一環か、圭川は一〇月には二六日二七日と盂県東部の分遣隊拠点に視察に出ている（70頁）。一日め二六日は盂県東部の東会里村。集落外にある丘に日本軍のトーチカがあり、周囲の集落を監視する拠点になっていた。この日一日で撮影大会のごとく出で立ちの異なる写真が九枚残る。一連の写真を眺めると、旅団司令部や大隊本部がある都市勤務が主だった圭川にとって、城外の農村地帯の小さな分遣隊や村落の様子はもの珍しいものだったようだ。翌二七日は更に東進し、仙人村を訪れている。

　翌一一月は写真が皆無で空白期である。九月に出た「五号作戦」準備の指示に従い、一一月から一二月にかけて山西省五台山附近で実戦（中共軍の討伐）を兼ねた大規模な山岳演習(9)が行われており、これに参加しているのかも知れない。圭川は江南期には参加した作戦名や期間を具体的に書いているが、「北支」期には作戦について一切書いていない。

　一二月には撮影再開。演習から戻ってすぐの休暇なのか、一二月二日には盂県城内でまたもや撮影大会となっている

No.10…機関銃小隊集合写真

（242頁）。撮影日が確認できるのは以下二枚だが、同じ頁には大仏殿で撮影された、服装の一致から同日の撮影と見える写真が計一〇枚ある。No.9「横江少尉ト共ニ」は戦車の前での記念撮影。盂県城の孫賜芹さんは、見るなり「第三次治安強化運動の時だ」と断言した。実は、この時期行われていたのは第五次治安強化運動であるが、第何次かはともかく彼が治安強化運動の時と断言したのは「戦車が四台、掃討戦のために盂県城から北へ出発するのを見た」「盂県の日本軍は普段は戦車を持っていなかったから確か」との理由であった。

一二月八日には機関銃小隊の集合写真が残る（No.10）。重機関銃二丁を据えた前列中央に泉さん、小隊長の圭川はその後ろ二列目中央である。氏名・階級・出身地・入営年次が裏書されている。それによると全二三名中一九名が圭川の郷里三重出身である。一二月一一日には盂県の大隊本部前と思われる集合写真がある（48頁）。一列め中央が一瀬部隊長、その左隣が第四中隊尾坂隊長、圭川は後列右から二番めである。一二月一五日には「初年兵掛教官記念撮影」が残る。四名全員が少尉である。断定できないが、背景は盂県の兵舎玄関付近に似ている。前後の写真から考えると、この頃は盂県城で初年兵教育に当たっていたようだ。

一九四三（昭一八）年

明けて四三年正月（10）には盂県城「新兵舎」前での第四（尾坂）中隊の集合写真がある（46頁）。正月明け九日には、日華新協定が締結、日華共同宣言が出され、同日、汪兆銘国民政府は対米英宣戦布告を行う。一方、重慶では二日後の一一

No.11…作戦中「開頭村ニ於テ」

日に蒋介石政府が対米英新条約を締結、念願の不平等条約撤廃を果たしている。世界大戦の帰趨が定まりつつある中でも、「北支」では治安戦が従前通り展開される。四三年は四二年に続き、多くの写真が残る。戦場とは思えないのんびりした雰囲気である。一月二四日には撮影の便があったのか、複数の写真が残る。「雪降り」は、馬に乗り、略章、日直の襷をつけ、帯刀している（この日の〝撮影大会〟については242頁）。

この〝撮影大会〟以降は三か月後の四月二三日までぱったりと写真が途絶え、二月、三月は完全な空白である。この間は十八春太行作戦（四月二〇日～五月二二日(11)が行われている。途中四月二四日撮影の二枚（No.11他）には共に「開頭（と読める）村ニ於テ」と裏書がある。作戦中の小休止であろうか、背景の丘陵には黄土高原独特の窰洞らしき穴が開いている。この十八春太行作戦（ヨ号作戦）については、泉アルバムに作戦名を冠した特集頁があり、山岳行軍の様子や小休止で仮眠を貪る兵士たちの姿などに添えて、「敵地区行くと、日本鬼子（泣く子も黙る）、日本軍は中国民衆から……東洋鬼とか呼ばれ、中国から直ちに去れなど罵られた」とある。泉さんの記録に従えば、所属部隊は六月一五日に作戦を終えて、駐屯地に戻った。すると、この頃撮影されている陽泉の旅館で戦友たちと寛ぐ写真（125頁）は作戦から無事帰還できた安堵感の中でのものだろうか。

この時期には北支那方面軍の改編が進んでいる。日本にとって戦局の中心は太平洋戦線に移っており、日本軍は中国戦線から有力部隊を南方へ転出させていた。日本軍の戦域全体での兵力再編を受けて、六月には圭川が所属する独歩一四大隊は独混四旅（力部隊）から、歩兵第六三旅団（石部隊）へと所属が変わった（詳しくは解題参照）。この時、一四大隊はそれまで各中隊にあった機関銃小隊をひとつにまとめて機関銃中隊を新設し、それまで第四中隊長であった尾坂雅人が機関銃中隊長に任命され、圭川写真にしばしば登場する横江少尉が機関銃中隊に異動（異動先では中尉）、第四中隊長の後任は堀中尉、圭川はこの時点では第四中隊に留まっている(12)。彼らは次の京漢作戦で異なる遭遇をし、それがひいては終戦時の遭遇に繋がることとなる。

長い作戦の後の六月下旬の同期生との懇親の後、圭川写真は途絶える。その間には十八夏太行作戦（七月一〇日〜七月三一日）が行われており、作戦に参加したものと思われるが、七月三〇日には盂県大隊本部での「大隊幹部一同」（50頁）の中に姿が見える(13)。

八月一日撮影の写真二枚が残るが、「……旅団幹候下士候教育隊教育要員トシテ出発ノ前……」「盂県出発に際して」とある（No.12）。この日、盂県から旅団司令部のある陽泉へと出発したことが分かる。撮影地点は華北交通自動車停留所(14)。当時、陽泉から盂県までの自動車道があった（自動車道は99頁）。以後は、陽泉の旅団司令部で教育隊教育要員としての任務に当たったはずである。任務開始後初の週末なのか、八月四日には亀ノ家旅館で寛ぐ写真が残る。この頃、遠く太平洋では五月二九日にアッツ島で日本軍が玉砕し、九月八日にはイタリアが降伏、戦局の帰趨は見えてきているように今日では思えるが、「北支」ではこの年も年内は従前の占領維持を続ける態勢が続く。八月九日から一〇月三〇日まで華北新建設運動が行われ、一〇月三〇日には日華同盟条約が締結されており、中国大陸ではいましばらく占領継続の企図が続いている。

No.12…盂県から陽泉に異動（自動車停留所にて）

この年の秋、旅団司令部勤めはゆとりがあったのか、新環境は何かと新鮮だったのか、九月を中心に兵営での日常を写す夥しい数の写真が残る。圭川にとって人生最後の穏やかな時間である。No.13は陽泉の「旅団司令部教育隊」である。この威容ある独特の建物は圭川アルバムにしばしば登場するが、「教育隊　表玄関」と記されることもあるため、旅団幹候下士候教育隊はこの建物に置かれていたのだろう。すると、この建物を背景にする写真を含む一連の写真は旅団司令部教育隊での生活を撮ったものということになる（239頁）。

九月一八日は太原に出張したと見え、太原での撮影と分かる一連の写真が残る。「於〇〇新民公園」のように、都市名を伏せている(15)が、太原は山西省の省都であり、その中心部にあった新民公園は多くの写真が残っていて、容易に太原の新民公園と確認できた（213頁）。

九月二六日から一二月上旬にかけて、第一軍秋季粛正作戦が展開されているが、圭川は旅団司令部教育隊での任務に留まったらしく、一〇月にも旅団司令部教育隊での写真が残る。兵舎周辺での他愛ない写真にも所属や階級が長々と裏書されている。九月一五日に中尉に昇進しており、得意な気分の現れなのかもしれない。

一二月一日に独歩一四大隊長が一瀬中佐から田村中佐に交代しており、新任部隊長を囲んだ孟県城大隊本部での記念写真が残る（No.14）。泉さんがこの写真の周囲に「北支」での部隊最後の大作戦となった京漢作戦から部隊が玉砕した沖縄戦まで部隊将兵の負傷や戦死の情報をびっしり書き込んでいる。一二月下旬にも旅団司令部教育隊入り口付近での写真が残る。八月の赴任以来、翌年一月まで圭川は旅団司令

No.13…旅団司令部教育隊

No.14…新任部隊長との集合写真（泉アルバム）

部勤めが続いたようだ。

一九四四（昭一九）年

文面からこの年の一月に書かれたと思われる書簡が残る。戦場の圭川からは多くの書簡が生家に届いていたことを次弟圭舟が覚えているが、敗戦後に両親が処分したものか、生家には一通も残っていない。次妹不美の嫁ぎ先に届いた、送金を乞うこの一通が唯一今に残る手紙である(16)。

決戦下の正月さぞかし意義深く迎えたでせう。

小生もお蔭にて健在、大いに張り切って居る。教育もあとわずかで、今度は次の任務に向かって邁進する。隊長となれば、精神的苦労が大だ。本当に痩せた。矢張り部下を取りなすのは金だ。而しやりくり中尉の俸給丈けでは何とも自由がきかない、大弱り。

□□にこんなことを言ふのは僕としても顔が立たぬが、何時靖国神社に行くか一寸先も見えぬ。小生としてもこんな事も言ってみたい、明日ある生命でもない、生命ある中大いにやって行こうと思ふ、小生の人生観も変わったわい、金を乱費するのは小生としても身を切られる位つらい、親不孝だと思う、而しこちらは死生を□しての戦いだ、部下と僕との間柄は親子以上だ、許してくれ。

（中略）

俺は家のことをどれ丈け心配して居るかわからない、それを思ふと夜もねむれないよ、……父母も大分年をとったことと思ふ、白毛もふえた事だろう、俺は父母の写真を机上に置いて毎日ながめて居る

家も女手がないからね、本当に苦労して居るだろう、何から書き度いが、何か胸につまって書けない、今日は之にて御免、又よいニュースでもあれば早速笑わせてくれ、待って居る

では、身体に注意して、父母の世話をたのむ

№15…「北支」最後の一枚

失敬

写真一枚封入

冒頭「決戦下の正月さぞかし意義深く迎えたでせう。小生もお蔭にて健在、大いに張り切って居る」は泰次郎の戦時書簡（276頁）と酷似した口調である。検閲を前提とした、この頃の定型表現なのだろう。「教育もあとわずかで、今度は次の任務に向かって邁進する」とあるのは、翌二月には京漢作戦のための兵棋演習が始まっていることから、この頃には作戦方針も伝達されて、旅団司令部教育要員の任務を終えて、作戦に参加することを知っていたためであろうか。一月一二日に№13「旅団司令部教育隊」正門で撮影された一枚（№15）が今に伝わる中では圭川が「北支」で残した最後の写真となる。この一枚を最後に写真も書簡も本人が残した記録は今に伝わらない。

京漢（河南）作戦

四三年末の台湾への初空襲など、中国の基地を使った米軍の爆撃が活発化し、日本本土空襲が迫っていたこと、四四年に入ると太平洋戦線の戦況がいよいよ悪化して来ていたことから、「在支米空軍基地の覆滅」「大陸縦貫鉄路の打通による南方軍との陸上交通確保」を目的とする[17]大陸打通作戦（一号作戦）が計画された。圭川にとって「北支」戦線での最後の戦闘となった京漢（河南）作戦はその一部であった。大規模な部隊集結のただならぬ様子が泰次郎「沖縄に死す」に描かれている。

昭和十九年四月はじめ、六十二師団は住み馴れた山西をひきはらつて、河南作戦に参加のために、平漢線を南下し、黄河北岸に集結しました。……黄河北岸の一帯の部落は、続々と集結する兵団のために、どこもかしこも、日本軍でごつた返してゐました。この作戦のために何箇月も前からわざわざ蒙疆で肥らせた、力の強い、づんぐりとした大陸馬が、数千頭も送られて来ました。河岸には天幕が張られ、アンペラ小屋が建てられて、おびただしい作戦資材がつぎからつぎへと集積されました(18)。

部隊は前身の独混四旅の頃から「北支」で主に治安戦、つまり正規軍との大規模な戦闘ではなく、占領地の確保とゲリラ掃討に当たってきた。空爆の心配が無かったと見え、独混四旅の初期作戦を記録する『事変写真帖』には山岳地帯を縫って延々と伸びる歩兵部隊の空撮が何枚もある。

中国戦線は割合呑気だった。上からやられないから。中国に空軍はなかった。大東亜戦争になってから僕らええようにやられた。行軍をしていると、ざーとやられる。飛行機の弾は大きくて、当たらなくても皮膚をやられる(泉05・5・1)。

部隊は初めて本格的に正規軍と戦闘を交え、米軍の支援を受けた空爆や強力な火力(八路軍は迫撃砲が限度であった)に接して、それまでにない恐怖を感じたようだ。独歩一四大隊の戦闘詳報には「敵機」の偵察と超低空での機銃掃射が激しく、夜間行動を強いられている様子が記録されている。

No.16…「黄河渡河」

河南(京漢)作戦は、中支の大平原は一帯は麦畑。兵も馬も見渡す限りの麦又麦の中を進攻した。黄河の鉄橋も破砕され假に板を並べ夜間渡る。約四K弱で一時間程かゝる(泉アルバム3『北支討伐』添書)

一九・四・五・陽泉発、六日陽武下車、一二日大黄河夜中渡る(三〇五〇米)。夜中鉄橋(19)

渡るのに約一時間ほどか、つたと思ふ。たぶん八〇cm程の板を延いていた。とてもこわかつた（泉アルバム1『北支将兵』添書）。

洛陽攻撃を前にした夜の黄河渡河も兵士たちに強い恐怖を与えたようで、泰次郎作品にも泉アルバムにも印象的に書き記されている。圭川が豊橋で体験した渡河を含む陸軍教導学校の訓練（188頁）は確かに中国大陸攻略を目的としたものだったのである。

泰次郎「黄土の人」は当時の現地社会の雰囲気を伝える。京漢作戦間近の頃、部隊内で小間使いをしている少年が八路軍の遊撃隊歌を歌っていたため、同僚が平手打ちを食らわす。歌は工作員として使われている中国人捕虜たちが教えたものと察せられた。

中共軍や、国府軍の俘虜あがりの宣伝班の工作員たちは、頭のいい連中がそろつているので、私たちに口ではうまいことをいつていても、心のなかでは、私たちをあざ笑つている者がいないでもない。南方戦域でアメリカ軍にじり押されてきている日本軍の近い将来の運命を予測して、ひそかに愉快がつている者も、彼らのなかには、きつといるにちがいない（20）。

太平洋での戦況悪化にも関わらず、「北支」では一見相変わらずの占領維持が行われているように見えて、さすがにこの頃には日本軍内で使役されている中国人の態度にも変化が感じられるようになっていた。

黄河南岸の丘陵地帯に布陣した日本軍は、総攻撃の命令が下ると、怒涛のように河南の平野に攻め入つて、許昌、襄城、洛陽を攻略した。その作戦だけを見ると、まつたく、破竹のいきおいというところだが、太平洋方面で、つぎつぎと敗北をなめつつある日本軍が、どういうわけでそんなことをしたのか、私たち兵隊には、その真意がわからなかつた。……あるいは、中国人に対する単なる示威行動であつたかも知れない（21）。

戦争末期になると、旅団司令部内の工作員に限らず、盂県城の庶民にも軍装の質の低下などから日本軍の羽振りが悪くなったことが見抜かれていた（149頁）。大陸打通作戦はそのやたらに長い戦線と現地に与えた被害は無論のこと、日本軍将兵に強いた消耗の大きさに比してこれといった戦果が見えないところが奇妙な作戦とされるが、日本の軍事的支配の終焉を迎えつつあった中国大陸であくまで日本の軍事力を見せつけようとする〝示威行動〟だったとすると、その戦線の長大さの説明が俄かにつくようだ。

圭川は京漢作戦開始時には依然として第四中隊所属で第一小隊長、中隊長も堀中尉のままであったが、機関銃中隊では尾坂が八月末に内地帰還したため（22）、横江中尉が中隊長に繰り上がっていた。四月三〇日の潁橋鎮付近の戦闘で第四中隊長の堀中尉が戦死、機関銃中隊長横江中尉が負傷（23）、圭川が作戦途中から第四中隊長代理を務め、そのまま作戦終了に至り、沖縄到着後に横江中尉に代わって機関銃中隊長に任命されている（24）。負傷した横江中尉は帰還を果たし、戦後半世紀を生きた（25）。このように、京漢作戦での負傷で沖縄転戦要員から外れたり、逆に補充のための異動で沖縄戦に投入されたりが、独歩一四大隊将兵の生死の分かれ目となっている。

現地調査・陽泉　二〇〇七年九月一、二、五日、一一年四月八日、一三年四月二四日

圭川の「北支」赴任時、独混四旅の司令部は陽泉に置かれていた。陽泉は石炭と鉄を産し、河北省石門（現・石家庄）と山西省太原を結ぶ石太線の中間点に位置する。戦略的に重要であったことだろう。市街地西郊にそびえる獅脳山は「北支」を占領する日本軍への現地勢力の初の大反撃であった百団大戦の激戦地である。今では山頂に巨大な記念碑が聳え、縄を掛けられた女性が密かに土塊を握りしめるモニュメントが現地の心象風景を伝える（口絵38、39）。

圭川は「北支」到着直後の新任将校集合教育を陽泉の旅団司令部で受けており、「旅団幹候下士候教育隊教育要員」として約半年を過ごしてもいる。このため、圭川アルバムには強く推測されるものも含めると陽泉での写真が多く残るが、分からない点が多い（26）。ただ、旅団の戦友会誌『独旅（27）』にはさすがに陽泉が頻繁に登場する。№17「陽泉市街略図」（以下「市街図」）の基となった手書き地図を含め、多くの回想録から占領下の陽泉の様子をおぼろげながら窺い知ることが出来る。

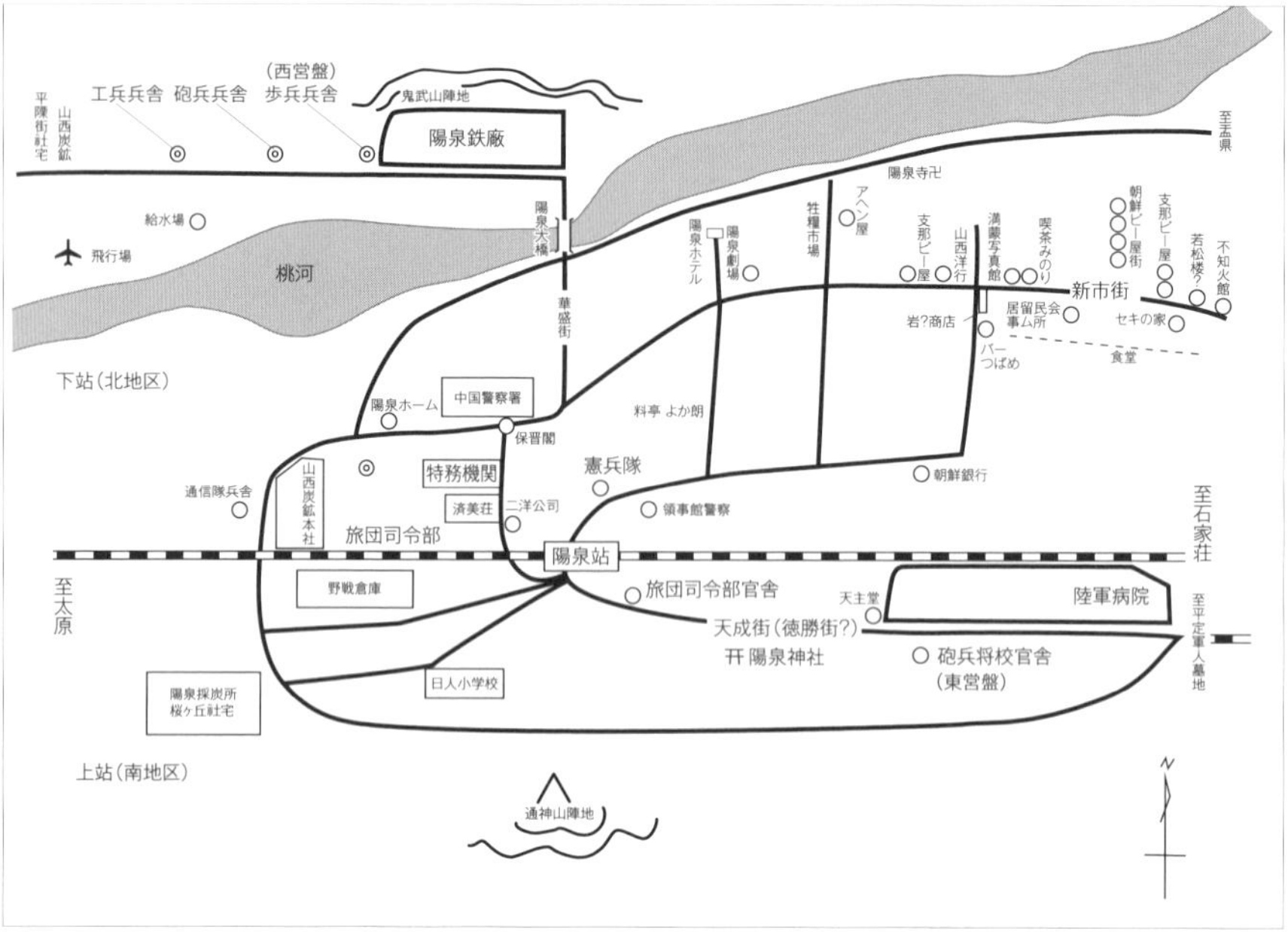

No.17…陽泉市街略図

日本軍の布陣の概略

陽泉で旅団の参謀兼特務機関長を務め、帰還後は『独旅』（上述）を発行した広瀬頼吾の回想に「司令部は陽泉炭鉱公司事務処を、宿舎は鉄路局陽泉站職員宿舎を修理、使用す」とある(28)。また、「市街図」の基となった地図を描いた元兵士・坂上登は、陽泉市街について、石太線を挟んで南を「上站」、北を「下站」と呼んでおり、駅前の小高い丘にあった「瀟洒な建物（元鉄道職員宿舎）」を旅団長始め旅団将校や軍属の宿舎とした、その後方に遼県まで続く軍用自動車道路があり、沿道に各部隊の将校宿舎が点在していた、兵舎の裏側は山西特有の断崖だった、等と記している(29)。

旅団司令部

No.18は百武旅団長を中心とする集合写真である。圭川と泰次郎がこの建物前での別の日の集合写真を所持しており（196頁）、それにも津田旅団長を中心に参謀、高級副官が居並ぶ。泰次郎はそれに「力第三五九一部隊記念撮影」と裏書している。「力第三五九一部隊」とは「歩兵第六三旅団司令部」のことであるから、ここは旅団司令部なのだろうか？ 現地で司令部跡として知られているのは陽泉有数の民族資本であった保晋公司の本社事務所跡である。日本軍による接収後は陽泉採炭所と改称され、山西炭鉱株式会社の管轄下にあったから(30)、広瀬が言う「陽泉炭鉱公司事務処」のことと考えて間違いないだろう。位置は「市街図」の「旅団司令部」とも符合する(31)。元は四合院であったが、今は一部の平屋が二棟残るのみ（No.20）。一見すると似ても似つかないが、バラックから覗く元の建物の屋根や窓枠の形状がNo.19の背景と重なるようだ。そのNo.19「隊長会議」はNo.18に続く頁に登場しており、司令部内部の建物と考えられる。また、圭川「北支」到着直後の「陽泉旅団本部ニテ」（194頁）の背景とも一致する。「教育局」と掲げた

No.18…旅団司令部？

No.19…旅団司令部内部？

No.21…教育局

No.20…旅団司令部跡

月牙門での圭川写真No.21も旅団司令部内であるかもしれない(32)。日本軍撤退後はここに陽泉市政府が置かれたため、それを示す記念プレートが街路側に張られているが、その市政府が新庁舎に移った後にはスラム化し、史跡は違法建築に埋もれている。崩壊の危険を理由に立ち退きを勧告するビラが貼られていた。

No.22…保晋閣

No.23…保晋閣跡

保晋閣

「滅共」と大書されたこの門（No.22）は「保晋閣」と言い、陽泉市街の中心部にあった。住民の記憶では、写真奥を右に出ると特務機関、その先の同じ並びに司令部があり、写真こちら側が北で警察があった、という（商07・9・5）。位置関係は「市街図」と符合する。泰次郎がこの軍人の背後に覗く「明朗陽泉」標語の前で記念撮影をしている（96頁）。No.23で男性が立つのが保晋閣があった地点である（No.22とは逆に南から北に、司令部方向から警察方向を写す）。なお、保晋閣の「滅共」スローガンの中央に盂県城の内東門と同じ日満華提携図（98頁）が描かれている。

東営盤

日本軍は陽泉を占領すると市街の東西にそれぞれ兵営を置いた。東の「東営盤」は元の西北実業公司を接収・改造したもので、砲兵大隊が駐屯した(33)。今もアーチ型の門とそれに附帯する建築物が残骸のように辛うじて残る（口絵40）。陽泉に今日唯一痕跡を留める日本軍の建造物である。現存する位置から言っても「市街図」の上站側、陽泉神社の東に見える「砲兵将校官舎」を「東営盤」と見て間違いないようだ。「東営盤」は一帯の「社区」（コミュニティ）の地名としても残る（口絵40門洞左の赤い看板にも見える）。

No. 24…西営盤入口

No. 25…「陽泉鉄廠に進駐する人民解放軍」

No. 26…教育隊への帰路？

西営盤

日本軍が市街の西に置いた兵営は「西営盤」と呼ばれた。圭川が「旅団幹候下士候教育隊教育要員」としての任務に従った「教育隊」はこの「西営盤」にあったことが分かった（詳細は239頁）。「市街図」の北西端、「陽泉鉄廠」の西隣に兵舎が並ぶ地点である。当時は一繋がりの広大な敷地であったようだ。現地で「西営盤」のものとされる写真は出入り口を写したものしか見つけられなかったが（No.24）、垣間見える敷地内部の様子は後に見る教育隊写真群に通じるものがある。No.25は一九四七年五月に「陽泉鉄廠」に「進駐する人民解放軍」とされる(34)。すると同じシルエットの煙突群に向かっていく圭川写真No.26は部隊が陽泉市街から兵舎（教育隊）に戻る様子ということになる。広大な敷地は今では三区画に分かれているが、「西営盤」の地名は残り、当時の面影を残す横長の広い敷地に兵営ならぬ集合住宅がずらりと並んでいた（口絵41）。

太原・現地調査　二〇〇七年九月三日、四日

「北支」戦線の中で山西省を管轄した第一軍の司令部は山西省の省都太原に置かれた。占領当初、司令部はまず当時の山西大

No.27…第一軍司令部（占領当初。山西大学堂を接収）

No.28…第一軍司令部（のちに新築）

学堂（今日の山西大学の前身）教学楼に置かれた（No.27）。風格ある美しさを見込んで接収したものであろう。建物は今も太原にあり、現在は太原師範学院附属中学校が置かれている（口絵42）。正門脇のプレートは一九〇二年に英国の宣教師ラティモアによって建設されたと解説するが、日本軍に接収された歴史には触れていない。

一方、第一軍史料にはこれとは別に典型的な帝冠様式の司令部も登場する（No.28）。山西占領態勢を整えた第一軍が司令部として新築したものである[35]。元第一軍宣撫班長の手記に、第一軍は閻錫山資本接収などによる特殊財源、所謂「山西工作費」を使って「満州の関東軍司令部と同じ型の司令部を構築した[36]」とある。地上三階建てで地下室を伴った、当時では「太原城内では並ぶもののない」高大な建築物であった[37]。今日、前者は再び教育機関として使用され、後者の跡は軍区内であるという[38]。

圭川は太原に出張することもあったらしく、アルバムには一九四二年八月と翌四三年九月付の太原での写真が残る[39]。うち一枚は山西省公署（No.29）で、入り口右側の柱に「山西省公署」、左側に「中華民国新民会山西省指導部」と見える。右脇の柱に「日華聯合……」、左脇の柱には「建設総署太原工署局[40]」ともある。当時の山西省占領統治の中心である。左右の壁に同じポスターが貼られている。右手を振り上げて何かを叫ぶ図柄である。宣撫工作であろうか。建物は清朝期からのものか、遅くても日本占領以前の民国期に建設されたものだろう。今日では山西省人民政府が使用している（口絵43）。翌四三年九月一八日には太原

No.30…文瀛湖の畔で（当時は新民公園）

No.29…山西省公署

No.31…文瀛湖の畔で（現・児童公園）

No.32…亜細亜飯店にて

市内にあった新民公園（No.30）や亜細亜飯店という名の洋式レストランでの写真が残る（No.32：左が圭川。画面奥には洋酒の瓶が並ぶ）。「対日協力」政権を支える民衆組織として発足した新民会にちなんで占領早々改名された[41]新民公園は今では児童公園と名を改めているが、公園中心の文瀛湖の名は当時から変わらない（No.31）。当時、湖の畔には日華会館が置かれ、「日華双方の高級幹部の倶楽部」となっていた[42]。

わずかな写真からも、大隊本部レベルの盂県や旅団司令部レベルの陽泉に比して、軍司令部が置かれていた太原が都市として段違いに格上であることが感じられる。太原は最盛期には二万人近い日本人居留民が暮らした[42]。市内の骨董店や週末に露店で立つ骨董市には当時のタバコのパッケージや花札など日本軍民が残した品々が並んでいた。

［注］

（1）『北支那　土田兵吾少将　陽泉（4ＭＢｓ）写真資料（昭・14、15年）』「第9篇　山西省時代（自昭・十四・八　至十五・十二）」防衛省防衛研究所蔵、四～七頁参照。

（2）「明朗」の政治的意味と使用法については、95頁を参照。

（3）現地住民の苦境は日本軍の目にも明らかであったようで、別の手記には「旦には赤き旗振り夕べには日の丸を振るこの民かなし」ともある（鬼武五一「独歩一四大の思い出」独旅会編『独旅』第二号、昭和四五年）。

（4）泉さんはびっしりと軍歴が書き込まれた「軍人手帳」を大切に保管していた。泉アルバムに記す作戦期間はこの記載に基づくと思われ、正確なはずであるが、二月一一日には旅団司令部前で集合写真（№５）が撮影されている。

（5）泰次郎写真の裏書には「昭和十七年紀元節ニ力第三五九一部隊記念撮影」とある。紀元節は二月一一日である。圭川所有の写真は「昭和十七年」と書いた後で「十六」と訂正してあるが、一六年二月なら本人は豊橋で訓練中であり、泰次郎写真の一七年が正しいと思われる。

（6）兵士の氏名、住所、担当将校名が裏書されており、一人が愛知県出身の外はみな圭川と同じ三重県出身である。

（7）防衛庁防衛研修所戦史室『北支の治安戦〈2〉』（戦史叢書）朝雲新聞社、昭和四六年、一八五～一九三頁参照。

（8）尾坂雅人『戦塵の足跡』（私家版）発行年無記載、一九一頁。

（9）戦後に整理された泉アルバムには「五号作戦」と題する頁があるが、「五号作戦」は結局一二月一〇日に中止の指示が出ているため、この山岳演習を写したものかもしれない。

（10）この写真にはプリントが二枚あり、昭和一八年一月一日と三日の二通りの日付があるが、いずれにせよこの年の正月三箇日内の撮影である。

（11）泉アルバムでは、四月五日から六月一五日となっている。泉さんの記録は戦場から持ち帰った軍人手帳に基づいているはずなので、第一四大隊に関してはこちらの期間が実際に即しているかもしれない。

（12）一九四三年七月五日付「歩兵第六三旅団将校職員表」。一方、尾坂は圭川中尉、岸田軍曹、山本泉伍長など古巣の第四中隊の機関銃小隊をそっくり引き抜いて異動したとしている（前掲、尾坂、二一九頁）。軍記録との齟齬の理由は不明。

（13）撮影日が作戦期間と重なるのは、添書が正しければ、旅団と大隊レベルでの行程の違いであろうか。

（14）泉写真に同じ看板の全体像が写っており（54頁）、「華北交通自動車停留所」と読める。

（15）盂県城や盂県内の村落名などはこれまで見たように明記されている一方、他にもこのように地名を〇〇で伏せている例はある。理由は今のところ不明である。
(16) 泰次郎の戦時書簡にも親族からの送金や友人からの借金への言及がしばしば見られる。
(17) 防衛庁防衛研究所戦史室編『北支の治安戦〈２〉』（戦史叢書）朝雲新聞社、昭和四六年、四八七頁参照。
(18) 田村泰次郎「沖縄に死す」秦昌弘・尾西康充編『田村泰次郎選集２』日本図書センター、二〇〇五年、一五八頁。
(19) 前後の具体的描写から「鉄橋」は「仮橋」の誤り。泰次郎「沖縄に死す」でも「四粁（キロメートル）近い仮橋」としている。
(20) 田村泰次郎「黄土の人」秦昌弘・尾西康充編『田村泰次郎選集４』日本図書センター、二〇〇五年、一四頁。
(21) 同上、一五頁。
(22) 尾坂、前掲書、二一九頁。
(23) この戦闘で多大な犠牲を払ったことを主な理由として、独歩一四大隊に対し、第一二軍司令官名義の感状が出されている（250頁）。
(24) 四月三〇日の戦闘での中隊長戦死を受けて、五月一日付大隊職員表では圭川は第四中隊長代理となっており、六月三〇日付の「京漢作戦終了時」とする大隊職員表でも代理のまま、沖縄到着直後の八月二一日付で独歩一四大隊機関銃中隊長に任命されている。第六十二師団独立歩兵第十四大隊本部編『独立歩兵第十四大隊　京漢作戦戦闘詳報』および石第三五九五部隊編『部隊歴史』（共に防衛省防衛研究所蔵）参照。
(25) 泉アルバム１『北支将兵』に「横江〇〇九四・七・七五才亡」と書き込みがある。
(26) 繰り返し現地調査を行ったが、現地にも当時の写真や地図が乏しく、照合が難しい。文革で档案や写真が破壊されたためと言う。また、工業都市である陽泉は人口移動が激しいため、聞き取り調査の成果も乏しい。元日本軍兵士を訪ねても現時点でお会いできる方々は当時の階級が低く、旅団司令部とは縁が無い等、困難が多い。
(27) 独旅会編『独旅』（独立混成第四旅団戦友会誌）独旅会、昭和四四年〜。
(28) 『北支那　独混第四旅団関係写真資料（昭十三・十四年）』（防衛省防衛研究所蔵）における広瀬自筆の巻頭解説。
(29) 坂上登「百団大戦を回顧して」『独旅』一六号、昭和五六年。坂上は元独混四旅砲兵隊兵士。原図は南を上にして描かれている。当時の陽泉市街の形成と鉄路との関係が背後にあるものと思われる。
(30) 日本軍は陽泉を占領すると、民族資本の保晋公司と建昌公司を接収、一九三八年三月に二公司を合併し、山西軍管理第四工廠と改称、興中公司に管理を委託、保晋公司の第一、二、三、四鉱廠を第一、二、三、四分所に、建昌公司を第五分所に改称した。一九四〇年一二月、興中公司が華北開発株式会社に「移帰」すると、山西軍管理第四工廠は陽泉採炭所に改められ、山西煤鉱鉱業所（華北開発株式会社と大倉鉱業株式会社の合資経営）の管轄下となった（この時、第三分所が陽泉鉄廠に改称された模様）。一九四三年二月に山西煤鉱鉱業所は山西炭鉱株式会社に改称された。陽泉鉱務局鉱史編写組『陽泉煤鉱史』山西人民出版社、一九八五年、一一二～一一三頁、黄順栄「保晋鉄廠工人的抗日闘争」政協陽泉市城区文史資料委員会編『陽泉城区文史』（第一輯）二〇〇六年、三九頁参照。

(31) 司令部が置かれた建物は街路より少し西側に奥まった場所にあったらしい。現地住民は「司令部は西寄り」にあったと記憶しており（商占泰07・9・5）、よく見ると「市街図」でも西寄りに描いている。

(32) 教育局が大隊レベルにあったとは考えられないこと、圭川は太原の軍司令部に出入りする階級ではないこと、建築様式も№.18等と似通うことなどから推定。

(33) 李慶祥他「日軍侵占陽泉始末」中国人民政治協商会議陽泉市委員会文史資料研究委員会編『抗日戦争専集』『陽泉文史資料』第三輯、一九八五年、三頁。「市街図」に従えば、「東営盤」は砲兵将校官舎のため、兵士は「西営盤」の砲兵兵舎に住んだはずである。

(34) しかし、兵士たちは「陽泉鉄廠」に背を向けており、「進駐」とは違う場面である可能性もある。

(35) 落成時期については具体的な記録が見つからないが、以下の記述から一九四〇、四一年頃と思われる。「（山西派遣軍の司令部は当初は山西大学堂に置かれたが）しばらくして……に新築した大楼に移転した（傍点筆者）」山西省史志研究院編『日本侵晋実録』山西人民出版社、二〇〇五年、四三頁。「新築成れる第一軍司令部（傍点筆者）」『島貫武治中佐　北支戦線写真帳　昭和一六・四上～一七・四・二八』防衛省防衛研究所蔵、二一頁。

(36) 青江舜二郎『大日本軍宣撫官　ある青春の記録』芙蓉書房、一九七〇年、二九三頁。

(37) 前掲『日本侵晋実録』四三頁。

(38) 跡地の現在は現地調査では確認出来なかった。今日では山西省軍区内であるという。同上、四三頁。

(39) 昭和一七年八月一九日は「歩砲飛連合演習ニ太原出張」と明記されている。一八年九月一八日は「於〇〇新民公園」のように地名を伏せている写真が残るが、太原の新民公園の写真と一致するため「〇〇」を太原と断定することができる。

(40) 写真で判読できるのは「建設総署太……」までであるが、一九四〇年作成の太原市街地図を元に作成された「実測太原市城内平面図」（前掲『日本侵晋実録』収録）に山西省公署に併置されている機関として「山西省新民会」の他、「建設総署太原工署局」がある。

(41) 中華民国臨時政府（一九三七年一二月一四日成立）を支える民衆組織として新民会が発足した（同年一二月二四日）のを受

けて、山西省特務機関長・谷萩那華雄中佐が太原の各種施設や機関を「新民」で改名・命名した。新民公園はその一つ。青江、前掲書、九三頁。

（42）前掲注40「実測太原市城内平面図」の文瀛湖東岸に湖にせり出すように「日華会館」が置かれているのが見え、独混四旅戦友会誌に「太原の日華双方の高級幹部の倶楽部」として登場する（城野宏「山西独立戦記」『独旅』第一三号、一二四頁）。

（43）152頁注24参照

6　沖縄への転戦と玉砕

京漢作戦を終えた第六二師団は、翌四四年には六月の米軍サイパン上陸を受けて、サイパン支援のために支那派遣軍から抽出され、河南省開封に集結するが、サイパン玉砕を受けて、七月には沖縄防衛のために編成された台湾軍司令官隷下の第三二軍の戦闘序列に編入される。

　兵団は近く駐屯地を去って、どこかへ移動するといふ噂がひろがりはじめた。南方へ行くといふ者もあれば、満州へ行くといふ者もあった。行き先はわからないが、噂は事実である証拠には荷物が梱包され、部隊にゐた中国人は全部解雇するようにと、そんな命令が次々と出た。兵団は大騒ぎとなった（泰次郎「肉体の悪魔(1)」）。

独歩一四大隊の衛生兵であった大西昇によると、開封集結時には兵士の間に様々なデマが飛び交ったが、結局は〝消耗品〟として南方戦線に送られるのだという結論に達し、遺留品や遺書の整理・発送に連日忙しくしたという(2)。泰次郎「大行《ママ》山の絵」にも京漢作戦の後の開封での集結中に第六二師団が南方に転進するというので、私物品一切を開封から内地へ送ることになったとある。圭川アルバムも四四年の京漢作戦直前で途切れるため、作戦を終えて転進を知らされ、内地の生家宛に慌ただしく発送したのではないかと思われる。師団は古年兵や傷病兵を残置し、陣容を再編する。泰次郎や泉さんを含む大陸残置組はほぼ生還を果たした一方で、圭川を含め沖縄転進組は玉砕。生死の分かれ目となった。これは泰次郎が語る残置組の心境である。

　私たち古年次の者は……大陸へ残つて、内地へ帰還するといふので……そのまま開封に残された。私たちは長年生死を共にして来た人々と別れるのは寂しかつたが、またこれでやうやく五年目に内地へ帰れるといふので、心は有頂天だつた。……

九月の終りになつて、命令は来た。けれどもその命令は帰還の命令ではなく、引続き野戦に勤務せしめるための現地部隊への転属の命令であつた。……そして、私たちは……蒙疆行の貨車に乗せられた。——第六二師団が沖縄に転進したことを風のたよりに聞いたのは、この出発の前後だつた。最前線の現に戦闘してゐる地域へ転進したのではなく、沖縄ならば……さぞいいだらうと自分たちの行先知れぬ運命と比較して、実際私たちは羨んだ。いまとなつては、まつたくへんなものだが(3)。

沖縄に向かった師団は、八月五日、列車で上海に南下、一七日に上海呉淞港を出航する(No.1)。こうして、長く華北の黄土高原を転戦した兵士たちは目的地も知らないまま船上の人となった。石部隊を運んだ輸送船三隻には有名な対馬丸が含まれ、兵士たちを沖縄に運んだ後、沖縄からの疎開児童らを乗せて本土に向かうところを撃沈された(4)。沖縄に着くまでの船旅の様子が大西の手記に見える。

No.1…当時の呉淞港

船に乗って支那沿岸を南へ走る中に夜が明けてきた。入隊以来吾々の住み慣れた支那大陸を右舷に眺め、何かしら嬉しさとも悲しさともつかぬ何物かが私の脳裏を過ぎて行く。だが……あの過ぎし日の苦闘を思ふ時、私達は二度と再び此の地へ来なくてよい様に互に祈り合ふのであった。

船は鏡の如き東支那海を南へ南へと走る。二日目から進路を変へて東に進んで居た。私達はまるで売られて行く奴隷の様に何処へ連れて行かれるのやらさっぱり見当がつかなかった。

比島だと云ひ台湾だと云ひ、色々なうわさ話が船内を賑わした。此の間私達の船のまわりで絶へず敵〝潜水艦〟と我海軍〝駆逐艦〟とが戦闘を交へ、ドードドと無気味な魚雷発射音を感じ乍ら我々は不安と恐怖に明け暮れた。……

約四日間此の敵〝潜水艦〟出没頻《しき》りなる魔の海を渡って吾々はとある沖合に黒い島

らしき物を発見した。

「あゝ——島だ」

と誰かが叫んだ。陸影の恋しさは海の旅をしたもののみがこれを知る。

「どこだどこだ」

と皆甲板へ出て来て其の島に見入った。どんなに嬉しかったか知れない……中略……近づくにつれてそれがきれいな緑の島で人家も多くさん建《た》ち並んで居るのが見えた。皆の胸は喜びに高鳴った。

「こゝはどこだらう」

すると誰が云ふともなしに「沖縄だ」とのことであった。

……きれいな夢の様な島、然も日本の沖縄県へ来たのだ。珊瑚礁に砕け散る白波、すき透る様な海、緑一際こき白砂の海浜、云ひ知れぬ美さが私達の目に映じた。私達ははち切れるような喜びで翌二〇日元気一杯上陸した(5)。


師団は一九日に沖縄本島那覇に入港、翌二〇日に上陸している(6)。石部隊と呼ばれた第六二師団の配置は本島中頭《なかがみ》郡で、独歩一四大隊は仲間以西地区を担当し、仲西、沢岻、伊祖、屋富祖各付近で陣地構築に励んだ。大隊本部は仲西国民学校に置かれた。この時点での圭川の所属は第三二軍第六二師団歩兵第六三旅団独立歩兵第一四大隊機関銃中隊長である。前述したように、生家に残る遺品は沖縄に向けて中国大陸を離れる際に発送されたもので、沖縄到着後については写真や手書きメモなど本人によるものは一切残っていない。次弟圭舟によれば、沖縄へ着いてからもしばしば生家に手紙は来ていたとのことであるが、米軍上陸までの約八か月のことだろう。「内地に来たからいい」「バナナと芋ばかりで下痢している」などとあったという。

現地調査・仲西国民学校跡　二〇〇八年六月二二日、二〇一一年四月二日

始めは現在の仲西小学校を目指す。付近の商店に入って道を尋ねたところ、店主の妻が仲西国民学校の元生徒で、国民学校は戦災で消失し、現在の仲西小学校は戦後に現在の位置に移転して再建されたと教えてくれた。元の地点はそこから数百メートル離れた国道沿いで、現在は公民館などになっているが、跡地であることを示す石碑がある。店主の奥さんから当時の様子を聞くことが出来た（№２）。

№2…当時国民学校生徒だった店主の奥さん（左端）

石部隊は国民学校に駐屯して、建物の一部を使用していた。生徒たちはそのまま通学を続けた。時には先生の指示で訳も分からず土を運んだりした。「戦争」とは何のことか分からなかった。ある日、兵隊さん（シマガミ上等兵）が校舎の窓から呼ぶので行ってみると、竹筒に入った米をくれた。当時、米は貴重品だったから拝むようにして礼を言った。……それから互いに物のやりとりがあって、お付き合いをした。……家族は一〇・一〇空襲からしばらくして、国頭《くにがみ》の方へ疎開した。戦後こちらに戻ってみると辺りは戦災で一変していた。石部隊は他へ行ったと聞いたが、シマガミさんは生きているだろうか？

このように、当時を知る島民は駐留部隊のことを「石部隊」「山部隊」「珠部隊」などと通称号で呼ぶ。次に見る津覇小学校での例も含め、子供でも自分たちが住む地区に駐屯するのが何部隊なのか、よく知っていたようだ。

米軍のフィリピン上陸を受けて、一九四五年二月に在沖縄日本軍の最有力師団であった第九師団が台湾に抽出されると、沖縄防衛態勢の再編が行われ（「解題」№12）、一四大隊の守備地域は本島中部西海岸側から東海岸側へ移り、そこでまた一から陣地構築をやり直すことになった。移動当初の守備範囲は東海岸の屋宜から津覇まで、西端は一三大隊と接しながら屋宜原から西原まで、機関銃中隊は我如古で守備に就いた。大隊本部は当初は津覇国民学校に置かれたと思われるが、二月後半からは南下して西原に移っている(7)。

現地調査・津覇《つは》国民学校跡　二〇〇八年六月二二日

現在は津覇小学校となっている（№３）。戦時中も当時では珍しいコンクリート校舎であった。我々が訪ねた日は小学校が投票

No. 3…津覇国民学校跡（現・津覇小学校）

所となっていて、会場となっていた体育館で選挙監視員の年輩男性と話が出来た。石部隊がこの地に駐屯していて、自宅に二〇名ほどの兵士が宿泊していたと話してくれた。一軒の民家に二〇名という人数に驚いたが、兵士たちは雑魚寝だから使用していたのは二部屋程度だったという。

四月一日、ついに米軍が沖縄本島に上陸する。米軍は本島中部西海岸から上陸し、東海岸まで一気に進んだ後、南下を始めるので、独歩一四大隊は一三大隊と共に戦闘の最前線に立つことになった（解題No.13）。中でも日本軍が「一四二高地」「千原陣地」と呼び、米軍が「Rockycrags」と呼んだ丘の攻防戦は沖縄戦緒戦の大激戦となり、守備に当たった一二、一四大隊の被害は甚大であったが、米軍死傷者は日本軍被害を上回っている可能性もあるという。米軍資料には日本軍の「近接を待って迫撃砲、機関銃の不意急襲」に苦しめられる様子が克明に記録されている。しかし、最終的には地形を変容させるほどの猛烈な火力の投入によって、米軍が陣地を占領する(8)。大西の手記は「機関銃中隊（田宮隊）屍の山」の見出しで、この戦闘の様子を記している。機関銃中隊は第一、第四、第五中隊の戦闘を掩護したが、重火器を所有しているため米軍の激しい砲弾攻撃に曝されていた。

敵は我が重火器の位置を知悉していたので、連日連夜熾烈なる敵砲弾は田宮隊の陣地へ文字通り雨あられの如く注がれた。

……千原の戦線には戦闘の激化を物語る収容仕切れぬ死体が到る所に横たわって居た。凡そ地表のあらゆる植物の緑は其の影すらなく、殺伐たる戦場光景を呈して居た。

……次々に斃れ行く将兵、使用不能になる重機、田宮隊の精鋭の殆どはこの千原の陣地を墓場として痛ましくも壮烈な戦死を遂げ、二十四日には、重機関銃一銃のみ、田宮圭川隊長以下残兵僅か二十数名の哀れな状態になった(9)。

大西は一四大隊各中隊の記録を四月二四日で終えている。四月一日の沖縄戦開戦から第一線に当たった大隊は、二四日夜半、軍司令部から第二線への後退命令を受ける。この時点で大隊は中国山西からの隊員の殆どを失っていた。

現地調査・千原《せんばる》高地（一四二高地・Rocky Crags）二〇〇八年六月二二日、二〇一一年四月二日

琉球大学の西原口から千原口へとキャンパスを抜けて市道に出る。北に傾斜を上がって行くと進行方向左手に坂道の入り口。坂を登ると運動場のように平らになっており、北よりの隅に小さな古墳のような丘がある（口絵45）。この頂上が海抜一四二mである。塹壕をひとつでも見ようとするが茂みが深くて断念する。ここは誰も調べておらず、遺骨収集なども手付かずであるという。丘を降りて車に乗り込もうとして忘れ物に気づく。案内者は「よくあるんですよ。『そんなにさっさと帰らないで』ということじゃないですか」。ペットボトルを持って戻り、丘の前の〝運動場〟に水をまき、多くの死者を思って合掌した。

No. 4…幸地陣地跡

No. 5…発掘された４柱の遺骨

現地調査・幸地陣地跡　二〇一一年四月二日

一帯は斜面にあるため、長年手が着けられていなかったが、町教育委員会が保存と遺骨発掘にようやく着手したところとのことで、壕に続く斜面に足場が組まれていた（口絵44）。斜面にある塹壕のひとつに辿り着くとブルーシートで覆いがしてある。塹壕は隣り合う二つの入り口が内部でコの字型に繋がっている（No.４）。右側の内部に四柱の遺骨。完全な形でうつ伏せになっている。発掘時の状況からの推測では、背面の骨の上に銃弾が複数あったことから背面を撃たれた兵士を収容してこの壕に寝かせた、その際にはまだ生きており、

背面を痛がるためにうつ伏せにした、左側の内部にも一柱遺骨があり、前かがみにしゃがんだ状態で腹部・腰部が砕けた状態だったことから、戦友を収容した後に自決したのではという（№5(10)）。

日本軍の防衛線は多くの犠牲者を出しながらじりじりと南下し、五月一〇日頃には第一軍司令部のある首里に至る。この首里攻防戦では独歩一四大隊は既に戦力の消耗により予備部隊であった。米軍の包囲が迫る中、既に戦力の九割を失っていた第六二師団は首里死守、つまり首里での玉砕を主張したが(11)、第三二軍は首里放棄、南部撤退を二二日に決定する。第六二師団は他部隊の撤退を援護する役回りとなり、独歩一四大隊が首里を出発するのは二八日夜のことである。

東風平《こちんだ》の三叉路は本島北部から南部島尻へ下る際に必ず通る地点で、首里放棄後の南部撤退時（五月二九日前後）には東西の海岸から艦砲射撃が浴びせられ、日本軍だけでなく、多くの避難民が犠牲になった。衛生兵であった大西も南を目指して東風平を抜けた。

〝東風平〟の部落に近くなった。道路には屍体、擱坐《かくざ》された戦車、十五榴(12)（十五センチ榴弾砲）の破壊されたもの、自動車の残骸等、或は重症患者が道路上に横たわって苦しそうな声で「殺せ……」と叫ぶ。これ等の兵隊は私達と同様服はやぶれ泥んこになり、髪や髭はぼう〳〵と延び、ほゝはこけて見るからに哀れな姿の者ばかりであった。片足、片手、失明、両足のないダルマの様な患者が死の直前の苦しいあえぎの中にも、尚も生き抜く努力を続けていた。

……

沖縄住民の死体も数へ切れない程あり、最も悲惨なものは一家族全部戦死の場面であった。弾を受けてから余り時間がたって居ないらしく、その中の一人の子供はウーン〳〵と最後の苦悶を続けて居た。両親及他の二人の子供は完全に死んで居り、矢張りどこかへ避難する途中であったのだらう、鍋釜世帯道具を夫々背負った侭《まま》斃れて居た(13)。

独歩一四大隊は米軍の追撃を迎え撃ちながら南下を続け、六月五日夕に目取真から米須に向けて出発しているから、途中順調に進めなかったとしても、六月六、七日頃には米須に到着したはずである。米須に集結すると他部隊からの編入者

No.6…米須西側陣地跡

も加えて部隊を再編、この時点で独歩一四大隊の兵力は隊長以下五二〇名であった(14)。大隊は米須西側と北側台地を陣地とし、主として海岸線に対して水際作戦を準備すると共に、陸上では真壁方面から南下する米軍に対しても戦闘準備を行う。

現地調査・米須西側陣地　二〇〇八年六月二三日、二〇一一年四月一日

独歩一四大隊の最後の陣地である。〇八年の調査では確証が無く、一一年に沖縄県平和祈念資料館に案内を依頼して再調査した。米須集落の西側に位置し、陣地構築が可能な地点となると他の可能性はないと確認できた。「丘のあちこちに塹壕があるだろうが、誰も調査に入っていない」とのことで、樹木の生い茂る中、遠くから全体像を眺める（No.6）。

〇八年には、泉に降りていくらしい石段の脇から茂みに向かって分け入りやすい筋のような空隙を見つけ、そこから草を掻き分けつつ斜面を登っていくと、自然壕が口を開けていた（口絵46）。数人が身を潜めることが出来るかどうかという狭さであった。この丘には至る所にこのような自然壕があるのだろう。一四大隊は米須に辿り着いた約一〇日後の一七日には八二高地と摩文仁に転進しているから、陣地構築の暇《いとま》は無く、一帯のこのような自然壕を拠点としたものと思われる。

六月一七日、独歩一四大隊は旅団命令により、主力部隊が八二高地、一部が摩文仁に転進する（解題No.15）。圭川は機関銃中隊長として大隊本部と共に八二高地で守備に就いたものとみられる(15)。圭川は沖縄到着後の八月二一日付で機関銃中隊長に任命されている(16)。一四二高地の戦闘で山西からの隊員が全滅に近い状態になり、その後も戦況の悪化の中で部隊再編が繰り返される中、機関銃中隊が存続したのかどうか明確ではないが、一四大隊玉砕直前の六月一九、二〇日の記録に「田宮中隊」が残ることから、最後まで中隊長として戦闘指揮に当たったものと思われる(17)。

一九日朝には米軍の攻撃が及び、「(二〇日夕刻には) 大隊モ亦各隊四《ママ》離滅裂トナリ、残存者僅カ(18)トナレリ。同夜

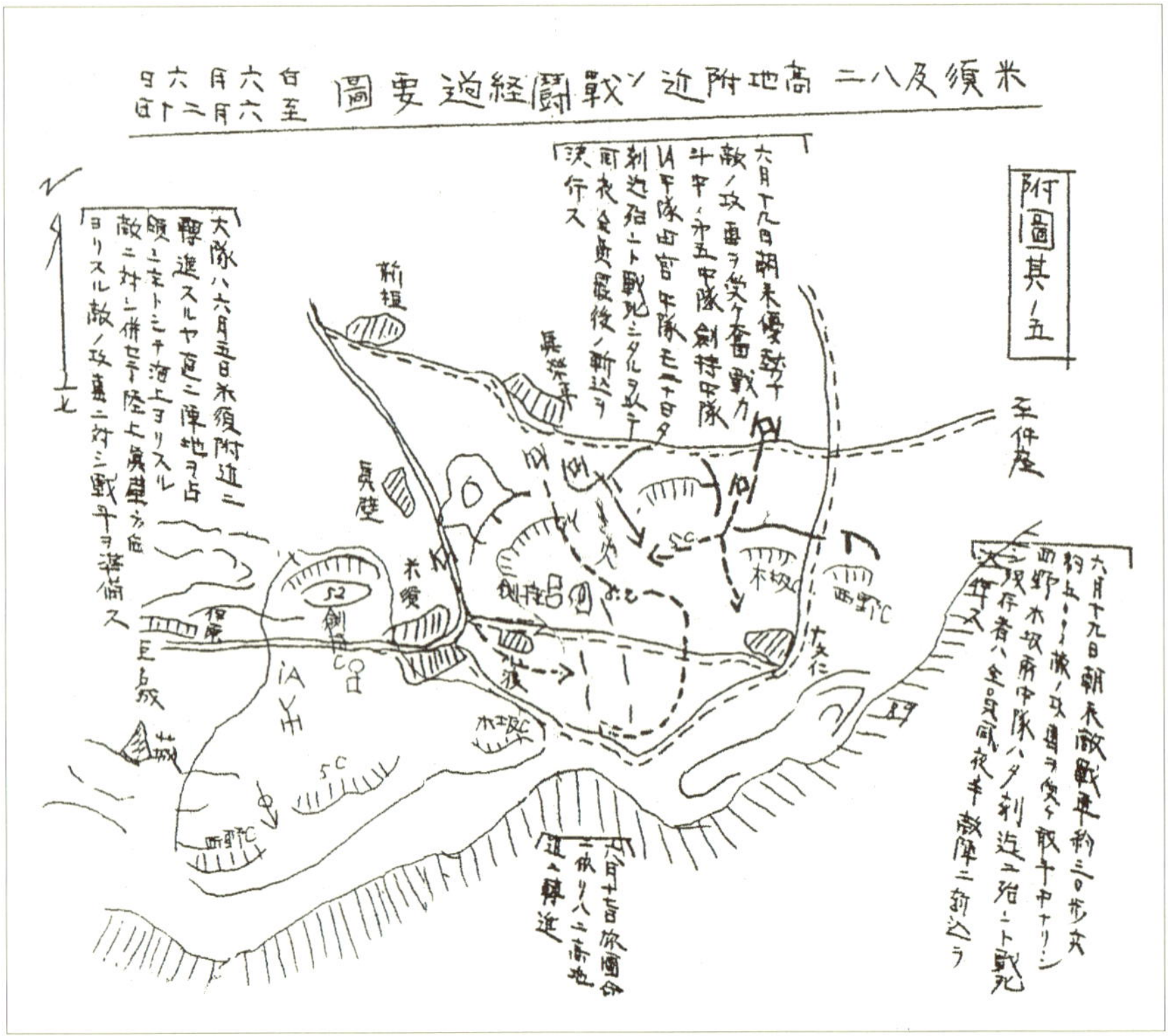

No.7…「米須及八二高地付近ノ戦闘経過要図」

半大隊ハ師団命令ニ依リ残存者ヲ以テ二、三名ノ組ヲ編成逐次全員敵陣ニ斬込ヲ決行ス(19)」「田宮中隊モ二十日夕刻迄殆ント戦死シタルヲ以テ同夜全員最後ノ斬込ヲ決行ス(20)」。独歩一四大隊は八二高地一帯で「組織的戦闘」を終了、二〇日には玉砕したことになる。

現地調査・八二高地　二〇〇八年六月二三日、二〇一一年四月一日

米須から摩文仁に向かう道路の中間あたり、進行方向左手に少し入った海抜八二mの丘である。一一年の再調査で、旧日本軍資料と当時の地図を照らし合わせ、GPSを活用して地点を特定した。戦後に土地が削られ、今ではもはや海抜八二の高度は無い。口絵48画面奥右半分に削られた断面が見える。画面奥中央辺りが元の八二ポイント。この一帯が独歩一四大隊玉砕の地である。

沖縄戦最終盤における圭川について、証

言して下さる方があった。松浦粂松さん。山西で圭川の当番兵を務めた時期があり、沖縄でも玉砕まで田宮中隊所属であった。戦後五〇年たった一九九四年時点で戦友会では中隊唯一の生き残りと言われていた。高齢や歳月の経過のため、日付や人数、地名など細部は正確さを欠くのではと思われるが、現場を知る証言は貴重である。

沖縄に着いた時、田宮隊は一四八人。摩文仁（筆者注：八二高地を指すか?）に着いたのが六月一四日。其の時は八、九人。六月一八日米軍戦車が丘を上がってきた。二一日から攻撃開始。戦車は七〇mくらいのところまで来た。夜八時半ごろ、中隊長が「擲弾筒を打ち込め」と言った。一発打ったらどれだけお返しが来るか分らない。しかし、「どうせ死ぬんだから」と三発ぶち込んだら、うまいこと当たった。一発残しておいたのを他の兵が「残してどうするんですか」と聞いたので、「これで一緒に死のう」と言った。しかし、元気のいいのは「国頭まで出て向こうから反転攻勢しよう」という。そこで、洞窟で再編成して、元気のいい兵士二人で外へ出た。……中隊長は二一日の「擲弾筒を打ち込め」と言ったところまでは知っているが、それからどうなったかは分らない。……こちらに戻ってから、中隊長が亡くなったのを聞いて、お寺（筆者注：圭川生家）に墓参りに行った（松浦06・3・18）。

圭川の最後については、出身地である三重県庁の記録には、一九四五年六月二六日「沖縄本島米須方面に於いて戦死[21]」の一四字のみ。この日付が事実であれば、二〇日の「最後ノ斬込」の後も生存し、六月二三日の「組織的戦闘終了」の三日後に戦死したことになる。軍の記録ですら「各隊四離《ママ》滅裂」として二〇日で終わっている中、この戦死記録が何を根拠としたのか不明である[22]。あるいは、泉さん所有の大西回顧録の機関銃中隊の章（前掲）に泉さんによる書き込みがあり、「二〇・六・二六　摩文仁　田宮隊長、佐藤少尉、藤田曹長、三重の塔のうらの壕にて自決の由」とある。これも松浦さんからの伝聞に拠ると思われる。歳月の経過により生還者の記憶には揺れがあるが、何らかの根拠があったものかも知れない[23]。ともかく八二高地は米須と摩文仁の丘を結ぶ線の中間にあり、この二地点が徒歩でも半時間と掛からない位に近接している。圭川が二〇日から二六日にかけて、この一帯で最後を迎えたのは確かなようだ。

圭川の「戦死公報」が生家に届いたのは戦後もしばらく経ってからだった。入営した久居の連隊に遺骨を取りに来るようにという通知があり、長弟圭道と檀家総代が二人で出かけ、圭道が白い布で木箱を首に下げて帰ってきた。入っていたのは名前と階級が書かれた紙切れ一枚であったと言う。圭川は独身のまま戦死した。次弟圭舟によれば、中国から親許に手紙を寄こして、ある女性と結婚したいと伝えて来たことがあったという。相手は居留民か軍属か、当時中国に居た日本女性だったらしい。送られてきた写真には大病を患ったことがあるということで、病弱そうな白い服の全身が写っていた。「式を挙げるために帰国することが出来る」とも書いてあったというが、親は賛成しなかったようだ。戦死した場合の後事を心配したのではないかと言う。

No.8…圭川自決の場所として案内されたガマ。長弟圭道が遺骨代わりにガマの石を拾う。

沖縄戦独歩一四大隊三重県戦没者五〇回忌法要　一九九四年三月二日

「終戦」五〇周年に当たる一九九四年、独歩一四大隊三重県戦没者の五〇回忌法要を沖縄で行うために、圭川の次弟圭舟に法要の依頼があり、圭川の他の弟妹も同行して、戦後初めて圭川の終焉の地を訪ねた。三重の塔（平和祈念公園）前での法要（口絵47：左寄り中央の司会者が山本泉さん。中央の法衣姿は圭舟）の後、沖縄戦最終盤まで行動を共にした松浦粂松さんの先導で、塔の裏手に回り、足元の悪い茂みの中を転んだり足を引掻いたりしながら一〇分程度歩いて、圭川が自決したというガマに案内された。足を踏み入れるとすぐに行き止まりで、大人数名が座るのがやっと程度の広さだった。郷里の水や供物を供え、僧侶である次弟圭舟が読経し、長弟圭道が遺骨代わりにとガマの石を拾った（No.8）。

以上、その三〇年の生涯を時代の中に置いて眺めてみると、圭川が生まれたのは、日本が対華二十一か条要求を中国に突きつけた年であり、満州事変の年に一六歳、盧溝橋事件の年には二二歳、第二次世界大戦勃発の年に入営し、中国戦線を経て、終戦の年に沖縄で玉砕している。日本が対外拡張政策をエスカレートさせていく中で成長し、後戻りできない道を戦時体制へと向かって行く中で人格形成を遂げ、気力体力の最も充実する青年期には軍人として「支那事変」および「大東亜戦争」の遂行に力を尽くした。最後は日本が引き起こした戦争によって日本が被ることになった痛手の最悪のケースの一つである沖縄戦でその惨状を身を以て味わい、三〇歳の誕生日に戦死した。手榴弾で自決したと伝わるが、大日本帝国の破産を身を以て象徴するかのような人生である。

本書に現れるのはおもに軍人としての姿であるが、大学での専攻やその後の進路を見れば、この青年はもともと軍人を志していた訳ではない。大学時代の受講ノートには小さな字で丁寧な筆記がされており、裏面に残る細かな出納記録からも几帳面な性格が窺われた。平和の時代であれば、教員として僧侶として、平凡な人生を気まじめに生きたことだろう。本書では彼は軍服姿で登場することが多いが、中には新米教員時代のスーツ姿もある（164頁）。まだ初々しいスーツ姿にこの青年に本来あったはずの人生を思う。

〔注〕

（1）田村泰次郎「肉体の悪魔」『田村泰次郎選集』第2巻、秦昌弘・尾西康充編、日本図書センター、二〇〇五年、一一八頁。

（2）大西昇『沖縄戦記　石部隊の部』昭和五三年（個人出版）、二一頁。また、独歩一三大隊兵士であった近藤一は上海を立つ際に形見として爪と髪を切って封筒に入れさせられたが、戦後帰宅してみると何も届いていなかった、という。内海愛子・石田米子・加藤修弘編『ある日本兵の二つの戦場　近藤一の終わらない戦争』社会評論社、二〇〇五年、九二頁。

（3）田村泰次郎「大行山の絵」『田村泰次郎選集』第2巻、秦・尾西、二一六～二一七頁。

（4）独歩一四大隊を運んだのは和浦丸である。石第三五九五部隊編『部隊歴史』防衛省防衛研究所蔵参照。

（5）大西、前掲書、三～四頁。原文は句読点や改行が独特で読みづらいため、引用に当たっては、読みやすいように最小限度で句読点、改行、ルビを施した。以下、当該文献の引用に当たっては同じ要領で原文に変更がある。

（6）以上の経路はどの史料でも一致するが、日付には史料により若干のずれがある。

（7）この時期の一四大隊の配置について、旅団や大隊の記録は曖昧であるが、一四大隊の『歩兵砲中隊命令録』が残っており、一月二九日付、仲西発の大隊命令で「新防衛地区」に転移。附属地図に示される守備範囲は東海岸の屋宜から津覇まで、西端は一三大隊と接しながら屋宜原、我如古、西原にかけての範囲を各中隊が分担し、機関銃中隊は我如古地区に、大隊本部の印は津覇国民学校に相当する位置にある。元衛生兵大西の手記では仲西から東海岸側に辿り着くと、まず宿舎として津覇国民学校に入っている。大隊命令は二月三日以降しばらくは津覇発で、一五日付から西原発となる。その後、四月二七日に西原を撤退、仲間に移っている。

（8）「一四二高地の戦闘」頁「沖縄戦史：公刊戦史を写真と地図で探る『戦闘戦史』」http://www.okinawa-senshi.com、二〇〇九年作成参照。

（9）大西、前掲書、三九～四二頁。

（10）案内者から遺骨収集にあたるボランティア団体では遺骨の写真が社会的に広く目に触れることを遺骨や死者の霊を遺族の元に帰す機会を増やすという願いから期待すると伺ったため、敢えて遺骨写真を掲載することとした。

（11）第六二師団生存者には、夥しい戦死者や撤退で見捨てた傷病兵への思いと共に、首里死守の主張が強い印象を残していることが多くの体験談や回顧録にみえている。

（12）原文は手偏であるが、内容に鑑み、木偏に改める。

（13）大西、前掲書、八〇頁。

（14）「六、戦闘経過ノ概要其ノ六　自六月六日至六月二十日」第三十二軍残務整理部『沖縄作戦ニ於ケル独立歩兵第十四大隊史実資料』昭和二二年三月二五日（頁番号なし）、防衛省防衛研究所蔵。

（15）八二高地に居た主力部隊としては「本部、剣持中隊、機関銃中隊、歩兵砲中隊」（前掲『大隊史実資料』本文）「第五中隊、剣持中隊、ＩＡ中隊、田宮中隊」（同資料附図五）と記録に揺れがあるが、前者の「機関銃中隊」は後者の「田宮中隊」と考えられる。

（16）215頁注24参照。

（17）大隊は四月二七日の西原撤退後に「機関銃中隊、第三、四中隊」を「田宮中隊」に再編。五月一一日に「機関銃中隊、第一、二中隊及部隊《ママ》及部隊復帰患者ヲ以テ西野中隊トス」とあるため、機関銃中隊は消滅したかと見えるが、六月六日以降、米須での再編では機関銃中隊など三中隊が「新設」され、一九日に西野中隊が玉砕した日に別地点で機関銃中隊（田宮隊）が戦闘している。

（18）「僅少」の可能性も。不鮮明。

（19）「六、戦闘経過ノ概要其ノ六　自六月六日至六月二十日」前掲注14資料（頁番号なし）。

（20）「付図其ノ五　米須及八二高地付近ノ戦闘経過要図　自六月六日至六月二十日」中の手書きの説明文、前掲注14資料（頁番号なし)。

(21) 三重県健康福祉部長名による「軍歴証明」(平成一八年八月二四日発行)。

(22) この日は圭川の三〇歳の誕生日に当たるため、単なるこじつけかもしれない。

(23) 一九九四年に沖縄での慰霊祭で松浦さんに話を伺った際には、最後に圭川を見たのが六月一八日、自分はガマを出て米軍捕虜となり復員したため、その後のことは分からないが、ガマに残った上官四人は手榴弾で自決したのではと話された。

第三章 「北支」占領の内側——時代の論理と個人の意識

仏僧も教員も当時は聖職とされた職業である。その両者であった青年は、また軍人ともなった。当時の日本において、これら三者を一身に務めることに矛盾はなかった。本章では、今日の感覚では不可解な時代の論理とその中に生きた具体的な個人の意識を、本書の主軸となる遺品を遺した圭川を中心として、「遺されたもの」たちから考察する。

1 遺品写真から

アルバム1には入営直後の江南での初年兵期と豊橋陸軍教導学校での幹部候補生訓練期、つまり「北支」派遣前の写真が収められているが、表紙をめくると巻頭は見開き数頁にわたって薄紙を被せた皇族や皇居の写真が続く。筆頭は白馬にまたがった昭和天皇である。その上を被う薄紙には「御颯爽たる御馬上の御勇姿」と印字され、不自然なほど畳用された「御」が時代の雰囲気を伝える(1)。まず、アルバム1から現実の戦場を本格的に体験する前の時点での圭川の従軍への考えや感性を窺ってみる。

二章で見たように、江南での初年兵期の記録は感嘆符を多用した、溌剌とした楽しげな文面で、あたかも学生時代の合宿生活を語るかのようである。教官に対しては「吾等ノ慈母」「吾等の慈父」と慕い、部隊の兵士に対しては「我等」を連発、仲間意識を謳っている。現代人の眼には殺風景で貧弱に見える兵営の内部を語る大仰な口調、入浴や散髪の楽しげな描写……あたかも初年兵時代は懐かしい記念すべきものであったかのようだ。

しかし、戦後発表された体験談に現れる初年兵時代というものは決まって古年兵の苛めに苦しむもので、戦闘より辛いかのような印象さえ受ける。泉アルバムも「苦しかったこと」の筆頭に「一期間の教育・訓練・古兵のビンタ」を挙げている。長弟圭道に聞き取りした際には初年兵訓練について一般的イメージと圭川アルバムの語りとのずれについて繰り返し尋ねたが、その度に「学歴があるから相当やられたはず」と大卒の新兵が苛められた様々なエピソードを話してくれた。ただ、泉アルバムには「MG班は皆あまりやられない（2）」とも書かれている。銃手を主役にした集合写真（199頁）が象徴するように、機関銃隊は現場の兵士たちに依存する比重が相対的に重く、上官と兵の関係も軍隊一般とはやや異なったようだ。圭川はそのMG班ではある。二章でみたように、圭川には克己や鍛錬を好む性向が見られ、その点から軍隊生活に「あるべき生活」を見るといったことがあったかもしれない。その点、一見共通項が多いように見えても、デカダンな都会生活を好んだ泰次郎とは軍隊生活への反応が違うとも考えられる。圭川アルバムの中の初年兵時代の明るさは個別の部隊や個人の特殊なケースなのか、それとも自己規制による偽りなのか。圭川は生きて本音を吐露できる時代を迎えることは無かったからこの疑問は永遠に残る。

No.1…無表情な兵士たち

アルバム5には圭川が教育を担当した初年兵たちと思われる写真が多く残る（No.1他）。左胸に名札と思われる白い布を縫い付け、レンガ壁を背景に三、四人一組で写っており、下部の空白に名前が手書きされている。どれも全く同じ規格の上、撮影場所も同じと思われることから、教育期間に撮ることになっている証明写真の類かもしれない(3)。どの兵士も一様にぼんやりとした暗い表情をしており、アルバム中に登場する中国側の捕虜と見紛うばかりで、その他の写真に登場する、それなりに表情を持った将兵たちとは随分雰囲気が違う。これらの写真を「吾が教え子」(No.2)と題してアルバムに貼り付けた教官にとっては大切な思い出かもしれないが、当の兵士たちにとっての意味はその表情から推して知るべしのようだ。こちらの方が戦後語られた初年兵教育のイメージに近い。

No.2…「吾が教え子」頁

幹部候補生訓練

「回顧!!」(182頁)は、幹部候補生として陸軍教導学校に入学するために中国から一旦帰国する途上であるが、郷里の部隊への入営から一年に満たない軍隊生活での昇進の記録を事細かに列記している。それらは淡々とした筆致ではあるが、幹部候補生合格について記した「突如甲幹(4)発表サル」「第一機関銃中隊ヨリ選バレシ」といった表現に気負いが滲む。幹部候補生試験については、次弟圭舟は旧制中学卒業以上の人間は受けるのが暗黙の了解だったという。士官学校出の元将校も、「大体みな受ける。……特別な意識から『俺は受けないで兵隊でいるんだ』と頑張る人もいたかもしれないが、一般的には兵隊より将校になりたい」と話す(伊東09・6・14)。一方で、泰次郎は「一日でも早く、召集解除になりたくて、幹部候補生を志願しなかった(5)」。他の回想記を見ても受験を固辞する兵士は時に居たようだ。必ずしも誰もが望んだ訳ではなかったし、受けないという選択も可能であったことが分かるが、圭川にあってはさしずめ男子の本懐といった様子である。

陸軍教導学校時代のアルバムについては既に見たが(二章4節)、対戦車肉薄攻撃訓練の写真に「肉薄攻撃ノ動作　沈

著　剛膽　独断　犠牲的精神」、射撃訓練には「射撃!!　機関銃ノ生命ハ射撃ナリ　必中無故障主義!!」、爆撃機の写真には「重慶爆撃ニ向フ新鋭爆撃機」などと添書している。武力行使についての意識はあくまで明朗快活で、戦場での試練や自己鍛錬に感じる緊張を伴った期待、新型兵器による国威発揚の喜びなど、いかにも青年将校といった口吻である。現実の戦場を本格的に経験する前とはいえ、仏僧であることと、武力行使が目的とする破壊や殺傷に矛盾を感じない様子は不可思議である。

「北支」戦線にて

ここからは、その他のアルバムから「北支」派遣後を見てみる。戦場の現実の中でその意識には変化が現れるだろうか。双眼鏡を首にかけて高台から周囲を見渡すポーズに「遥か敵を睨んで」「僕ノ勇姿」（No.3）、入浴後の褌姿には「サー来たれ　この太った身体を見よ」とある（No.4）。これらは「北支」派遣二年目に当たる一九四三年頃、山西の駐屯地での撮影と見られる。軍隊生活や武力行使への疑問や苦痛が潜んでいないかと探してみたが、これらの写真や添書は戦闘意欲や敵愾心を示すばかりである（6）。視察先で集落を見下ろす後姿（裏表紙上）には「説明ヲ聞ク我輩」と裏書している。大

No.3…「僕ノ勇姿」

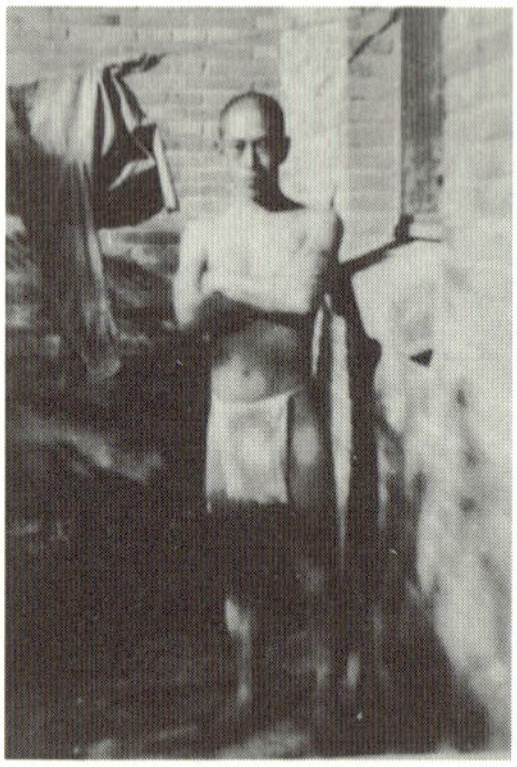

No.4…「サー来たれ」

No.5…兵営内の郵便ポスト

陸を駆ける馬賊になぞらえでもするのか、他者の地を征服していることにロマンを感じるかのようだ。

写真裏書には、年月日や場面の説明と共に「〇〇隊」「〇〇少尉」などと自分の所属や階級を書込んだものが多い。「たみやたい」と書かれた表札の前での記念撮影（No.12）や隊名が入った郵便ポストの写真（No.5）も残る。中尉になった頃には自分のバストショットに「中尉になって真面目な顔」と裏書。次弟圭舟は生家に届いた手紙に「中尉になって貫禄が着いたかな」云々とあったことを覚えている。軍隊で認められ、より重い責任を担うようになっていくことに晴れがましさを感じていたようだ。しかし、客観的に見れば、周囲の将兵たちの中で圭川は一際小柄で痩せており、いわゆる小兵といった印象で、甲種合格が不思議なくらいである（No.6左端）。軍刀は特別に短めのものをあつらえていたともいう（次弟圭舟談）(7)。

No.6…居並ぶ将校たち（左端が圭川）

戦地の〝日常〟

『事変写真帖』の印刷された頁の裏面にはびっしりと個人写真が貼り付けられている（No.7他計七頁）。一枚は一辺が三センチほどの小さな写真である。一連の写真の多くが一九四三年九月一〇日、陽泉の旅団教育隊で撮影されたものと思われる(8)。兵舎の前で腕組みする一枚には「オーイ　写真屋　コノポーズを一つ撮ってくれ」とあり、カメラマンを従えての撮影大会である。「あーいい気持ち　秋の大気をうんと吸いて　どれ一服」（No.8）では野原で胡坐をかく。背景は兵舎のように見える。次は野原に寝そべって「秋の空をながめて　一寸昼寝」。後姿を撮らせて、「秋の漫歩……誰も話し相手は居らぬかなー」（No.9）。これらは戦地という非日常の中の日常である。アルバムには自室で酒を飲んだり、草むらに寝転んだり、兵舎の内外で寛ぐ多くの写真が堂々と張られている。「此の御

No.7…『事変写真帖』個人写真の頁

No.8…「あーいい気持ち　秋の大気をうんと吸いて」

No.9…「誰も話し相手は居らぬかなー」

No.10…「此の御馳走を見て下さい」

馳走を見て下さい。大きな〝すし〟でせう。而し絶対食えないものです」（No.10）と食堂のサンプルまで登場する。このように写真に添えられる台詞は、三国同盟の一角イタリアが降伏し、米英中カイロ会談を目前にしている四三年秋の世界情勢とはまるで無関係に、しごく暢気で、また当時の青年の気風なのか、やや自己陶酔的な気分もある。「戦地の日常」は戦後の戦時イメージの大きな空白部分である。

教育隊

「北支派遣石第三五九一部隊教育隊」（202頁No.13）は陽泉の旅団司令部での集合写真（196頁）と同じような大判で、旅団配布の可能性が高い。二列目中央に将校が四人、圭川はその右から二人めである。兵士は約一七〇名。No.11「教育隊表玄関」では正面部分の造形が良く分かる。圭川アルバムにはこの特徴的な建物を背景にした写真が数多く残る。「旅団幹候下士候教育隊教育要員」の期間である。圭川は陽泉のどこで任務に就いていたのだろうか？　泉さんはこの建物に「旅団本部」と添書しているが、現地で確認した司令部は市街地の中にあり、しかも四合院様式である（208頁）。No.11の洋式建築やNo.8や9の周囲が開けた様子とは異なる。

圭川がこの建物の正門前で残した北支最後の一枚（204頁）は裏書に「於石第三五九一部隊田宮隊」とある。石第三五九一部隊とは歩兵第六三旅団司令部のことである。しかし、表札は「石第三五九五部隊」と読める。「独立歩兵第一四大隊」のことである(9)。また、写真の前後関係や細部の一致からこの建物の一部と分かるNo.12には「たみやたい」とある。以上から、202頁No.13に写る将校四人で約一七〇名の兵士を分担し、一隊四、五〇人を教育した、歩兵第六三旅団司令部には第一一～一四まで大隊が四つあるから、大隊ごとに教育隊を設け、圭川が第一四大隊の教育要員であったと推論できる。

No.11…教育隊表玄関

No.12…「たみやたい」

しかし、ここは一体どこなのだろうか？　陽泉に日本軍が置いた代表的な施設として現地で知られているのは「司令部」の他には、市街の東西に置いた兵営で、それぞれ「東営盤」「西営盤」と呼ばれている（「営盤」とは中国語で「兵営」のこと）。「東営盤」は既に見た（210頁）。一方、「西営盤」は現地の資料によると、元は閻錫山軍の砲兵団駐屯地で「大営盤」と呼ばれていたが、日本軍による接収後は（陽泉市街の東西にそれぞれ兵営を置いたためか）「西営盤」と呼ばれるようになった。ここに駐屯したのは三五九五部隊（独歩一四大隊）であった(10)。敷地は現在の糧食局から陽泉賓館まであったというから(11)、地図で見ると三ブロックはあり、大変広大なものである。その位置は「陽泉市街図」（208頁）の北西、陽泉鉄廠の西隣に「歩兵兵舎」「砲兵兵舎」「工兵兵舎」が並ぶ位置に重なる。桃河の北岸にあり、当時は郊外で、広い敷地の確保が可能だっただろう。「市街図」原図を描いた坂上は「兵舎の裏山は山西特有の一〇メートルほどの断崖」だったと懐古しているが(12)、No.8を見るとまさしくそうである。つまり、旅団司令部教育隊は旅団兵営に置かれており、それは現地で「西営盤」と呼ばれたと分かる。一九四三年九月一〇日、陽泉の旅団教育隊撮影の「戦地の日常」写真群は「西営盤」での様子を写したものだったのである。すると、裏書が無いが、同じように断崖を背景として、№８の平屋（兵舎か武器庫？）を近撮したような№13や山砲らしきが写る№14など、連続する写真群は教育隊が置かれた「西営盤」内部を写したものと見てまず間違いないようだ。

№13…西営盤内部（兵舎か武器庫？）

№14…西営盤内部（山砲）

兵営の中で

兵営の中では下級将校も自室を持っていたようだ。№15は「我ガ私室ニテ　ランプノ下ニテ執務中」。一九四二年一二月の撮影であること、泉アルバムの圭川特集頁に同じ写真があるため泉さん撮影であるはずであることから、盂県城の第四中隊兵舎内と思われる。この時点では少尉で小

№15…「ランプノ下ニテ執務中」

隊長である。添書は「ランプ引寄せ　故郷へ　書いて又消す　戦地の便り」と続く。背景に見える写真は戦地から妹の不美に届いた便りに「父母の写真を机上に置いて毎日ながめて居る」とあることから両親の写真だろうか。仏像らしきものも見える。その後ろには津田兵団長の書が貼られている。「僕の部屋にて」と題された一枚は四三年一〇月撮影のため、陽泉の旅団兵営内のはずであるが、畳んだ布団が見えることから、個室で起居したようだ。この時は中尉になっている。「支那ニテ」（No.16）は撮影日時が不明であるため、盂県か陽泉か特定できないが、兵営内の自室のようだ。「北支」期では珍しい私服姿である。食事は当番兵が運んで来るものを自室で摂ったようだ（No.10）。自室では酒を飲んだり、散髪したりと寛いでいる。「僕の部屋　〝一寸一服〟」（No.17）と連続する一枚はグラス片手に「一寸一杯美味い、」。上半身裸の背中（No.18）は添書や裏書がないが、次弟圭舟によると八路軍との戦闘で負傷した傷跡を写したものという。

ところで、No.17、18には異なったアングルからの自室の壁面が写っており、同じ標語が張られているのが見える。それらを拡大して突き合わせるとほぼ「対民（?）軍紀標語　焼カズ、犯サズ、殺サズ　……

No.16…「支那ニテ」

No.17…「僕の部屋〝一寸一服〟」

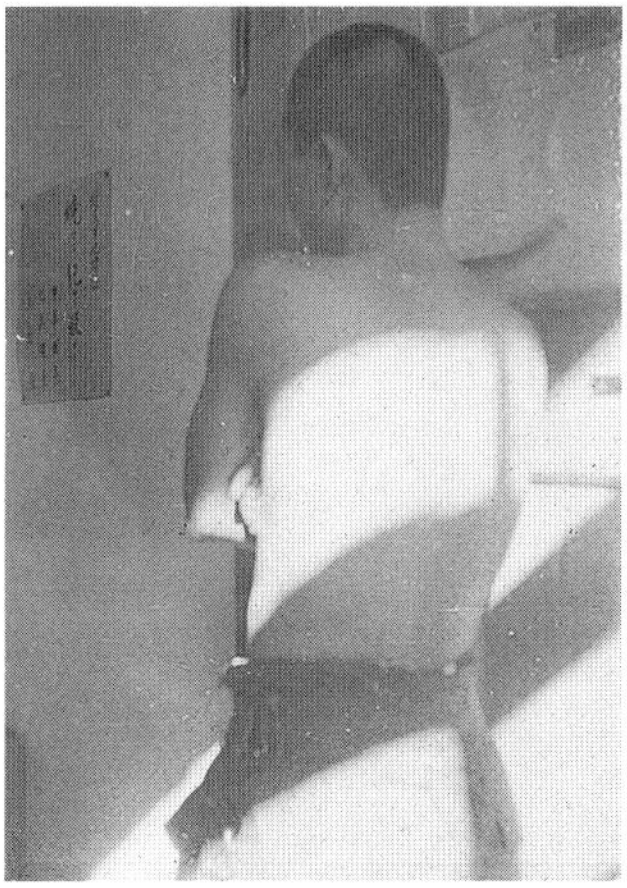

No.18…「自室にて」

兵団長」とあるのが判読できる。この「三戒」標語については解題「〝三戒〟と〝三光〟と〝燼滅〟」（311頁）に詳しいが、圭川はこの軍紀標語を少なくとも自室の壁の二面に貼り出していることが分かる。

撮影大会

圭川はかなりの写真好きで記録魔だったようだ。大学時代以降大量の写真を撮影しており、それらを整理してアルバムを作り、熱心に書込みをしている。「北支」期はさすがに思うようには撮影できなかったと見え、撮影日時に間断があるが、カメラがあると集中的に撮影したらしく、あたかも撮影大会のように同じ日に同じ地点で衣装や小道具を替えて撮られた写真が残る。上述した「戦地の日常」写真の多くが一九四三年九月に集中的に撮影され、特に九月一〇日にはおよそ一〇数ショットを兵営の内外で撮影している(13)。他には、日本から山西に到着して間も無い一九四二年三月八日に衣装や小道具を取り替えて三枚。圭川は日直である（196頁）。その年の一〇月二六日にも同日撮影と推定できる二枚を含めた九ショットを撮影。確認できるだけで四回衣装を換えている。四三年一月二四日の日直にも乾燥した山西では珍しかったであろう雪降りの日に乗馬姿や防寒着を着込んだ姿を計五枚撮影している。日直であることとカメラへのアクセスには何か関係があるようだ。

こうして見て来ると、この人物の写真好きを改めて感じさせられるが、写真とその添書を合わせてみていくと、やや自己陶酔的なロマンティストぶりも感じられる。No.9など「誰も話し相手は居らぬかなー」という裏書もさることながら、後姿を撮らせているところにナルシスティックな印象も受ける。ランプの元で故郷に便りを書くというNo.15にしても、卓上や背景を撮影のために整えた気配があり、学生時代の下宿先での文机前の一枚（163頁）を思い起こさせる。更に「ランプ云々」と言いながら、光線の具合からは昼間に撮ったもののようにも見える。おそらく数多く現像したのだろう、二冊のアルバムにまたがって計四枚のプリントが残る。その全てに年月日や住所氏名に続いて、上記とほぼ同じ内容の長い裏書が書き込まれている。

しかし、戦地での肖像写真の多くは、裏に自身の住所と名前などが書かれており、また戦地からの手紙には写真を同封する例が目立つ(14)。戦死を念頭にこうした写真を近親者に送っておく、あるいは所持する習慣があったのかもしれない。これまで見た戦地での記念撮影や肖像写真の数々にも、単なる写真好きやナルシシズムだけでなく、常に死を意識せざるを得ない戦地での、記録への切迫した執着をみるべきなのかもしれない(15)。

[注]

(1)皇族写真を被う薄紙には全て「宮内庁御貸下」と印字されている。

(2)泉アルバム1『北支将兵』添書「苦しかったこと:一期間の教育・訓練・古兵のビンタ。MG班は皆あまりやられないが、他の班はよくやられてた。古兵になってから、毎年新兵は三重県出身者で、私的制裁やったことない、大事にする」。

(3)盂県城で「補充兵教育」を担当した時期の教え子か、兵士としては年齢が高い。

(4)「甲種幹部候補生」のこと。

(5)田村泰次郎『わが文壇青春記』一九六三年、新潮社、一八五頁。尾西康充『田村泰次郎の戦争文学——中国山西省での従軍体験から』笠間書院、二〇〇八年、一五頁所収。

(6)とはいえ、当時の新聞記事は、たとえば満州事変で戦死した兵士を「『支那人の首を土産にする』と頗る元気で出発」という見出しで紹介する(矢野敬一『慰霊・追悼・顕彰の近代』吉川弘文館、二〇〇六年、五八頁)。当時は好ましいエピソードであった。その中で圭川の文にはここまで粗暴な敵愾心は現れない。

(7)また、元部下の方々の口から出る圭川の人物評は「大人しい人」「ひとの前に出ない人」「僕らと話す時もまともに顔見てよう話が出来ん」「兵隊が飼っていた鶏をつぶそうとするのを可哀相がって『やめておけ』と言った。あんな人がよく兵隊をやれたもの」など気弱な印象である。

(8)「昭和十八年九月十日」と撮影日が明確に記されるものだけで一一ショットあるが、全てにプリントが複数あり、同一の写真に「昭和十八年九月初旬」「(同)九月中旬」などと記されている場合がある。このため、上記一一ショット以外にも、同じ服装での兵営周辺での写真で「九月初旬」「中旬」などと記されているものも「九月十日」撮影である可能性がある。また、裏書に登場する所属は「石第三五九一部隊教育隊」「石三五九一部隊田宮隊」の二通りある。「第三五九一部隊」とは「歩兵第六三旅団司令部」のことである。「教育隊」には「田宮隊」以外を含む可能性があるが、「田宮隊」が「教育隊」であることは確かなようだ。

（9）集合写真（202頁No.13）も「北支派遣石第三五九一部隊教育隊」と旅団教育隊全体であるのに、なぜ正門表札は大隊名なのかに疑問が残る。
（10）李慶祥他「日軍侵占陽泉始末」中国人民政治協商会議陽泉市委員会文史資料研究委員会編『抗日戦争専集』『陽泉文史資料』第三輯、一九八五年、三頁。
（11）以上、「西営盤」については、関海昌「日寇占領陽泉時期的回憶」中国人民政治協商会議陽泉市委員会文史資料研究委員会編『抗日戦争専集』『陽泉文史資料』第三輯、一九八五年、一二～一六頁参照。
（12）坂上登「百団大戦を回顧して」『独旅』一六号、昭和五六年、三五頁。
（13）九月一〇日の撮影大会については前掲注8参照。裏書から確定できるものだけで計一一ショットあり、強く推測できるものを含めると更に五ショット増える。
（14）圭川のものでは203頁の例。
（15）また、当時、写真の普及は始まったばかりで、社会生活一般においても写真が持つ意味は現在に比べて格段に重かったであろう。魯迅の小説「藤野先生」では、別れの挨拶に来た魯迅に先生が自身の肖像写真の裏面に「惜別」と書いて贈る。似たようなシーンが二〇世紀前半の文学作品にしばしば登場するが、多くは別れ際に、無事を知らせるなど、人生において何かしら劇的な場面である。

2　従軍記念品から

ここまで見てきたアルバムを始め、勲章や感状など、遺品の多くは軍から支給された従軍の記念品である。従軍を記念する、戦場の土産を持って故郷に錦を飾る……この「実相」も戦後の戦時イメージからは完全に欠落している一面である。

従軍記念写真集

アルバム３『支那事変記念写真帖』はＢ４版ほどの大判。表紙には「支那事変記念写真帖」「皇紀二千六百年」と大書され、山西の巍巍たる山脈を髣髴とさせる絵があしらわれている（No.１）。印刷頁の前半は「司令部」「砲兵隊」「通信隊」……と軍の各機構を写真をふんだんに使って紹介。後半は軍事行動の全過程を紹介するものと思われ、「戦闘の準備」「行軍」「戦闘」「占領」「入城」「駐屯」「慰問」「宣撫工作」「建設」「偉業の完成」の項目が立てられている（口絵22～25）。これらも豊富に写真を使用している。どの範囲までに支給されたものか不明であるが、かなりの制作費をかけたものと思われる。奥付には「昭和十五年五月（非売品）」とある。圭川は印刷頁の裏面に従軍中の個人写真をびっしりと貼り付けている（238頁）。

No. 1…『支那事変記念写真帖』

No. 2…『支那事変記念写真帖』

アルバム４『支那事変記念写真帖』は一九四一（昭一六）年八月一五日発行。盧

No.3…『支那事変記念写真帳』「漢口陥落祝賀」頁

溝橋事件勃発四周年を記念して発行された中部第三八部隊（圭川の入隊部隊）の記念品である（No.2）。伊勢神宮の宇治橋と思われる橋に桜と陸軍の星をあしらった表紙に始まり、桜花と部隊の進軍歌、菊花と部隊正門と部隊旗……と続いていく。記念品らしく文化符号満載のこれらの頁で幕を開けると、慰霊祭の写真に続いて、全二〇頁にわたり約一千名の戦死者の遺影が出身地ごとに延々と続く。遺影頁がようやく尽きると、後半は部隊が参加した作戦過程を紹介する写真集となる。部隊は上海派遣軍に編入され、南京攻略戦に参加、徐州作戦、漢口攻略戦ののち帰還している。徐州や漢口の陥落を祝う地元の祝賀行事（No.3）や南京郊外の紫金山頂占領の記念塔（No.4）など、郷土部隊の活躍とそれに歓呼の声を送る地域社会という構図になっている。巻末の編纂記は写真とはまた異なった生々しさをもって時代の空気を伝える。

No.4…南京攻略戦の記念塔

想ヒ起セバ今ハ四歳ノ昔、昭和十二年霽《は》レ渡ツタ盛夏ノ一夜動員下令ノ快報ニ日夜脾肉ノ歎ヲ託《かこ》ツテヰタ我々ハ快哉ヲ叫ビ好機至レリト雀躍シタ。

歓喜ノ緊張ト繁忙ノ幾日カハ瞬ク間ニ過ギ、胸躍ル感激ノ裏ニ大君ノ醜《しこ》ノ御楯《みたて》ト勇躍征途ニ上ツタ我等ハ爾来年ヲ閲スルコト二星霜、光輝アル軍旗ノモトニ馳駆スル戦跡幾千里此ノ間櫛風沐雨アラユル困苦ニ打チ勝チ克ク剣電弾雨ニ屈セス幾度カ生死ノ巷ニ曝サレナガラモ只管大任ノ重キヲ深ク銘肝シ赫々タル伝統ニ必勝ヲ誓ツテ闘ツテキタ。

是ノ戦場情景ノ思出ハ永ヘニ脳裏ヲ去リ得ナイデアラウ深刻ナル印象ト無限ノ憧憬トヲ我等ニ与ヘルニ十分デアツタ、散弾雨ト飛ブ中ニ味ハツタ亡キ友ノ弔合戦ノ痛快サ、……中略……敵ノ首都南京城頭ニ輝イタ日章旗ヲ仰イダアノ感激……中略……巍々タル山岳ヲ攀ヂテ屠《ほふ》ツタ敵陣ノ数々……中略……熱誠溢レル銃後ノ後援、総テガ今ハ唯懐シイ思出ノ一ツ一ツトシテ我等ノ胸ニ生々シク甦ヘツテクル……中略……今ハ共ニ語リ共ニ喜ブヲ得ナイ亡キ幾多戦友ノ俤ヲ偲ビ偉勲ヲ称ヘ謹ミテ靖国神社ヲ遥ニ拝シソノ冥福ヲ祈ツテ已マナイ。……後略……

昭和十六年七月七日(1)

盧溝橋事件の勃発は思わず躍り上がって喜んだ「好機」であり、中国への出征は天皇のために戦う「歓喜の緊張」「胸躍る感激」のうちに、「勇躍」つまり喜び勇んで出かける「征途」、つまり征伐であった。戦場の苦しさも語られるが、それらは「無限の憧憬」と「感激」を与えるものであって、「総てが今はただ懐かしい」と回顧されている。

また、表紙に「回顧」の文字と中国式城門の前で銃剣を構える兵士の絵を配した絵葉書帖（アルバム7）もある。扉頁には「この絵葉書帖は国民の熱誠を込めた恤兵《じゅっぺい》寄付金を以て調整したものでありますから、従軍の思ひ出となりますように利用されることを希望致します。昭和十六年七月支那事変第四週年記念」とある。これも先ほどのアルバム4と同じく、盧溝橋事件勃発四周年の記念品である。圭川の場合、「従軍の思ひ出」は何だったのかというと、全篇がタバコパッケージのコレクションである（口絵50）。パッケージの表裏・側面を丁寧に切張りしており、コレクターの熱意が感じられる。パッケージに印刷された地名は上海などもあるが、青島、太原、天津、北京……と「北支」が主のようだ。中には朝鮮総督府専売局発行の「かちどき」や「みどり」もある。「みどり」には「皇道宣揚」のスローガンが入っている。コレクションにはなぜか〝敵国〟米英資本のパッケージが多い。デザインや色彩の華やかさに経済力の違いが鮮やかに現れている。

圭川アルバムには「太原ニ出張シテ求ム」と書き込まれた写真もあり（後述）、当時土産として写真が売られていたことが分かる。万里の長城の俯瞰ショットなど被写体や撮影状況から土産写真と推察されるものがあるが、プリントの体裁は一般の写真と違いがないため、それと判別できないものの中にも購入された写真があるかも知れない。被写体は、大きなさそり（No.5）や摩訶不思議な行商など、日本人にとってもの珍しい異国情緒漂う風物を捉えたと思われるもの、万里の長城（No.6）や雲崗と思われる石窟など「北支」の有名な地点を捉えた観光土産的なものも少なくないが、駐屯地を紹介するもの(2)や更には現地の破壊された様子と日本軍のプレゼンスを捉える〝従軍土産〟独特の写真がある。

例えば口絵49はアルバム5のある一頁をそのまま再現したものであるが、四枚のうち一枚に太原で購入したと書かれていること、大都市を思わせる城壁や城門から全て太原を写したものかもしれない。まず、頁左上には城楼と城壁が写る。かなり傷んでいるが、砲撃や銃撃によるものかどうかは判然としない。城門左側に「味の素(3)」の広告が見える。城門の左右に同じ図柄のポスター状のものが二枚ずつ張ってある。日本軍の宣撫か、それとも抗日の呼びかけの名残か。右隣は塔の前の日本軍。日の丸や鉄兜などからこの

No.5…巨大サソリ（絵葉書か土産写真）

No.6…万里の長城・娘子関（土産写真）

地点を制圧した直後の記念撮影だろうか。兵士たちの表情には笑みが見える。中央の将校が片手を軍刀に置き、もう一方の手で遠くを指差す様子は仙人村での「説明ヲ聞ク我輩」（裏表紙上）を想起させる。中段には、城門で銃剣を構えて立哨する兵士が見える。左下は写真の余白に「昭和十七年八月十九日　……太原ニ出張シテ求ム」と書き込まれている。重厚な城壁の随所に砲撃の痕らしい穴が開き、その上に銃剣を構えた兵士が立ち、背景には城楼が霞む。舞台の重厚さに比しての兵士の小ささに中国を占領する日本の感慨が漂うようだ。

絵葉書

アルバム11を中心に中国を題材にした絵葉書も残る（口絵51）。「徐州迎春橋」「天津鵜飼風景」など中国各地の風景を旅情漂わせて描くもの、「東亜的水彩風俗片（4）」と銘打つ中国風俗シリーズなど、土産用絵葉書の定番的なものが多いが、そんな中にも日本軍のプレゼンスを描き入れたものがある。「西郭祠浜」は小さな集落に洗濯する人影と洗濯物が見え、のどかな風景だが、右手奥に日の丸が翻り、左手前には軍刀を手にした将校が腰掛けている。「山西省　太原平野にて」では枯れた木立の中を銃を背負った騎馬の日本兵が三名駆けて行く。「警戒」では日の丸を前に銃剣を挿した状態とみえる銃を構えて兵士が立哨する。また、日の丸や旭日旗を手に微笑む舞妓や、富士山を背に日の丸をあしらった姉さん被りに赤い襷がけの女性が鍬を担ぐ「武運長久」などの絵葉書は「内地」から戦地に銃後の声援を伝えるべく送られたものであろうか。

勲章および感状

圭川の生家には戦死後に授与されたものも含め、従軍に対しての勲章や賞状類が残っている。日中戦争従軍記念に当たる「支那事変従軍記章」は入隊してわずか四か月の一九四〇（昭一五）年四月に授与されている。黒い箱に納まった記章は軍旗を鷲掴みにする八咫烏《やたがらす》の頭上に菊の紋章をあしらった図柄である（No.7）。記章に添えられた「支那事変従軍記章

支那事變從軍記章之證

陸軍歩兵二等兵 田宮圭川

支那事變從軍記章令ノ旨ニ依リ

從軍記章ヲ授與セラル

昭和十五年四月二十九日

賞勲局總裁從三位勲一等 下條康麿

第百七十六萬三千六百五十二號ヲ以テ支那事變

從軍記章簿冊ニ記入ス

賞勲局書記官正六位勲五等 村田八千穂

No.8…「支那事変従軍記章之証」

No.7…支那事変従軍記章

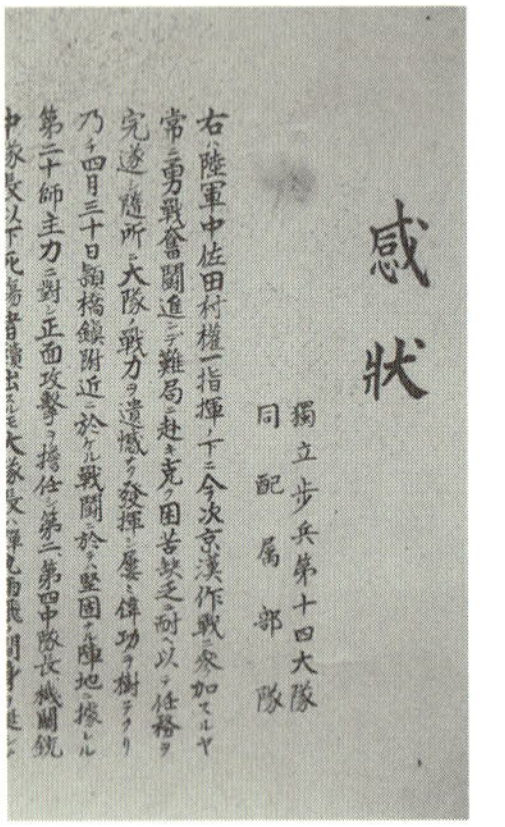

感状

独立歩兵第十四大隊

同 配属部隊

右ハ陸軍中佐田村權一指揮ノ下ニ今次京漢作戰ニ參加セルヤ

常ニ勇戰奮闘進ンデ難局ニ赴キ克ク困苦缺乏ニ耐ヘ以テ任務ヲ

完遂シ随所ニ大隊ノ戰力ヲ遺憾ナク發揮シ屢々偉功ヲ樹テタリ

乃チ四月三十日潁橋鎮附近ニ於ケル戰闘ニ於テハ堅固ナル陣地ニ據レル

第二十師主力ニ對シ正面攻撃ヲ擔任シ第二、第四中隊長機關銃

中隊長以下死傷者續出スルモ大隊長ハ

No.9…感状写真

之証」（No.8）は中央上部に菊の紋章、下部には支那事変従軍記章を中心に戦車、高射砲、錨が描かれ、戦闘機が飛び交う。周囲を縁取るのはプロペラ、爆弾、錨である。陸海軍を天皇が統帥することを象徴する意匠であろうか。

圭川アルバムの中には「感状」という軍発行の戦功への賞状を撮影した写真も何点か残る。アルバム4には感状の印刷頁もあるが、頁の間には感状を撮影した写真が挟み込まれてもいた（No.9）。裏面に「感状写真、大切に保存下さい」と朱書きがあり、部隊に感状が授与されると写真に撮影され、関係者に記念品として配布されたようだ。この感状は京漢作戦中の穎橋鎮付近の戦闘（207頁）で第四中隊長が戦死、機関銃中隊長が負傷するなど多大な犠牲を払って戦果を挙げたことを主な理由として、第一二軍司令官の名義で独立歩兵第一四大隊および配属部隊に授与されている。「常ニ勇戦奮闘進ンデ難局ニ赴キ克ク困苦欠乏ニ耐ヘ任務ヲ完遂シ随所ニ大隊ノ戦力ヲ遺憾ナク発揮シ屢〃偉功ヲ樹テタリ」と大隊の戦いぶりを讃えている。

恩賜の品

圭川はまた「御下賜包帯」に菊の紋章の落雁（に見える）、「御賜」と書かれた煙草をきれいに並べて撮影している。包帯があるところを見ると、負傷

No.10…「御賜」の品々

した際に与えられた慰労品のようだ。泉さんにも泰次郎にもこれとほぼ同じ構図の写真がある（No.10）。恩賜の品を撮影して保存することが広く行われ⑸、形式も定まっていたらしい。

以上、記念写真帳、土産写真、絵葉書、勲章……と従軍記念品を見てきたが、盧溝橋事件や「支那事変」が、そもそも従軍自体が「記念」の対象であったことは、戦後の一般的な戦時「イメージ」からは完全に欠落しており、様々な記念品の具体的な有り様には驚かされる。記念の文章の高揚感や晴れやかさ、何より数々の記念品があること自体を見れば、当時の社会において従軍は青年にとっての冒険、異国体験、若き日の試練……といった位置づけであったらしい。元兵士も「満期になって帰ってくる時には記念になるものは出来るだけ持たせてもらえた。それが叶わなくなったのは米国が参戦して圧倒的な火力にやられるようになってからで、敗戦に出くわした者は身一つで帰って来た」とこぼした（山田07・10・8）。従軍記念品の最後に前節で見た一枚を思い出したい（241頁）。裏書には「支那ニテ」とある。陽泉か盂県の兵舎の自室だろう。気になったのは、ただ一言「支那ニテ」とのみ記す裏書である。国内の誰かに送るための文言であろうが、随分漠然とした表現である。山西省とか盂県といった具体的な意識はなく、「支那」に居る、〝年季〟が明ければ、青年期の一時期の試練と冒険を終えて故郷に帰る、そんな意識だろうか。

矢野敬一『慰霊・追悼・顕彰の近代』によると、日本が明治以降経験してきた戦争では戦死率は高くはなかった。日清戦争〇・八％、日露戦争ではやや高いがそれでも四・四％、満州事変では〇・四％である。このため、戦死者には丁重な公葬が営まれ、最後には靖国に合祀という形で地域レベルから国家レベルまでその名誉が讃えられた。No.11は圭川の出身村での出征兵士の村葬である。当時、戦死者には小学校で村葬が行われ、花火を上げるなど〝立派に〟行われたと言う（圭舟談）。戦死率の低さからいけば、生還も十分に期することが出来た。国民として青年としての義務を終えれば、数々の

No.11…戦死者の村葬（中央の僧衣姿は圭川の父琢道）

記念品を携えて故郷に錦を飾り、家庭でも地域社会でも通過儀礼を済ませた大人の男として遇されたのであろう。不幸にして戦死することがあっても、国家や地域社会から特別な名誉を以て遇され、それは親族にも及んだ。それが日中戦争では戦死率は一〇・三％に跳ね上がり、太平洋戦争では実に八三・六％という壊滅的な状況に陥り、無条件降伏に至る(6)。「悲惨な」「強いられた」という戦後の従軍イメージは戦争末期の対米戦による被害が源泉のようだ。

泉さんはアメリカ参戦後の中国戦線を「大東亜戦争になってから、僕らええようにやられました」。それまではのんびりしていたと述懐した（205頁）。空軍力や火力が突然強力になり、戦況が急変したと。裏返せば、それまでの中国戦線は優勢な戦線での勝ち戦が基本であり、他者の領土上でのみ軍事行動が展開し、自国領土への上陸や空襲を心配する必要が無い、一方的な武力行使であった。泉アルバムには「中国では勝っていた」という表現が何度も登場する。外地において自国兵士の戦死があったとしても、母社会に脅威や破壊をもたらさない戦は厭戦に結びつかないようだ。戦争が他国への一方的で優勢な武力行使に留まる間は社会はむしろ好戦的である。米国の軍事力によって日本本土が悲惨な被害を蒙るまで、戦争や従軍というものに与えられていたこのような社会的位置づけやムードは戦後社会に殆ど伝わっていない。

［注］

（1）「編纂記」アルバム4『支那事変記念写真帖』巻末。

（2）アルバム1の金壇頁には片隅に白字で地点名が書かれた土産用記念写真らしきものが多い。白字は本人が書き込んだ可能性もあると思われたが、『歩兵第五十一連隊史』（170頁）に同じ書体の白字が入る明らかに同一シリーズの写真があるため、販売されるか配布された土産用写真と断定できる。地点名は全て漢字のため日本語なのか中国語なのか判然としないが、「金壇水門」（175頁）は中国語なら恐らく「金壇水関」となるべきところだから日本語である可能性が高い。日本人居留民は金壇にはいなかったようだから（『連隊史』収録の回想記には現地住民とのやり取りが多く登場するが、居留民は全く登場しない）、軍内向けに発行されたものだろうか。

（3）味の素は仁丹と並んで、中華民国期における日本経済の対中進出の象徴的存在である。この時期を描いた文芸作品には、これらの企業の広告が時代の象徴としてしばしば登場する。

（4）「中国」とせずに「東亜」とする点がこの時期の日本の世界観を感じさせる。

（5）泉さんに聞き取りを行った際、圭川写真を見て、自分が貰った恩賜の品を撮影して写真を周囲に配った時のものではないかとおっしゃった。

（6）以上、本節中における戦死率は、表1「新潟県での戦争別戦没者」矢野敬一『慰霊・追悼・顕彰の近代』（日本歴史民俗叢書）吉川弘文館、二〇〇六年、七五頁参照。

3　スクラップ記事から

遺品の中には、これまで見たような添書を除けば、圭川が時代に対して考えていたことや戦争への認識を直接的に語る文章はない。しかし、アルバム３『事変写真帖』に貼り付けられたり、差し込まれて残った新聞記事が多数ある。これらの記事からは、時代の論理だけでなく、それらを選択した圭川の思想や価値観をも間接的に窺い知ることが出来そうである。『事変写真帖』の表紙をめくると、見返しに圭川が貼り付けた「日本を中心とした新世界図」が見える（№１）。今から見ていく切抜きは圭川の文章ではないが、圭川が目を留め、わざわざ〝事変記念〟に加えようとしたものであることから、記事の内容や、あるいは切抜きの表面と裏面にたまたま残る記事とのずれからも、圭川が時代に対して考えていたことや戦争観を窺い知ることが出来そうだ。たとえば、№２は掲載紙も掲載日も不明であるが、「あの一発：けふ感激の記念日」という見出しから、盧溝橋事件の「一発」、つまり支那事変の勃発を記念するものであり、七月七日掲載と考えてまず間違いはないだろう。

(1)スクラップの主な媒体

『事変写真帖』に残る切抜きは全部で九五点（1）。掲載紙名や掲載日が不明なものが多いが、それでもコラム名や記者署名などを手がかりに少なからぬ記事の媒体名を特定、あるいは推定することが出来た。出処は概ね以下の三種である。

①『東亜新報』

全九五点中の約四分の一に当る二四点が『東亜新報』からと特定、あるいは推定できる。『東亜新報』とは、当時の日本が中国占領政策の補完的役割を居留民に担わせるべく中国で発行していた日本語新聞の「北支」版である。戦中および終戦直後に中国で日本語新聞発行に携わった安藤達夫の回顧録に『東亜新報』は「対英米戦に備え、大陸在留民指導のため北支軍と北京大使館が株主で昭和一五年発刊したもの。揚子江以北を東亜新報、以南を大陸新報とした」とある(2)。創刊は実際には一九三九（昭一四）年七月一日と思われる(3)。この年の七月初旬の紙面には「本紙創刊を祝して」と題して、近衛文麿を始め各界要人からの祝辞と業界からの祝賀広告が寄せられている（No.3）。記事内容は北支那派遣軍の動向など占領維持のための軍事行動、資源開発や農業政策など占領地経営に関するもの、「東亜の指導民族」としての心構えなど居留民の思想指導に関するものの三種に大別できる。なお、泰次郎の戦時書簡には太原の東亜新報社から偽名で親族宛に出されたものがある(4)。泰次郎が宣撫活動に従事していたことを考えると『東亜新報』と何らかの関係があったことも十分考えられる。

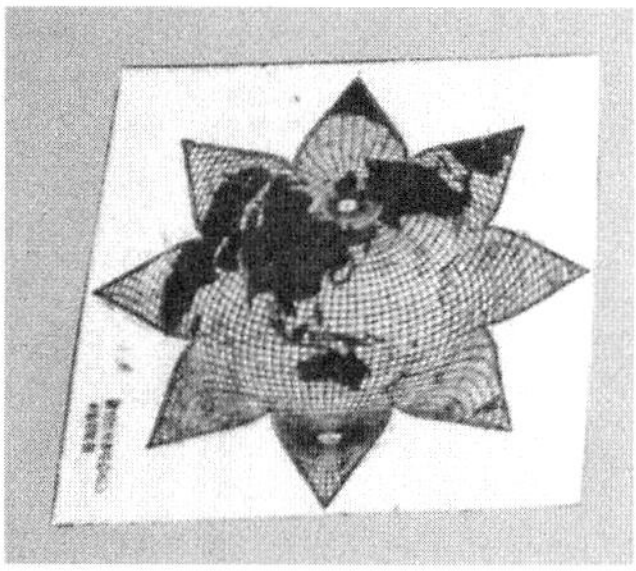

No.1…「日本を中心とした新世界図」

No.2…盧溝橋事件記念日

東亜新報社は日本降伏後、国民政府によって接収されている。筆者は北京の国家図書館で『東亜新報』の所蔵を確認し、それにより一部のスクラップについて掲載年月日を特定することも出来た。『東亜新報』の紙面は現地の中国人が植字したと思われ、意味が不明なまま字形を頼りに植字したことが分かる誤植が少なくない(5)。歴史の断裂面のような特殊な時期の史料として興味深い。

②国内新聞

切抜きの四分の三は日本国内発行の新聞である。旅団司令部では国内発行の新聞が閲覧できた可能性もあるが、慰問品というルートもある。戦時中、国内新聞、特に出身地の地方紙は慰問品として戦場に送られた。紙面には、郷土出身兵士の戦場での活躍の様子や兵士たちの手紙、或いは戦死の報が、一方で出身地の農作物の収穫など社会の様子や銃後の支援の声を掲載した。地方紙は郷土出身兵士の消息を地域社会に届け、また戦地へは郷土の情報を届ける媒体としての機能を発揮していた(6)。

『朝日新聞』中部版と大阪版：慰問品であったとすると送り主の居住地に関係するのか、『朝日新聞』切抜きには中部版と大阪版とがある。全国紙としての資金力の関係か、写真が白黒とはいえ大判で、点数も豊富であるのが目を引く。

『伊勢新聞』：切抜きの中には三重県の地方ニュースに限定したものがあり、三重県で発行されていた地方紙のものと思われる。切抜きに登場する紙名で三重県の地方紙は『伊勢新聞』のみである。切抜き内容は郷土三重の銃後の動静と戦地での三重出身兵士の活躍と戦死情報が主たるものである。

(2)切抜きを行った時期

切抜きは二年半にわたる圭川の「北支」従軍期間を通してではなく、主に二つの時期に集中している。まず一九四二（昭一七）年六月～七月で、晋冀豫辺区粛正作戦で六月一四日に負傷した後、入院・静養していたと思われる時期に当る。切抜き内容も晋冀豫辺区粛正作戦の動静を伝えるものが多い。次に、一九四三年一一月～四四年一月にかけての時期で、陽泉の旅団司令部教育隊教官を務めていた時期に当る。この間は写真撮影が少ない時期である。

(3)記事内容——『東亜新報』の場合

『東亜新報』は占領下の中国で暮らす日本人居留民を「東亜の指導民族」として、占領政策の補完的役割を担うよう指導するために軍の関与によって発行されている。一応は民間の媒体であった国内発行の新聞とは性質が異なるため、記事

本紙創刊を祝して

日華提携の楔 公爵 近衛文麿

民論の指導に重大なる役割 大使館參事官北京總領事 堀内干城

國際正義の確立 赤化防衛に寄與あれ 外務大臣 有田八郎

國策の第一線 松本忠雄

難關突破の秋 健鬪に俟つもの多し 阪谷希一

時恰も建設の機會 遞信大臣 田邊治通

興亞精神の宣揚 荒木貞夫

輿論啓發の力 平生釟三郎

興亞創業の據點に 待望！権威ある指導機關 山西恒郎

兩國文化の交流 結城豐太郎

東洋新文化の礎石 岩永裕吉

把握せよ 事變真髓を 河相達夫

輝かしき前途 大達茂雄

時世の要求

改造 七月特大號

No. 3…『東亜新報』昭和一四年七月五日創刊祝辞

内容をみるに当たっては、『東亜新報』と国内新聞とに分けてみることにする。

論説

『東亜新報』にはその名も「論説」という論説枠があり、『事変写真帖』巻頭に貼り付けられたものと頁の間に差し込まれた形で計六点残る。一九四三年末から一九四四年初にかけてのものである。『東亜新報』が居留民を指導しようとする方向と圭川の関心とを見ることができる。

「気合を掛けよう：大東亜戦争二周年」『東亜新報』「論説」欄　一九四三年一二月二四日

『事変写真帖』は前述したように、表紙をめくると見返しに「日本を中心とした新世界図」（№1）と題した図が貼り付けられ、次の頁には「支那事変記念写真帖」の題辞、「皇紀二千六百年」、三つの部隊名。それをめくると、この論説文が、次頁には「北支」地図が張られている。『東亜新報』の論説は頁の間に差し込まれる形でまとまって残るが、一枚のみ巻頭頁の中央に張られたこの論説は圭川が特別共感し、重視したものだろうか。論説は「大東亜戦争勃発二周年記念日」である一九四三年一二月八日を間近に控えて、真珠湾攻撃を「米英撃滅の鉾をとって敢然と起ち上った」「アジア十億の、共栄圏民族」の「歴史の元旦」「民族の正月」「アジアの初日の出」と位置づけ、米英を「アジアの『力』を見縊る」「物質主義」と決め付け、日米の構図を「夜郎自大の自惚れのヤンキー」に日本が「不屈の闘魂」「一億火の玉」で立ち向かうものとする。対米英戦は東洋対西洋と位置づけられている。「西洋」「米英」というものの、敵愾心はイギリスに対しては希薄で、主にアメリカに向けられている。文中には「何を小癪な！」というフレーズを印象的な単独行で二回も登場させている。

「大詔奉載日第二四回：大東亜総蹶起す」『東亜新報』「論説」欄　一九四三年一二月八日

「大東亜戦争」勃発二周年を記念する論説。「大詔奉載日」とは一九四一年一二月八日の対米英宣戦の詔勅を記念して、戦意高揚のために毎月八日に定められたもの。二四回めで二周年となる訳である。当時説かれた大東亜戦争の大義の中身がよく分かる。「今秋帝都に大東亜圏独立国の全首脳が相会して大東亜会議(7)をひらき、大アジア総蹶起を意味する大東亜共同宣言が発表された」「重慶などは……米英の袖にかくれ、兢々として奴隷的生命を延ばさうとする哀れなる反逆児」「アジアの総意は、今や一本のすさまじき火線となって燃えあがり、過去百年のアングロサクソンが侵略搾取の宿怨を晴らすべく」……中国以外にもタイ、ビルマ、フィリピン、インドの自主独立や自由を言うが、「大陸資源の対日寄与は高潮となって上昇線の一途」、これが大東亜共栄圏推進の本音のようだ。

「人的資材へ強打」『東亜新報』「論説」欄　一九四三年一二月二八日

アメリカの人命尊重を軽蔑する。女性に発言権があること、世論が指導者を牽制することを踏まえて、アメリカに勝つにはとにかく多くの兵を殺せと力説する。「虐敵米英を地球から葬るのに最も手近な方法は……獰猛なる強打を連行すること」「利己的享楽と自由主義的愉悦に育まれた敵米英は」「人的資材を最も大事にする。戦費の如きは何程かからうともドル国はビクともしない」「敵の人的資材を徹底的に殲滅して、かれらの女房たちに不正の戦争の結果を思ひ当らしめること、それが大戦完勝への卑近な間道」「敵米英人の多量の殺傷に全力を注ぐべし」。

「われらは勝つ」『東亜新報』「論説」欄　一九四三年一二月三〇日

必勝の信念が国民に浸透していると力説する。「敵米英の不正をきりさいなむわれらの正義の刃は、必ず勝つに決まつてゐる」。それは今や「国民一億の信仰の塊り」「説明を要しない常識」であると言う。母は息子を戦場に送った喜びを語る。「今迄、自分の子供を戦場へ送ったら表面は勇ましさうにしても内心は定めし寂しからうと……それが今度自分の子を戦場へ送つて見ると、何か自分も一しょに戦場へ行くやうな、……烈しい敵愾心をそそられ、……戦争は自分たちの手で勝てるのだといふ安堵を覚えました。秘かにうれしさにひたるのです」。これは「大国民の態度」「正しい戦争に起つ民族の強さを象徴」する。路上に遊ぶ「少国民」も「日本は一人の反対者もなく戦争に従ってゐる」から勝つと力強く答える。われらは「勝つために一切を国家に帰一せしめる」。

戦地での兵士たちの暮らしぶり、戦いぶりを伝える。厳しい戦地で泰然と任務をこなす「兵隊さん」の質朴な姿を強調する。銃後を支える気持ちを醸成するのが目的のようだ。その中から「神兵」という連載欄を見てみる。頁の間に差込まれて、一九四三年一一月〜一二月にかけての連載八回分が残る。記事中の地名などから山西と河北の省境一帯における剿共戦の前線リポートと分かる。兵士の前線での生活ぶりを人情味豊かに伝え、読者の共感を喚起する。戦場および兵士が当時銃後に向けてどのように伝えられていたかが分かる点で興味深い。毎回のエピソードの前の巻頭言には掲載紙の編集方針や軍の指導方針が分かりやすく現れている。以下に三篇を紹介する。

「鶏と兵隊」『東亜新報』「神兵②」一九四三年一一月二五日

導入言は「兵隊のこころはいつも真ツぱだかである、世間の雑念といふものを一切ふるひ落してしまつた兵隊のこころといふものは、人間のうちで一番素朴な純情だけを残してゐる」。記者は討伐隊の後を追いかけていくトラックに乗っている。なかなか追いつけず、一行は食事にありつけない。立ち寄る部落にも「人つ子一人ゐない」ばかりか、手分けして探し回っても「芋一つ」「大根一本」もない「空室清野(8)」である。そこへ鶏の鳴き声。一行は「ご馳走」に駆け寄るが、卵を抱いている鶏は逃げようとしない。親子の情にしんみりした兵士たちは鶏には手をつけず、乾パンで飢えをしのいだ。導入言に沿ったエピソードになっているが、日本軍が通過する経路では、食糧も全て隠した上で部落から住民全員が避難していたことが分る。

「歌ふ人間の濤」『東亜新報』「神兵④」一九四三年一一月二七日

導入言は山西の山の中を進む「皇軍部隊」の姿を「偉大なる人間の濤」「何ものをも恐れぬ、なにものをも突き破つて進む、偉大なる力の進撃」「人類最高の集団の姿」という。そこには「個々の感情はない」「人間の街でお互に角突きあはせた俗な感情など毛筋ほどもみられない」。オペラ歌手として将来を嘱望されていたある伍長の兵士としての働きぶり、歌手への未練のなさを伝え、「如何にして共産軍をやっつけるかを考へ、行軍におくれまいと考えてゐるだけ」「休止になると、ただ綿のように眠る」「要するに兵隊は兵隊のことだけで一杯」という発言を紹介、最後のフレーズを繰り返して終わる。

「疑念なき戦場」『東亜新報』「神兵⑥」一九四三年一一月三〇日

導入言は「兵隊の生活ほど、単純で率直で明るいものはない。兵隊の生活行動は、上司から受けた命令によつて、すでに定められてをり、そこにはなんの疑念もない……たゞ命令されたとほり……自分の身体をもつてゆけばよい。さういふ戦場生活といふものは……世の中のどんな生活よりも明るく、健全である」。山西○○前線のある警備隊。初めて歩哨に立つ兵は「敵の顔が見えるまで撃つな」という命令を守り、敵が目前に来ても発砲せずに石と銃剣で撃退した。「融通がきかないといふのか、糞度胸といふのか」と呆れる隊長と照れる部下の様子をほのぼのとした筆致で綴る。「命令されたとほりやればいい。要するに兵隊は、命令の中に自分の生活がある……」という思いに安堵を感じる兵士の心情を伝える。

このように導入言は当時の建前どおりの論調だが、毎回のエピソードには殺伐とした戦場に潤いを与える花や小動物などを登場させ、読み物としての工夫が施されており、読者の感情移入を誘ったものと思われる。この連載が肯定的に描き出す部隊生活に圭川は共感していたものと思われる。

ある一日の記事から

残念ながら圭川は切抜きを行うに当たって掲載紙名や掲載日を切り落としていることが多いが、珍しく一九四三年一二月六日付『東亜新報』が全版（第三面と四面）残る。真珠湾攻撃から二年が経とうとしており、対米英開戦二周年を迎えての社会の動きや気分が満載されている。この日の紙面が畳み込まれて丸ごと残ったのは単なる偶然かも知れないが、圭川が一部の記事を切り取って他を捨ててしまうことが出来なかった結果かも知れない。

決戦魂愈よ白熱
十億續け！ブ島沖大戦果の快報
大東亜戦争二周年記念期間第一日のきのふ
米英必殺の銃剣

No.4…「決戦愈よ白熱」

No.5…「征戦二年大戦果」『東亜新報』一九四三年一二月六日

三面トップの№4「決戦魂愈よ白熱」からは、四三年一二月六日に「大東亜戦争二周年記念第二日」と銘打って「国民祈念の時間」一一時五九分に国民が祈るイベントが行なわれたことが分かる。「十万北京在留邦人」はそれぞれの場所で「熱祷を捧げる」。「英霊に続こう」とする心に「米英に対する火の敵愾心」が燃え上がる。

裏返すと四面は、「塗り変へた大東亜地図：第三年に突入する勝利の巨歩」が四分の三紙面を占める。大文字の見出しに添えられた導入言は「皇国史」「大御稜威」「忠勇なるわが皇軍」「一億皇民」「尽忠の鮮血」「崇高なる散華」「前線銃後打って一丸」と戦時用語が目白押しの勇ましさである。「意義深い開戦二周年記念日にあたり〝勝利の二年〟の大いなる戦跡を辿つてみよう」と挙げられるのは、「征戦第一年」「第二年」、つまり四一、四二年の戦果である。日本軍による「占領」「猛爆」「撃滅」を縷々並べた末尾には年間の総計も挙げられる。「支那派遣軍一ヵ年総合戦果」交戦兵力三六〇万、交戦回数二万五〇〇〇、遺棄死体約二八万、捕虜約一二万三〇〇〇……。「北支軍一ヵ年戦果」交戦兵力二四〇万、遺棄死体約一四万五六〇〇、俘虜一〇万二〇〇〇……。

これらの数値は圭川を含め、当時の読者を喜ばせ、鼓舞したものであろうか。

〝景気のいい〟数値に華を添えようとするように「征戦二年大戦果」図（№5）が置かれる。原寸が縦横20㎝という大きなもので、大日本帝国を中心に「大東亜」の拡がりを描いている。前述したように『事変写真帖』の扉頁にも「日本を中心とした世界地図」と題した同趣旨の図が張られている。これらの絵が示そうとする日本の国威は圭川にとって誇らしく励みになるものだったようだ。

三面に戻ると、「済鉄の記念週間」は済南鉄路局が大東亜戦争二周年記念週間に九日の中国参戦記念日を期し、各地一斉に幹部を派遣して大東亜共同宣言の趣旨を講演し、車内で各種宣伝活動を行うと報じている。「和気藹々枢軸国の球技大会」は「世界新秩序の建設を目ざして」「米英撃滅の一路に相携へて邁進」している「枢軸各国の日本在住民の親善」のためのスポーツイベント。「参加国は日独華満」にインドを加えた五か国で「見物席も和気藹々、相手国の選手を……激励する美しい情景」が繰り広げられたと報じている。

しかし、こうした対米英開戦以来の戦果を強調し、中国とも手を携えて世界に新秩序を形成するという大風呂敷を広げる記事群の中にも当時の実情がふいに顔を覗かせていることもある。「ハワイ海戦あの日の感激」（四面）は、記事本体は読者の感激を呼び起こさんとする真珠湾奇襲攻撃の回顧談であるが、導入言に「大東亜戦争の様相は日を追って凄愴を極め刻一刻と苛烈な決戦へ突入してゐる」とある。景気のいい記事に紛れて、記者が小さな〝奇襲〟を敢行したものだろうか。既に見た三面トップの「決戦魂愈よ白熱」も、大戦果を報じながらも厳しい戦況と国内の困窮が滲む。「戦局は……日に日に苛烈の度を加へつゝ」「徒らに戦果のみに眩惑されてはならない」「蔭には尊い犠牲」「明らかにわが本土空襲を企図するアメリカの野望と非人道的好戦欲」などと見える。

こうした情勢下、紙面には増産の呼びかけが目立つ。「勤労を一時間延長：太原の各工場」（三面）からは外地居留民社会の戦時体制の様子が具体的に浮かび上がる。翼賛会指導のもとに八日間の「決戦行事」。期間中は日華両国旗を掲揚、男女とも「決戦服装」を着用し、軍用機献納金募集を強化、街頭募金を行う、料理店飲食店では交拂額の一割を消費者の負担で軍用機基金として献納、各官衙・工場で勤務を一時間延長、増産増強に邁進する。

献金献納の呼びかけも多い。「感激を盛って献翼音楽会」（三面）は『東亜新報』社後援による音楽会を報じる。「献翼」とは軍用機購入に絞った献金を意味するようだ。来場者は「献金箱に大いなる感激を託して入場」した。同じ紙面の「新郷に輸血奉仕隊結成」は居留民団が輸血奉仕隊を結成するという記事。「白衣の勇士に銃後の浄血を捧げませう」と訴える。続く「ふるさと決戦譜」欄には「傷痍軍人号献納」の記事が見え、「東京都下一万五千名の傷痍の勇士」が「不自由な体に鞭打ち」「銃後の生産場に挺身」「感慨深い十二月八日を迎へるにあたり……一口五拾銭の献金を開始」すると伝える。「切極めつけは既に何度か見た三面トップの「決戦魂愈よ白熱」で、「銃後の戦ひは前線に劣らぬ熾烈な戦力増強を要求」「切り詰めうる限度を切りつめた生活の余力を貯蓄に」「国債を買ひ貯蓄を行ひ前線と一体になって戦ふ銃後の結束」「私心を滅して〝貯蓄増強戦〟を勝ち抜くことが……英霊に応えるわれわれの征戦だ」と訴える。

こうした増産の呼びかけの中からも当時の占領地経営や居留民社会の様子が窺える。「敵海軍必ず殲滅・銃後も勝ち抜け増産戦」は、大政翼賛会本部顧問が満州から「興亜使節として」「中国国民の興亜精神昂揚のため」天津へやって来たことを報じる。「天津神社」に参拝、新民会訓練所視察などの行動が目をひく。「日本人はもちろん中国人も」「戦局の一勝一敗に一喜一憂することなく」「日本およびわが東亜の絶対的勝利」の信念のもとに「増産に全力を傾倒しなければならぬ」。満州から華北にやって来たのは「この戦局の実態を中国人に詳細に知らしめ」「使命を徹底せしめ」「一層の決意を促すため」である。「この大戦争に勝たないでアジアの復興も東亜の建設もないことを中国の人々に深く深く自覚して戴きたい」。

同じ紙面の「米英必殺の銃剣術：郷軍第五分会　暁の寒気を衝いて」では「征戦二周年」を期して四日間の「決戦訓練」が行われている。冬の朝七時半から「断乎敵アメリカを一突必殺」「木銃の火花を散らして」「いつでもお召にこたへる」腕を磨き、最終日は朝五時に集合、「北京神社へ必勝祈願」。「なお……この訓練に不参のものは……五日間猛訓練を行はねばならぬ」ともある。居留民を組織した民兵組織があったことが分かるが、最後の但し書きからは消極的態度の居留民も存在したことが窺われる。記事には北京神社や天津神社が登場するが、泉アルバムや元居留民の所有写真にも中国各地にあった神社が写る。日本の占領下となり、日本軍民社会が出現した地には神社が建てられたことが分る（「神社」については108頁）。

当時の世相や居留民社会の具体相を伝える点では広告がその特性を発揮する。「東亜案内」という広告欄に並ぶ北京の地名を付した日本人経営の店舗や貸家の広告に一〇万人を擁した（前述）という北京の日本居留民社会が実感できる。また、映画館にかかる洋画は枢軸国側の映画のみ。更に「戦ふ映画展」広告の「米英撃滅旬間」の「米英」は獣篇つきである（No.

No.6…「戦ふ映画展」広告（「米英」は獣篇付き）

6中央）。ちなみに会場は北京の松坂屋。北京には高島屋もあったことが「大東亜各地建設写真展」広告から分かる。

(4)記事内容——国内新聞の場合

国内新聞で媒体が特定できるのは、三重県の地方新聞『伊勢新聞』と『朝日新聞』（中部版・大阪版）である。『伊勢新聞』切抜きは郷土兵士の戦死記事が中心であるため、ここでは『朝日新聞』切抜きを見ていく。

漢詩と和歌

「日本百人一詩⑪」掲載紙・年月日不明（『朝日新聞』大阪版か(9)）

日本人が詠んだ漢詩を紹介する連載枠である。この回に取り上げられている七首は幕末から明治の作である。「楓橋夜泊」をもじったり、史記の語彙や孔子の言を踏まえるなど、中国古典に関する厚い教養の上に、北条時宗や吉田松陰など国難に活躍した人物たち、および安徳天皇や明治天皇など皇室の恩を言う。あるいは、五代や北宋南宋の例をひき「外夷と和交を策する」ことを戒め、時宗が元の使いを斬首に処したことを称賛。国家や主君への忠義を述べる朱子学的語彙が目立つ。中国古典文化については東洋文化として「我が伝統」とみなし、否定したり敵視したりすることなく、国体の護持に生かしつつ、米英を敵とする構図である。「外夷と和交を策する」はここでは日本が米英に妥協することを指すのみで、なぜか中国の「対日協力」勢力にも当てはまる可能性を懸念する様子はない。

「愛国百人一首」②〜⑨『朝日新聞』大阪版、掲載年月日不明

日本人の詠んだ漢詩を紹介する「日本百人一詩」が中国古典の教養を基礎に儒教的な精神を忠君に帰結させるのに対し、こちらは万葉集を主な出典とする和歌で、天皇および皇室への尊崇、皇国への誇りを説く連載枠である。これらは「愛国」とカテゴライズされている。万葉集と愛国の取り合わせをいぶかしく思うが、挙げられている歌を見ると、多治比鷹主「唐国に往き足らはして帰り来む丈夫武雄《ますらたけを》に御酒たてまつる」は遣唐使を送る歌。この連載中に置かれると、原意とはずいぶん異なった読みになりそうだが、解説は「往き足らはして」は出掛けて行って任務を終えることと露骨な表現は避けている。丈部人麻呂「大君の命かしこみ磯に触り海原渡る父母を置きて」は防人の歌。他も遣使や防人の歌が選ばれているのはなるほどと思う。しかし、安倍女郎「わが背子は物な念ほし事しあらば火にも水にも吾なけなくに」という万葉集らしい、素朴で力強い愛の歌も「この歌、『愛国』と直接の関係はなからうけれども親子愛、夫婦相和は家族主義の国家の要素を成すもの」とかなり強引に結論付けている。漢詩連載の切抜きが一件なのに対し、和歌の方が七件なのは単なる偶然か、それとも圭川の選択の結果だろうか。

以上の例を除けば、『朝日新聞』切抜きは一九四二年の晋冀豫辺区粛正作戦の報道が中心である。圭川はこの作戦中の戦闘で六月一四日に負傷、入院している（197頁）。『朝日新聞』（大阪版）は作戦で活躍した益子中尉、山本中隊への感状授与を一面トップで伝える。写真や地図も載り、華々しい扱いである。『朝日新聞』（中部版）「蒋、共軍一万を包囲‥河南に大殲滅戦」も圭川が負傷した河南省林県での戦闘を伝える。『朝日新聞』（中部版）「敵本陣を忽ち撃破　太行山嶮阿修羅の奮戦」は感状を授与された益子挺身隊の活躍を「晋冀豫省境作戦の花」「鬼神も哭く奮戦」と報じる。自身が負傷した林県での戦闘をめぐる記事が多く、入院静養中の無聊と作戦が社会の注目を浴びていることへの誇らしさが感じられる。作戦報道は「徹底的」「潰滅」「殲滅」「撃滅」「覆滅」……と〝皇軍〟の勇猛を強調するが、そんな中でも敵側に与えるダメージをひと際凄惨に描写している記事がある。

「陸鷲、龍游周辺を猛爆」『朝日新聞』中部版

……敵は陸鷲に寝込みを襲はれて周章狼狽、さながら蜘蛛の子を散らすごとく周辺の山岳地帯に雪崩を打つて潰走、これを追つて陸鷲の巨弾が糸を引いて雨のやうに敵の頭上へ容赦なく叩きつけられて行く。まづ第一に必中弾を食らつて敵の司令部が見る〳〵うちに物凄い黒煙を上げて炎上、逃げおくれた敵兵は土壁や屋根瓦もろとも空中高く吹き飛ばされ部落は一瞬にして阿鼻叫喚の生地獄と化した。わが陸鷲は部落の爆撃が終ると間髪を容れず周辺の山岳地帯に逃げ込んだ敵を爆撃、隊長機がトップを切つて急降下を始め的確なる爆撃を行へばあとの各機も爆弾投下、直撃弾は逃げ惑ふ敵の頭上に乱れ飛び山肌は瞬時にして容相を変ずるの凄惨な情景を呈した……

今日的感覚からは秘匿の対象となるように思える作戦の残酷さを殊更強調するこのような記事も当時は皇軍の勇猛さを表しこそすれ、戦争の大義を傷つけるものとは考えられなかったようだ。こうして見ると、意外にも国内で発行されていた民間紙の紙面の方が、占領地で占領政策推進のために発行されていた『東亜新報』より表現がずっと好戦的で、時にどぎついほどである。『東亜新報』は国策新聞とはいえ、中国で発行されていたため、中国人の目に触れることを念頭に「日華親善」への配慮が働いた結果であろうか。

(5) 圭川が目を留めなかったもの——スクラップの裏面から

切抜きの裏面は当然ながら記事としては完全でないものが多いが、圭川が着目した表面《おもて》と何か違いはないか、出来る限り目を通してみた。結果は再び当然ながら、表面との指摘できるほどの違いはなかったが、気になった文章がある。「中国の民族精神を理解せよ」と題する一文である。「華北秋季作戦に見た敵苦肉の策」という、当時のゲリラ戦の重要な手段であり、今日の中国では苦難に満ちた抗日戦の輝かしい一幕に位置づけられている地雷戦を揶揄しながら紹介する記事の、裏面に残ったものである。

「中共の狙ふ隙：中国の民族精神を理解せよ」（「話題」欄・掲載紙不明・一九四三年九月末？）「中国共産党が支那事変勃

発と同時に北支に進出してから既に六年」というから、一九四三年の記事のようだ。剿共戦は成果を上げているとしつつも、「完全剿滅にはなほ相当の日子を要する」という現状認識を見せ、「何故にかくも長年月を必要とするか」と問いを発する。そして、中国共産党が民衆を動員して抗日に当たらせ、「国民皆兵」を実現していることを最大の要因として挙げる。その宣伝を欺瞞としながらも、「それに踊らされる心理の奥底を流れるものは中国人の民族心理であり更に対日憎悪感である」「それ故にこそ彼らの敵愾心は火と燃え酷烈なる状況下に山間僻陬の地を転転としてこの数年を闘つてきた」「彼等の根本思想は謬つてゐるとは言へ彼等には彼等の納得する抗戦理由があり身命を捨てゝも皇軍に刃向はざるを得ぬ已むに止まれぬ民族的衝動があるに違ひない」と指摘し、「謬れる思想と感情を打破しなければならぬ」としながらも、最後は「幕末以来の祖国の攘夷史を血を以つて彩つた数々の哀史を知つてゐる我々は中国の正しい民族精神には十分の同情と理解を持つてゐる筈だ」と結ぶ。なかなか鋭い文章である。あくまでも日本の立場を堅持しているが、最後の下りは日本と中国が侵略と抵抗という関係にあることを認めているとも言える。日本の中国支配は民心を得ることが出来ないという致命的な難題を抱えていた。国策新聞上ですらこの程度の指摘は陽の目を見たことが分かったが、圭川は目を留めていない。

⑹圭川が目にすることがなかったもの――降伏後の声

無条件降伏から二ヶ月、一九四五（昭二〇）年一〇月一五日の『東亜新報』は日本軍の撤収によって再建が始まる燕京大学（現在の北京大学）への陳謝の募金のよびかけや、居留民が住んで来た民間家屋の返還方針などが並び、北京の日本軍民社会の幕引きの様子を彷彿とさせる（№7）。また、占領下日本に対する米国議員の論評や「南鮮事情」も見え、昨日までの占領地から今日の占領地への心細げな視線が現れる。その中に五分の一紙面ほどの大きなスペースを占める呼びかけ文が人目を引く。「自粛生活に徹して居るか」と題して曰く、

顧れば吾等の過去は
決して明るくなかつた
日本人同士の生活も
ずいぶん後ろめたいものがあり
他国人との接触には
慙愧に耐へぬものがあった。
今に及んでなほも
大きな顔をしたり
優越感に執着したり
自省の足りぬ行為はないか
華北在留の同胞よ
自粛生活に徹せよ
心も行ひも切り替へませう

最終行は太字にして念を押している。「東亜の指導民族」たる自覚を培うことを目的としていた国策新聞が「敗戦国民」へと意識の切り替えを呼びかけている。この時、圭川は戦死して既に四か月近く、生きてこの呼びかけを聞くことは無かった。

圭川の切抜きに残る記事の選択からは、圭川が当時の国家戦略および戦争の大義に共感し、支持していたことが窺える。日本の軍事力が及んだ範囲を版図のように描く戦果要図を誇らしい気持ちで眺めることが出来たようだ。中国古典からの引用を散りばめる文芸欄も残るが、これらの一見方向性を異にする選択からは、大学で中国の言語や文化について学んだことと、中国で軍事活動を展開することとの折り合いがどうついていたのかという、筆者にとっての一番の関心への手がかりを探すことが出来そうである。王朝期の詩や歴史叙述などの、日本で言うところの中国の〝伝統文化〟について

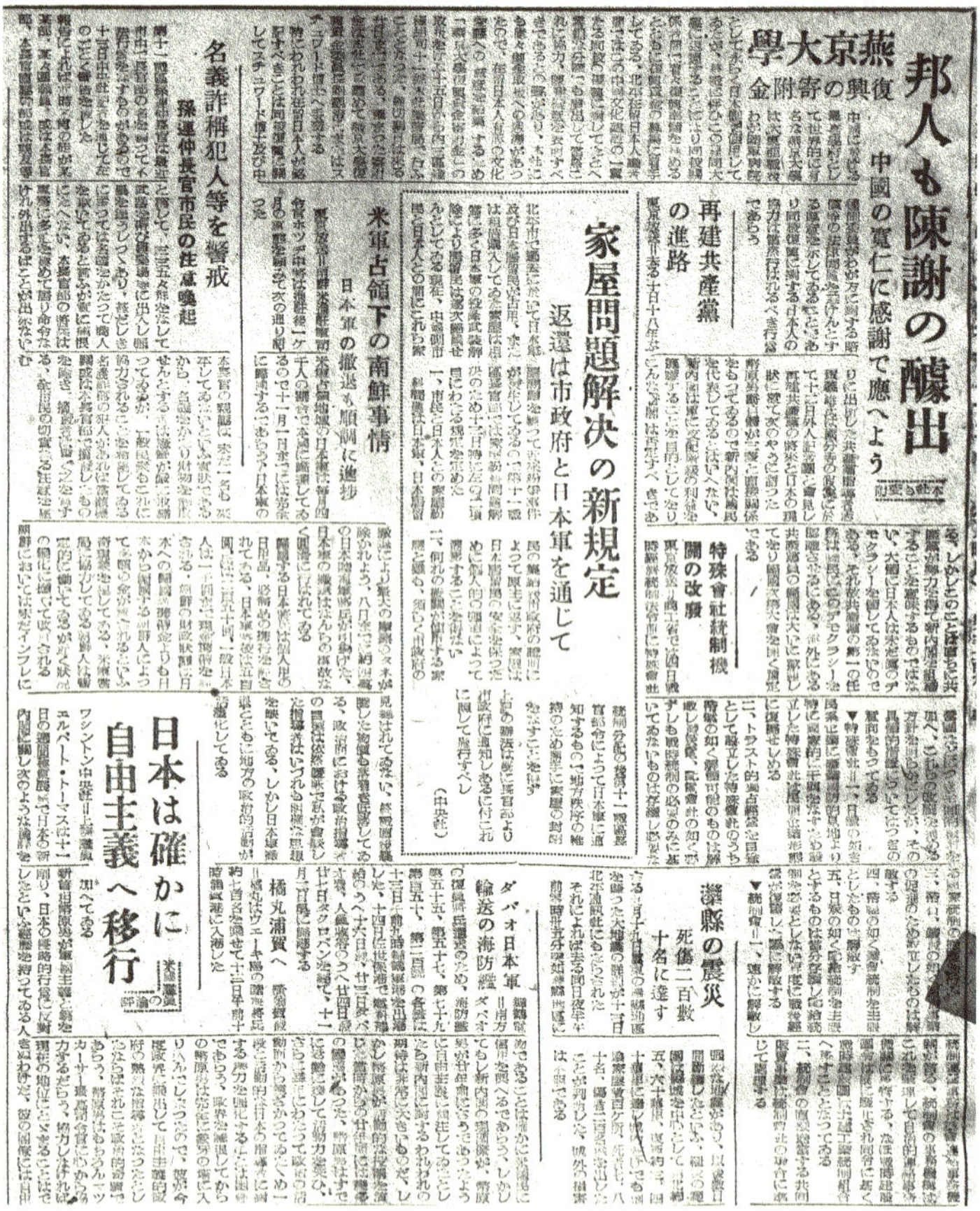
邦人も陳謝の醵出
中國の寛仁に感謝で應へよう
燕京大學
復興の寄附金
再建共産黨の進路
家屋問題解決の新規定
返還は市政府と日本軍を通じて
特殊會社統制機關の改廢
灘縣の震災
死傷二百數十名に達す
名義詐稱犯人等を警戒
孫運仲兵官市民の注意喚起
米軍占領下の南鮮事情
日本軍の撤退も順調に進捗
ダバオ日本軍
輸送の海防艦
橘丸浦賀へ
日本は確かに自由主義へ移行

No. 7…降伏後の『東亜新報』紙面

は〝東洋の〟文化として肯定し尊重するが、現実の同時代の中国に対しては、日本による占領を正当化する姿勢は消極的とは言いがたく、日本に指導の資格があるとしていた当時の対中観や対中姿勢をさしたる疑問も苦痛もなく共有しているようである。

実を言えば、当時の新聞記事を丹念に読んで行くにつれて、当初は奇怪に思えた論理や意識に接近していく恐さがあった。中国側兵力の統制の無さへの軽侮、正面から戦わず一向に勝敗がつかないゲリラ戦への苛立ち、中国民衆の貧しさや無知に感じる同情と優越感、米英を敵に回して圧倒的に不利な状況下で募る悲壮感と自己陶酔……。当時の殆どの人々が身を置いた「時代の趨勢」には、それが形成されるまでのそれなりの脈略があったことも分かった。

本書着手時には、聖職者の従軍として武力行使への懊悩を想定していたが、それは戦後的発想だったようだ。二章でみたように、圭川は仏教徒であること、教師であることに実に生真面目に取り組んでいたが、将校への憧れも持っていた。

風呂上りに（おそらく褌姿で）「〇〇少尉！」と連呼していたのを次弟圭舟が記憶している。その次弟は「自分には軍人に対する憧れは無かった。負け戦の頃だから。兄は勝ち戦の時を来ていたから」と言う。日清戦争、日露戦争と対外戦争で国勢を拡大してきた大日本帝国の流れは日中戦争で破綻するが、当時の従軍の位置づけについては、その流れの中に置いて考察する必要があるだろう。

作業開始当初、生真面目で誠実と見えたこの人物の、軍人としての言動は戦後的感覚では不可解であったが、成長期から通して眺めてみた時、従軍へのその姿勢は、夜明け前の暗い田んぼ道を寒稽古に皆勤賞で通った少年時代に通じるのかもしれないと気づかされる。この人物は学業に職務に、努力と研鑽で認められることに積極的であった。とはいえ、現実の軍隊と戦場に身を置きながら、大学ノートに残されたような、それなりの知識と思考力を持つ人間が当時の建前に何らの懐疑もなく過ごせるものだろうか。この問題については、次項で考えてみたい。

［注］

（1）記事数を正確にカウントするには困難があるため、切抜きの数で把握することとした。切抜き一点につき記事一件の場合もあれば複数ある場合もある。

（2）安藤達夫『新聞街浪々記――大正・昭和（前期）の侍たち』新濤社、昭和四一年、一九一頁。また、中下正治『新聞にみる日中関係史――中国の日本人経営紙』（研文出版、一九九六年）の巻末資料「補Ⅲ　第二次大戦中の在中国日本人新聞統合について」に「第二次大戦中、軍の指導により、各地の日本人新聞（邦時紙）を統合したが、その大要は次のように行われた」として、華北では『石門東亜新報』『山西東亜新報』（太原）『山東東亜新報』（青島）『河南東亜新報』（開封）の四紙が『東亜新報』（北京）に、華南では、『南京大陸新報』『武漢大陸新報』『徐州大陸新報』が『大陸新報』（上海）に統合されたとしている。しかし、年月日の記載は無い。

（3）『東亜新報』昭和一四年七月五日に第五号とあるのを確認した。

（4）昭和一八年一月八日付田村照世宛の封書で、差出人は「北支山西省太原市東亜新報社内　竹俣泰治」となっている。

（5）ひらがなの「さ」と「ち」、カタカナの「レ」とひらがなの「し」など手書きした場合の字形が似るものへの間違い、「ときどき」が「どきどき」になる等、文意が分かっていれば見誤らない誤植がしばしば見られる。

（6）矢野敬一『慰霊・追悼・顕彰の近代』第二章第一節「郷土と将兵たち」（日本歴史民俗叢書）吉川弘文館、二〇〇六年参照。

（7）大東亜会議とは一九四三年一一月五、六日の両日、中華民国（南京政府）、タイ、満州国、フィリピン、ビルマの代表と自由インド仮政府の代表（オブザーバー参加）とを招いて東京で開かれた会議で、「共存共栄、自主独立、文化昂揚、経済繁栄、世界進軍貢献」の五原則をうたった「大東亜宣言」を採択して、閉幕した。「検証昭和報道70：戦時下の大東亜会議（1）」『朝日新聞』二〇〇九年七月一〇日参照。

（8）解題注24参照

（9）裏面に大阪の広告があり、更に「愛国百人一首」という類似の趣旨の連載枠が『朝日新聞』（大阪版）に掲載されていることから。

4　生還した二人の語りから――泰次郎作品を中心に

ここまで見てきたアルバムの添書や新聞記事の切り抜きなど、圭川が直接残したものには時局への疑いや批判は見当たらない。しかし、出征前の観念のみの時点ならともかく、現実の戦場に身を置き、武力行使を行いながら、当時の建前に何ら懐疑を抱くことなく過ごすことが果たして可能なのかという疑念を打ち消すことが出来ない。そこで、戦地から生還することが出来た泰次郎や泉さんが戦後に公開した文章から、戦時には表現することが出来なかった思考や心情を見てみる。それらは戦後になって表現される際に戦後の世論や思潮の影響を受けている可能性に留意する必要があるものの、どこまでも時勢や体制の枠内に終始するリアルタイムの史料の行間や裏側に迫ることを可能にしてくれるだろう。

(1) 田村泰次郎

戦後の文壇で肉体文学作家として知られた作家・田村泰次郎は、圭川と経歴や経験に共通点が多い(1)。序章で紹介しているため重複する部分を含むが、圭川の内面世界を泰次郎の残したものを手がかりにみるに当たって、両者の関連について改めて確認してみる。

泰次郎は一九一一（明四四）年三重県四日市市生まれ、圭川と近隣の同郷人で四歳年上である。圭川と同じように上京して大学生活を送ったのち作家として活動を始める。一九四〇（昭一五）年、二九歳で応召、独立混成第四旅団独立歩兵第一三大隊に配属される。同郷である圭川は同じ旅団の第一四大隊である。泰次郎は一九四四年の第六二師団の沖縄転戦時には大陸残置組となり、生還した。戦後は山西省を中心に従軍経験を題材にした作品群を発表し、一九八三年に死去。戦後三八年を生きたことになる。

故郷である三重県の県立図書館に遺品が寄贈されているが、従軍期の写真は圭川のものと時期や配属地が重なっており、参考価値がある。中には両者が共に同一プリントを持っている例がある。それは旅団司令部での集合写真（196頁）で、撮影日時には両者が山西に居ることが確認できるため、大人数で識別が難しいものの、二人が共に写っている可能性が高い。また、遺品には戦場から泰次郎が書き送った書簡が多く残っている。ほぼ同年代で、同郷の出身、東京の大学への進学、山西省での同じ部隊での従軍……環境や経験に共通点や近似点が多いため、泰次郎が残した文章は戦後執筆した小説も含め、長文の文章を殆ど残していない圭川の内面の理解を側面から助けてくれることが期待できる。

泰次郎の戦時写真から

三重県立図書館の田村泰次郎文庫に収められている泰次郎の遺品の中には少なからぬ量の中国戦線での写真がある。本書では既にそれらから「北支」占領の種々相を見たが（一章4節）、ここでは泰次郎の文章を見る前に、圭川との接点について、写真を手がかりにみることにする。

No. 1…教育召集での泰次郎

泰次郎の戦時写真の全体傾向は、圭川と似た点が多い。やはり環境や経験が近似するためであろうか、互いに送りあったと思われる戦友の署名を裏書した写真群、女性から贈られたと思われる名前を裏書した写真、中国服姿、武器を構えた軍服姿、中国的景観の前での記念撮影……。異なるのは、旅団司令部の宣伝班に居た泰次郎には、舞台や街角での宣撫活動の写真があることである。

泰次郎は三重県の津第三三連隊に入営した。旧日本軍は全国を連隊区に区切り、区ごとに徴兵、召集を行った。このため連隊は「郷土部隊」とも呼ばれた。同じ三重県出身である圭川は三九年に、泰次郎は四〇年に同じ連隊に入営している。No.1は泰次郎の教育召集の時のもの。銃剣を装着して銃を構える姿を写真に残している。既にみたように、将校への道を前にして圭川と泰次郎は異なる志向を見せているが（235頁）、従軍に感じるある種の感激や記念を留めることへの姿勢には大きな違いは見られない。

ふたりの配属部隊は共に独立混成第四旅団で、圭川が独立歩兵第一四大隊、泰次郎が第一三大隊である。ちなみに泰次郎「沖縄に死す」に登場する従弟の長尾光直は圭川と同じ一四大隊に配属され、圭川と同じく沖縄に転戦、圭川より一足早く、一九四五年五月三日に戦死している(2)。前述したように、圭川と泰次郎が同一写真を所有している。独混四旅司令部における記念撮影で、二七㎝×二一・五㎝という当時では珍しい大判のプリントであることから、軍から配布された同一プリントと思われる。泰次郎のものには「昭和十七年紀元節ニカ第三五九一部隊記念撮影」と裏書があり、紀元節(二月一一日)を記念しての集合写真と分かる。一九四二(昭一七)年は泰次郎と圭川が共に山西に居る時期で、圭川らしき姿しか見つけられないが、ふたりが一緒に写っているものと思われる。

№2…新兵の頃の泰次郎

№2は新兵の頃の姿。「昭和一五年冬　華北前線にて　入隊当時　陽泉(石太線)にて」とある。腰に手を当て気張った様子であるが、圭川がやはり陽泉の旅団司令部で新任将校集合教育を終えた日にそっくりなポーズで記念撮影を残している。よく似た心境にあったためか、それとも当時のお決まりの仕草だろうか。

二人は異なった大隊に配属されたものの、共に陽泉の旅団司令部での任務に就いている時期があり、圭川は一九四三年八月から四四年初の河南作戦前まで、泰次郎は一九四一年一月から四四年のほぼ同時期までと時期が重なっている。宣撫活動が泰次郎の軍隊経験で圭川と大きく異なる点であることは上述したとおりであるが、実はそこにも接点が垣間見える。宣撫泰次郎が担当していた和平劇団の紙芝居上演の写真にはトラックの荷台中央に泰次郎が写っているが、圭川アルバム3「宣伝隊活躍(紙芝居)」と女優の服装を始め細部まで一致することから、同じ日の撮影と思われる(94頁)。アルバム3には「和平劇団員の紙芝居」もある。間接的ではあるが、これらの写真は戦地での二人の接点を示唆している。

泰次郎の戦時書簡から

泉さんは自身が戦地から送った書簡を受け手から戦後に回収して、アルバムに貼り付けているが、泰次郎の遺品の中にも自身が戦地から親族に書き送った書簡が、やはり本人が戦後回収したものか相当数残る。その中から戦時体制や時局への泰次郎の認識や態度を表明している部分を一部挙げてみる。

①昭和一八年一月　田村明世（母）宛　葉書（軍事郵便）

……夜明けの寒風の中で戦場に迎へる○度目のお正月を一入感慨深く迎へました。小生元気旺盛、兄上は銃後で、小生は前線で、御父上様母上様よりお承けした忠義の血は愈、燃え上がってゐます……(3)

②昭和一八年一月一日　田村正衛（兄）宛　葉書

……御奉公の心を固め直しました。……銃後はいよいよ凡ゆる点で不自由になることでせうが、一路戦捷に向つて、東亜民族と進むことを思はれ、御奮闘祈ります。

③昭和一八年一〇月　田村明世（母）宛　葉書

……戦局重大の折柄一層軍務に奮励します。

④昭和一八年一一月　田村明世（母）宛　葉書

光直君入営のこと驚きました。けれど名誉なことです。長尾家には早速御祝詞申し上げました。

⑤昭和一九年一月　田村明世（母）宛　葉書

手書きの絵（剣道着姿）に「必殺乃剣先鳴るや風の花」（No.3）と添える。

⑥昭和一九年二月　田村明世（母）宛　葉書

……全くご苦労ですが、国家総力を挙げての決戦期、みんな頑張ら

No.3…戦地から母に当てた絵葉書

ねばなりません。

⑦昭和二〇年二月四日　田村明世（母）宛　封書（便箋の挿絵では南国の島の海岸に戦車が描かれ、沖合いには軍艦らしき影が浮かび、上空に爆撃機が飛ぶ）……小生もどこ迄も頑張ります。

このように、泰次郎の戦時書簡の文面はどこまでも時局に沿った発言で、従軍への積極姿勢を強調しこそすれ、疑いや批判は気配すら微塵もない。戦車や軍艦、爆撃機をあしらった便箋に「必殺」や「忠義」の語が踊る。当時の語彙や定型的表現にまるで何ら抵抗感もないかのようだが、戦後発表した泰次郎の作品には軍の体質に感じていた反感や、現地の軍事勢力や民衆に感じていた引け目などが描かれている。書簡④では従弟・光直の「入営」に「祝詞」を送ったと述べているが、この従弟が実名で登場する小説「沖縄に死す」では、彼が友禅絵師として将来を嘱望される腕前を持っていた一方で世故に長けず、そういった能力を必要とした日本軍内部で疎まれる様子を面会で目撃する場面の後にこう綴っている。

……そんなことにまだ気づかずにゐる光直君の無邪気さが、――それは新らしい補充兵の一般的な気分ではありましたが、――可哀さうでたまりませんでした。

いよいよ出発といふ間際に、私は大陸に残されましたが、その日のことがあつたために、沖縄転進後の光直君たち国民兵あがりの補充兵の苦労が、私には一層眼に見えるやうなのです。私は何も国民兵あがりの補充兵たちが、精神的にも肉体的にも軍隊生活に適しなかつたといふことを責めようとするのではありません。猫でも杓子でも生きてさへゐれば、日本人だからといつて、戦闘員として戦力のなかへ計算してしまつて、この大戦争をおつぱじめた指導者たちの非科学的な神がかりの心理をこそ、私はいひたいのです。光直君は友染絵師としてこそ、容易に他の人も及ばぬ手腕を示しましたが、兵隊としてはそれほど兵隊らしいといふわけには行きませんでした。このことは、何も光直君の人間的価値を左右するものではありません。ところが、――いや、それなのに、そんな人間まで戦場へ狩りださねばならなかつた日本民族の運命が、私は悲しいのです。戦場へ狩りだされたその人の運命の悲しさはいふまでもなく、さうせねばゐられなかつた日本民族の運命の悲しさ、――これはまた日本人の民族的気質でもあり、結局は私にもそんな気質があるといふことなのです。私には、自分のなかにあるそんな気質が悲しいのです(4)。

戦時に書かれたものの字面だけを見れば敵愾心に燃える軍国青年だが、内面はそんなに単純で陰影のない薄っぺらなものではなかった。時代状況を踏まえれば、ある人物が戦地で「必殺」と書いたからといって、文字通り単純に敵愾心に燃えていた証拠にはならない。泰次郎が戦後書いたものと読み比べると(戦後の文章については、逆に戦後の世論や思潮の影響を受けていることを考慮すべきであるが)、戦時中に書かれたものはやはり表向きの顔であって、戦時に書いたものは必ずしも真実の心情とは限らないし、戦時には書けなかった思考や心情があることが分かる。

圭川の場合も、親元には戦地から夥しい数の郵便物が届いていたと言い、次弟圭舟の記憶では、圭川は自分で検閲印を押すため、捕虜に目隠しをして新兵に銃剣で突かせているなど、戦場の様子が書かれていたという。これらの手紙は祖父母が敗戦時に廃棄したらしく、一通も残っていない。しかし、伯母の嫁ぎ先に届いたために残った、筆者が入手することが出来た唯一の書簡には「何時靖国神社に行くか一寸先も見えぬ」「小生の人生観も変わった」などと綴られている(203頁)。書簡には日付が無いが、文面から一九四四年初頭に書かれたと思われる。北支派遣から既に二年。戦地の現実の中で〝公式見解〟とのずれは小さくなかったのではないだろうか。

(2) 泰次郎の戦争文学から

泰次郎は復員後に発表した「肉体の門」などで肉体文学作家として知られたが、山西の戦場体験に基づく作品群があり、作品化に当たっての脚色は当然あるものの、作品中の事件や登場人物や背景となる戦地の状況など多くが実際の日時、地点、状況に基づいていることが尾西康充の研究で明らかになっている(注1参照)。ここでは、当時の戦時体制や日本の中国支配をめぐっての著者の意識や心情を反映すると思われる箇所を中心に見る。

泰次郎の戦後初の作品で、それも復員後に僅かの間に書き上げたものである。作品は、日本軍兵士と八路軍女性捕虜との間の肉体関係という題材を通俗小説的に描いて、戦場の空気を伝えるのにそれが却って奏功している。主人公の旅団司令部の宣伝班の班長は泰次郎自身の投影であり、実在の捕虜との恋愛を描いたものであると、彼自身の文章「第五図　破壊された女」に明かされている。泰次郎の遺品写真には作品中の描写そのままのエキゾチックな顔立ちの長身で体格の良い女性の写真が何枚も残る(5)。

「私」は自分たちの部隊の捕虜となった女性を初めて見た時から、彼女の全身から発する「日本軍に対して骨の髄から憎悪に燃えてゐるような冷ややかさ(6)」に強い印象を受ける。そして彼女に触発されるように、「私」の内面の葛藤が語られる。

「長い年月、私は戦場で兵隊として生きながらも、――いや、兵隊として生きて来たがために、戦争そのものを否定する一つの原型的な人間像を空想し、それを渇ゑ求めてゐた」「さういふ架空の、けれどもさうあらねばならぬと信じられる人格、実際《ママ》に自分の内部にあつて戦争といふ現実を生きてゐる行動人とを、仮借なく対決させてみたい欲望に、私は憑かれてゐた」。

「私」は彼女に惹きつけられるのを感じると同時に、それが自身の葛藤から来るものであることに早い段階から気づいてもいる。

　君の中につめたさの存在することを想像するのは、実は私自身の勝手な期待であり、君を一つの理想的な人格に考へることによって、私は自分の内部のどこかにある、戦争そのものの根元的な罪悪に対する人間らしい否定を、外部に具体化して、私自身とむかひあはせてみたいのではないだろうか。

戦場で彼女に気遣いを見せようとした「私」は、日本軍の一員としてはっきりとした拒絶を食らう。

No.4…現地住民たちの視線の中を行く日本軍将兵

そのとき、私は見た、——君の眼を、——君の眼が軽蔑と敵意とで、妖しくかがやいてゐるのを。そして、私ははつきりと知つた。長い戦場の生活を通して、私が求めてゐるものが、そこにあり、私がこれまで何故に君に惹かれてゐたかといふ、そのまぎれのない理由を。その瞬間、私は自分の全身に、それはまるで何か運命のやうな厳粛な衝撃を覚えた。それは戦慄といつてもいい。私はぼんやりと立つてゐた。胸がかあつと熱くなつて、眼には涙さへたまつた。

「私」は、自分の心が彼女に惹きつけられるのをはっきりと自覚する。しかし、すぐに彼女との間には「絶望的な客観的条件」が横たわっているると気づく。その「最も決定的な」ものは、「君が中国人、私が日本兵士であるといふことだった」。「日本軍が中国でやったことを知ってゐて、その表情にごまかされずに、中国人の心の底をみつめようとする者にとっては」中国人にとって日本兵が「死んでも妥協することを承知しないような、さういふ宿命的な関係」であることは「極めて常識的の」「諦観」だった。

「その表情にごまかされずに、中国人の心の底をみつめようとする者」は泰次郎でもあるのだろう。泰次郎が戦場で現地住民の反応を気にし、感情を見せない「表情」の下に何かがあるはずと考えるのは、自分たちの行為が正当性を欠くことを突き詰めて考えないようにしながらも、感じないではいられなかったからだろう。泉アルバムにも中国人の「表情」についての書き込みがある。

日本人を迎える中国人の表情は複雑だ。歓迎、抵抗、そのいずれでもない。あきらめの〝没法子〟か(7)どこかの都市を陥落させての入城式、あるいは作戦から駐屯地への凱旋など、圭川や泉さんのアルバムには動員されたらしい現地住民が日本軍を出迎える情景が多数ある(№4、106頁他)。人々の視線の真ん中を行く隊列の中の兵士たちは居並ぶ住民がどんな思いで自分たちを見ているのかをやはり気にしていたのだ。それは異国の地で行う戦闘や占領が正義であることを信じきれないことから来ていたのではないだろうか。泉さんの場合は懐疑や葛藤にまでは至っていないようだが、直感的な心もとなさは大卒のインテリ兵に限られたものではなかった。ついに彼女と逢瀬を持った「私」はますます彼女を求めるようになるが、

さういふ私をやつとひきとめるのは、……私自身の魂の奥底にある君に対する民族的なひけ目、――それは普通の人々は優位として考へられるものであるが、――そのひけ目のためであつた。

このような「私」は、身体は軍隊の規律と命令に従っているが、内面では侵略される側の住民に道義的引け目を感じる。そして、捕虜に対する同輩や上官の発言に、日本軍の体質的問題を見て憤る。

そこに日本軍の思ひあがつた考へ方を、絶えず私たち兵隊をいためつけて、私たちの自由をしばりつけてゐる日本軍特有のあの救ひ難い頑迷固陋な考へ方を、中国の人々をして腹の中ではみんなそつぽをむかしめてゐる日本軍のあの独善的で傲慢な考へ方を、私は見た。

その組織を構成している一員でありながら、自分を日本軍の中で抑圧されている被害者と位置づけ、日本軍の侵略や軍国主義体制の責任から切り離してしまうのは自己欺瞞という批判が成り立つが(8)、当人にとっては実感の籠ったものであったのだろう。

「肉体の悪魔」が帰還直後の執筆であるのに対し、この作品は一〇年後の執筆で、実体験や実感を吐き出すような初期の作品に比べ、戦場に取材した作品という性格に変化している。作品は、衝撃的な内容とそれが史実かどうかをめぐる議論で注目されがちであるが(9)、ここでは敗戦から一〇年が経った時点での戦場の記憶と従軍への考えに注目する。

「私」は妻との旅先で、かつて山西省での従軍中にロケが行われていた記録映画が戦後に題名を変えて再上映されているのに出くわし、戦争映画嫌いの妻をなだめすかして一緒に映画館に入る。画面には山西省の風景や太行山脈での行軍が現れる。

ああ、あの山だ、あの谷だ。私は画面が変るたびに、思わず、口にだしてつぶやきそうになる自分を、どうしようもなかつた。

……

ひさしぶりに山西の風景が見られたことで、私はすつかり涙ぐましくさえなつた。縞目を見せた黄土層の断崖や、巨大な刃物で地面をえぐりとつたような地隙が、ふんだんにあらわれて、私の胸はうずいた。陽に映えている道路や、民家の壁や、風にゆれながらかがやいているとうもろこしや高粱の長い葉の群れが出た。

……

兵隊たちが、重い装具を、肩にかついで、山あいの道をえんえんと歩いて行くような場面を見ると、自分もあのなかの兵隊の一人だつたことが、私には夢のように思える。私の耳には、とうもろこしや、高粱の葉末をばさばさと鳴らして吹きすぎる朔北の秋風が聞え、肌には、ひやりとする、薄刃の刃物のようなつめたさを秘めた感覚がよみがえる(10)。

山西の風土に対する描写は実際に現地を訪れた者には心に響く。「荒涼とした」と表現しないではいられないそんな風土にも確かに懐かしさを感じるのを驚きと共に発見させられた。

ああ、あそこは、おれの魂の故郷だ。私は自分の心につぶやく。たとい、家内であっても、それを口にだして告げるのは、なにか奇妙に恥かしいような気持で、私はだまっている。

「ずいぶん、寂しいところばつかりねえ」

「うむ」

「よく、こんなところに、ひとが住んでいられるわねえ」

「うむ、でも、こんなところでも、土地の百姓たちの郷土愛というものは、とつても強いんだよ。おれたちには、ちよつと想像出来ないほど気ちがいじみたものなんだ」

当時の中共軍の執拗なねばりと強さとは、「保衛郷土」のスローガンの下に、土地の若者たちを動員して、日本軍にあたらせたからである。いまの私たちに、果して自分の国土を、こんなにも愛してやまない気持があるか、どうか、自分の心に問うてみても、私は自信をもつて、「ある」といいきれない自分を感じる。……空気の稀薄なところへ行けば、空気のありがたさがよくわかるように、地味の痩せた、荒涼たる地方であればあるほど、わずかの農作物でも収穫を得させてくれる土地のありがたさを、骨にこたえて知ることが出来るのにちがいない。

泰次郎はこの作品に限らず、自身の作品中で幾度も山西の風土に「魂の故郷」「心の故郷」と呼びかけている。

山西農村へは二〇〇七年春以来何度か足を運んだが、中国が驚異的な経済成長を遂げた今日でも、草木も無い荒涼とした渓谷、喉や鼻が痛くなるほど乾燥した大気、衣服から露出した肌が痛いほどの砂嵐など、気候風土も生活条件もとにかく厳しい。別れには土地の人たちが「またお出でなさい」と声を掛けてくれるのが、どこでも人々は住む土地に愛着を持つことを頭では理解していても、これほど厳しい環境への愛着に感嘆を禁じえなかった。それが、泰次郎の文章を読んで確かにそうだと納得させられた。その風景の中に、泰次郎は映画が殆どカメラを向けない、その土地の住民を思い出す。……長年の絶えまのない過労で、四十歳ほどで、すでに六十歳にも、七十歳にも老けて見えるような、表面猫のようにおとなしい、黙々としてはたらくことだけしか知らないような農民たちのしわだらけの顔を、私は瞼の裏に描いた。

その顔の深いしわのなかには、長いあいだに、吹きつけてくる黄塵がたまつて、黄いろい皮膚の色と見分けがつかなくなり、乾いた仮面のように、表情のない顔になつている。その仮面の下にあるなまの顔を、私たちは気がつかずに、表情のない仮面だけを見て、相手を軽蔑したのである。感情の動きのすくない、動物のように愚鈍な連中だと思いこみ、私たちはのろまな動物をでもあつかうように、彼らをあつかつたのだ。

老百姓《ラオバイシン》(11)、――日本軍にとつて、この言葉は、なんの人格的な意味もなかつた。彼らは野良犬や、虫けらと、すこしもちがう存在ではなかつた。長い戦争の期間をとおして、日本軍に殺された住民の数は、恐らく日本軍と闘つて死んだ中国人の兵隊の数よりも多いのではないだろうかとさえ、私には思われる。

たとえ戦後にしろ、土地の住民たちをこのように思い起こせるということは、泰次郎は戦場にある時も住民たちの表情や彼らの視線を気にしていたはずだ。しかし、どのような意識を持っての上にしろ、命令に従って遂行された軍務がもたらす結果は変わらないのも事実である。

ある時期においては、ときには、公然と、住民をみな殺しにしろという軍命令が出たこともある。燼滅作戦というのが、それだつた。

「おい、こんどの作戦は、ジンメツだとよ」

作戦開始のときになると、兵隊たちはそんな噂をしあつた。作戦地域内の部落という部落は焼き払つて、生あるものは犬の子一ぴきも生かしておかないというのが、建前だつた。

しかし、また一見躊躇無く命令を遂行したかのように見える兵士は、生身の人間として個人の意識をも持って戦場に居る(12)。

住民たちに対する日本軍の身の毛もよだつような所業は、私の七年間にわたる戦場生活で幾場面も見ているが、全戦争期間、全戦域にわたつては、それがどのくらいの場面になるかは、想像を絶したものがあるにちがいない。私は、その悽惨な場面に生きてきたが、ために、戦後十年もすぎたいま、ふたたび、民族優越の自信をとり戻すことが叫ばれても、私にはとてもそんな気持が動かない。

私は日本人の一人である自分自身を信じられぬし、また人間全体をも容易に信じることは出来ない。

「大行《ママ》山の絵」

この作品は、四六年に帰還した泰次郎が、翌四七年に発表したもので、山西省の戦場を共にした戦友に宛てた手紙の形を取りながら、帰還直後の心中を語る。

人間が「考へる葦」であるといふことは、「考へる」といふことがすでに人間的であり、それ自体でも倫理的であることを意味してゐる。考へる、――何と肌触りのなつかしく、しつとりと心の休まる言葉であらう。ああ、私たちはいつからこの言葉と別れてゐたことだらうか(13)。

軍隊生活の中で不可能であった行為、そして帰還後の生活の中で人間に戻る実感を与えてくれる行為、それは「考える」ということであった。泰次郎は八路軍の抗日根拠地に接しながら、旅団司令部の宣撫班で宣撫工作に従事したことから、抗日根拠地の様子や対民衆工作の詳細を知り得た。

中共のやり方の中で一番感心してゐるのは、郷土愛といふものを、実に徹底して強調してゐることだ。……中略……自分たちの郷土がどんなに愛すべく美しいところか、この郷土を日本軍の侵略に委せないためにはどうすればいいか、そのことを具体的にわかり易く、そしてすべてすぐに実行出来るやうなやり方で民衆を教育し組織して行つて、実質的に民衆の力量を昂め、遂に「保衛郷土」に成功したのである。

日本軍は中国戦線でこの効用を「切実に経験して」いたから、米軍との本土決戦において、民衆戦を試みようとしたという。しかし、

こんどのやうな戦争目的では、民衆は、何が何だか十分わからなくて、ついて来るものではない。そこへ行くと中国はつきりと反侵略の立場にあるから、民衆には納得が行くのだ。中国の口癖にいふ大義名分がはつきりしてゐるのだ。この戦争が「義戦」であることが、民衆にはよくわかつてゐるのだ。

中国には「聖戦」という語はなく、あるのは「義戦」であって、戦いにも大義がなくては民衆の支持が得られない、と三国志をひいて語ったあと

これが中国人の頭の中にある歴史的意識であり、歴史の法則なのだ。さういふ意味でこんどの戦争の間でも、中国の民衆の頭の中には、最後に日本が必ず失敗するといふことは、現実の眼の前にある事柄にかかはらず、一つの動かし難い信念——民族的信念といふものになつてゐたと思ふのだ。

次に、意識は反転して戦争に敗れた日本に向かう。自分たちは今や何でも言えるようになったのだから、率直に信念を披瀝し、議論を進め、戦争によって遅れてしまった分を取り戻し、「世界の文化水準」に追いつくべきだ、崩れ去ってしまった「民族的矜持」もとり戻さなくてはならないと言う。そして、再び著者の意識は抗日戦を戦った中国に戻る。

中国の指導者のえらさは、この民族的矜持を、どんな苦境のときにも民衆の胸から消え去らせないために、あらゆる努力をした。その一つがさきにいつたやうな郷土愛の強調となつたのだが、それだけに止まらず、郷土愛といふそれだけでは単なる消極的な感情をつきつめて、それを生産増強にまで持つて行つた。中共自身「辺区」と称するほどのあの奥地を、山骨のあらはれた痩せた山また山の黄土地帯を、生きるといふことだけでも容易でない、すつかり老廃しつくした感じのかさかさの土地も、一大兵站基地にまでつくりあげたのだ。それが、民衆を不自然に強迫することなしに、中共と民衆とのお互ひの納得づくで、それを仕遂げてしまつたのだ。

この後、山西の太行地区で繰り広げられた民衆運動の様子が熱を込めて具体的に語られる。それに応じる「民衆の張りきり方といふものは、まつたく羨ましいくらゐだつた」。

君は覚えてゐるだらうか。南部大《ママ》行作戦のとき、渉県からそんなに遠くない潭音村附近で、手榴弾を瓢箪のやうに六箇も腰にぶらさげた少年を捕へたことを。ぼろぼろの着物を着て、……はだしの足が疥癬《かいせん》で膿の出てゐる少年だつた。

「お前は幾歳か」

「十六歳だ」

彼ははきはきした口調で答へた。

「お前はどうして手榴弾を持つてゐるか」

「お前たち日本軍を殺すためだ」

私たちは全く驚いてしまつた。

「お前は何者か」

「我是拾糞英雄」

彼は昂然といつた。

No.5…「八路軍少年決死隊」

少年は、生産条件の厳しい太行山中の抗日根拠区で行われた、肥料にする馬糞や牛糞を拾う競争の「英雄」だった。作品には、このように中国の抗日戦の具体的な描写が熱っぽく長尺で繰り広げられる一方で、またこのような複雑な心境も吐露する。

君も、私も、それが譬へ自ら望んだのではないにしても、お互ひに長年軍隊で生活して来た者にとつては、ほんの昨日までは大東亜共栄圏とかアジア解放戦とかいつて論じてゐた人々が、今日は掌をかへしたやうに戦争の罪悪性について、十年も以前から論じて来たやうに容易に論じるのを見ると、何か欺かれたやうな気持がするのだ。さういふ人々のいふ民主とか、文化とかの事柄を、本気に聞く気にはなれないのだ。

そうかといって、自分は軍隊を弁護しようとは思わない、戦争そのものの残虐性は十分に知っている、と断りながら、またこうも言う。

この戦争が純然たる侵略戦争であり、いまいはれてゐるやうな大きな罪悪に値するものだとは、私は白状するが、正直にいつてはつきりとは認識することが出来なかつた。

初めてこの下りを読んだ時は困惑した。ここまで見た文章からは泰次郎は従軍中から侵略者として道義的引け目を感じていたかのようだが、「侵略」という概念自体が戦後的なもので、戦時中にはその概念すらなく、自分たちの立場が侵略者であるかどうかを兵士個人の内面において検証を迫られることはなかったのかもしれない。しかし、侵略の概念の有無というよりも、自己防衛の本能から、問題を認識しながらも、その前で立ち止まるのではないかという疑いも起こる。泰次郎は自身の従軍ノートに「戦場での生活の中では、いつも考へて行動するなどといふことはゆるされない。まづ行動があるのだ。自分の行動が倫理上でどういふ意味になるのか、何もわからない。……誰が我々を何と見ようとも、我々は闘わねばならない(14)」と書いている。つまるところ、戦場において「考える」ことは、軍隊が許さなかっただけでなく、兵士の側からも拒否したのだ。

話を「大行山《ママ》の絵」に戻すと、太行山中の抗日根拠地での民衆動員の様子など、中国側の抗戦の描写は具体的かつ詳細で生き生きしており、それを偵察する「私たち」の「まつたく羨ましい」気分の叙述も前後に矛盾が無く、文章に勢いがあり（その量の多さや詳細さは敗戦直後の日本社会に歓迎される内容であったためであろうか）、泰次郎にとって実感のある部分だったと思われる。一方、日本の戦時体制や日本軍のこととなると、短い観念的な表現に留まり、具体的には殆ど語られない。例外的にやや具体的で一定の長さのある叙述もあるが、それとても「将校の特権なるものと兵隊との間のあまりの相異、軍隊生活に伝統的にあるいろんな野蛮な習慣、上層部よりの命令なるものにきまつてあるところの無理の押しつけ、それからこんどの戦争に於て終戦に近づくに従つてだんだん悪くなつて来た兵隊たちの外地の住民に対する態度」が「日本の軍隊の悪い方面」として並べられるもので、これは日本軍の体質の問題ではあっても、日中戦争の問題ではない。

ここで改めて、問題の下りを見ると、「戦場にある間、私は自分の身体で戦争そのものの残虐性を十分に味はつては来てゐたが、この戦争が純然たる侵略戦争であり、いまいはれてゐるやうな大きな罪悪に値するものだとは、私は白状するが、正直にいつてはつきりとは認識することが出来なかつた」（傍点は筆者）と言っている。どうやら、泰次郎が言いたいのは、戦争は如何なる戦争でも残虐であり、ヒューマニズムの立場から否定する、日中戦争も戦争であるために不義なのであって、具体的な関係や条件や経緯の問題ではない、ということらしい。そう考えると、泰次郎が戦争文学論で言う「私は戦争反対論者である。いかなる大義名分のある戦争も、私は拒否する。正義の戦争というものは、理論上は成立するかもしれないが、人間の名において、私はどのような戦争もみとめることはできない。それは私が戦争の実体、戦場の実相を、よく知っているからである(15)」は、まさしくそのように読める。

ともかく「大行山《ママ》の絵」における「私」は、当時は侵略戦争と分かっていなかったという立場に拠って、敗戦直後の風潮を批判する。

これは私が馬鹿だつたといはれればそれまでであるが、いまいつたやうな人々には、それがはつきり罪悪と当時から解つてゐたのだらうか。それならば何故正面から軍閥に反対しなかつたのだらう。こんどの戦争の間どこの国でもさういふ勇気のある人々は出てゐるのに、日本にだけはさういふ人々が、……あんまり出てゐないのである。

敗戦の結果与へられた「自由」も、自分の勇気で、自分の力で、自分のものにしたのではないので、すこし小恥かしいくらゐのところが本当ではないかと思ふのに、まるで自分たちの勇気と力とでそれをものにしたやうに思つてゐるのではあるまいかと見える人々が、この頃の日本には何と多いことだらう。

この辺は戦後の人間にも理解しやすく感じられるが、やがてまた分かりづらくなる。

さういふ人々が軍隊のことを悪くいふのを聞くと、何も知らないのにと、私たちは彼等が軽薄に見えて仕方がない。

以上見たように、「大行山の絵」《ママ》では「私」の思考が太行山中の抗日根拠区へ、戦後の中国へ、日本軍の内部へ、敗戦の日本へと、行きつ戻りつ、且つ少なからず重複して登場し、構成が緩い印象だが、この構成の甘さは執筆時間が短いなどの外的要因からよりも、著者の当時の理性と感情の相克を反映したものに思える。泰次郎は、抗日を闘う現地勢力の懸命さに感嘆もし、自分たちの武力行使によって悲惨な目に遭う現地住民への同情と道義的引け目を感じながらも、一般論として戦争を否定することは出来ても、自分たちが担った戦争の大義は否定しきれない。日本軍の体質への不満はあっても、日中戦争への批判は明確なものは見当たらない。中国の抗戦の様子については豊富な具体例をもって詳細に語るのに対し、その戦争を発動した日本の側については、具体的な叙述は殆ど見られない。「私」は、殺戮や破壊に携わることに葛藤を感じつつも、自身の生存を託している体制への恋着を抱き、体制への批判は主に自らの処遇をめぐっての不満に留まり、本質的な批判には発展しない。「考へるといふ習慣から遠ざかつてゐ(16)」る。

多分に矛盾を孕み、問題の本質に迫る前で決まったように立ち止まる泰次郎の思考は、自分が身を置く状況の問題を認識できる知性とそこそこの良心を持ち合わせながらも、生まれ合わせた時代や自分が属する集団の制約を越えようとはしないことから来るものだろう。それは平時においても、大多数の人間が、幾ばくかの葛藤の後にしろ、結局のところ送ることになる人生の姿に通じる。さすがは肉体文学の旗手というべきか、泰次郎の言は、生身の人間の矛盾や弱さや手前勝手を孕んで、人肌のぬくみが伝わってくるようなリアリティがあり、当時の「大多数の側」の内面世界を理解しようとする者に貴重な資料を提供してくれる。

これまで見てきた泰次郎の内面世界を踏まえて、圭川の内面世界を考えてみる。圭川は、泰次郎が早く除隊したいがために幹部候補生試験を受けずに兵士に留まったのに対し(17)、実に誇らしげに幹部候補生を経て将校に進み、中国戦線では大隊本部が置かれた県城や旅団司令部が置かれた大きな都市で任務についており、しかも山西体験は泰次郎が五年以上に及ぶのに対し、半分以下の二年半で沖縄に転戦している。このため、加藤解題に現れるような、治安戦の末端の分哨で起こった軍規崩壊などを切実には見聞せずに、戦場体験が相対的に建て前に近いものに留まったことも考えられる。このため泰次郎よりも書生臭さが抜け切らず、時局に懐疑を抱く契機に乏しかった可能性はあるが、とはいえ泰次郎の戦時中に書いた書簡と戦後に書いた文章とで見たように、人並みの思考力と感性があれば、現実の戦場に身を置いて、その思考や感性がアルバムに残る字句と寸分のずれなく、どこまでも建て前の中で陰影を見せない境地に留まっていることは不可能だろう。圭川の内面にも自己防衛のための思考停止の水面下でなお葛藤や同情や引け目が存在したのではないか。泰次郎のように、結局は当時の大義を否定できない程度であったとしても。圭川自身の言葉でそれを証明することは永遠に不可能ではあるが、泰次郎と圭川との多くの接点を考えれば、それは十分に可能性のあることに思える。

ところで、筆者は大学で接する学生たちの殆どが日中戦争の勝者は日本だと思い込んでいる現実に、それは数年前偶然の機会に発見したことで、その時は大変驚いたが、いまだにその実態に触れる度に驚きを禁じ得ない。泉アルバムにも「中国では勝っていた」という表現が何度も出てくる。この日本側の認識について、「大行山《ママ》の絵」の結びに泰次郎はこう書いている。

私たちはこんどの戦争ではあらゆる戦域で敗れたのだ。私たち大陸の戦場にゐた兵隊たちは、「俺たちは決して負けたのぢやない。こちらでは勝つてゐたんだ」といふ者さへあるが、さういふ人々は知らないのだ、中国でも完全に私たちは負けたのだといふことを。このことは、これからの中国との関係の上で、日本人たる者は十分に知つてゐなければならないことなのではなからうか。

肯定か否定か訳が分からなくなる言い回しであるが、これこそが泰次郎らしさ、あるいは彼が問題の本質を置くべきところに好んで置く表現を借りれば、「日本人の民族的気質」であろうか。

［注］

（1）田村泰次郎という作家とその作品世界については、尾西康充『田村泰次郎の戦争文学――中国山西省での従軍体験から』（笠間書院、二〇〇八年）に多くを負っている。
（2）泰次郎の「沖縄に死す」（一九四七年発表）は従弟の長尾光直の思い出を綴った作品である。
（3）文中の〇は原文のままである。戦場での年月や地名は書いてはいけないものであったのか、圭川の裏書にも地名を〇で示したものがある。
（4）田村泰次郎「沖縄に死す」秦昌弘・尾西康充編『田村泰次郎選集2』日本図書センター、二〇〇五年、一六七頁。
（5）尾西の研究でモデルの女性については更に詳細が明らかになっている。尾西、前掲書参照。
（6）田村泰次郎「肉体の悪魔――張玉芝に贈る」秦・尾西、前掲書、八四頁。以下、「肉体の悪魔」の考察における引用は同書から。
（7）泉アルバム3『北支討伐（三）』余白の書き込み。
（8）泰次郎におけるこの問題点については、池田恵理子「田村泰次郎が描いた戦場の性――山西省・日本軍支配下の売春と強姦」石田米子・内田知行編『黄土の村の性暴力　大娘たちの戦争は終わらない』創土社、二〇〇四年参照。
（9）作品は拉致した現地女性を全裸で行軍に同行させるという出来事と付随して起こる住民殺害の残酷さで衝撃を与えるが、実在の人物や実際の事件に取材したことを確認した論考が出ている。詳しくは、前掲注8池田論文参照。
（10）田村泰次郎「裸女のいる隊列」秦昌弘・尾西康充編『田村泰次郎選集4』日本図書センター、二〇〇五年、一八～一九頁。以下、「裸女のいる隊列」の考察における引用は同書から。

(11)「老百姓」は中国語で「庶民」「大衆」のこと。中国の政治文化では、特に慈しみの対象として語られる。

(12)燼滅作戦は参加する日本軍将兵にも多大な精神的負担をもたらすものであった。元第一軍宣撫班長の手記には作戦中に狂乱状態に陥る事例、作戦に堪え切れず逃亡する事例、戦後もトラウマに苦しむ事例が記録されている。青江舜二郎『大日本軍宣撫官ある青春の記録』芙蓉書房、一九七〇年、一六三、三〇五、三〇九頁他。

(13)田村泰次郎「大行山の絵」『田村泰次郎選集』第2巻、秦昌弘・尾西康充編、日本図書センター、二〇〇五年、二三一頁。以下、「大行山の絵」の考察における引用は別途作品名を示さない限り、同書からのものである。

(14)田村泰次郎『山の兵隊――十五年冬より春へ』尾西、前掲書、四三頁所載。

(15)田村泰次郎「戦場と私：戦争文学のもうひとつの眼」『朝日新聞』一九六五年二月二四日夕刊、尾西康充氏提供。

(16)田村泰次郎「大行山の絵」秦・尾西、前掲書、二二〇頁。

［解題］山西と沖縄——ある下級将校のふたつの戦場

加藤修弘

はじめに

本稿の目的は第一に、田宮昌子氏による本文の主要な考察対象人物（田宮圭川はじめ田村泰次郎、山本泉ら）が従軍した独立歩兵第一四大隊（以後「独歩一四大隊」と略す）と、それが隷属する兵団である独立混成第四旅団（以後「独混四旅」と略す）及び第六二師団（以後「六二師団」と略す）の歩みを概観し、彼らが置かれた戦場を理解する上での一助とすること。第二に、写真を始めとする彼らの遺品を通して見えてくる戦場の姿について、本文執筆の田宮昌子氏とは少し別の角度からの視点を提供することである。

前記の目的二点のうち、第一についてはここで特に触れる必要はないだろう。しかし第二については少し述べておく必要を感ずる。本稿執筆者は「山西省における日本軍性暴力の実態を明らかにし、大娘たちと共に歩む会」（略称「山西省・明らかにする会」）という市民団体の一員として、日本軍将兵による性暴力の被害者となった女性たちの、日本政府に対する訴訟など名誉回復を求める闘いを支援する活動を行ってきた。またその一環として、一九九六年以来、山西省の農村を主なフィールドとし、日本軍によってもたらされた被害の記録や記憶の調査をするために、直接の被害者や村の古老たちからの聞き取り調査を重ねている(1)。それとともに防衛省戦史資料室等でその地を占拠支配した日本軍に関する史料調査や、元日本兵の方からの証言聞き取りも手がけてきた。そしてそのような活動の中で「侵略戦争」が地域に刻み付けた被害の実態を見つめる視点を学ばせてもらったと思う。「侵略」という一言に戦争の不正義性をこめて語ることは簡単である。しかし、戦争がそれぞれの地域社会の具体的な状況の中でどのような形態をとり、どのような重い傷を生み出したかを理解することは決して生易しいことではない。それを理解したいとする視点から見ると、彼ら日本兵が遺したアルバム写真は、本人がそれを集め記念として大切にした心情とは別のことをも語り始めるのではないか、と感ずる。本稿ではそのことに特にこだわっていきたい。

戦争はそれをどう美化、正当化しようと所詮「大規模な人殺し」でしかない。ましてその地に営々と人生と歴史を刻みつけてきた村をいきなり戦場に変えられてしまった中国農民と、一方的に中国に攻め込み支配した日本軍将兵との間に、共通する視角など最初からあるはずがない。しかし例えば、圭川がアルバムに貼った写真やそれを撮影したレンズを通して見た風景に、圭川自身は決して見なかったであろう別の視野からの風景を重ねることで、彼の歩んだ戦場の風景は初めて現実のものになるのではないか。圭川に与えられた人生は僅か三〇年であった。その中の最後の約五年間を過ごした戦場生活の現実や、彼が失ったものの大きさや彼の無念さが見えてこないだろうか。こうしたことを念頭に稿を進めるつもりである。

1　圭川出征時の戦局

独立混成旅団編成の戦局史的意味

圭川の所属した独歩一四大隊は独混四旅の基本を構成する五つ（第一一〜第一五）の独立歩兵大隊の一つである。そこで順序としてまず、「独立混成旅団」と称される兵団の性格とそれが次々と編成しはじめられた時期の戦局を概観していく。

一九三七年七月の盧溝橋事件をきっかけに日本軍の中国侵略が全面化してから一年半近く、戦局は早くも泥沼化していった。一九三八年一一月の武漢攻略の時点で大陸に動員された日本軍は約百万に達し、内地に残る兵団は近衛師団のみという状態で、日本の戦争継続能力は限界に達した。こうした事態を前に日本軍は新たな進攻作戦による占拠地拡大を抑え、既占領地における治安維持と傀儡政権の強化に努めることで大陸展開兵力の削減を図ろうとした。これは戦争方針の大転換であり、その後の中国戦線は「長期持久作戦」という名の「進むことも退くこともできない泥沼」にはまった状況が敗戦まで続くことになった。

この戦争方針の大転換を象徴的に示す事柄の一つが一九三八年から急速に進められた独立混成旅団の編成である。

この時期の独立混成旅団は五個の独立歩兵大隊を基幹とし、旅団砲兵隊、同工兵隊、同通信隊などを合わせて編成された。師団と比べれば兵員は遥かに少なく火力や補給の面でも劣るので大規模な進攻作戦には適さない(2)。その一方でその分小回りがきき、小規模ながらも様々な兵種の部隊を揃えて独立した戦略単位として動けるので、言わば「ミニ師団」として、長期持久戦下における占拠地の治安維持などには最適な兵団と考えられた(3)。その傘下の独立歩兵大隊も、四個の歩兵中隊を基幹に機関銃や歩兵砲などの兵科を組み合わせ独立した作戦の展開が期待された。

日本軍はこうした独立混成旅団を次々と編成して中国戦線に送り込み占拠地の警備と抗日勢力に対抗する治安戦を担わせ、初期の大陸作戦に参加した既設師団の多くを内地に帰還させようとしたのである。まず一九三八年に独混四旅を含む四個の独立混成旅団が創設されて北支那方面軍や駐蒙軍に配置され(4)、翌一九三九年に一四個、一九四〇年に二個と、その新設が急速に進められた。

田宮圭川が所属した独混四旅は公式には一九三八年三月に通州で編成完了した。通常の師団ならば、その中核を構成する歩兵連隊（いずれの連隊も天皇から与えられた軍旗を奉ずる）は、全国を地域分けした師管区の中に設けられた連隊区ごとに徴集される。だから師団も連隊も「郷土部隊」としての性格と誇りを強く持つことになる。しかし独立混成旅団の場合は連隊を持たず、兵隊は他隊や複数の連隊区をまたいで各地から集められる場合も多く、「寄せ集め」的な性格が強かった。例えば独混四旅もその兵の出身地は徴召集年度によって異なり、近畿、東海、四国などの様々な県に及んでいる。

独混四旅は編成後まず、第一軍隷下の兵団として山西省の占拠地拡大、掃討などに使われたあと、一九三九年春からは河北省の石家荘と山西省の太原を結ぶ幹線鉄路であった石太線沿線の中心都市である陽泉に司令部を置いた。以後旅団の任務はもっぱら石太線の警備と、その南北の山岳地帯を根拠地とする八路軍及びその影響下の抗日勢力との治安戦になる。

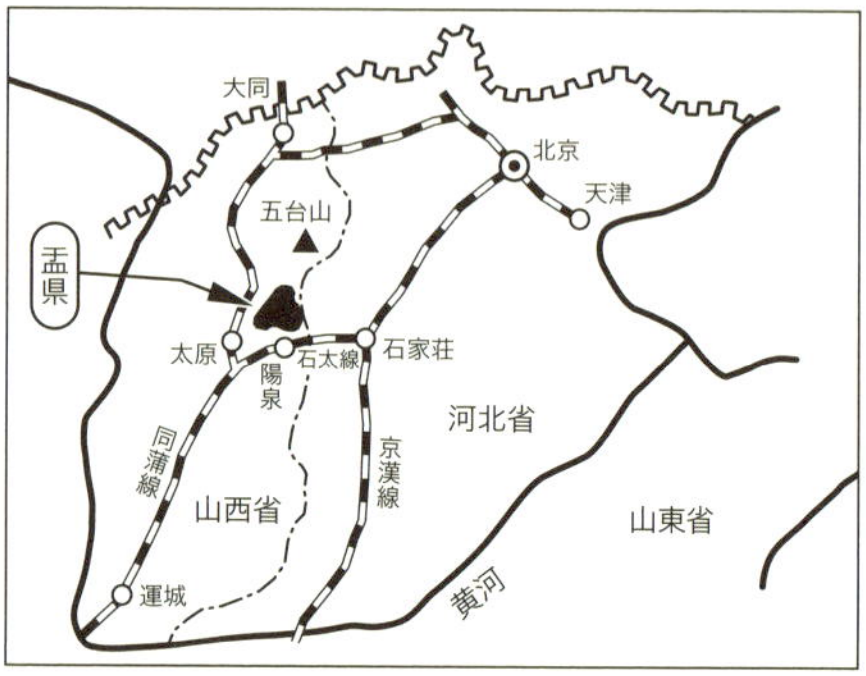

No. 1…華北、山西省、盂県の位置関係

独混四旅の下で独歩一四大隊の警備担当地域は、時期によって若干の異動や変更はあるが、基本的には陽泉の北西約三〇キロにある盂県城を行政の中心とする盂県一帯であった。

山西省における抗日勢力の動向

山西省は長く軍閥の閻錫山が支配する地域であり、彼が蒋介石の国民政府に属して国民革命軍の第二戦区司令官として抗日の立場をとった後も山西省に対する独自の支配は続き、そのありようは「山西モンロー主義」と呼ばれた。「華北分離工作」など日本の侵略意図が露骨に示されてくると、山西省でも「救国民族統一戦線を」の声が高まり、各界各層の抗日分子を広く網羅した犠牲救国同盟会（犠盟会）が成立した(5)。日本軍が侵入し省都太原が陥落した後、盂県や五台県には犠盟会系の抗日県政府がしばらく踏みとどまったが、一九三八年中には日本軍の侵入占拠を受けて重要拠点を失い、北部太行山地(6)を中心に成立した解放区である晋察冀辺区に合流していく。

閻錫山軍（山西軍）は忻州や娘子関などで日本軍と激戦を交わしたが、一九三七年一一月の太原失陥後急速に弱体化し、やがて山西省西南部に僅かの勢力範囲を維持するだけとなる。一方重慶の国民政府直結の中央軍も山西省南部に後退し抗戦力は弱体化していった。こうした中で、日本軍の治安戦の前に立ちふさがる最大の敵となったのが、国共合作によって蒋介石政権の国民革命軍第二戦区の第一八集団軍として位置づけられた中国共産党の八路軍である。

八路軍は日本軍の侵略拡大に対抗して一九三七年九月には黄河を渡り山西省に進出し、各地で日本軍と激しい戦闘を展開した後、日本軍占領地背後の山岳地帯に踏みとどまって根拠地を建設していった。既に一九三八年一月の時点で北部太行山地から五台山系にかけて広大な晋察冀辺区が樹立され、やがて南部太行山地にも太行軍区とその西に太岳軍区が成立していく。

山西省・盂県

盂県は日本の神奈川県ほどの面積で、その南方は東西に走る幹線鉄路の石太線に近接し、県東部は太行山地の山岳地帯を貫く内長城線で河北省に接し、北部は五台山の山塊につながっており、常に晋察冀辺区の抗日勢力と向かい合う地域にあった。

一九三八年一月、日本軍はまず盂県城を占領して傀儡政権を作らせ以後周辺に占拠地域を拡大していく。翌一九三九年には西部の中心地である西煙鎮など県主要部に進駐し、東部・北部の一部抗日地区を除く全県に支配を及ぼそうとした。

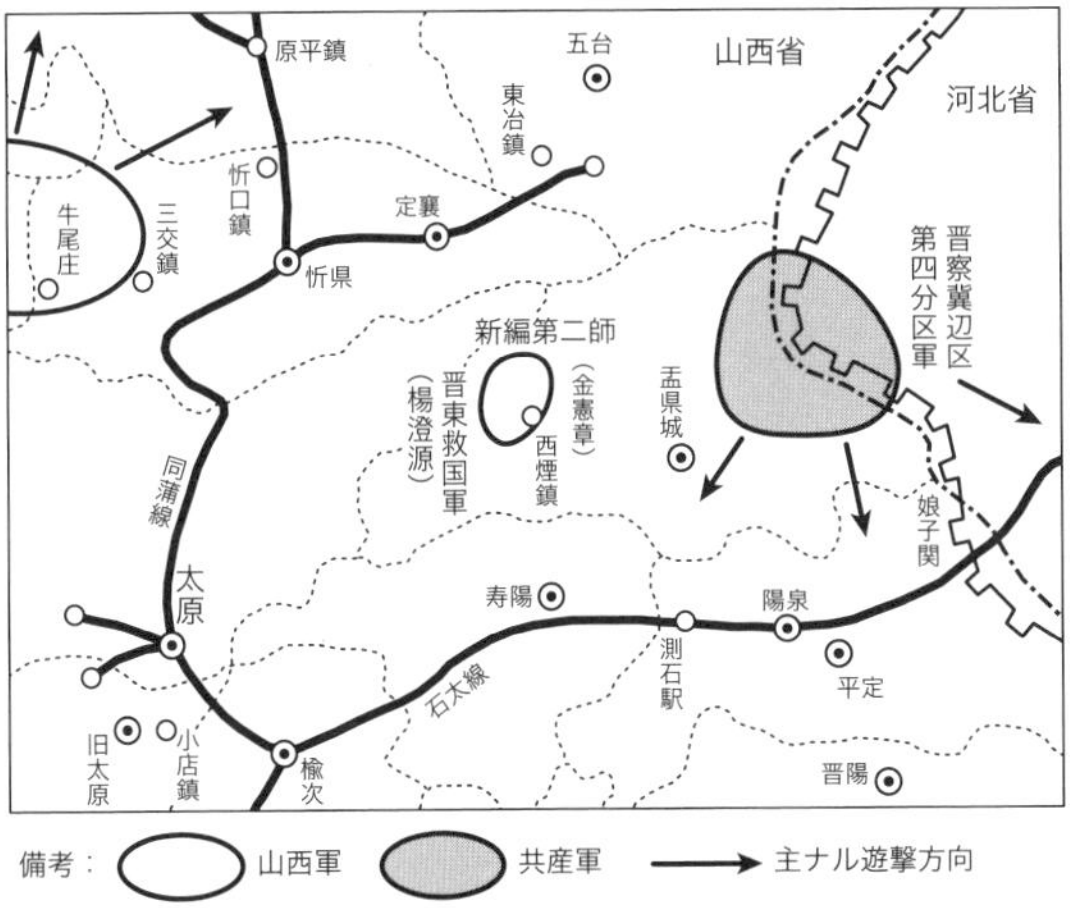

№2…第一軍による「敵情把握」（1939年2月）（「第一軍機密作戦日誌巻二十九」より）

盂県では、盂県城の周辺及び西煙鎮周辺には比較的広い盆地が存在するが、それ以外の殆どは山間部であり、切り立った侵食河谷や縦横に走る地隙に切り裂かれた荒々しい風景が広がっている。平地がなく降水量も少ないこの地域の畑では米も麦も栽培できず、玉蜀黍、粟、高粱、ヒマワリなどの雑穀に頼った農業が今も続いている。山の多くは表土が失われて岩盤がむき出しになっており一帯の植生も常緑樹がほとんどないから、畑の収穫が終わり野山の草木も葉を落としてしまう一〇月から五月にかけては一面荒涼たるむき出しの黄土大地が視界の果てまで続く。

占領初期の状況

占領初期、日本軍による治安維持、宣撫工作は着々と進んでいるように思えた。一般的に、日本軍は新しく占領した地域の住民にまず「維持会」を作らせ、周辺の村々に物資調達や労働力提供をさせる協力機関とした。続いて傀儡行政機関としての村公所を成立させ、さらに支配が進むと、警察や大衆動員組織としての新民会などを整備していった。武装団体としては中国人による傀儡地方軍として警備隊を組織させ、盂県の場合は県城の警備隊大隊から派遣された部隊が各拠点の村内に配置された。また地域の農民から成る自衛隊が作られ日本軍に協力させられる場合も多かった。こうして日本軍は占拠地域の行政はなるべく中国人によって行わせるようにし、軍は軍事に専念すべく村内から少し離れた適当な地点（多くは、村を見下ろす山の上）にトーチカを建設しそこに居住する、というのが一般的であった。

一九三九年初頭に盂県の警備を担当するようになった独歩一四大隊は、盂県城周辺部を第一区とし、牛村鎮、東会里を中心とする東部を第二区、西煙鎮を中心とする西部を第三区、上社鎮を中心とする北部を第四区と、四つの区公所管内に分けて支配する態勢をとった。北部、東部の山岳地帯には未だ支配の手は及ばなかったとはいえ、「治安建設」、「明朗盂県」実現への歩みは順調であるかのようであった。

百団大戦と〝燼滅戦〟

一九四〇年夏に勃発した「百団大戦」は、「順調」に見えた日本軍の華北占拠体制に痛打を加えた。一〇五個団（中国軍の団とは日本軍でいえば連隊に相当）、四〇万の兵力が参加したと称された八路軍の一斉反撃は、八月二〇日、華北各地の日本軍拠点に対する同時多発的攻撃から始まり（第一次攻勢）、続いて九月二二日からの第二次攻勢へと続く。この間華北各地で多くの日本軍拠点が攻略され、鉄道、通信線、鉱山など重要施設が破壊された。特に山西省を占拠支配した第一軍の被害は大きく、中でも石太線の南北を警備した独混四旅は集中的な攻撃にさらされて深刻な被害を受けた。旅団司令部の置かれた陽泉でも激しい市街戦が展開され、周辺地域や鉄道沿線の分遣隊拠点の多くが攻略された。

これに対し第一軍は「晋中作戦」を発動する。軍や関連施設に対する具体的な被害に加え、「皇軍の威信」をズタズタにされた日本軍にとって、この作戦は威信回復を至上命題とした強硬なものとなり、それを第一線兵士たちの「復讐心」が裏打ちしたから、この作戦展開は否応なく残虐なものになった。

晋中作戦の作戦命令に附せられた第一軍参謀長田中隆吉の指示には

徹底的ニ敵根拠地ヲ燼滅掃蕩シ、敵ヲシテ将来生存スル能ハサルニ至ラシム(7)

とある。「燼滅」という語がこの作戦命令の各所に使われ、戦闘詳報などでよく使われる「掃滅」、「殲滅」などという言葉では表現しきれない軍上層部の当時の「気分」までがよく表わされている。また、「第一期晋中作戦復行作戦実施要領」には「燼滅目標及方法」として、「敵及土民を仮装する敵」及び「敵性ありと認むる住民中十五歳以上六十歳迄の男子」は「殺戮」すること、「敵性部落」は「焼却破壊」すること、とある(8)。中国側が呼ぶ「三光政策(9)」を思わせる戦慄すべき命令である(311〜313頁参照)。こうして、百団大戦と晋中作戦が交錯する激しい戦闘状況は四〇年末まで続く。このように、百団大戦以後の日本軍はこれまで以上に凶暴な姿で八路軍影響下の村々に襲いかかっていったと見てよく、中国側の記録にはこの時期に多くの「惨案」(集団虐殺事件)が起こったことが記されている(10)。

独歩一四大隊は百団大戦に際し第一軍の中で特に惨憺たる被害にあった部隊の一つである(この直前、盂県一帯の警備任務はそのままに、大隊本部が盂県城から石太線沿線の寿陽に移されていた)。盂県各地に分散配置されていた中隊や分遣隊は晋察冀辺区軍の一斉攻撃を受け、特に九月四日には第三中隊が駐屯していた上社鎮が支えられなくなり、救援部隊とともに撤退する途中興道村付近で八路軍の待ち伏せ攻撃にあって戦死者四〇数人(日本軍史料)にのぼる被害を出した。この戦闘は中国側から「興道大捷」(「大捷」とは大勝利の意)と称され、盂県における抗日戦争の最も大きな勝利として語られている(11)。後に圭川が赴任することになる第四中隊は、当時石太線の盧家荘に本部を置き沿線各地や北方約五五キロの西煙鎮などに分遣隊を派遣していたが、鉄道沿線の分遣隊を次々と攻略され、その直後には西煙鎮分遣隊も攻略されて南の東郭湫へ撤退するなど手痛い被害を受けた。

こうして独歩一四大隊は寿陽、盧家荘、盂県城など中心地はかろうじて維持したものの、多くの分遣隊拠点を攻め落とされ、盂県地区ではその後約一年近く八路軍の「跳梁跋扈」を許すままという状態が続く。

晋察冀辺区粛正作戦

一九四一年（この年の末に圭川が山西省に赴任する）は、日本軍にとって百団大戦で失われた支配地域と傷つけられた「皇軍の威信」の回復に努める時期であった。八月には北支那方面軍が挙げて参加した大作戦である晋察冀辺区粛正作戦が展開される。これは北支那方面軍傘下の各兵団が総がかりで石太線以北の北部太行山地を包囲し晋察冀辺区の覆滅を狙ったもので、中国側史料はこの作戦を「大掃蕩」と呼び文字通りの「三光政策」が各地で行われたとする。この作戦の中で独混四旅は第三六師団からの応援部隊も含めて五つの支隊を編成し盂県全域で作戦を展開した。

晋察冀辺区粛正作戦は、実際には八路軍側の巧みな回避戦術によって日本軍が期待したほどの「成果」を得るにはいたらなかった。しかしこれを機に日本軍側は百団大戦による失地回復を進め、八路軍側はしばらく積極作戦を控え遊撃戦術に回帰するという状況を生み出し、日本軍の占拠地はほぼ百団大戦前に戻った。

作戦は一〇月一五日をもって終了し新しい部隊配置が確定した。独歩一四大隊についてそれを見れば、大隊本部が寿陽から再び盂県城に移り、第二中隊が上社鎮から下社にかけての県北部を、第一中隊が進圭社から西煙鎮・河東村などの県西部を、第四中隊は上社鎮から盂県城に本部を移して牛村鎮、東会里などの県東部一帯を分担するという態勢が出来上がっていった。石太線の娘子関に置かれた第三中隊を含め、この配置関係は一九四四年に独歩一四大隊が山西省を去る時まで基本的には引き継がれていく（304頁地図参照）。

日本軍は百団大戦の被害を深刻に総括し、以後の占拠地の治安強化により綿密な計画性を持たせるようにしたし、晋察冀辺区と接する太行山地沿いには長大な「無住地帯(12)」を設定するとともに、経済封鎖線を構築して抗日勢力の浸透を防止することに努めた。八路軍側にとっては、百団大戦での多大な戦果と引き換えに蒙った多大な犠牲に加えて、その後に続いた日本軍による大小の掃討戦や様々な包囲政策にさらされ、一九四二年は抗日戦争中最も苦しい時期となったのである。

高度分散配置

戦局全体に目をやれば、日本軍は膨大な兵員を中国大陸に貼り付けられた上に、一九四一年一二月からは対米英戦が勃発して戦局の中心はいやおうなく太平洋方面に移った。中国戦線へのこれ以上の兵員増加はあり得ず、むしろ中国から南方戦線への部隊抽出が続く。その中で北支那方面軍が採りうる方針は従来からの「高度分散配置」をさらに徹底することしかなかった。大拠点の周りに多くの中拠点を、中拠点の周りに更に多くの小拠点を分散配置することで、少ない兵力をもって出来るだけ広範囲の治安維持にあたろうとする苦肉の策である。これは中国戦線が「長期持久戦」に入った初期から方面軍の強調する方針であったが、この段階にあってもそれに代わる名案はありえなかった。

分散配置された分遣隊は少尉クラスを長とするいわゆる「将校分遣」もあったが、多くは下士官に率いられた一〇人前後の兵隊によるいわゆる「下士官分遣」であった。高度分散配置の末端には、少数の日本兵が村の背後の山上にトーチカを作って立てこもり、周辺の農村に睨みを利かせるといった風景が多数出来上がっていったのである。

No.3…河東村のトーチカ跡から俯瞰する（撮影・脇順二）

No.3は盂県西部の河東村に置かれた日本軍分遣隊のトーチカ跡の山上から周辺の村々を俯瞰する写真である（二〇〇八年四月撮影）。山上に少数の日本兵が睥睨する下で、眼下に散在する周辺の村々は日本軍の要求に対し物資や労働力、しばしば女性までも提供しなければならなかった。分散配置の最前線で村々を見下ろすこの目線は、田宮圭川が盂県東部の越霄山に登って撮った写真（裏表紙）が示す目線と、完全に共通している。

また次頁No.4は、『盂県文史資料』に示された地図で、盂県内にはこうした分散配置の日本軍拠点が延べ二二か所建設されたことを示している（実際の拠点数はもっと多かったと考えられる）。

高度分散配置は、早くから軍上層部の一部が危惧していたように[13]、たちまち日本軍の軍紀崩壊に結びついていった。そもそも日本軍の軍紀教育は、「上官の命令は

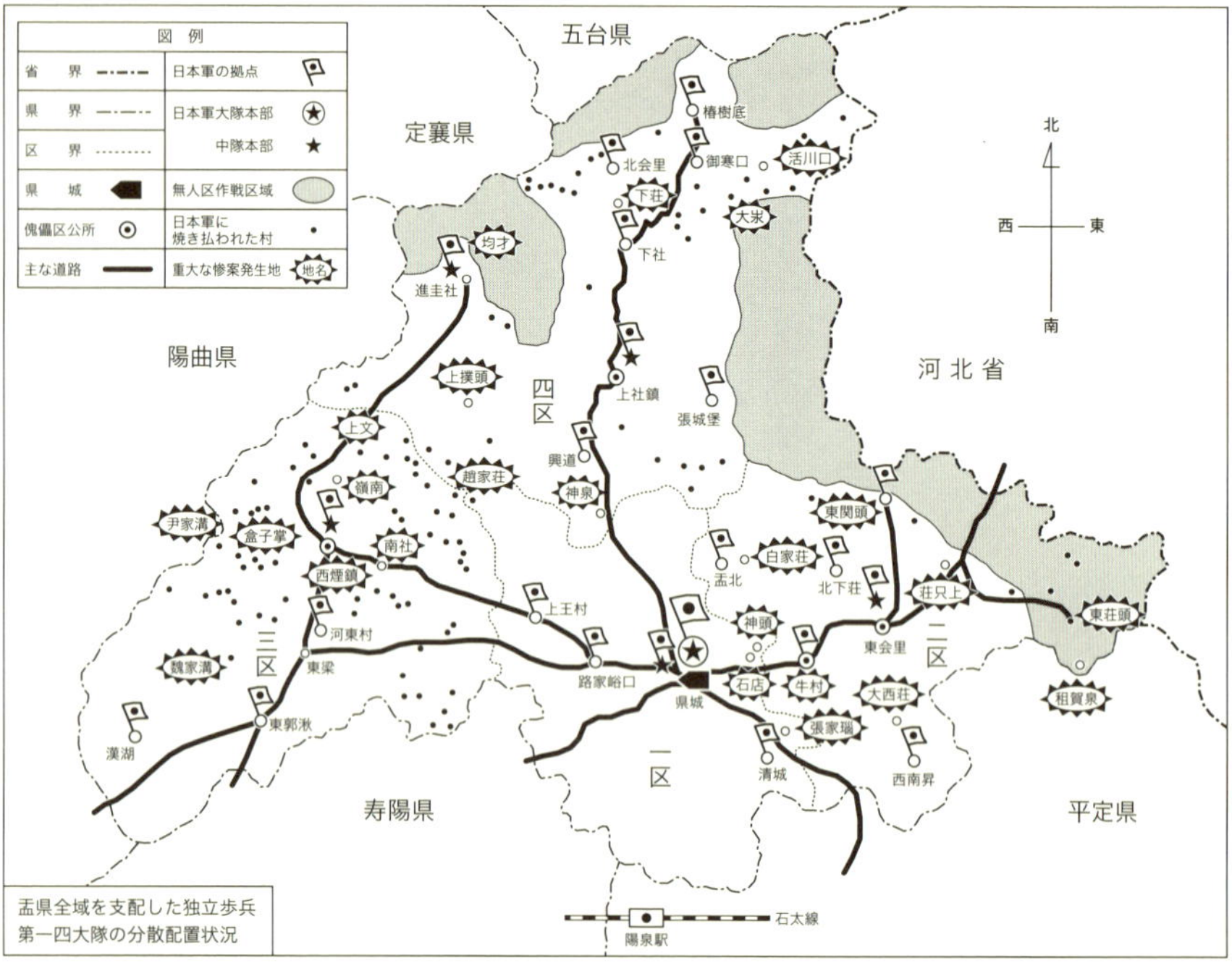

№.4…盂県占領図（『盂県文史資料』付図をもとに作図）

天皇陛下の命令」式の絶対的服従を説くものが中心で、対住民軍紀や戦時国際法について触れることなどまずない。それに加えて初年兵教育では、捕えた中国人を銃剣で突き刺す「刺突訓練」や上官による「首切りの実演」のように中国人を人間として扱わない〝訓練〟が広く行われていた。まして高度分散配置の末端は下級将校の目すらない下士官の天下である。このちっぽけで閉鎖的な集団が周辺住民に対しては軍の威光を背にする絶対的権力者であった。こうした状況の下で多くの戦争犯罪が発生したであろうことは想像に難くない。もちろん軍上層部がこのことを全く知らないはずはなく、「軍紀の厳正化」がしばしば下達されたが、その趣旨が伝わるのは一般的には将校団どまりで、肝心の末端の下士官、兵にはほとんど意味を持たなかった。

2　圭川が赴任した盂県の戦場

盂県東部の状況

一九四一年末、真冬の山西省の酷寒の中、田宮圭川は新米少尉として盂県の独歩一四大隊第四中隊本部に着任した。圭川を待っていた環境を理解するために、彼が所属した独歩一四大隊第四中隊の警備分担地域である盂県東部の状況を、前述部分と若干重複しつつさかのぼってまとめておきたい。

盂県東部は南北に連なる太行山地の真っただ中にあり、河北省境に沿って内長城線が走り南の娘子関にまで続いていた。太行山地には華北最大の抗日根拠地である晋察冀辺区が成立し、西は山西省山岳地帯の村々へ解放区を広げ、東は河北省平原地帯の農村部に浸透しようとしていた。

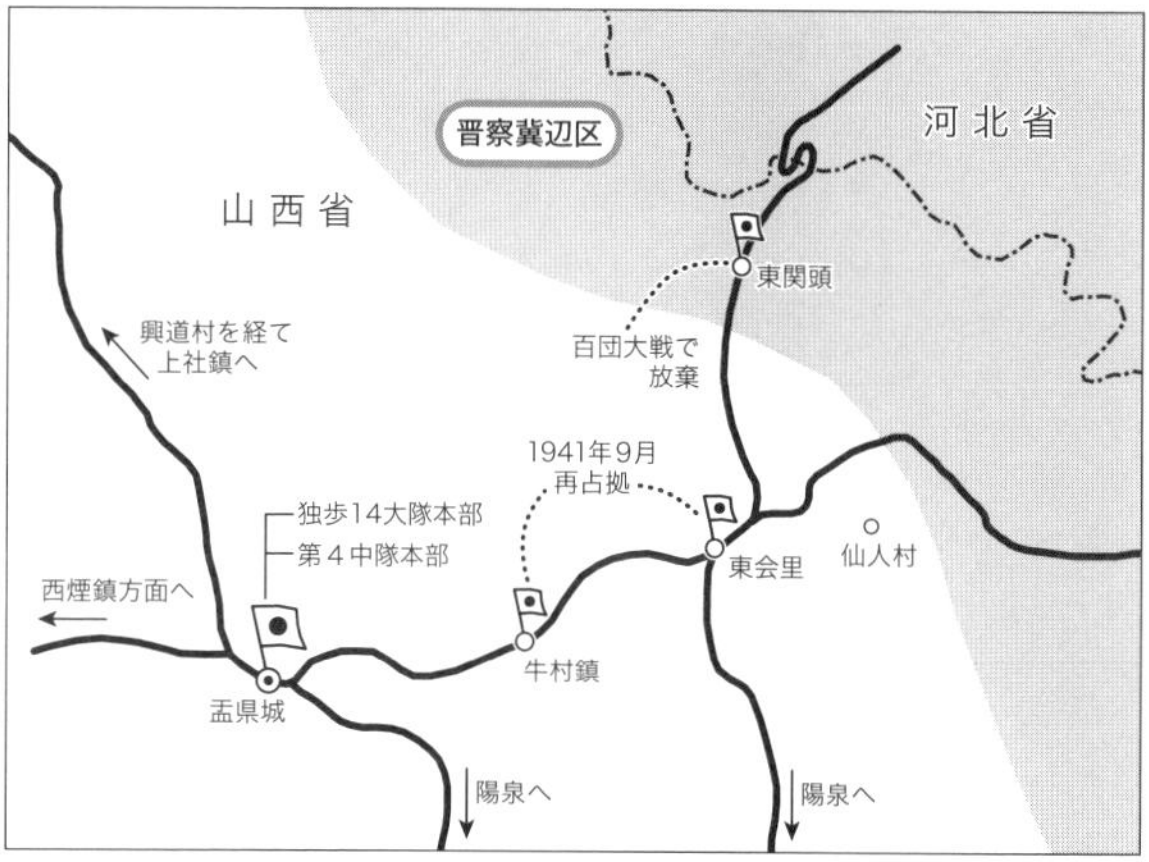

No. 5…独立歩兵第一四大隊第四中隊関連地図（1942 年頃）

一九三八年一月に盂県城を占拠した日本軍は、その五月には東方約一〇キロの牛村鎮に拠点を築きその方面の抑えとした。翌年春に独混四旅独歩一四大隊が盂県一帯の警備担当部隊として移駐すると、八月には更に東約一〇キロの東会里に拠点を進めここを第二中隊の本部とした。また同時期に東会里の北約一〇キロで省境に程近い東関頭にも分遣隊を設置した。こうして牛村鎮、東会里、東関頭と東へ伸びる日本軍支配地は、晋察冀辺区の横っ腹に突き付けた匕首に等しい存在であった。

私たちは二〇〇五年八月に東関頭で五名の古老から聞き取りを行ったことがある。それによれば、日本軍は村から少し離れた山の上にトーチカを築き二～三〇人が駐屯したという。子どもたちを集め菓子を配ったり学校を開いたりして宣撫工作に努めたようであるが、一方では「漢奸」（対日協力者）の通報で目を付けた村の女性をトーチカに拉致監禁し三か月間も性暴力を加えたり、村人七～八人を麻袋に入れ山上から投げ落として殺害するなどの残虐行為もはたらいたという。高度分散配置下にある日本軍の典型的な姿と言えるかもしれない。

百団大戦ではこの地域の日本軍は晋察冀辺区軍の集中的な攻撃目標と

なった。一九四〇年の九月一日に東関頭が、二日に東会里が、二〇日に牛村鎮が次々と攻略され、第二中隊は盂県城に追い込まれた。この時盂県内の日本軍は県城を除き北部・西部も合わせほぼ全ての拠点を失い、その後約一年間盂県一帯は抗日勢力の支配下に置かれた。

一九四一年の晋察冀辺区粛正作戦を契機に日本軍はようやく盂県一帯の占拠範囲を回復し、盂県東部においても牛村鎮、東会里に拠点を回復し、作戦終了後に盂県城に中隊本部を移した第四中隊に警備を担当させた。

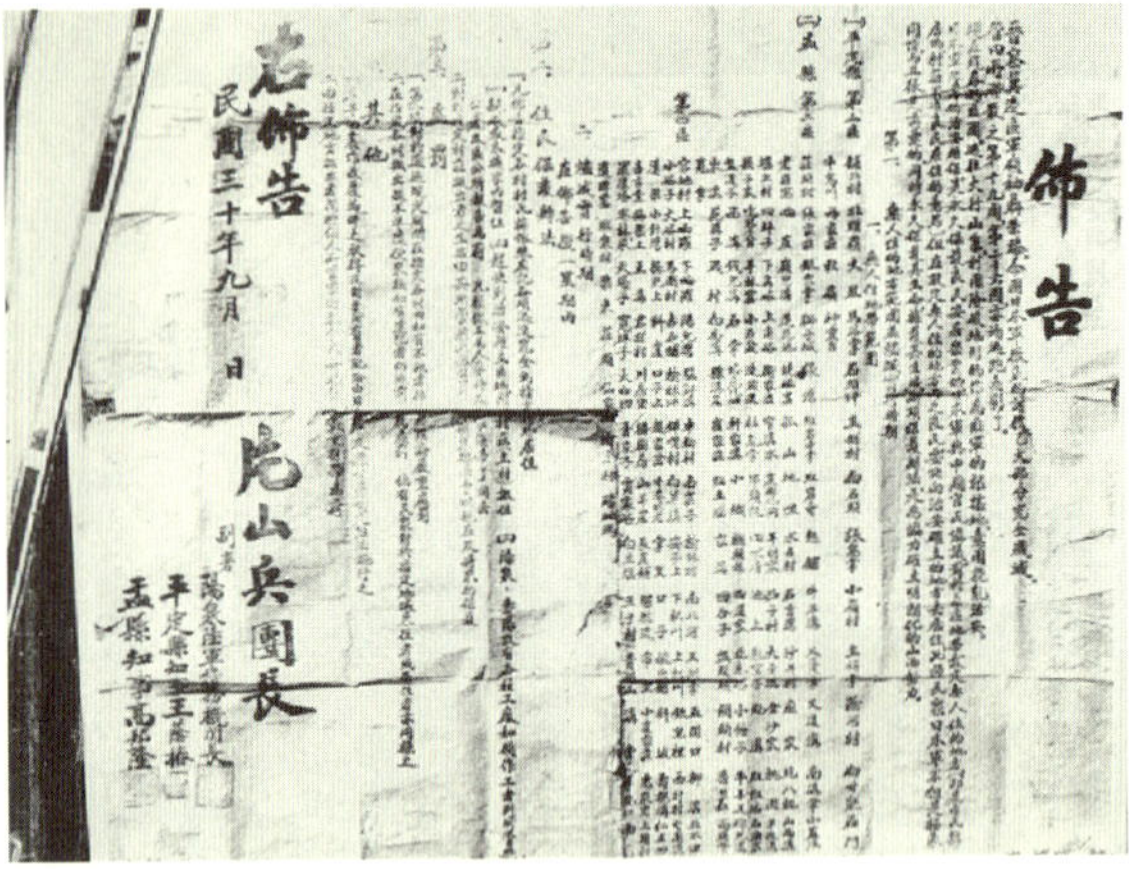

№6…無住地帯の設定を告知した布告

「無住地帯」の設定

この時期において特に注目しなければならないのは、無住地帯（注12も参照）の設定と経済封鎖態勢の強化である。百団大戦を重大な教訓とした日本軍は、より徹底した抗日勢力の封じ込め策を策定し実行したのである。そしてそのために彼我の勢力の競合地帯に広大な無住地帯を設定し、抗日勢力と日本軍支配下の農村とを完全に遮断してしまおうとした。そしてその範囲にある全ての村民を期日を決めて退去させ廃村化し、その境界に沿って長大な遮断壕を設置して、物資と住民の往来を監視する態勢を作り上げた。№6は中国側史料にしばしば掲載されるもので、一九四一年一〇月に独立混成第四旅団長の名前で出された無住地帯設置の布告である。ここには、盂県第二区（東部）の七九か村、第四区（北部）の六五か村、平定県の一七か村の名前が列記され、期限までの全住民の退去が命じられている。これが完全に実行されたとすれば盂県の北から東の県境地帯に広大なベルト状の無住地帯が出現し、膨大な数の村落が灰燼に帰したことになる(14)。

さらに日本軍は各拠点周辺で、山岳地帯を中心にして遊撃戦を展開し「解放区」を広げようとする八路軍やその影響下にある村々に対して、占拠全期間を通じ絶え間ない討伐作戦を繰り広げた。そしてその中で多くの惨案（虐殺事件）を起こし多くの村々を焼き払った。

ここでもう一度№４の地図を見ていただきたい。この地図には、日本軍の占拠期間中盂県に分散配置された日本軍拠点の位置が示されるだけではなく、東部・北部に設定された無住地帯（中国史料は「無人区」）や、日本軍によって引き起こされた惨案や焼き払われた村々（中国史料は「火焚区」）の位置が示されている。

圭川の赴任～「幹候上がり」

このように、田宮圭川が成りたての少尉として独歩一四大隊第四中隊（尾坂中隊長）に赴任した一九四一年末から翌年にかけての山西省は、百団大戦の傷跡と晋中作戦から晋察冀辺区粛正作戦へと続いた大規模作戦の余燼がまだ残っていた時期である。大作戦は終了した後であったが、独歩一四大隊は東部、北部の山岳地帯に抗日勢力を求めて討伐作戦を繰り返している最中である。そんな中の一九四一年一二月九日、圭川は旅団司令部のある陽泉で新任将校集合教育を終了し盂県の第四中隊本部へ向かう。彼が写っている「尾坂隊集合写真」（本文195頁）は翌正月元旦の記念撮影である。

戦地における新米将校生活のスタートはどのようなものであったろうか。「星の数より飯の数」と言われ階級よりも軍歴の長さが幅を利かせた日本の軍隊の中で、学生上がりの新米将校がいかに軽く扱われたかについてのエピソードは枚挙にいとまがない。ましてや百団大戦の手酷い洗礼を受け殺伐たる燼滅戦に参加した部隊であり、次々と討伐作戦が展開していた時期である。

圭川と同じ第四中隊の古参下士官であった菊地茂則の体験記『生と死と』（私家版）には、圭川赴任時とぴったり重なる時期の一場面が、「新品少尉」の醜態として描写されている。

昭和十七年一月一一日、情報を得て盂県城から出動した我が第十四大隊主力が北方五台山系山稜峪地に蟠居する敵八路軍を攻めて滹沱河畔に達した時のことです。尖兵小隊として部隊本部に先行、砂礫の河原に進出した私達小隊が、対岸の敵情偵察に挺身しようとしていた矢先、すでに対岸の高地点を占拠していた敵から激しい銃撃を受けました。……到底隊伍して前進すること叶わず、かといって重責を帯びた尖兵小隊として無様な退却もならずはたと立ち往生。あまつさえ小隊長は昨秋着任したばかりの幹候上がりの新品少尉、もちろん実践指揮は初体験。頭上を掠めた敵弾に首を竦め、咄嗟の指揮に戸惑うばかり。

とあり、これに続いて古参兵である自分が危険を冒して飛び出し負傷するという「武勇談」となる。赴任時期が少しズレるし、菊地の小隊は機関銃隊ではないようだから、この「新品少尉」を圭川であると断定する必要はない。しかし同じ第四中隊の歴戦の下士官が「幹候上がり」の新米少尉を見るこの眼差しは、圭川に向けられたものと大差はなかったであろう。本文199頁の写真№10を見てみよう。圭川を長とする機関銃小隊の集合写真であるが、小柄な圭川よりもはるかに堂々とした下士官や古参兵に囲まれてまことに居心地が悪そうに写っている。将校仲間の楽しげな写真からは感じられない風情で、戦場特有の人間関係に圭川が苦労することも多かったろうと想像させられる。

治安地区、准治安地区、未治安地区

前述したように、百団大戦に懲りた日本軍は一九四一年以降、年度ごとに計画を立てて緻密に治安確立を目指すようになった。その状況認識の基本として北支那方面軍は、華北全土を「治安地区」、「准治安地区」、「未治安地区」の三地区に分類し、隷下各部隊に担当地域の治安状況を報告させ、それに基づいて治安地区拡大・未治安地区縮小を目指す「粛正計画」を練ったのである。日本軍にとっての建設目標である治安地区とは、日本軍の支配がほぼ安定しており、中国側傀儡機構である維持会や傀儡武装組織である警備隊などが成立機能している地域を指す。この三区分は八路軍側から呼べば、それぞれが「敵占領地区」、「遊撃区」、「解放区（根拠地）」ということになる。

北支那方面軍が上記の三分類を色分けした地図（昭和一七年九月付）がある。№７はそれをもとに盂県周辺の状況を作

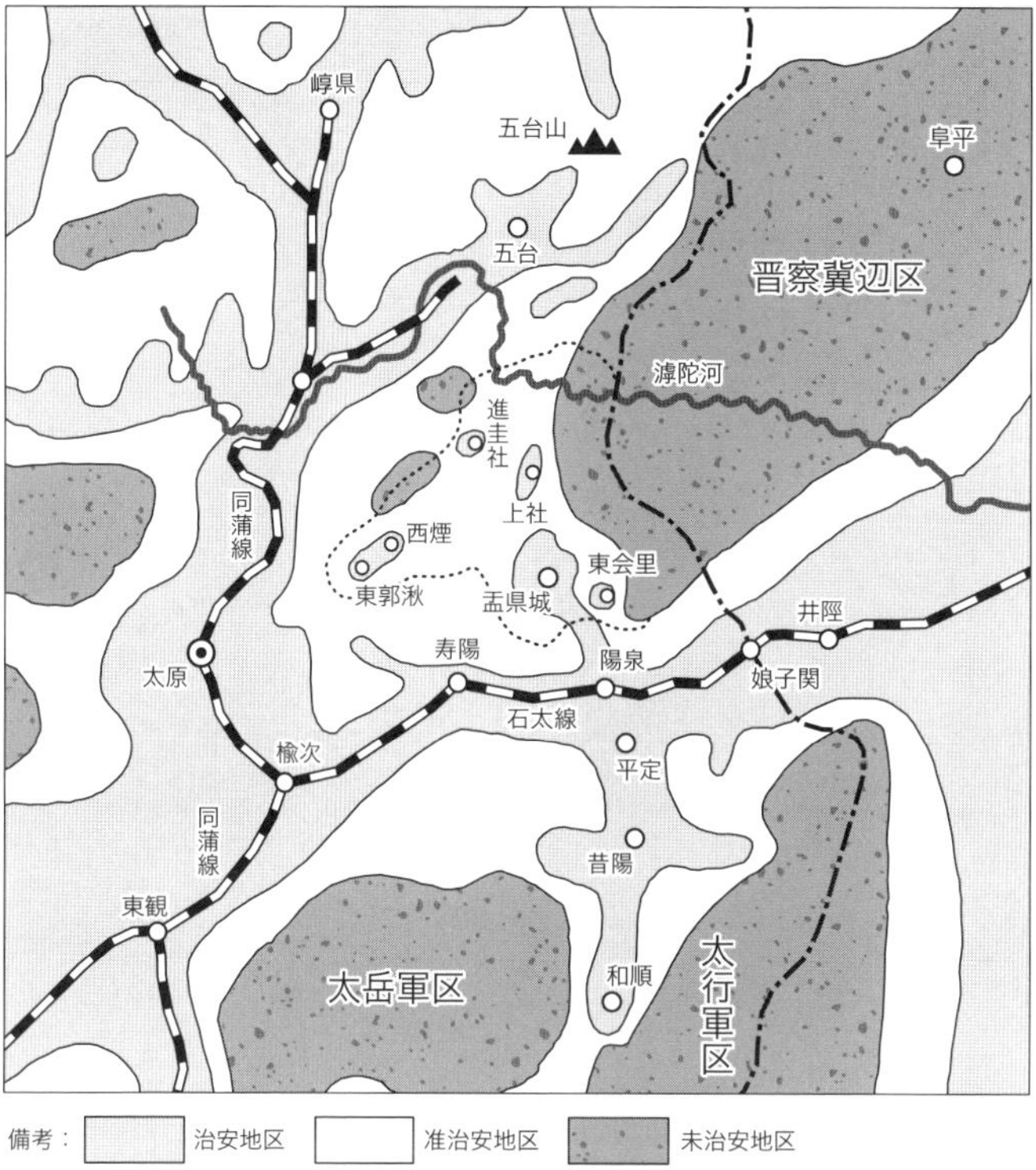

№7…1942年9月の治安状況図（「北支那方面軍占拠地域内治安概況図」をもとに一部推測を加えて作図）

図したものである。これによれば、まず東の太行山地一帯に河北省との県境をまたいで広がる晋察冀辺区の解放区と、進圭社、西煙鎮の北側や西側の山岳部に存在する小さな解放区が、未治安地区として示されている。一方治安地区は石太線に沿ってベルトのように伸び、陽泉からは北にも延びて盂県城周辺に達している。さらに東の牛村鎮・東会里地区、北の上社鎮地区、西の進圭社地区、西煙鎮地区に小さな治安地区が点在し、その様子は准治安地区の海に浮かぶ四つの小島のようである。この准治安地区において、農村と結びついて戦いを強化しようとする抗日勢力と、それを「討伐」し抗日組織を「剔抉(15)」しようとする日本軍との延々たる攻防が続いた。こうした討伐・剔抉と、時に行われる未治安地区に対する大規模な粛正作戦を併せたものが、華北の治安戦の一般的様相であった。

なお、盂県城、陽泉など都市部での勤務が多かった圭川が、珍しく東会里分遣隊や仙人村など東部の農村地帯にまで足を伸ばした時の写真があるが（本文72～82頁）、そこに示された日付（一九四二年一〇月二六、二七日）はまさしく、№7の地図が示す時期と重なっている。

赴任間もない下級将校である圭川が、督戦や訓示の為に前線を回ったとも思えず、まして物見遊山のはずがないとすれば、これは機関銃隊の将校である圭川が、重機関銃の有効な活用の為に不可欠な地形の視察を行ったものと考えられる。本文ではこの視察行が「遠足」のように微笑ましく描かれるが、それはあくまで本務外の一コマにすぎなかったと筆者は考えている。ただ、一九四二年という年が華北の抗日勢力にとって最も苦しい時期であったということを考えると、こうした「ゆるんだ気分」もまたその時期を何等か反映していると言えるかもしれない。

その時の写真の一枚が先にも触れた裏表紙写真である。裏書に「説明ヲ聞ク我輩」とあって、仙人村の北側にある山の上に立つ圭川が南に広がる遊撃戦区の村々を眺めている。また本文82頁№13は「敵ヲニラム」の裏書で、同じ山上から北方を遠望しつつ銃を構える兵の姿が写っており、まさに本文の表現通り、その銃口の先は広大な無住地帯を隔てて太行山地に広がる解放区（晋察冀辺区）を狙っているかのようである。

３　圭川の見た戦場、見なかった戦場

圭川は何を見、何を見なかったのか

圭川のアルバム写真やそれに添えられた詞書きを通観するとき、そこには戦場が生みだした悲惨な現実というものがほとんど見えてこない。無論同じ戦地にいたとしても、その時期や場所、立場などによって各個人の目に届く事が異なったのは当然であるし、万一目に届いたとしてもそれをどこまで心にとどめたかについては個人の価値観、感受性、想像力などによる様々な差があるに違いない。

また、元日本兵が戦場体験を語る文章を読んだり直接話を聞く時に共通して感じるのは、濃淡の差はあれ戦場の風景や体験によせる懐旧の情である。田宮昌子氏が引用した田村泰次郎『大行《ママ》山の絵』の一節（本文34〜35頁参照）はその典型的なものであろう。当然である。私たちからみれば黄塵の舞い上がる荒涼たる黄色い大地の風景であっても、彼らにとっては人生のかけがえない時間をそこに刻みつけた忘れられない風景であった。しかし、その風景の底には決して懐旧の情

などで振り返ることのできない、あるいは許されない戦争の現実が隠されているのだとすれば、これは決して「知っていた」、「知らなかった」の問題として通り過ぎることはできない。

　これからしばらくは圭川アルバムのいくつかの写真を通して、彼が戦場の何を見、何を見なかったかについて考えてみたい。

〝三戒〟と〝三光〟と〝燼滅〟

　本文241頁の写真No.18は非常に興味深い。圭川の私室で撮った写真であり、壁に貼られた紙が偶然写っている。No.8は、その部分を拡大したものである。かなり不鮮明であるがよくよく眼を凝らすと「焼カズ、犯サズ、殺サズ」と読み取れる。その右の一行はより不鮮明だが「対共（対民か？＝筆者）軍紀標語」と読めなくもない。同様に、後ろの三行は右二行が「甲集団長」（甲は北支那方面軍の略号）、「乙集団長」（乙は第一軍の略号）と読めるから、最後の一行は「兵団長（または旅団長）」と考えられる。となれば、これは明らかに北支那方面軍から下されたいわゆる〝三戒〟の標語である。

　一九四一年七月に北支那方面軍司令官になった岡村寧次は一一月三日の明治節に際しての訓示で「滅共安民」の心構えを唱え、「焼くな、殺すな、犯すな」を標語として強調した。これはかつて清が山海関を越えて華北に侵入した時に「不焚、不犯、不殺」を令したという故事を借用したものという。更に翌年四月八日には「国民政府の参戦と北支那派遣軍将兵」と題する小冊子を全軍に配布して、たとえ敵地区といえども〝三戒〟を徹底すべしと訴えた(16)。傀儡政権の育成による「治安建設」をめざした方面軍が、汪精衛政権の対米英参戦にあたり、改めて対民衆軍紀の引き締めを図ったものであろう。あるいは、岡村が北支那方面軍司令官に就任する前年百団大戦に対する報復戦として残酷な「燼滅」が展開されたことも幾分かは念頭にあったかもしれない（300～301頁参照）。なお岡村は戦後、共産党によってこの〝三戒〟が歪曲され、岡村こそ「三光作戦」の張本人であると喧伝された、と憤慨の情を記している(17)。

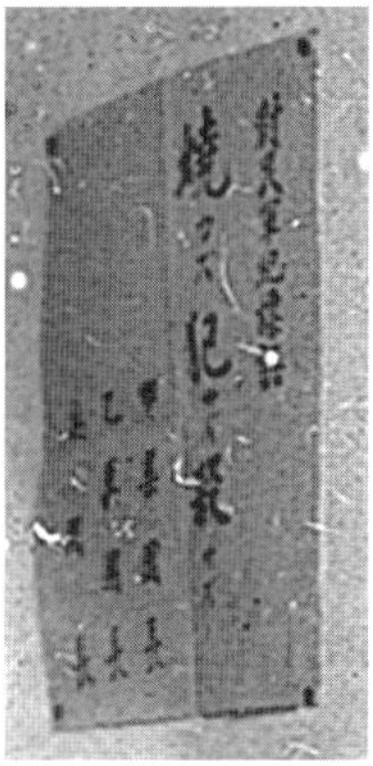

No.8…圭川の私室、〝三戒〟の張り紙

ともあれこの写真は、この方面軍指示が少なくとも将校の私室にこのような形で貼られるほどには下達されたことを物語っている。あるいは、新進気鋭でかつ下士官候補者の教育要員に任ぜられた青年将校圭川の心構えを素直に読みとるべきかもしれない。

一方、この標語の趣旨が前線の下士官・兵の末端にまで届いたかどうかは全く別の問題である。同じ独混四旅の独歩一三大隊兵士であった近藤一は、一九四〇年の一二月に石太線南方の遼県に送られ現地で初年兵訓練を受けたが、その時にもそれ以後にも対住民軍紀に類することを教育されたことが一貫して無かった、と証言している。また、〝三戒〟に関わる小冊子が下された一九四二年四月、近藤は当番兵として晋祠鎮の中隊本部で勤務していたが、その小冊子も標語も全く見た覚えがない、そもそも〝三戒〟という言葉そのものを聞いたことが無い、と言明する(18)。

三光作戦

次に、日本軍の残虐性を示すものとしてしばしば掲げられる「三光作戦（中国側では三光政策）」について簡単に触れる。ただその場合筆者は、日本でもよく使われるこの言葉が、その示す具体的態様や時期、場所等に関する概念規定を曖昧にしたまま使われていると感ずることが多い。

日本軍の残虐行為をできる限り薄めて考えたがる論者は、「三光作戦」はあくまで中国での呼称であり、日本軍がそうした作戦をしたはずがないと強調し、あわよくばこの言葉に表される残虐な事実そのものまで無かったことにしたがる。わざわざ目を瞑って風景を議論するようなものであり、論外である。一方これに対し、「三光作戦は事実」でありそれは「燼滅作戦のことだ」と単純に切り返す論説もよく目にする。しかし、姫田光義『「三光作戦」とは何だったか』（岩波ブックレット、一九九五年）は、『三光』は日本側のいう『燼滅、徹底的な掃蕩・粛正、剔抉』のことであり」として、決して「三光＝燼滅」というような単純な置き換えはしていない。笠原十九司『日本軍の治安戦』（岩波書店、二〇一〇年）でも、「中国共産党と八路軍が支配して活動する地域と民衆にたいして、日本軍が徹底して放火、殺戮、略奪した掃討作戦を『三光作戦』といった」としている。

「燼滅」が軍の公式文書に登場するのは前述した一九四〇年の「晋中作戦」の作戦命令文書からというのが大方の見解のようである。301頁に引用した部分からも分かるように、確かにこの文書はまさに「三光政策」が示すような残虐行為の生々しい実行宣言であることは間違いない。ただ、その後の作戦文書でも「燼滅」が使用されることは極めて稀であり、晋中作戦後も同様に使われ続けたという訳ではない。むしろこの言葉は、前線の将兵の間で使われ続けた。田村泰次郎の「裸女のいる隊列(19)」は兵たちの会話の中に「おい、今度の作戦は、ジンメツだとよ」というささやきを登場させる。また独混四旅工兵隊の「陣中日誌」(一九四二年)には、「苦力」の徴発に応じない村々に手をやいた工兵隊が、「日本軍隊看見逃避不帰家郷者射殺、房屋焼全家、老少皆殺死、同敵人一様燼滅」という恐るべき脅迫文を「布告」として村々に掲げようとしたことを伝えている(20)。このように、「燼滅」という言葉はその後も日本軍将兵の日常や前線で、ある特殊な意味をこめて使われ続けたのである。

中国側の「三光政策」の活字による初出は、姫田前掲書によれば一九四一年一二月七日付『解放新聞』社説であるという。とすれば当然その時期における日本軍、八路軍の攻防の状況を反映しているはずである。姫田が問題提起するように、「三光政策」を単純に「燼滅」と結びつけるより、一九四一年以降強化された八路軍根拠地にたいする日本軍の掃蕩作戦と無住地帯設定や経済封鎖などの施策とを組み合わせた、「治安戦」の全体に関する呼び名と考えた方が納得しやすい。ともあれ「三光」と「燼滅」の関係については、まずはそれぞれの概念規定を一層明確にする努力が必要であろう。

性暴力

山西省盂県の戦場を考える時とりわけ無視して通り過ぎることのできない問題が、日本軍兵士によって惹き起こされた現地女性に対する性暴力の問題である。もちろんこの問題は山西省に限る問題ではなく、およそ中国の戦場において至る所で生じた問題である。しかし山西省盂県の場合は、その被害者一五名が名乗り出て被害事実を生々しく語り、日本政府に対して公的な謝罪と賠償を求める訴訟に立ちあがったということによって、際立った問題となっている。一九九二年、盂県の進圭社の日本軍拠点で性暴力被害を受けた万愛花が来日し、中国人女性として初めて被害の実態を日本人の前で

No.9…東京地裁に向かう原告たち（中央が万愛花）1998年（写真提供・「山西省・明らかにする会」）

証言した。以後同じ盂県西部の農村から、同様の被害を受けた女性たちが続々と名乗り出、一九九五年から九八年にかけて計一六人（その内少なくとも一五人は独歩一四大隊兵士による被害とみられる）の被害女性またはその家族が、日本政府に対する謝罪・賠償を求める三件の訴訟を起こした。それらの被害の場となった日本軍分遣隊拠点の所在地は、進圭社、西煙鎮、河東村、東郭湫の四か所に及ぶ。

この訴訟は三件とも現行法の枠内では法律上の救済手段がないとして、二〇〇七年四月までに最高裁において全て原告敗訴となった。しかし事実認定においては極めて明確な認定が判決文に明記された上、法的には敗訴であるが立法・行政の場で何らかの救済の道を探るべきとする判断を付け加える判決文もあった[21]。しかし行政にはこれに応えようとする姿勢は全くなく、立法府では新法制定に向けた動きが継続しているがその実現には程遠い現状である。この間多くの原告女性が怨みを抱いたまま世を去り、生存者は現時点でただ一人となってしまった。しかし生存者と被害女性たちの志を受け継ごうとする遺族たちは、今もなお日本政府に対する要求を訴え続けている。

なお、山西省で被害女性が裁判にまで訴えた事例は今のところ盂県におけるものだけである。それも、第一中隊が警備分担した西部の地域に限定されている[22]。しかしこれは、最初に沈黙を破り身をさらして語り始めた万愛花と侯冬娥という二人の女性（侯冬娥は一九九二年に万愛花とともに来日の途に就くが果たせず、その翌年死去した）が存在したことと、彼女たちが暮らす地域の中にその訴えを受けとめこれを助ける人々がおり、日本における支援者の存在とも結びついた、など様々な条件が揃ったためである。実際にはこれに類する事例は戦火に巻き込まれた中国の至る所に、今なお語られないままに埋まっているのは言うまでもない。

それでは田宮圭川の第四中隊が駐屯した盂県城や東部一帯に関してはどうであったろう。

盂県城は地方都市であり、朝鮮人女性や中国人女性を置いた慰安所が開設されていたことは、元日本兵の証言や私たちの聞き取り調査から見ても明らかである（前掲『黄土の村の性暴力』）。圭川アルバムの中にもそれと分かる写真は少なくない。従ってここにおける性暴力の性格はいわば「慰安所型」の性暴力として、農村部の状況とはやや異なっている。しかし分遣隊が配置された東部の農村地帯では西部と同様の状況があったに違いない(23)。

田宮昌子氏の東会里における聞き取りによれば、村の近くの山上に設置された日本軍砲台には何人かの女性がいたこと、これらの女性たちは村の外から連れてこられたこと、維持会に命令して傘下の村から女性を〝供出〟させたことも何度かあったことが証言されている(91頁注24参照)。筆者たちの調査活動は盂県東部や北部においてはまだ不十分なものでしかないが、今までに東会里の東にある東関頭や北部の上社鎮で聞き取りをしており、そのいずれの場でも同様の性暴力事件があったことは明らかである。東会里を訪れた圭川の目に、そうしたことの一切は映らなかったのだろう。

圭川アルバムには、陽泉や盂県城などの都市部で撮った女性を侍らせた宴会の写真や、慰安所を思わせるような建物と女性の写真があり、圭川らの屈託ない顔が写っている。今、被害女性の訴えに触れ、盂県各地で一般化していた性暴力の存在を知ってしまった目で彼のアルバムを見ていると、そこに貼られたたった一枚のチマ・チョゴリ姿の写真にも様々なことを考えざるをえない。

纏足

圭川アルバム中、日本軍将兵が占領地の女性に向ける眼差しについて考えさせるものは他にもある。例えば本文79頁の写真№9である。「於東会里 風俗写真」と裏書きされ、地面に座った三人の女性に足を出させて撮影したものである。右の二人の年配女性はいずれも纏足であり、左の若い娘の足と比較し纏足の足の小ささがよく分かるように写している。撮影者が誰かは断定できないが、日本人から見れば珍しい風習として無邪気にカメラを向けたのかもしれない。撮られた女性たちからすれば日本兵の要求を断ることなどできず、まるで標本のように指定されたポーズで撮影されたのだろう。不自然に股を広げた姿で座らされている彼女たちの表情からは、少なくとも喜んで写されているとはとうてい思えない。カメラを向けた側と向けられた側との立場の違いはあまりに大きい。

纏足という女性の身体と人格を縛りつけるこの封建的な因習は、近代以降の廃止運動にもかかわらず中国農村部、特に山西省では根強く残ったようである。そしてこの因習は日本軍の侵入に際し文字通りの「足枷」として機能し、走って逃げることのできない彼女たちをしばしば日本兵のたやすい「獲物」とし、性暴力の「餌食」とする原因ともなった。

前記裁判の原告で盂県西部の堯上村で捕えられ西煙鎮の日本軍拠点に連行された趙存妮が、一九九九年九月に東京地裁の法廷に纏足の足で立ち証言をしたとき、彼女はその第一声を「私は足が小さかったために日本兵に捕まりました」と語り始めた。

纏足を施された女性は常にその足を布で厚く巻き締めており、夫以外の男性には決して布を解いて裸の足を見せることはしないと聞く。しかし日本兵にとっては、纏足は見世物小屋を覗き込むような興味の対象でしかなかった。山本泉アルバムには、おそらく雑誌からであろうが、纏足の布を外した裸の足の写真と「世界の三大不具と称する漢族の纏足は……」で始まる解説文の切り抜きが貼ってある。また前述した独歩一三大隊の兵士近藤一は、日本兵が討伐で捕えた纏足の女性に巻いた布を解かせ、その裸の足を面白がって眺めた時のことを語っている。このような風習を初めて目にした日本兵にとって、それは日本へ帰った時に喜ばれる絶好の土産話でしかなかったのだろう。

以上のようなことを思いつつ、改めてこの写真を見ると、私には左端の若い娘の表情がカメラを必死に睨みつけているように見えてくる。少なくともこの写真は、無邪気にこれをカメラに収め、興味深い農村の風俗としてアルバムに貼った心情とは、激しく断絶した重い現実を表現しているのではなかろうか。

「対日協力者」李宜春の人生

ある日突然日本軍が侵攻し、その地域にトーチカ拠点を築いて長期駐屯する構えを取ってしまった時、その周辺の村々の生き方には様々なものがあった。拠点直下の村の場合は維持会の傘下に入って様々な要求に応ずるしかなく、抗日活動は地下活動しかありえなかった。日本軍と八路軍との競合地帯に暮らす村は、日本軍にも八路軍にも通ずることでその村を守ろうとした。一人の村長がどちらに対しても協力する場合もあれば（両面村長）、日本軍向けの村長（親日村長）と八路軍に通ずる村長（抗日村長）の二人を置く村もあった。もちろん「抗日の村」として八路軍に協力し、日本軍の作戦に対しては「空室清野（24）」をもって立ち向かう村もあった。こうした様々なあり方は、侵略戦争の真っただ中に投げ込まれ、与えられた条件の中で、村と村民の生存を守るために必死の選択をしていった村々の姿をそのまま表現している。

　だから、一口に「対日協力者」といっても、そのあり方も戦後の運命もそれこそ千差万別である。前述したように、日本軍の占領地支配の基本方針は、できる限り現地に対日協力組織を作らせて内面指導下で民政に当たらせ、日本軍は極力軍事面にのみ専念しようとするものであった。こうして各地に対日協力者が生み出されたが、その姿は、自発的・積極的に日本軍にすり寄った者もあれば、村民の生活を守るために間に立たざるを得なかった者もあり、様々であった。そして日本軍の敗戦・撤退のあとは、彼らのほとんどが過酷な運命にさらされることになる。対日協力の中心人物や、凶悪な行為を行った者は「漢奸」として裁判にかけられ処刑された。協力の程度が軽く処罰を免れた者も、そのレッテルが剥がされることはなく、文革などの折りに触れては大衆の前に引き出され批判される者も多かった。こうして、かつて日本軍に支配された地域では、戦後の長い時間を村の最下層でひっそりと生きるしかなかった人々が今もなお存在しているのである。私たちが聞き取りをした農村でも様々な対日協力者の例があり、戦後の人生があった。村屈指のインテリでありながら維持会の役員を勤め、日本軍撤退後は閻錫山軍に加入したことをもって懲役刑を受け、その後も監視付きで戦後を生きなければならなかった男性。日本軍下士官に拉致されて専属的に性暴力を受け続け、子供まで生まされたことをもって対日奉仕者とされ、三年間服役後も事あるごとに集会に引き出され糾弾され、遂には自死を選んだ女性。このような例は決して珍しくはないと考えなければならない。

　本文で「対日協力者」として存在感を持って描かれるのは、東会里の維持会長であった李宜春（本文78頁写真№8）と、盂県公署総務科長であった孫泰国の二名である（本文134～150頁）。共にその郷里では名の知られるインテリとして将来に多くの夢があり得たであろうこの二人は、日本軍の侵入という個人では防ぎようのない事態に直面する中で、対日協力者という立場を引き受けざるをえなかった。しかも孫泰国はやがて日本軍に共産党と通じているのではという嫌疑をかけられて殺害されるのである。李宜春の場合は戦後に「漢奸」として追及を受けることはなく、それなりの名誉回復もなされ平穏な暮らしがあったようである。しかしそれはあくまで周囲から眺めたものであり、維持会長としての数年間が彼の人生から何を奪ってしまったか、その傷の深さを誰が知ろう。まして、父とともに写真に写っている娘さんが、田宮昌子氏の聞き取りに際して示した反応は、李宜春のみならずその家族をも含めての戦後の苦難を想像させるのである。

この両名のことに対する田宮昌子氏の聞き取り報告は読み応えがある。それぞれの第二世代（李宜春の娘、孫泰国の息子）からの聞き取りを中心に詳しく記録されており、特に李宜春の娘さんとのやり取りや、聞き取りに関わった他の中国人たちとのあれこれは臨場感と緊迫感に満ちている（本文139〜143頁）。日本人が中国の農村で侵略戦争の被害を聞き取る、という作業は、第三者が過去の有意義な話を聞かせてもらう、などという気楽なイメージで行えるものでは決してない。聞く側も魂を削られる思いで、語る相手と語られる事実とに向き合って初めて相互に伝わるものが生まれる。田宮昌子氏が記録したこの部分の記述は迫真のドキュメンタリーであると同時に、侵略の歴史を正反対の側から受け止めるしかない人間同士が、どのように向き合い何を伝え合ったらいいのかということを深く考えさせるものとなっている。

下級兵士の目線から～近藤一の場合

近藤証言の立場

中国の戦場を眺める田宮圭川の目線を補うものとして、本文では田村泰次郎の諸作品と山本泉のアルバムが取り上げられている。入営前既に名の知られた作家であった田村は、はじめ独歩一三大隊に所属し、のちに旅団司令部（陽泉）の宣伝班に所属した。山本は独歩一四大隊の機関銃隊下士官として前線勤務をし、一時は補助憲兵として盂県憲兵隊に勤務したこともある。経歴や軍との関わりはかなり異なるが、両人ともに第六二師団が沖縄に送られる時に中国に残り、無事に内地帰還を果たしている。田村の作品には中国で日本軍が展開した侵略戦争の醜悪な部分も多く紹介されているが、いずれも文学作品として実体験の証言とは一線を画している。山本アルバムには関連資料の貼付や書き込みがごった煮のようにひしめいているが、戦争の暗部についてはほとんど触れることがない。というわけで、田村の作家としての巧みな文章表現や、山本の玉石混交の情報量を差し引いてみれば、この二人の戦争に向かい合う目線は田宮圭川のそれとさほど大きな相違がない。

しかし同じ三重県出身であり同じ独混四旅・六二師団で軍隊生活を送りながらも、田宮、田村、山本とは決定的に異なった目線で戦争体験にこだわり、それを各地で証言している人物がある。既に何度か言及した近藤一である（独歩一三大隊所属。最後は伍長）。田村、山本から得られる情報は圭川の目線を補うものとして意味がある。一方近藤の証言は、圭川の目線が捉えられなかった、あるいは捉えようとしなかった戦場の現実を伝えるという意味でずっと重要な意味を持っていると感ずる。

沖縄戦を生き残って

一九二〇年生まれの近藤は現在も戦争体験の「語り部」として、体の許す限りどこにでも足を運び自らが体験した戦場の現実を語りつづけている。彼がこのような生き方を戦後のわが身に担わせた前提にはまず沖縄戦の体験がある。

近藤は一九四四年夏に第六二師団の一員として圭川とともに沖縄に送られた。翌年四月一日に米軍が沖縄本島に上陸すると、独歩一三大隊は本島中部の嘉数の台地に陣地を構え、西原周辺に布陣した独歩一四大隊と肩を並べて、南下する米軍に真っ向から立ち向かうことになる。この時から、近藤が最終的に本島南部でバンザイ突撃を敢行して捕虜になるまで、彼は〝鉄の暴風〟と形容される凄惨な沖縄戦の只中で戦い続けた。彼の中隊約二〇〇人中最後まで生き残ったのは一一人、その内前線での生き残りは彼を含めてたった五人であったという。

戦後の近藤一を証言活動にかりたてたきっかけは、一九八二年に激しく議論された「教科書問題」であった。日本兵による住民虐殺や集団自決の記述が文部省の検定によって削除、修整されたことに対する沖縄住民の反発と抗議活動が大きく報道され、併せて戦争中の日本軍が住民に対して行った様々な非行についても争って報道された。それを目にした近藤は、沖縄戦に参加した日本兵の全てがそうしたものとして理解されることに耐えられなかった。こうして彼は生き残りの戦友とともに「兵士達の沖縄戦を語り継ぐ会」を作り、米軍の圧倒的な火力の前で虫けらのように殺されていく兵士たちの姿を各地で語り続けるようになった。しかしその中で彼は、沖縄の地で無残な被害者として死んでいった兵士たちが、中国では鬼畜のごとき加害者として振る舞ったのではなかったか、ということに思い当たる。そして戦争の現実を伝えようとするなら、被害も加害もその実態を隠すことなく語らなければならない、と考える。こうして、彼の証言は中国と沖縄という二つの戦場での体験を共に語るものになっていった。

No.10…二年兵時代の近藤一

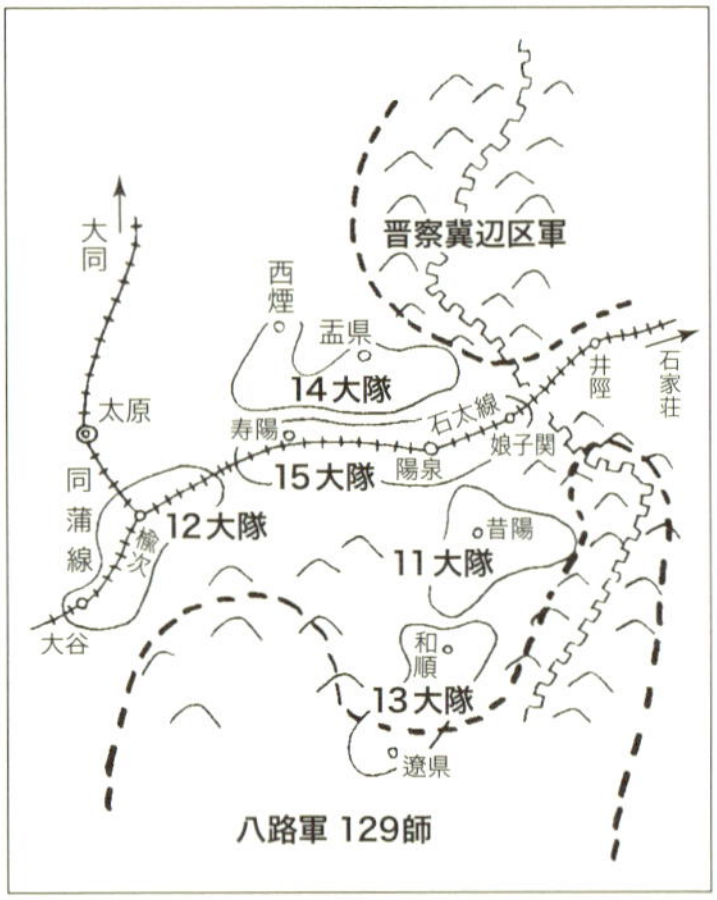

No.11…独混四旅各大隊の配置図（1940年３月）

近藤一にとっての「北支」戦場

近藤は一九四〇年の徴兵検査で合格、ただちに徴集され、一二月には中国大陸に送られて、独歩一三大隊の新兵として百団大戦直後の山西省の前線に立たされた。独歩一三大隊の警備地は圭川の所属した独歩一四大隊の警備地盂県からは石太線をはさんで反対側（南側）にあり、当時の大隊本部は遼県（現左権県）にあった。その後一三大隊が太原隣接地域の警備に移ると、近藤は晋祠鎮の中隊本部や各地の分遣隊での勤務を続ける。そして六二師団として沖縄に送られるまでの足かけ四年間を、中国華北の戦場での治安戦に明け暮れたのである。

彼が今なお老いの身を各地に運んで証言を続ける行為の根底には、戦争の現実をあるがままに伝えることにより日本を二度と戦争のない国にすることが、戦友たちの死を「犬死」にさせない唯一の道であり、それが生き残った者の使命である、という固い決意がある。だから彼は自らを含め加害者としての日本兵の所業についてもそれが真実である限り証言をためらわない。

近藤が中国から沖縄まで歩み続けた戦場で目にした現実は、『ある日本兵の二つの戦場——近藤一の終わらない戦争』（社会評論社、二〇〇五年）にその詳細が収録されている。その中で彼は軍隊における下級兵士の苦しみを語りつつも、その日本軍が総体としてどのような相貌をもって中国の民衆に襲いかかっていったかについても隠すことなく明らかにする。初年兵教育の中で参加させられた刺突訓練や首切りの実演は、初年兵から〝娑婆っ気〟を剥ぎ取り、「一人前の兵隊」に仕立て上げるためにどこでも行われた「教育法」であり、近藤もまた遼県でその「洗礼」を受けた。こうして仕立て上げられた「一人前の兵隊」によって、討伐作戦の度に略奪、強かん、放火は常のごとくに行われた。そうしたことを彼は次々と明らかにする。また、一九四四年の京漢作戦では河南を転戦する中で見聞きした様々な戦争犯罪について証言し、「この作戦で我々は数々の蛮行を重ね、人間としてやってはいけないことの極限までやってしまいました」と述懐する。

このように、近藤は日本軍兵士の中国民衆に対する加害者性を容赦なく明らかにし、それにとどまらず、戦争によってかくも残忍な〝鬼畜〟に作り替えられてしまった加害兵士たちもまた無残な被害者であったということを訴え続ける。

同じ旅団の隣接部隊に属し軍隊生活の時期もほぼ重なる近藤一と田宮圭川であるが、二人が語る戦場の現実はあまりにも違う。生い立ち、階級、戦歴等条件の違いは多々あるにせよ、その目線の違いはあまりにも大きい。圭川の目線がとらえたのはもっぱら「軍隊生活」のあれこれであり、その根底にある「戦争」の現実にまでは届いていなかった。しかし、近藤一のように戦争を振り返るための戦後の人生は圭川には与えられなかった。その彼にそれを望むこと自体が酷なことであると思うべきなのかもしれない。

4　中国から沖縄へ

第六二師団へ改編

田宮圭川の軍隊生活は盂県城を中心として続いていくが、その間全般的な戦局は決定的な転換をむかえていた。圭川赴任の直前に開始された太平洋戦争は、四二年六月のミッドウェー海戦の敗北を転機として敗退局面に突入する。焦眉の戦局は太平洋方面に移り、中国大陸からは有力部隊が次々と転出して全体の警備態勢が弱体化していった。それに伴って一九四二年後半から四三年へと、八路軍の勢力がようやく苦境を脱し新たな攻勢局面を作り出しつつあった。これに対し日本軍は四二年の晋冀魯預辺区粛正作戦（圭川はこの作戦の中で負傷し、一時期石門陸軍病院に入院している）、南部太行作戦、四三年の冀西作戦、十八春太行作戦などの大作戦をはじめ大小の討伐作戦を展開したが、抗日勢力の農村部への浸透は着々と進んでいき、華北の治安状況は悪化の一途を辿った。

一九四三年三月、日本軍は新たに第六二師団、第六三師団を編成した。従来配置されていた独立混成旅団を解体再編して新たに警備専門の師団を編成したのである。六二師団の場合は、独混四旅傘下の独歩大隊五個に独混六旅の独歩大隊三個を合わせて編成された。そして独歩一一から独歩一四までの四個大隊をまとめて歩兵第六三旅団とし、独歩一五と独歩二一から独歩二三の三個大隊をまとめて歩兵第六四旅団とした。六二師団の司令部は楡次に置かれ、その警備地域は旧独混四旅の分担地域と第三六師団（一九四三年七月に山西省を離れ、年末にニューギニアへ転出）の分担地域を併せたものにほぼ一致していた。その内歩兵第六三旅団が陽泉に司令部を置いて旧独混四旅の分担地域をカバーした。兵団名は変わったが（略称でいえば、独混四旅の「力」から六二師団の「石」へ変わった）、独立歩兵大隊としての単位は継続されており（編成上若干の変更はあったが）、独歩一四大隊も従前どおり盂県に本部を置いて従来の任務を継続した(25)。

山西省を離れ、京漢作戦へ

一九四四年三月、六二師団は山西省を離れる。傘下の歩兵第六三旅団は警備地区を後任の独立歩兵第一〇旅団に委譲し、独歩一四大隊も一九三九年初頭以来久しく駐屯してきた盂県を去る。

六二師団の当面の任務は「第一号作戦」への参加であった。「第一号作戦」とは作戦全般の総称であり、「大陸打通作戦」と称されることが多いが、そのうち華北の北支那方面軍による河南を舞台とした作戦を「京漢作戦」と呼称する。六二師団は第一二軍の傘下に入り「京漢作戦」の進攻兵団として第一線の戦闘を担うことになった。

この作戦における独歩一四大隊の動きに関しては、『独立歩兵第一四大隊　京漢作戦戦闘詳報』が残されており、かなり詳細にその足取りをたどることができる。四月三日、独歩一四大隊本隊は盂県城を離れ、陽泉に先行していた各隊を合わせて出発に備えた。五日陽泉を鉄路で出発し、七日黄河北岸の新庄に到着して以後の作戦準備、訓練を重ねる。一四日新庄出発、黄河を渡って作戦冒頭の激戦地覇王城の戦闘に参加した。なおこの時田宮圭川が所属する第四中隊は旅団直轄として行動している。その後も各地で戦闘を重ねつつ鄭州を経由、四月三〇日には潁橋鎮附近で激戦を展開した。この戦闘は六二師団にとって京漢作戦中最大の戦闘となったのであるが、中でも独歩一四大隊は第二中隊、第四中隊の中隊長が戦死し、機関銃中隊長も負傷で後送されるなど大被害を蒙った。第四中隊唯一の中尉（前年九月に昇進）として圭川は中隊長代理となり、作戦終了まで中隊の指揮を執ることになった。

作戦は河南の炎熱に焼かれ豪雨の泥濘に苦しむ中で、発狂する者さえ出るほどの辛い行軍が続いた。五月には西の山岳地帯に分け入り、月半ばに洛河畔の宜陽を攻略しその後は周辺の掃討戦をつづけた。この間第一二軍主力は洛陽攻略に集中し五月二五日遂にこの古都を占領した。一方で独歩一四大隊は同一一大隊と共に第一軍が中心となって戦われた六月上旬の霊宝会戦に派遣された。とくに六月八日、九日の牛庄付近で遭遇した猛烈な戦闘では、大隊長はじめ将校多数を含めて死傷者は七〇名を超えるという大被害を受けている(26)。

六月に入ってから、京漢作戦参加の各兵団は順次新占拠地の警備や、本任務地への帰還を始めるが、六二師団も襄城方面の警備を分担し独歩一四大隊は葉県に進駐した。六月一五日米軍がサイパン島に上陸すると大本営は急遽六二師団のサイパン転用を決定する。しかし七月七日にはサイパン守備隊が玉砕してその時機は失われ、六二師団は七月二四日付で第三二軍の戦闘序列に編入されて沖縄に向かうことになったのである。師団は開封に集結し、古年次兵や病弱兵を残留させて人員を八三〇〇名に絞った上で再編成し、八月一六日上海港から出航し二〇日那覇に上陸した。田宮圭川は同年一二月の名簿からは機関銃中隊長となっているから、おそらくは前記の再編成で、第四中隊長（代理）から異動したものと考えられる（正式発令は沖縄到着時）。

沖縄へ

この時期戦局の焦点はフィリピンに移っており、一九四四年一〇月米軍がレイテ島に上陸する。それに対応して日本海軍が総力を挙げたレイテ海戦は惨敗に終わり連合艦隊は事実上壊滅した。やがて米軍はルソン島に上陸し、日本軍のフィリピン喪失は決定的となっていた。次に狙われるのが沖縄か、台湾であることは必至であった。

沖縄守備を担当する第三二軍は、来るべき米軍の上陸予想地点をいくつかに絞り、それに沿って部隊を配置して陣地

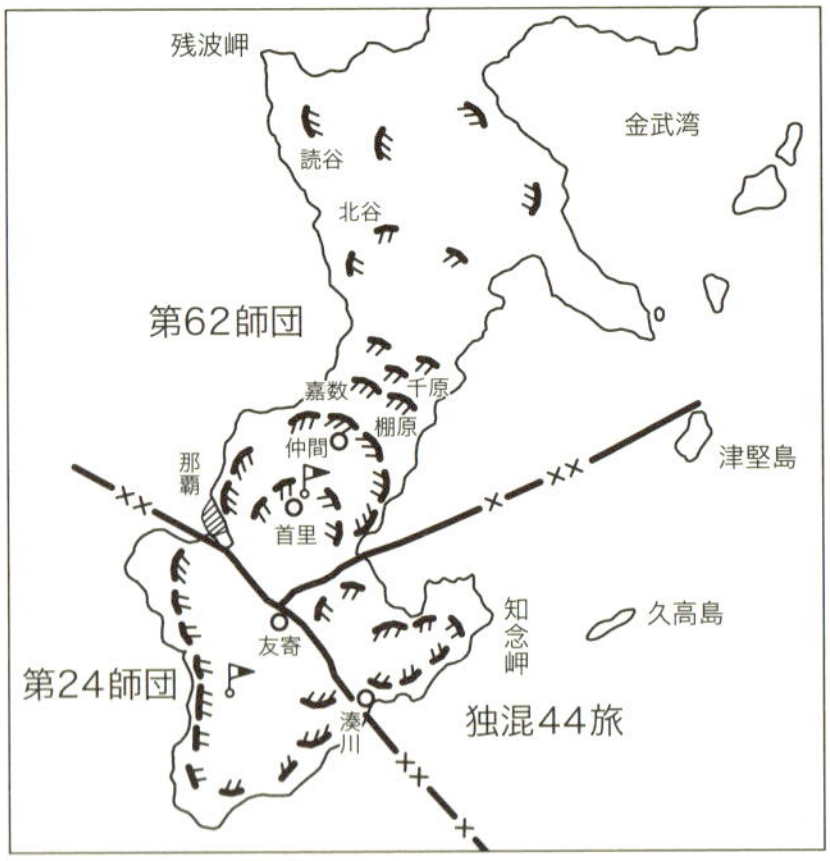

№ 12…第三二軍配置図（戦史叢書『沖縄方面陸軍作戦』付図を参考に作成）

の構築を急いでいた。ところが、フィリピンの戦局が重大化すると、それに連動する形で一九四四年一二月に最精鋭の第九師団が台湾に転出させられ、沖縄の守備態勢は第六二師団、第二四師団、独立混成第四四旅団の三兵団を中心に組むしかなくなった。この変更で分担陣地が変わり、構築作業が混乱しつつも、一九四五年二月には№12のように三二軍各兵団の配置が定まった。第六二師団は、最も強く想定された嘉手納方面に米軍が上陸した場合、その正面で立ち向かう兵団として配されたのである。

第六二師団は師団司令部を第三二軍と同じ首里に置き、防衛の第一線には隷下の歩兵第六三旅団を配してその旅団司令部を仲間高地に置いた。北に向かって普天間街道を挟み右翼の西原高地には独歩一四大隊本部、左翼の嘉数高地には独歩一三大隊本部が配され、それぞれその前方に傘下各中隊の陣地が縦深に分散配置された。両大隊の後詰と東西の海岸線防衛にはそれぞれ独歩一一大隊と独歩一五大隊（歩兵第六四旅団）が置かれ、最北方の上陸予想地点に接近して一二大隊が牽制部隊として置かれた（№13参照）。田宮圭川が指揮する独歩一四大隊機関銃中隊は、歩兵砲中隊とともに前進陣地群の中間に位置する千原高地（現琉球大学医学部の高台から西へ張りだした高地）に本部を置き、配下の小隊、分隊を北上原、我如古などの前線の中隊に派遣した。

一九四五年四月一日、米軍は嘉手納、北谷の海岸線に上陸を開始し、殆ど抵抗を受けることなく橋頭堡を確保した。牽制部隊として上陸地の前面にあった独歩一二大隊は、猛烈な砲爆撃に晒されてたちまち多大な損害を受け、二日後に南へ後退した。

米軍上陸にあたり第三二軍は上陸阻止を狙う「水際作戦」をとらず火砲も極力温存した。大本営は一九四五年一月二〇日の「帝国陸海軍作戦計画大綱」で、本土決戦準備を命じているが、その中で、「南千島、小笠原、沖縄以南の南西諸島、台湾及び上海付近」を「皇土防衛の前縁」として位置づけ、敵が上陸した場合は「極力出血消耗を図り、かつ敵航空基盤造成を妨害」する、とした(27)。第三二軍はそれに沿って、洞窟陣地に立てこもっての持久戦を志向したのである。しかし持久戦に徹したその戦術は中飛行場、北飛行場をそのまま米軍に明け渡すことであり、その後大本営の叱責を受けて無謀な「総攻撃」を決行し無駄な犠牲を積み重ねることにもつながった。

中部戦線の陣地戦開始

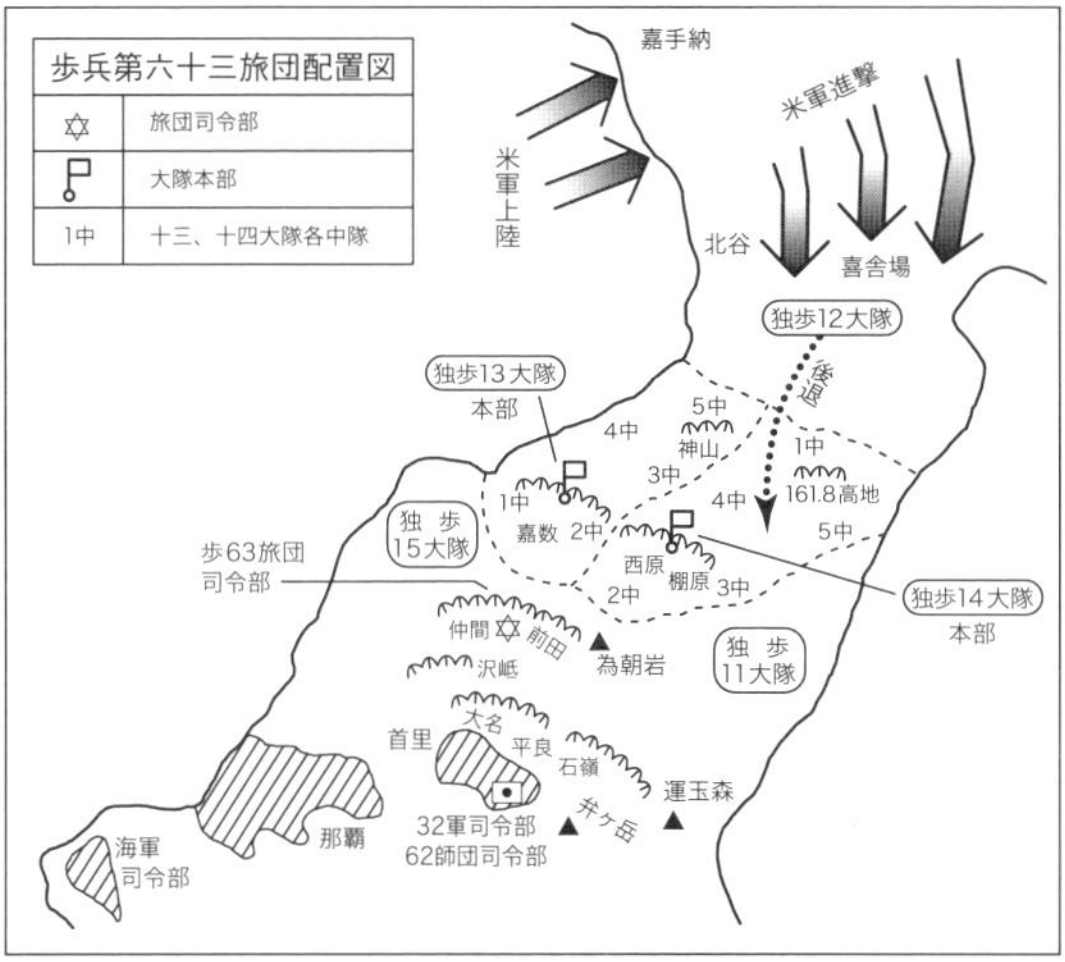

No.13…沖縄中部戦線の日本軍（独歩一三大隊、一四大隊を中心に）

四月三日、米軍はいよいよ大挙南下を開始し、まず独歩一四大隊の第一中隊、同一三大隊の第五中隊の陣地に攻めかかってきた。こうして沖縄戦の本格的な陣地戦が始まった。

沖縄戦の凄惨さを最も強く表すのは、日米両軍が文字通り寸土を奪い合った陣地戦である。沖縄本島中部は石灰岩を主とする丘陵がまるで寄せる波のように次々と連なっている。日本軍はその丘陵に地下陣地を掘りめぐらし頑強な防衛線を構築した。その場合、敵に面する斜面に開いた陣地は、歩兵攻撃に先立つ徹底的な砲爆撃によってたちまち粉砕されてしまう。そこで日本軍は多くの場合、反対側の斜面に陣地壕の開口部を作って待ち構える。そして砲爆撃の間はひたすら壕内で耐え、米軍歩兵が台上に進出するや小銃、手榴弾、擲弾筒などあらゆる兵器を以て攻撃し敵を台上から追い落とそうとした。

米軍はこれに対し戦車を以て背後に回り込み、壕口を破砕して日本兵を壕に閉じ込めてしまう。それでもなお日本兵は壕内に立てこもり夜間の斬り込みなどの抵抗をやめなかった。最後は米軍戦車が壕口にのりあげて黄燐弾や火炎放射器で攻撃したり、削岩機で天井の岩盤に穴をあけてガソリンを流し込み火をつけるなどして一つ一つの陣地をつぶしていった（こうした最終段階の攻撃の事を「馬乗り攻撃」と呼ぶ）。中部戦線ではこのような戦闘が延々と繰り返され、圧倒的な兵力と火力を持つ米軍をもってしても、北上原・神山の線から仲間・前田高地を抜いて首里外郭陣地に取りつくまで約六キロの前進に、一か月以上をかけなければならなかったのである。

独歩一四大隊の闘い

中部戦線における独歩一四大隊の戦闘の様子を『第六十二師団史実資料』などの記述をもとに略述する。米軍の圧倒的な火力と機動力によって各地の前進陣地は次々と粉砕され、圭川の機関銃中隊も千原高地での死闘で兵力の大半を失った末大隊本部の位置まで後退することになる。

一般的に機関銃中隊は重機関銃八挺を装備し、一挺に下士官一名、兵一〇名がついて一分隊となり、別に弾薬分隊と駄馬が配置されていたという。重機関銃は最大射程が四キロを超え、発射速度は一分間に四五〇発であるというから、歩兵部隊にとって非常に頼もしい火器であるが、それだけに米軍の砲火も容赦なく集中したに違いない。千原高地における戦闘の様子については本文が、一四大隊の衛生兵であった大西昇の回顧録を引用しているのでそれに譲る。正に凄惨な戦闘であったに違いなく、後退する時の残兵は僅か二〇数名、残った重機関銃はたった一挺であったという。

やがて米軍は西原の線に迫り、左翼第一三大隊の嘉数高地とともに激闘が繰り返されたが、四月二四日、軍は六二師団の戦闘力低下をみてその戦線を整理し、第二四師団を前面に出すことにする。それにより独歩一四大隊も西原高地を放棄して仲間・前田の線に後退した。

この段階で独歩一四大隊の兵員はすでに四分の三が失われていたという。大隊は生き残り部分に他部隊の残存兵も加えていくつかの混成中隊を再編成し、『史実資料』には「木坂中隊、田宮中隊、歩兵砲中隊」の三つの名前が列記されている。田宮中隊はもちろん田宮圭川を隊長とする中隊であり、機関銃中隊、第三、第四中隊の残存兵を中心に編成されたという。

この時期の独歩一四大隊は仲間・前田高地に踏みとどまっていた独歩一二大隊の指揮下に入って戦った。『史実資料』によれば、一四大隊は本部と歩兵砲中隊を仲間の南部に据え、一部を為朝岩近くに進出させた、とあるが、全体の動きははっきりつかめない。

仲間・前田高地は中部戦線の最後の防衛線であり、ここを突破されれば米軍の攻撃は一気に首里外郭陣地に迫ることになり、それだけに死闘が繰り返された。『史実資料』はここにおける田宮隊の戦闘を次のように記している。

田宮隊ハ五月一日朝、為朝岩西側高地ニ現出スル敵歩兵約四〇〇ヲ、MG（重機関銃＝筆者注）一ヲ以テ射撃一時間ノ後、其ノ大半ヲ殺傷セシメ他ヲ撃退セリ

No.14…沖縄戦の激戦地為朝岩（撮影・加藤、2012年）

為朝岩は前田高地の東端に一際目立って屹立する岩塊であり、ここを失うことは米軍戦車部隊が背後の前田集落に侵入することを容易にしてしまうだけに、日本軍の抵抗も執拗に行われた。田宮隊もここに投入されたが、保持した重機関銃はたった一挺であったという。そしてこれが千原からの撤退時に残された最後の一挺であったとするなら、この地における戦闘は、「機関銃中隊として」の田宮隊の最後の戦闘であったかもしれない。

現在為朝岩裏側の斜面には陣地壕の壕口が何か所も残っている。狭い入口をもぐりこめば中は楽に背を伸ばせる高さがあり、坑道は縦横に掘りぬかれて反対斜面中腹に穿たれた物見用、狙撃用の窓につながるものもあるという。

米軍に完全に包囲され地下陣地に閉じ込められながらしぶとく抵抗を続けた前田高地の独歩一四大隊は五月九日の師団命令で首里方面に後退し、攻防の焦点は首里外郭陣地に移っていった。

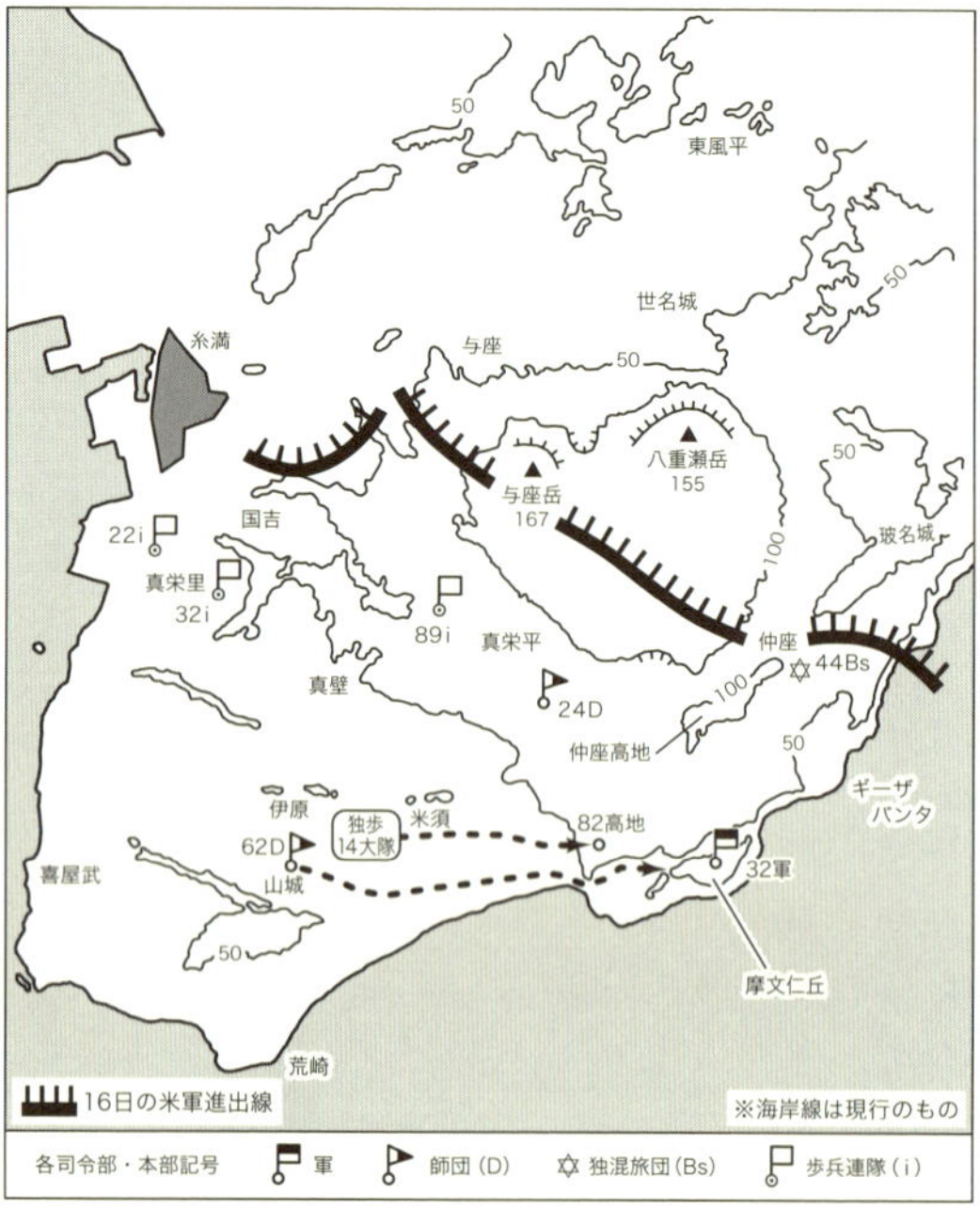

No.15…沖縄南部戦場（『沖縄方面」陸軍作戦』付図を参考に作成）

独歩一四大隊の最期

こうして仲間、前田の線も突破された日本軍は首里外郭高地に拠って首里防衛最後の抵抗を試みた。一二大隊の指揮下から離れた独歩一四大隊の僅かな残存部隊も首里西北に布陣して戦ったが、その間第三二軍司令部は首里の放棄と本島南部での最後の抵抗を決定する。それに従い一四大隊も五月二八日の旅団命令によって首里を撤退し南部へ向かった。十数万の民間人が戦火に追われて避難している本島南部へ約三万の敗残日本軍がなだれ込み、米軍の猛烈な砲爆撃がそれに襲いかかる、という中で、「国軍全般作戦ニ最後ノ寄与ヲスル」（八原高級参謀の回想[28]）という美名のもとに本土決戦の「捨石」としての沖縄戦最大の悲劇が運命づけられたのである。これはもう戦闘ではなく、一方的な殺戮であった。

南部撤退後の独歩一四大隊はひとまず米須集落の北から西側の台地に陣地を作ったようであるが、六月一七日の旅団命令で一部を摩文仁に、主力を摩文仁の西側を遮る最後の壁である八二高地に移動させた。『史実資料』によれば、最後に八二高地にあったのは大隊本部、剣持中隊、機関銃中隊、歩兵砲中隊であったという。やがて米軍が迫り遂には馬乗り攻撃を受ける状況の中、二〇日夜半、生存者全員が最後の斬り込みを敢行し、独歩一四大隊の歴史は終わったのである。『史実資料』附図には田宮中隊が他の残存部隊とともに「二十日夕刻迄殆ト戦死シタルヲ以テ同夜全員最後ノ斬込ヲ決行ス」とある。その三日後に摩文仁の第三二軍司令部が自決し、沖縄戦の組織的抵抗は終了した。

沖縄南部における断末魔の戦いの中で、田宮圭川がどこでどのように最期を迎えたのか、その具体的姿は本文にあるように必ずしも明らかではない。

おわりに

田宮圭川自身が写った写真を眺めると、つくづく軍服の似合わない人であると思う。将校であるにもかかわらず田村泰次郎や山本泉の写真と比べると遥かに貧弱な姿である。私室などでプライベートな生活ぶりを撮ったものには年齢相応な屈託のない表情が見られるが、軍服姿になると途端に「服に着られている」ような居心地悪さが感じられてしまう。似合わないのは彼の目立った小柄さも原因するだろうが、表情も決して「凛々しい」とは言い難く、むしろどこか不安げな表情を湛えて写っている場合が多い。大柄で自信たっぷりの表情の下士官と並ぶとそっちの方がよほど上官らしく、「我輩」などという写真につけたキャプションがまるで結びつかずむしろ痛々しく感じられる。

アルバムに書きこまれた好戦的、自己陶酔的な言辞もほとんどが当時の決まり文句であり、無理にも自分を奮い立たせようとしているように感ずる。彼は新聞記事をいくつも切り抜いてそれを大事にアルバムに挿入しているが、それは彼の記事に対する「共感」を表しているだろうか。むしろ、選択の余地のない「かくあるべし」に向かって必死に自分を近づけ納得させようとする若者の痛々しさを思ってしまう。

圭川がその目で見ようと見まいと、その実態を認識していようといまいと、彼が身を置いた戦場では「侵略」という言葉の現実を示す様々な具体的事実が生起していた。その何を知っていたかで、同じ写真を見てもその背後に見えるものは異なる。もし圭川が侵略の現実を伝える数々の事実に最後まで気づくことなく、それをただ「懐旧の」アルバムとして残したのだとすれば、圭川が戦場に置いてきた人生とはまるで幽霊のように実体のないものでしかない。それでは圭川は死んでも死にきれないのではないか。

圭川が必死に信じようとした「大東亜共栄」の理想は、戦場の醜い現実によって既に裏切られていた。そのことを知らないままに死んでいったのだとしたら……。圭川だけではなく、この時代の日本の若者たちの膨大な数の死を、「それもまた一つの青春」程度の薄っぺらな一言で片づけては絶対にならない。まして「英霊として国に殉じた」などと歯の浮くような決まり文句で葬り去ってしまうなどもっての外である。私はこの解題をそうした一種の「怒り」に押されて書いた。圭川に対するこのような向かい合い方は、圭川の肉親である田宮昌子氏のそれとは随分と異なるに違いない。毀誉褒貶を含むあらゆる意義付けを篩い去ってもなお、網の底に残る肉親としての情があるのは当たり前だからである。だから私の文章のいくつもが田宮昌子氏の心をざらつかせたはずである。しかし、それゆえにこそ田宮氏は私に執筆参加を求められたのだと思う。そしてそれは圭川の生と死とを普遍化したいとする田宮氏の志であろう。その志に拙稿が応えられたかどうか、今はそれが気がかりでならない。

[注]

（1）裁判は万愛花ら一〇名の原告（内九名が被害者本人）により「中国・山西省性暴力被害者損害賠償等請求事件」として、一九九八年一〇月、東京地裁に提訴されて始まり、二〇〇五年一一月、最高裁の上告棄却決定により原告敗訴が確定した。また、一九九六年に始まった山西省における調査活動をまとめたものは、石田米子・内田知行編『黄土の村の性暴力』（創土社、二〇〇四年）として刊行されている。

（2）師団の場合は、三個ないし四個の歩兵連隊を中心に、砲兵隊、騎兵隊、工兵隊、輜重兵隊、師団通信隊、師団衛生隊、野戦病院等々を含めて構成された。四個の歩兵連隊を持つ師団の場合は、二個連隊ずつを束ねて旅団としたが、この場合の旅団は歩兵大隊のみによって構成されるものであるから、独立した戦略単位として動くことは想定されていなかった。

（3）防衛庁防衛研修所戦史室編『北支の治安戦〈1〉』によれば、独立混成旅団はもっぱら守備任務に任ずるように編成が定められ、五つの独立歩兵大隊（編成定員八一〇名）、旅団砲兵隊（同六二〇名）、旅団通信隊（同一七五名）に旅団司令部を合わせ、旅団の編成定員は五〇四八名であった。一方師団の兵員数は、時期や戦時・平時など様々な場合によってかなりの違いがあるが、独混四旅と同時期に山西省南部に駐箚した第三七師団の場合は、編成時の定員が約一万五〇〇〇名であった。

（4）独立混成第二旅団は北支那方面軍駐蒙軍に配属され張化口に、第三旅団は同第一軍に配属され三九年以降山西省崞県に、第五旅団は同第一二軍に配属されて三九年以降青島に、それぞれの司令部を置いた。

（5）犠牲救国同盟会については、「犠牲救国同盟会と山西新軍」（宍戸寛・内田知行・馬場毅・三枝章・佐藤宏共著『中国八路軍・新四軍』河出書房新社、一九八九年）など参照。

（6）本稿では便宜上太行山地のうち石太線以北を北部太行山地、以南を南部太行山地と呼び分ける。

(7)独立混成第四旅団「第一期晋中作戦戦闘詳報」一九四〇年。

(8)前出「第一期晋中作戦戦闘詳報」。

(9)「三光政策」とは中国側の用語で、「三光」は「殺光(殺し尽くす)、焼光(燃やし尽くす)、搶光(奪い尽くす)」の総称。日本では「三光作戦」と呼ばれることが多い。

(10)盂県資料研究委員会編『盂県文史資料』第四輯「日軍暴行録」。

(11)同前『盂県文史資料』。

(12)日本軍は、八路軍根拠地とその政治工作対象地域とを遮断するために、地域を特定してそこの住民を退去させ、無住地帯とし、その境界に沿って長大な遮断壕を設けて経済封鎖をねらうなどした。中国側では「無人区」、「火焚区」の呼称で、上記と同様な地域を示すが、史料によっては日本軍の作戦の中で一時的に全村を焼き払われた地域や、討伐を受けて村民が一時的に村を退去した地域も指すことがある。総じて、「無人区」に関する概念規定は未だ必ずしも厳密なものとは言えないようである。無住地帯については、三〇六頁でも詳細に言及する。

(13)高度分散配置が軍紀の維持、兵隊教育等の面で問題があるという指摘は、かなり早くから出されており、例えば一九三八年八月の「第一軍機密作戦日誌」では、高度分散配置の徹底を指示する北支那方面軍の指示を批判し、「過度ノ分散配置ハ無益ノ匪害ヲ受クルノミ」と断じ、「此ノ方面軍ノ意見ハ素人意見ニシテ討伐未経験者カ先ツ陥リ易キ議論ナリ」とまで言いきっている。

(14)そのことを確認するためには、この掲示文に列挙された村々を具体的に調査するしかないが、現段階での筆者はこれまでの初歩的な調査を通し、必ずしもこの通りに全ての村落が抹殺消去されたわけではない、と考えている。日本軍はこうした暴圧的姿勢をぶち上げることはできても、それを実現するだけの力量をもはや持ちえなかったのかもしれない。

(15)「剔抉」とは、ある地域に浸透した抗日勢力の組織をつきとめ、それを根絶やしにすることを指す。

(16)前出『北支の治安戦』〈2〉一一七頁、三二九〜三三四頁。

(17)同前『北支の治安戦』〈2〉。

(18)近藤一については本稿318〜321頁以下に詳述するが、ここでも略歴を紹介する。田宮圭川や田村泰次郎と同じ三重県の出身。一九四〇年に独混四旅独歩一三大隊の兵士として徴集され、圭川の所属した独歩一四大隊とは石太線をはさんだ反対側の遼県に配属された。現地教育終了後、一〇人に満たない分遣隊の勤務を皮切りに、山西省各地の分遣隊や中隊本部での兵卒勤務を続けた。一九四四年、圭川同様沖縄に送られ、嘉数高地をはじめ各地で凄惨な戦闘を続け、最後の「万歳突撃」で奇跡的に捕虜となり、生還した。沖縄戦で犬死していく下級兵士の無残な状況も、中国における目をそむけたくなる加害の実態も、隠すことなく伝えようと、各地で「語り部」として証言し続けている。その証言をまとめたものとして、内海愛子・石田米子・加藤修弘編『ある日本兵の二つの戦場』（社会評論社、二〇〇五年）が出版されている。

(19) 田村泰次郎「裸女のいる隊列」『田村泰次郎選集』第4巻、秦昌弘・尾西康充編、日本図書センター、二〇〇五年、二〇～二一頁。

(20)「独立混成第四旅団工兵隊陣中日誌」昭和一七年

(21) 例えば、万愛花ら一〇名の原告が訴えた「山西省性暴力被害者賠償等請求訴訟」の一審判決（二〇〇三年四月）は、「日本兵の行為は戦時下であったとしても、著しく常軌を逸した卑劣な蛮行」であると断定し、「原告らが被った精神的被害が限りなく甚大で……耐え難いものであったと推認するに難くなく、……心的外傷後ストレスないし精神的な苛酷状態に陥り……そのような状態からようとして脱し得ないことも容易に推認しうる」として、事実関係を認定するとともに、ＰＴＳＤが今なお女性たちを苦しめ続けていることも認定し、その後の上級審でも継承された。また、司法的には現行法における救済ができないとしても、「立法的、行政的解決を図ることは十分に可能」ではないか、とする異例の付言をつけた。法的には敗訴となっても、この問題自身は決してこれで片づけられるべきものではないということが、司法の場で明瞭に判断されたのである。

(22) 独歩一四大隊は一九四四年一月に盂県から転出し、独立歩兵第十旅団独立歩兵第二二七大隊が警備を引き継いだ。だから厳密にいえば、裁判に立ち上がった原告一六名の内少なくとも一名は後者所属の日本兵による被害者であると考えられる。

(23) 本稿でも若干触れたが、性暴力被害者が名乗り出たということは、その地域に特に被害者が多いということを意味しない。逆に名乗り出るものがいないから被害がなかった、ということでもない。戦後五〇年以上を黙り通し、性暴力被害を自らの「恥」と受け止める地域の意識の中で、しばしば家族にすらその事実を隠して生きてくるしかなかった女性が勇気を持って名乗り出るためには、その地域に彼女たちの被害を被害として受けとめ、彼女たちをサポートする人間の存在が不可欠である。盂県西部の農村にはたまたまそうした人々がいたということである。この詳細も前出『黄土の村の性暴力』に詳しい。

(24) 八路軍は、その影響下にある村落に対して、日本軍の侵攻時には一時的に村民全員が村から退去し、その際食料家畜など敵が利用できそうな全ての物資を搬出又は隠匿することを呼びかけた。この戦術を「空室清野」と呼んだ。

(25) 師団編成になってからの目立った変更として、各独立歩兵大隊の編成が歩兵中隊五個、機関銃中隊一個、歩兵砲中隊一個によって成されるようになったことが挙げられる。

(26) 防衛省防衛研修所戦史室編『河南の作戦』五八九頁

(27) 防衛省防衛研修所戦史室編『大本営陸軍部』

(28) 防衛省防衛研修所戦史室編『沖縄方面陸軍作戦』〈資料解説〉

むすびに――なぜ「断片」なのか

本書について、「なぜ『実相』ではなくて、『実相の断片』なのか」という問いを受けた。それは「断片に過ぎないものなのか」という問いだろうか。なぜ「断片」なのか、「断片」でよいのか、改めて自身に問うてみた。

そして、本書は「断片」と題したい、と改めて確認した。本書が読者に提示するのは、『北支』占領」という歴史的事実の総体の「断片」である。それはつまり全貌ではないということになるが、必ずしも不完全な内容を中途半端に公開するという意味ではない。もちろん、本書が完全無欠で補うべきものは微塵もないとはとても言えない。不足点は挙げればいくらでもある。また、この主題にどこまで行ってもこれで完全という状態は出現し得ないだろうとも思う。しかし、本書を「断片」と題することはこれらの限界とはまた別の考えからである。

「北支」占領――外国軍による八年にも及ぶ占領――本書が提示する「断片」のように、それがもたらしたものは、占領軍将兵と現地住民という加害対被害の単純な構造に収まらず、軍内の階層、個人の力量や性向、現地社会内の階層や性別、個人の置かれた経済的政治的環境や条件等々、具体的個別の要因によって、さまざまに異なり、或るひとつの出来事を体験する複数の、立場の異なる個人に見えるもの、もたらされる結果はそれぞれに異なっている。

一つ一つの具体例、個別例を拾い上げて繋げて行けば行くほど、それらの関係は錯綜し、性質は複雑になり、簡単な定義づけや断定を許さないものになって来る。これが「全貌」だ、「真相」だと単純に示すことが可能であると想定することは不可能である。個別具体的な出来事のある一面の「真実」は存在するだろう。それらを出来るだけ多く繋ぎ合わせて、立体的多面的に総体に近づいて行く。しかし、どこまで行っても裂け目は残り続けるだろう。

なぜ「断片」なのか。つまり「断片」であるからであり、「断片」であると明確に認識し、表明することが大切であると考えて、本書は敢えて「断片」と題する。砕け散った破片の鋭い切り口に感じる痛み、という文学的な含みもある。

本書は「三人の三重県人」の遺品を手掛かりに、日中戦争の中でも特に『北支』占領」を中心に、その実相と今日に残る痕跡と記憶とを伝えようとするものである。既に述べたように、作業の発端は三重県にある筆者の実家に残っていた父方の伯父の遺品アルバム群であった。「年老いた両親が世を去って代替わりも済めば、古いごみとして処分されかねないであろう」「しかし、これらは貴重な史料となり得るのではないか」と憂えて始めたこの作業は気が付けばもう一〇年になる。その間、防衛省の門を幾度もくぐって日本軍史料を紐解き、山西の僻村で砂嵐に巻かれながら老人たちを訪ね、日本軍トーチカがあった丘や玉砕のガマを四つん這いになって昇り降りし……日本と中国の間、都市と農村の間、前世紀と今世紀の間、加害と被害の間……を往来し、着手した際には思いもよらなかった長い道のりとなった。

着手当初は、中国の言語に通じ、その歴史や文学、思想に敬意を持っていた人間として、故人が占領や武力行使に感じていた苦悩を後代の手で掬い取り、世に明らかにしようと構想していた。彼の苦悩については、その存在が仮説であることを認識できていなかった。戦後の一般的な従軍イメージとは「軍部に強いられた」「悲惨な」といったものではないだろうか。敗戦から一五年後に生まれた筆者にとって、戦争は成長の過程で触れる種々の媒体において常に馴染みある背景だったが、それは判で押したように「軍靴の音が忍び寄る」、つまり不安に怯える民衆に否応なく覆いかぶさってくるものとして描かれていた。主人公となるような〝まっとうな〟人物は例外なく「時代の趨勢」に違和感を感じており、兵役は逃れがたい義務として、悲しみと諦念の中に行われるものであった。

いま考えれば、それはまさしく「戦後」だったのだろう。その間、人々にとって戦争は何かにつけて思い出される忘れがたい経験でありながら、直視に耐えないものを封印し、想起しやすい形態へと「記憶」としての整理が進行していく時期だったのではないだろうか。結果として、戦後の戦時イメージは「実相」とはかなり乖離したものとなった。その帰結として、筆者は当初、中国の言語、文学、思想を学び、中国に渡ることが夢であったらしい一世代前の親族は「不幸な時代に生まれ合わせた」がために憧憬の地に兵士として渡り、仏僧としても教師としても、道義的懊悩に苦しんだに違いなく、ただ言論統制の下で露には表現されないその思いを行間から見つけ出し、無念にも若くして死んだ青年の〝良心〟を社会に伝えようと、そんなふうに考えていたように思う。

しかし、どこまで作業が進んでも、兵役への嫌悪や占領への疑問、武力行使に当たる苦悩といったものは姿を見せなかった。出征の晴れがましさ、訓練に感じる誇り、占領地での楽しげな日常、占領や掃討作戦を正当化する論理……彼の視線や意識はどこまでも時代の枠の中に納まり続けるようであった。戸惑いの中で作業を進め、「存在しないのかも知れない」とついに思い至った時には愕然とした。しかし、改めて考えてみれば、それが「時代の趨勢」であったとは、まさにこういうことであるはずなのだ。

失望を感じながらも、「実相」を明らかにするしかないと、「都合の悪いもの」を切り捨てないことを期しはしたが、果たして公開する意義があるのか疑問を感じた時期もある。それでもついに放棄しなかったのは、このような考えからである。戦後の戦時イメージが「実相」と大いに異なるものとなってしまったのは、戦後に「語り」の対象となったのがごく少数の「時代の趨勢」に距離を置いていた人々であり、当時の「趨勢」の側に居た大多数の普通人の世界を反映していなかったことが主要因ではないだろうか。戦後しばらくは「時代の趨勢」は誰もがよく知る、殊更取り上げる必要もないものであって、ごく少数とはいえ確かに存在した〝良心〟の物語こそが人々に希望を与える作用を持ったのだろう。しかし、戦後七〇年が経ち、「国家総動員」の実態が分からなくなってしまった今、当時の「趨勢」の方にこそ光を当てる必要があるのではないか、と。

これまでにこれらの遺品について紹介する場を幾度か持つことが出来たが、「反戦の姿勢が明確でない」という批判を頂いたこともある。筆者は当然平和を希求するものであるが、本書自体は確かに反戦を目的とはしていない。『北支』占領」の時代のある平凡な構成員の、中国の古典文化への思い入れ、自国の武力の優勢に感じる誇り、軍での昇進に感じる得意、人生への生真面目さ、他者への鈍感さを、矛盾のままに明らかにしたいと考える。公開した後は如何様にも利用可能となるではあろうが、筆者としては、日本に壊滅的な打撃を与え、永く残っていく歴史的負債を生み出した日本近代の歩みを検証することに資することを願う。

本書執筆の過程では、筆者がどれほど（主観的には）客観的に史実に向き合おうとしても、自身が日本「国民」であり、日本「人」であり、日本軍将兵や居留民といった当時の占領者の「縁者」でもあるという、政治的文化的血縁的属性から完全には自由になれないということを痛感することがしばしばあった。筆者の観点や姿勢について、中国人から不満や不信を聞くこともあった。

それでもなお、「占領」の事実と結果について、日本においての無知に近い認知の低さ、そのことがもたらす、現地社会に今日残る痛みや屈辱感への日本社会の無神経さは、日本人である（ことから距離を置ききれない）筆者にとっても鋭く心が痛むものであった。現地には今もトーチカの跡が残り、司令部、練兵場、慰安所……と占領支配の布陣とそれに伴う記憶の中で人々は今も暮らし、当時暗唱した日本語の文例や歌が老人たちの口からこぼれ出す。本書は『北支』占領」を中心に取り上げたが、圭川が初年兵訓練を受けた江南の地でも状況に違いは無かった。小さな街の、慰霊碑どころか記念プレートすら無い平凡な街角も、こちらが趣旨を説明して調査に臨めば、土地の人々には今も記憶されている虐殺現場であった。調査の過程で偶然に出会う運転手も案内人もこちらが促さなければ何も語らないが、親族が殺害や略奪などの被害を被っていない人は居なかった。泰次郎が慨嘆したように、この状況は「占領」下となった中国の地のどこでも変わらないのだろう。一方、それらが日本の名に結びつく事実と記憶でありながら、日本での認知は皆無に近い。日中の間を往来しながら、その落差のあまりの大きさに衝撃と痛みを感じ続けて来た。

日本での聞き取りで接する元日本軍将兵や元居留民が当時の戦闘や占領の日々を語る言葉に普遍的に避けようもなく現れる、現地住民にとっての重みとあまりにかけ離れた気楽さや無神経さは個々の人物の人格や感性の問題ではなく、立場の違いに決定づけられている。その時は同じ地に同じ空気を吸って立っていた人間たちの「出かけて行った側」と「やって来られた側」という立場の違いは決定的であり、網膜に映っても「見えない」、鼓膜に響いても「聞こえない」のである。本書執筆のために専門である文学と思想からはやや遠ざかる日々が続いたが、まさに「どこまで続く泥濘ぞ」と一歩一歩ここまで来てしまったのは、この過程に文学と思想に匹敵する読解と思考の醍醐味があったからだと今にして気づかされている。


本書では主に遺品写真を史料として「占領」の具体相を扱っている。作業を重ねるにつれて新たに分かることが常にあり、冒頭で述べたように、この主題にこれで完全という到達点は訪れそうもない。作業開始から一〇年を費やした今、ここで一つの形として公開し、歴史の実相について関心を喚起する一助となれることを願うものである。本書の執筆を終えるに当たって、心に残る問題が幾つかある。日本軍の通訳として占領下の住民の反感の矢面に立っていた「朝鮮人」「満人」など日本の植民統治・傀儡政権下の人々、保安隊、警備隊など〝治安維持〟機構の末端実働部隊として占領統治の汚れ役を担った、底辺の遊民層出身とおぼしき人々、基層社会に浸透しようとする新興の共産勢力に抗しようとする宗教結社など旧来の民間勢力……遺品史料や旧軍関係資料にちらちらと姿を見せるこれらの社会勢力と日本軍との〝協力〟関係、そこに決まって登場する「反共」「防共」のキーワード……歴史の闇の底に沈むように曖昧模糊としているが、解明を待つ重要な課題のように思われる。

本書に現れるように、中国では日中戦争史上特筆されることのない無名の地においても、日本による占領の痕跡と被害の記憶はそこここにある。しかし、実体験者は次々と世を去り、痕跡も風化や開発に晒され、今まさに永遠に失われる刹那にある。日中双方から同時平行的に、あるいは協働的な調査や保全の動きが進むことが望まれる。今年は終戦から七〇年の節目の年である。来るべき百周年に向けて、加害被害の関係を持った両社会の相互理解と和解を実現するために、集団的な認識と記憶の有り方について、日中間に留まらない国際的な、また歴史学、平和学など多分野による学際的な、議論と実践が進むことを切に願う。

本書にとって、山西省盂県は核心となる地である。本書で取り上げた「三人の三重県人」が配属された独立混成第四旅団によって簡単な形容を許さない被害を被ったその地で、被害の調査と被害者の支援に当たって来た「山西省・明らかにする会」（山西省における日本軍性暴力の実態を明らかにし、大娘たちと共に歩む会）との出会いは、本書にとって決定的な転機となった。遺品写真を史料として公開するという単純な構想は、盂県農村への定例訪問に同行する機会を得て、写真に写る「占領」を生々しい事実として衝撃を以て実感したことによって、劇的に変化を始め、一〇年の歳月をかけて、本書の形となった。本書出版の後も生涯をかけて考え続けたい課題に目を開かれる契機を与えて頂いたことに深く感謝し、二〇年に亘る真摯で地道な活動に心からの敬意を表したい。

解題を執筆して頂いた加藤修弘氏には筆者が盂県に初めて入った際に知遇を得て以来、戦史や軍事には不案内な筆者に史料から語彙まで懇切丁寧にご教示頂いた。本書の原稿にも幾度も目を通して頂き、細部に至るご指摘を得た。畑違いの領域で格闘する筆者にとって顧問のような存在であったし、順調ではなかった長い道のりを飄々と伴走して下さる心強いサポーターでもあった。ここに改めて深く感謝したい。また、本書を支える大量の基礎作業には多くの学生助手の働きがある。筆者の闘病期に病室と研究室を往復しながら、写真のナンバリングなど重要だが単調な作業を正確にやり遂げてくれた矢野智恵子さんを始め、今は立派に社会人となっている当時の学生助手たちに心から感謝したい。

最後に、本書の出版を豪気にも引き受けて下さった社会評論社の松田健二社長、細かな作業の多い面倒な編集に辛抱強く当たって下さった新孝一氏に心からお礼申し上げます。

田宮昌子

二〇一五年五月二一日

資料出典

一、「北支」占領の実相―山西省孟県を中心に

1、孟県占領の拠点、孟県城

1「孟県城鎮街道図」（孟県文史史料研究委員会提供）を基に現地調査の結果を反映して作成。韓万徳「孟県老城的記憶」『新孟県』二〇一二年（孟県文化研究会提供）参照。

2「県城図」光緒孟縣志・光緒壽陽縣志』（中国地方志集成、山西府縣志輯二二）鳳凰出版社・上海書店・巴蜀書社、二〇〇五年、二八、二九頁に基づき作成。

3「北望楼」泉アルバム4『北支風景』。他の写真との照合から県公署の裏手に当たる城壁北端の角楼と思われる。

4「孟《ママ》県に入城せむとす」圭川アルバム3『支那事変記念写真帖』（以下『事変写真帖』）「入城」頁。

5内城の占領統治態勢《ママ》（泉さん画）。泉アルバム4『北支風景』。

7「閣下を迎へる孟県小学生」『事変写真帖』「偉業の完成」頁。背景は「孟県公署」儀門。

8「県治図」『光緒孟縣志・光緒壽陽縣志』（中国地方志集成、山西府縣志輯二二）鳳凰出版社・上海書店・巴蜀書社、二〇〇五年、二九頁。

9承宣坊（通称、聖旨牌楼）。一九五〇年代撮影。韓万徳主編『孟県百年老照片選集』山西出版集団・山西人民出版社、二〇〇九年、二頁。

10右から照壁、内東門、大門。韓、前掲二〇〇九年書、二頁。

13日本語教室。『事変写真帖』「建設（日語教育）」頁の部分拡大。

14「中華民国新民会孟県総会」の表札の横に立つ泉さん。泉アルバム1『北支将兵』。

15「孟県地区憲兵隊」の表札がかかった入り口。上には陸軍の星。泉アルバム1『北支将兵』。

16泉さんの憲兵隊での執務姿（一九四三年七月一五日）。泉アルバム1『北支将兵』。背面の壁に「我は御稜威を奉して立てり」の張り紙。

17「S一八、一・一日　於て　山西省孟《ママ》県城内」。圭川アルバム5。前列八人の足元に小さな丸が書き込んである。この写真にはプリントが二枚あり、裏書には「山西省孟《ママ》県城内」あるいは「於新兵舎前」とある。日付も一八年一月一日と三日の二通りあるが、一八年の正月三箇日内の記念撮影であることは確かである。

18「昭和一七年三月一〇日憲兵隊前の広場、陸軍記念日、大隊本部広場にて」泉アルバム3『北支討伐（三）』。添書に吉田部隊長、四中隊尾坂隊などがある。

20「昭和十七年十二月十一日……」圭川アルバム5。裏書から一列目中央の髭の人物が一瀬部隊長、右隣が大尉（軍医）、更にその右が瀧本隊長、そのまま軍医と副官が並び、逆方向に部隊長の左隣が尾坂隊長、その左が竹中隊長。後は中尉と少尉たち。後列右から二番めに圭川。

21「文廟図」清・乾隆年間『孟県志』韓、前掲二〇一二年論文、三一頁。

22「本部前ニ於テ」圭川アルバム2。

23「寺澤軍医大尉以下六名内地帰還ニ際シ（と読める）大隊幹部一同　一八・七・三〇日」泉アルバム1『北支将兵』。中央が一瀬中佐、圭川は後ろから二列目の右端。

24儒学明倫堂？　韓、前掲二〇〇九年書、五頁。一九六〇年代撮影。

27「文廟泮池院」。一九五七年夏撮影。韓、前掲二〇〇九年書、一五九頁。

28泮池の右脇にあった槐とされる古木。右は古木にちなんで名付けられた唐槐飯店、奥は晋劇団ビル。〇七・八・三一撮影。

29城隍廟。一九五五年冬撮影。韓、前掲二〇〇九年書、四頁。

30「孟県ノ松の家クーニャン」圭川アルバム5。

32画面右（北）から左（南）の方向に、武廟（関帝廟）と三聖禅寺（西寺）が並ぶ。手前（画面下半分）が武廟で、奥（画面上半分）が西寺。画面右奥に見える大屋根が西寺の本殿「大仏殿」。

一九五三年冬撮影。韓、前掲二〇〇九年書、五頁。

33「中川少尉ト共ニ　於盂大県大佛殿前　昭和十七年十二月二日」圭川アルバム5。

34「大仏殿」泉アルバム4『北支風景』。

35「盂県の大仏殿にて」泉アルバム1『北支将兵』。

37陽泉と盂県城とを繋ぐ自動車道の停留所。泉アルバム1『北支将兵』。

38「昭和十八年一月二十四日　朝ノ景色」圭川アルバム5と2。壁に「擁護汪主席」。頁の中央に大判で。

40「昭和一七年三月一〇日陸軍記念日、盂県南関外演習」泉アルバム4『北支風景』。吉田章雄大佐、尾坂四中隊長など人名書込みあり。

41一九四一年夏に盂県「日偽政府」が馬夫地で行った運動会。韓、前掲二〇〇九年書、二〇〇～二〇一頁。

42同上。韓、前掲二〇〇九年書、二〇一頁。

44内東門・内城側。泉アルバム4『北支風景』。左端に県公署の大門と石獅子。表札に「盂県……」と読める。

45内東門・外城側。「明朗盂県」の下に「日満華提携図」があるが、小文字スローガン無し。『北支那方面　第一軍関係写真資料（自昭一六・八～至昭一七・七）四分冊の一』防衛省防衛研究所蔵、五頁。

46内東門・外城側。泉アルバム2『北支将兵』。城門には「明朗盂県」と小文字スローガンと「日満華提携図」。騎馬の兵三人に右端の歩哨が敬礼をしている。

47内東門・外城側。「東門」（部分拡大）泉アルバム4『北支風景』。

49「東門外あり」泉アルバム4『北支風景』。表札は「山西省中国佛教□□会陽泉分会盂県支会」と読める。

50「盂県小学校（国民学校）　昭和一八・七月」泉アルバム1『北支将兵』。

51「日偽政府が設置した盂県県立新民小学校卒業班の記念撮影」。一九四五年七月撮影。韓、前掲二〇〇九年書、一五四頁。


53秀水河南岸から盂県城を北に望む。泉アルバム4『北支風景』。

54「南門外橋」泉アルバム4『北支風景』。秀水河北岸（三義廟上？）から南を望む。

55「盂《ママ》縣」圭川アルバム3『事変写真帖』「戦の跡」頁。秀水河北岸から南を望む。（右から）文明閣（郊外）、秀水橋、三義廟（南関）、左奥に奎星楼が霞む。

56文明閣（右が奎星閣、左が文昌閣）。泉アルバム4『北支風景』。

57「盂県から陽泉へ、□□橋」泉アルバム4『北支風景』。写真の状態から泉さん撮影ではなく、複写した写真を貼り付けたものである可能性もある。

58「歓仰《ママ》」圭川アルバム3『事変写真帖』「偉業の完成」頁。遠景に三義廟と奎星楼。

59「盂《ママ》県古代楼閣」圭川アルバム3『事変写真帖』「駐屯地の風景（其の三）」頁。

60「盂県城外」泉アルバム1『北支将兵』。

62今に残る文明閣の門洞。韓、前掲論文、六三頁。

2、東会里村と仙人村―占領と抵抗の臨界面―

東会里村

1「東会里警備隊記念撮影　昭和十七年十月二十六日」圭川アルバム5。裏面に人名と括弧を付して階級がペンで書かれている。全二六名。更に鉛筆書きで三名の人名と階級。圭川を含め二列目中央の二人のみ帯刀。

2「昭和十七年十月二十六日　於東会里警備隊附近　〝驢馬ニ乗リテ討伐行〟」圭川アルバム2。

4「山本伍長　使用苦力ト共ニ　昭和十七年十月二十六日　東会里警備隊ニ於テ」圭川アルバム5。

5「東会里分遣隊　登木口隊長」泉アルバム1『北支将兵』。添書の日付はびっしりと書き込まれた文字に埋もれているが「17.1.1」と読める。背景のトーチカから赤線を引いて「石垣の陣地、この下に住んでいた。山上生活」と添書。顔からも線を引いて、四二名のうち約三〇名の名前や出身地、戦死地点と年月日等が周囲に書き込まれている（何名か重複しているように見え、人数が確定しにくい）。

6「武田兵長　山本伍長　藤見軍曹　田宮少尉　昭和十七年十月二十六日　於東会里村々公所」圭川アルバム5。衣服から帽子、靴まで中国式の日本軍将兵たち。左端人物はタバコを指に挟んでいる。No.7東会里維持会員の集合写真と同地点。No.1「東会里警備隊記念撮影」と裏書の人物名が重なる。右端の少年はNo.7にも登場する。

7「東会里差務股長　維持会長　李宣春敬贈　郭梅林（以下全七名の男性名）」圭川アルバム5。No.6「東会里村々公所」と同地点。撮影日が記されていないが、撮影地点や被写体が共通することから、昭和一七年一〇月二六日撮影と推測できる。

8「田宮隊長大人恵存　股長李宣春敬贈」圭川アルバム5。

9「昭和十七年十月二十六日　於東会裡　風俗写真」圭川アルバム5。

11「東会里分遣隊重機分隊」泉アルバム1『北支将兵』。写真下に一〇名全員の氏名と戦死などの消息が書き込まれている。泉さんは重機関銃を前に前列中央を占める。

仙人村

12「仙人村越霄山　昭和十七年十月二十七日　□□行軍途中」圭川アルバム5。ばらばらに散開して登っているが、明らかに軍服ではない後姿、荷物を背負った姿が数名は混じる。荷役をさせられている現地住民と思われる。

13「昭和十七年十月二十七日〝仙人村越霄山　標高一〇五六ヨリ敵ヲニラム〟」圭川アルバム5。

3、占領の諸断面

宣撫工作

1「宣伝隊活躍（紙芝居）」圭川アルバム3『事変写真帖』。

2和平劇団と泰次郎。泰次郎写真。裏書なし。左端に「和平……」と書いた旗か幟が見える。

3東亜新秩序スローガン。泰次郎写真。裏書に「昭和十六年一月元旦　田村泰次郎　北京□□□□」。

「明朗」

4「明朗山西」と大書された山西省都太原城の小東門。『北支那方面軍関係写真資料』防衛省防衛研究所蔵。添書に「日本軍が突撃した正面」「第一軍宣撫班長　青江舜次郎中尉が硝煙のもとから活動を開始した」「城壁の要所要所に書かれた大文字は北支でも有名」。

5「宣伝壁画（於太谷）」圭川アルバム3『事変写真帖』「第四次治安強化運動」頁。

6「中日官民　協力建設　明朗陽泉」。泰次郎写真。裏書なし。

五色旗

7「楡次門」泉アルバム3『北支討伐』。

8太原市場入り口。泉アルバム4『北支風景』。入口には多数の人力車が主人を待つのか、客を拾おうとするのか。

9「姑娘たちの出迎え」泉アルバム4『北支風景』。秦郁彦『慰安婦と戦場の性』（新潮社、一九九九年）が「日本軍を迎える盂県のクーニャンたち」（山本泉氏提供）として掲載（二〇五頁）。

自動車道

11「砂埃をあげて前進又前進（河底鎮附近）」圭川アルバム3『事変写真帖』「自動車隊」頁。同頁には他に「坂道を突破（社荘《ママ》村附近）」「延々連りて出発を待つ（孟《ママ》県―上社鎮）」「討伐（盂県―上社鎮）」「将に出発せむとす（陽泉河原）」等の写真が収録されている。

12「胸つく坂を（河底鎮附近）」圭川アルバム3『事変写真帖』「行軍山嶽（其の一）」頁。同頁には他に「河底鎮街道を前進又前進」「北部山西軍粛清戦　上社鎮より延々長蛇の列を連ねて前進の萬《まん》城目《じょうめ》」「峻嶮をよじる」「岩山を抜く」等の写真が収録されている。

13自動車道路を破壊されて迂回を余儀なくされる日本軍。泉アルバム３『北支討伐』。添書「道路が破壊されて、迂回して進む、たびたびやられる」「昼は日本軍、夜になると電線切に（土路《ママ》破壊に）、ゲリラ戦術活発に展開した」「日本軍村長と中共軍村長二人いる。住民は両方に付く」「夜土路《ママ》破壊し、昼は修理す」「軍使用の有線の電柱、線はたび々切れる」。添書は行が錯綜しており、以上は筆者に拠る解読であるが、文面はそのままである。

作戦

14「輜重隊大休止」泉アルバム３『北支討伐』。多数の軍馬、その間に立つ兵士たちはみなカメラに向かって立つ。住居の細部など集落の様子が細かく見える。

15「大休止」泉アルバム３『北支討伐』。添書「敵地区に行くと、人は皆逃げていっておらないが、牛豚とり《ママ》等残っているので」「徴発して来た牛等、久しぶりに牛の片足、生ねぎ、味噌汁（味噌樽）にありつき、思わず料理の手に力が入る、メシは炊けたか……時間がかかる」「牛一頭で足だけ持って来て、すぐ料理、明日出発だ」「木が少ないので、家具壊して人民にとっては甚だ迷惑だ」。『昭和一六・五〜一六・八　山砲兵第三三連隊　北支山西戦場写真』（防衛省防衛研究所蔵）収録の写真⑧がこれと同一写真である。目次に拠れば「中原作戦（南部山西）」になる（写真⑦⑧の解説が「同上」となっており、写真⑥にこの解説がある）。この写真集は「借用物」で、「借用先」は静岡県在住の元第三三連隊所属陸軍少佐、借用期日は一九六八年一一月となっている。防衛研究所が付した解説には「中原会戦及び33Ｄの碭山附近終結時の写真を主としたもの」とある。独混四旅は中原作戦に参加しており、泉さんはこの時期に従軍中であることから、№15は中原作戦中（昭和一六年五月七日〜六月一五日）のものである可能性が高い。同一写真所有の事情については、軍の記録対象になるような場面ではないこと、個人的にカメラを所有していた兵士は多くないと思われることから、泉さん撮影のものを、戦後になってからの可能性も含め、入手した可能性が考えられる。（泉さんは戦地で撮影した写真はよく周囲に配布したと語った）。

16「警備行軍中食於峯頭村」泉アルバム１『北支将兵』。添書「野外で食べる。これぞ野戦料理の極み。鶏・卵は村長から持参か徴発かで」。

17白木の箱を首に掛けた兵士。泰次郎写真。箱の正面には戦死した兵士の名前か、何か文字が書かれている。

18「十八春　大行作戦よりかへりて　盂県城南関街」泉アルバム３『北支討伐』。

19「隊長出迎」圭川アルバム３『事変写真帖』「偉業の完成」頁。

慰霊祭

20盂県大仏殿で行われた独歩一四大隊の慰靈祭。圭川アルバム５。右端に「荘厳」の文字が見えることから、盂県大仏殿と分る。檀上左脇の白装束姿は№21では、神官と巫女にも、割烹着姿の婦人たちのようにも見える。

21「盂県大仏殿」泉アルバム１『北支将兵』。盂県大仏殿を正面や左よりから捉える。左端に右端の「荘厳」と対をなす「清浄」の文字が見える。添書「神となり仏となりて後の世をあなたのみたまは守りゆくらん」。

22「一八・九　盂県慰霊祭　一瀬中佐弔辞」泉アルバム１『北支将兵』。№21の祭壇。遺骨は約一八柱。祭壇左右の幟には「□□人間滅国賊」「万人永仰靖国神」とあるが、祭壇正面に座るのは仏僧である。幟の上には「石第三三五九五……」と部隊名を書いた旗が垂れ下がる。添書「盂県三里程の小部落に八路軍（民兵）来たと村民の情報で／川口少尉〔ＭＧ〕新米（「新前」と書かれているようだが、「新米」の意と思われる）将校以下一〇名程が出撃するも敵おらず／昼食炊き昼食中包囲され……戦死す。ゲリラ作戦にかゝる」（「／」は読点なしの改行）

23慰霊祭祭壇（拡大）。寿陽にあった独歩一四大隊本部における百団大戦戦死者慰霊祭の祭壇であることが照合でき、同慰霊祭の全景を捉えた写真と共に泉アルバム１『北支将兵』収録のはずであるが、部分拡大写真のみ残り、頁写真が残らない。

神社

24「太原神社」泉アルバム4『北支風景』「太原」特集頁。添書「入院中、行軍で行く退院近し」。

25「御輿」泉アルバム4『北支風景』「太原」特集頁。提灯に「太原神社」の文字。鉢巻姿の少年たちが担ぐ神輿には「神酒」と読める。

26楡次神社。東京都の鈴木和子さん所有（133頁注64参照）。

27青島神社。泉アルバム4『北支風景』「青島」特集頁。同頁には他にも参道を連れ立って歩く振袖姿の娘たちなど終戦前夜とは思えない、豊かでのんびりした情景が写っている。

29「陽泉神社の建立」の挿絵写真。独立混成第四旅団戦友会誌・独旅会編『独旅』独旅会、第一六号、昭和五六年六月一日発行、九二頁。文は無署名であるが、内容と編集の前後関係から編集者の広瀬頼吾によると思われる。

ひらがな

30「順徳の警備隊」圭川アルバム4『支那事変記念写真帖』。

31陽泉の旅団司令部教育隊正門（204頁No.15）の表札拡大。圭川アルバム2と5「昭和十九年一月十二日　於石第三五九一部隊田宮隊」。

32「高陽警備隊と警鐘」圭川アルバム4『支那事変記念写真帖』。

使役

33水桶を担ぐ子供たち。泰次郎写真。裏書なし。

34遮断壕の構築作業？　泰次郎写真。裏書なし。

35「苦力の一役」泉アルバム3『北支討伐』。添書「駄馬、荷物を運ぶロバ、なかなか力が強い」「中国人、だれ《ママ》なしに苦力《グリー》とし、筋肉労働に強いた」。「苦力」には括弧を付して「驢馬《ロバ》持参で来る」と注意書き。更に、同じ頁の連続した写真に添書して「駄馬の列。弾薬、食料、医薬品」とある。

36「盂県地区西煙鎮北方討伐」「膝まで没す河中を」泉アルバム3『北支討伐』。

子供たち

37「小孩」泉アルバム1『北支将兵』。同頁や続く頁には盂県での憲兵時代に撮影した小学校の子供たちや先生の写真が貼られており、余白に戦後に再会しようとした状況や写真の中の人物の消息などが書き込まれている。

38七人の子供たちと。泰次郎写真。裏書なし。

中国服

39武装した現地住民五名と。圭川アルバム5。裏書なし。中国服姿は横江少尉（後列右。後に独歩一四大隊機関銃中隊長）。後列左の人物は双眼鏡を首に掛け、リーダー格のようだ。この五名で日本兵四名（軍服姿）との写真も残る。

40中国服姿で多くの民衆を背景に。泰次郎写真。正確にはこの写真には裏書が無いが、同じ服装で帽子を被った別の写真の裏書に「山西省寿陽にて　十七年四月　特別工作隊の頃」とある。

41「中国服で外室」泉アルバム1『北支将兵』。同じ地点、同じ服装で異なるポーズの写真がもう一点ある。

女性たち

42中国〝風俗〟頁。圭川アルバム5。

43「朝鮮女子風俗」No.42中の一枚。照明を当てて撮影しているようだ。

44No.43と同じ背景で同じ仕草。泉アルバム1『北支将兵』添書なし。

45「支那女子風俗」No.42中の一枚。

46「支那部落民」No.42中の一枚。民家の婦人と子供たち。同頁には同じ集落でと思われる民家や現地住民の写真が連続して貼られている。中に「昭和十八年四月二十三日　開頭（と読める）村ニ於テ」と題した圭川の写真や「休憩ノ一時」と題した武装した現地住民と日本兵が混じる写真などが混じる。この時期は十八春太行作戦中であり、作戦中に経過した村での撮影であろうか。

47伝統的な富裕層の未婚女性の身なり。No.42中の一枚。裏書なし。足元が写っていないため纏足かどうかは不明。室内は彫刻を施した机、花瓶、飾り棚などが見え、富裕で優雅な様子である。

48伝統的な未婚女子風俗。№42中の一枚。裏書なし。膝に抱えるのは刺繍を施した枕のように見える。側面の文字は「在家在愛」と読める。

慰安施設

50「朝鮮人慰安婦」泉アルバム1『北支将兵』。ビールを飲む兵士たち（うち二人に憲兵の腕章が見える）と割烹着姿の女性が二人。白シャツの男性は現地住民かも知れない。

51「慰問」圭川アルバム3『事変写真帖』「駐屯地の風景（其の二）」頁。秦郁彦『慰安婦と戦場の性』（新潮社、一九九九年、二〇五頁）はこの写真を泉さん提供として掲載し、「陽泉の朝鮮人慰安婦」とキャプションを振る。

52陽泉「亀ノ家旅館」？　圭川アルバム5。裏書なし。

55割烹着姿の女性たち。圭川アルバム3『事変写真帖』個人写真頁。裏書なし。同じ背景で割烹着に和服姿の女性たちの写真が二枚連続して貼られている。

56「昭和十八年六月下旬　小井少尉ト共ニ　亀ノ家旅館ニ於テ」圭川アルバム5。

57「昭和十八年六月　戦地ニ於テ　〝同期生ノ集ヒ〟」圭川アルバム5。

58「亀の家屋上ニテ」佇む女性。圭川アルバム5。裏書なし。

59割烹着姿の女性と幼児。圭川アルバム5。裏書なし。

60当時の新市街。泉アルバム4『北支風景』。添書「陽泉町。関の屋菓子店。満蒙写真館。ピーヤ」「関の屋の生菓子は一番の楽しみ。うまかった」「写真館の壁一部残っていた」。

4、占領の痕《あと》―〝対日協力者〟たちの人生と現在

1「反蒋運動」。圭川アルバム3『事変写真帖』「宣撫工作（其の二）」頁。口絵24部分。

二、「北支」占領の担い手―ある下級将校の人生から

1、禅寺に生を受け、仏教者を志し、儒学を学ぶ

1圭川の父と兄弟姉妹たち。圭川アルバム10。右から圭川（長男）・千枝子（長女）・圭道（次男）と不美（次女）。

2高田専門学校の友人たちと（左端が圭川）。圭川アルバム10。添書「湯ノ山御在所嶽ニ遠足　麓ニ休ミツツ……」。

3大学の仏教サークル（圭川は中央人物の左）。圭川アルバム10。添書「昭和拾参年十二月九日　駒澤大学講堂前ニ於テ　京都済門青年会支部　駒澤大学微妙会一同　後藤瑞巌老師ヲ囲ミテ」。

6下宿の自室にて。圭川アルバム10。裏書「昭和拾参年十二月中旬　東京市世田谷区……　鈴木□□様方ニ於テ」。

7「昭和十四年二月三日　桜田門ヨリ　国会議事堂ヲ背景ニシテ」圭川アルバム10。

8「昭和十二年　学部戦史旅行　瑞鳳殿前ニテ」圭川アルバム2。中央の引率教員の左右に配属将校が控える。

9広島県高田中学校での教え子。圭川アルバム12。生徒の名前と住所が裏書されている。

10教員時代のスーツ姿。圭川アルバム5。裏書「昭和十四年七月十二日　休ミ時間ノ一《ひ》ト時《とき》」。

2、郷里三重での入営

1中部第三八部隊正門。圭川アルバム4『支那事変記念写真帖』。

2入営の記念撮影。圭川アルバム1。添書「昭和十四年十二月一日　歩兵第三八部隊に入営　勇躍征途ニ就カントス。於下士集会所前」。

3郷土部隊の出陣を伝える『三重日報』記事（掲載年月日不明）。圭川アルバム4『支那事変記念写真帖』「上ル征途」頁。記事見出し「われらの野田部隊、暴支膺懲の征途へ：出発当時の壮絶なる歴史的光景」。

3、江南での初年兵訓練

1「第五一連隊各大隊配置図」歩兵第五十一連隊史編集委員会『歩

兵第五十一連隊史（中支よりインパールへ）』歩兵第五十一連隊史編集委員会、昭和四五年、四七頁。

2南京のバス停。同上、五四頁。看板下部に「華中鉄道長途汽車（長距離バスの意）」とある。

3初年兵訓練期。圭川アルバム1。

4「第十三軍作戦経過概要図（昭和十五年九月～十六年三月）」防衛庁防衛研修所戦史室『支那事変陸軍作戦〈3〉昭和十六年十二月まで』（戦史叢書）朝雲新聞社、昭和五〇年、三七四頁。

5圭川アルバム1溧水頁。

6「溧水地図」。帰還兵の手書きによる「溧水県城内部隊配置図（昭和一三年八月～昭和一八年三月）」（前掲『歩兵第五十一連隊史』五一頁）に二〇一〇年の現地調査結果を反映して作成。

7左頁：圭川アルバム1溧水頁つづき。
右頁：圭川アルバム1金壇頁。

8「金壇地図」。帰還兵の手書きによる「金壇城内部隊配置図（昭和一三年九月～昭和一八年三月）」（前掲『歩兵第五十一連隊史』四九頁）に二〇一〇年の現地調査結果を反映して作成。

9金壇城郊外にあった仏塔。圭川アルバム1。

10「金壇公園」圭川アルバム1。

11「紀元二六〇〇年記念祝賀会余興」圭川アルバム1金壇練兵場頁。

12「提灯競争（女学生）」前掲『歩兵第五十一連隊史』、一六〇頁。

13「支那女学生ノ合唱」圭川アルバム1金壇公園頁。

14「支那児童ノ余興」圭川アルバム1金壇公園頁。

16「オジサン食堂の姑娘」前掲『歩兵第五十一連隊史』、二六四頁。

17「金壇連隊本部」同上、四八頁。

22「回顧!!」圭川アルバム1。

4、豊橋陸軍教導学校での幹部候補生訓練

1「豊橋陸軍教導学校表門」圭川アルバム1。

2「我輩の学校時代」圭川アルバム1。

3校庭で作業する学生たち。圭川アルバム2。同じ服装での同様の場面に「昭和十五年十二月二十五日　校庭ニ於テ勤労奉仕作業　花壇作リ　……第四区隊戦友」とある。

4野戦会食。圭川アルバム2「昭和十六年三月十日　陸軍記念日於校庭　剣術試合後　野外ニ於テ野戦会食」。

5「豊川稲荷参拝」圭川アルバム1。

6機関銃隊の週末活動。圭川アルバム1。「養気行軍……天伯ヶ原ニテ日夜ノ猛訓練ヲ見守リ下サル岩屋観音ニテ／機関銃隊全員記念撮影／眼下ニハ東海道線特急『ツバメ』ガ驀進」

7「生徒集会所」圭川アルバム1。

8中国東北部を思わせる地形での行軍。圭川アルバム2。

9仮設橋による渡河訓練。圭川アルバム1。（上）「順序ヨク下船シテ戦闘準備」。（中）仮設橋を水中に運び込む。（下）仮設橋を渡る。（中）と（下）の間に仮設橋を工兵隊が組み立てる場面がある。添書「最後ノ勝利ヲ得ル為ニハ歩兵ノ裏ニハ工兵隊ノ必死ノ作業アリ《ママ》！」

10「北支那派遣」圭川アルバム2。

5、「北支」派遣―山西省での駐屯

1「うそ〳〵表面的」『北支那　土田兵吾少将　陽泉（4MBs）写真資料（昭・一四、一五年）』防衛省防衛研究所蔵、三四頁。

2百団大戦特集頁。泉アルバム1『北支将兵』。

3「新任将校集合教育終了」圭川アルバム5。裏書「昭和十六年十二月九日　山西省陽泉旅団本部ニテ　新任将校集合教育終了ノ日　中井幹（と読める）少尉撮影」。

4尾坂隊集合写真。圭川アルバム5。裏書「昭和十七年一月元旦／北支派遣力第三五九五部隊／尾坂隊」「……陸軍中尉尾坂雅人……陸軍少尉田宮圭川……」。

5陽泉旅団司令部集合写真。圭川アルバム5。裏書「昭和十六（七と書いた後で訂正）年二月十一日　梅崎中佐（参謀）　大野中佐（高級副官）　谷大佐　津田美武閣下」。

6当番兵たちと。圭川アルバム5。裏書「……（四人の兵士たち

の名前・住所・担当将校名。四人目に）小崎〇〇（田宮少尉当番）三重県志摩郡……　昭一七・三・八」。

7入院先の野戦陸軍病院《ママ》にて。圭川アルバム5。裏書「昭和十七年六月十七日撮／於邯鄲野戦陸軍病院／第百十師団／河南省／林県西南十二粁ノ地点ニテ昭和十七年六《ママ》月十四日午後三時受傷／十五日朝　彰徳ニ移送／十七日カンタンニ移送／十九日石門ニ移送」。

8東京からの演芸慰問団。圭川アルバム5。「昭和十七年十月十一日　陸軍恤兵部派遣演芸慰問団　東京ヨリ」

9戦《ママ》車の前での記念撮影。圭川アルバム5「横江少尉ト共ニ　於盂県」。

10機関銃小隊（田宮隊）集合写真。圭川アルバム5「昭和十七年十二月八日　……」。

11作戦中の小休止。圭川アルバム5「昭和十八年四月二十三日　開頭村ニ於テ」。

12盂県城を離れて陽泉に向かう。圭川アルバム5「昭和十八年八月一日　旅団幹候下士候教育隊教育要員トシテ出発ノ前谷川少尉ト共ニ」＝圭川アルバム2「盂県出発に際して」。

13「昭和十八年九月十日　北支派遣石第三五九一部隊教育隊」。圭川アルバム3、5に収録。

14「新任田村部隊長　盂県」泉アルバム1『北支将兵』。

15陽泉の旅団司令部教育隊正門にて。圭川アルバム5「昭和十九年一月十二日　於石第三五九一部隊田宮隊」。

16「黄河渡河」泉アルバム3『北支討伐』。

17「陽泉市街略図」。坂上登「俘はれの記」独旅会編『独旅』独旅会、第七号、昭和四九年一二月一日発行、三五頁に基づいて作成。

18旅団司令部？『北支那　土田兵吾少将　陽泉（4MBs）写真資料（昭・一四、一五年）』防衛省防衛研究所蔵。

19旅団司令部内部？No.18文献収録。添書「隊長会議」。

21教育局。圭川アルバム2。裏書無しの模様。

22保晋閣。圭川アルバム3。裏書なし。

24西営盤入口。史桂娥主編『陽泉革命歴史文献図片集』陽泉革命歴史文献図片集編集委員会、二〇〇一年。

25「一九四七年五月二日陽泉鉄廠に進駐する人民解放軍」中共陽泉市委、陽泉市人民政府編『太行明珠・陽泉』中共党史出版社、二〇〇七年。

26教育隊への帰路？圭川アルバム3『事変写真帖』個人写真頁。

27占領当初の第一軍司令部（山西大学堂）『北支那方面　第一軍関係写真資料（自昭・一六・八〜至昭・一七・七）4分冊の1』防衛省防衛研究所蔵、二一頁。

28「新築成れる第一軍司令部（太原）」『島貫武治中佐　北支戦線写真帳　昭和一六・四上〜一七・四・二八』防衛省防衛研究所蔵。

29山西省公署。圭川アルバム5。

30文瀛湖の畔で。圭川アルバム3『事変写真帖』「昭和十八年九月十八日　於〇〇新民公園」。

32亜細亜飯店にて。圭川アルバム3『事変写真帖』「昭和十八年九月十八日　於〇〇亜細亜飯店　柳川曹長ト共ニ夕食中」。

6、沖縄への転戦と玉砕

1当時の呉淞港。歩兵第五一連隊が昭和一三（一九三八）年八月八日に呉淞港に上陸した時のもの。歩兵第五十一連隊史編集委員会編『歩兵第五十一連隊史（中支よりインパールへ）』歩兵第五十一連隊史編集委員会、昭和四五年、三二頁。

7「米須及八二高地付近ノ戦闘経過要図　自六月六日至六月二十日」第三二軍残務整理部『沖縄作戦ニ於ケル独立歩兵第一四大隊史実資料』昭和二二年三月二五日（頁番号なし）、防衛省防衛研究所蔵。

三、「北支」占領の内側—時代の論理と個人の意識

1、遺品写真から

1三人一組でレンガ壁の前に立つ兵士たち。圭川アルバム5。右

胸に白い名札布。下の余白にそれぞれの名前。アルバム5だけでも同じ背景と設定の写真が四枚ある。

2「吾が教え子」圭川アルバム5。見開き二頁に教育を担当したと思われる兵士たちの写真。三重県を中心に近畿東海の出身者が多い。

3遠くを指さして「指サセルガ僕」。圭川アルバム2。他に「僕ノ勇姿　□　カメラニテ」、遠くを見つめて「遥か敵を睨んで」。ポーズ違いの計三ショットが圭川アルバム2、3に二プリントずつ残る。

4「サー来たれ」圭川アルバム2と3。正確にはこの裏書があるのは連続する別の一枚で、同じ褌姿だが腕組みをしていない。写真の状態がよくないためこちらを採用。こちらの裏書は「入浴後ホット一息」。

5兵営内の郵便ポストと思われる。圭川アルバム3。

6居並ぶ将校たち。圭川アルバム5。

8草むらで胡坐をかく。圭川アルバム2「昭和十八年九月初旬　石三五九一部隊田宮隊　あーいい気持ち　秋の大気をうんと吸いて　どれ一服」＝圭川アルバム3「石第三五九一部隊教育隊　昭和十八年九月十日」。

9散歩する後姿。圭川アルバム2「秋の漫歩　□□の午後　誰も話し相手は居らぬかなー」＝圭川アルバム3「石第三五九一部隊教育隊　昭和十八年九月十日」。

10兵営での食事。圭川アルバム2「此の御馳走を見て下さい。大きな〝すし〟でせう。而し絶対食えないものです。食堂のウイドにある模型〝すし〟一寸□□て□□てみたの□→その外は食えますよ」。

11「教育隊　表玄関」圭川アルバム2、3。手前の植栽は整備したばかりの様子。

12「たみやたい」と書かれた看板の前で。圭川アルバム3『事変写真帖』個人写真頁。

13兵舎か武器庫？　圭川アルバム3『事変写真帖』個人写真頁。

14山砲。収録は№13に同じ。同頁には手前の山砲を解体か組立中の写真もある。

15「ランプノ下ニテ執務中」。圭川アルバム2と5に四プリント。添書「三重県鈴鹿市南長太町　田宮圭川　ランプ引寄せ　故郷へ！　書いて又消す　戦地の便り」あるいは「昭和十七年十二月十七日　我ガ私室ニテ　ランプノ下ニテ執務中　〝ランプ引寄せ　故郷へ　書いて又消す　戦地ノ便り〟」。

16「支那ニテ」圭川アルバム5。

17「一寸一服」圭川アルバム3『事変写真帖』個人写真頁「石第三五九一部隊教育隊　昭和十八年九月十日」＝圭川アルバム2「昭和十八年九月初旬　石三五九一部隊　田宮隊　僕の部屋　〝一寸一服〟」。

18上半身裸の背中。八路軍との戦闘で負傷した傷跡を写したものという（次弟圭舟談）。圭川アルバム3『事変写真帖』個人写真頁。

2、従軍記念品から

1圭川アルバム3『支那事変記念写真帖』の表紙。太行山脈と思われる巍巍たる山脈を描いた下に「皇紀二千六百年」「河村・百武・片山・津田部隊」の文字。

2　圭川アルバム4『支那事変記念写真帳』表紙。伊勢神宮前の宇治橋と思われる橋に桜と陸軍の星。その下に「野田　山田　横田　部隊」の文字。桜と星、これらの文字は金色に光る。

3漢口陥落祝賀パレード。圭川アルバム4『支那事変記念写真帖』「漢口陥落祝賀」頁。男性の顔（蒋介石？）をあしらった山車を中心とした提灯行列。山車には「皇軍万歳」「祝漢口陥落」の文字が見える。山車を引くのは小学生くらいの少年たち。成人男女はネクタイや羽織姿で正装であるようだ。同頁には他に合唱か万歳三唱か、指揮を執る人物と提灯を掲げて応じる群衆など、祝賀に沸く様子が満載されている。

4圭川アルバム4『支那事変記念写真帖』「紫金山の山頂」。塔には「昭和拾弐年拾弐月拾弐日午後五時三十分占領　野田部隊」

と書かれている。

5巨大サソリ。圭川アルバム5。上部に中国語の解説。「民国十七（一九二九）年七月に山東省で二八インチもあるサソリが発見された」。

6万里の長城。圭川アルバム5。(左)「娘子関　万里長城ノ一部」(右上）裏書なし。(右下）裏書なし。

8「支那事変従軍記章之証」。昭和十五年四月二十九日の発行。

9感状写真。圭川アルバム4『支那事変記念写真帖』に挟み込まれて残る。貼り付けてあったのが剥がれた形跡はなし。裏面に「感状写真、大切に保存下さい」と朱書き。一九四四（昭和一九）年七月二四日付、第一二軍司令官の名義で独立歩兵第一四大隊および配属部隊に授与されている。

10恩賜の品。泰次郎写真。裏書なし。

11村葬の集合写真。圭川アルバム1。卒塔婆に書かれた名前から圭川の生家である心造寺檀家の青年服部博亭さん（心造寺過去帳に「昭和十七年八月三十一日　中支ニテ戦病死　行年二十二才」とある）の葬儀と分かる。会場は舞台左の額から村の小学校講堂と分る。

3、スクラップ記事から

1「絵は日本を中心とした新世界図」（『東亜新報』昭和一八年一一月二八日掲載）圭川アルバム3『事変写真帖』扉頁。

2「あの一発」「けふ感激の記念日」「炎熱の江西戦線に蚊帳をかぶつて警戒する勇士＝柳田特派員撮影」（掲載紙・年不明・七月七日）。圭川アルバム3『事変写真帖』に挿し込まれて残る。

3「本紙創刊を祝して」『東亜新報』昭和一四年七月五日。中国国家図書館所蔵。

4「決戦魂愈よ白熱」『東亜新報』昭和一八年一二月六日。圭川アルバム3『事変写真帖』に挿し込まれて残る。

5「征戦二年大戦果」『東亜新報』昭和一八年一二月六日。圭川アルバム3『事変写真帖』に挿し込まれて残る。

6「戦ふ映画展」広告。『東亜新報』昭和一八年一二月六日。圭川アルバム3『事変写真帖』に挿し込まれて残る。

7『東亜新報』昭和二〇年一〇月一五日。中国国家図書館所蔵。

4、生還した二人の語りから―泰次郎作品を中心に

1教育召集で。泰次郎写真。裏書なし。

2新兵の頃。泰次郎写真。裏書「昭和一五年冬　華北前線にて入隊当時　陽泉（石太線）にて」。

3母・田村明世宛の泰次郎の葉書（軍事郵便）。昭和一九年一月。

4現地住民の視線の中を行く日本軍将兵。「警備行軍より還りて登木口小隊長　一六・五・二三」泉アルバム1『北支将兵』。右手を挙げて敬礼する小隊長を先頭に歩く兵士たち。後方の矢印は分隊長の泉さん。沿道に整列する住民は手に手に五色旗を振る。

5「八路軍少年決死隊（喇叭手）」圭川アルバム3『事変写真帖』「占領」頁（口絵22）。「戦利品」と小見出しをつけ、五台作戦の戦利品の写真を並べる中の一枚。泉アルバムには八路軍の喇叭の音を気味悪く思う心情が繰り返し記されている。

主な参照資料一覧

旧日本軍資料・部隊史

第六十二師団司令部編『第六十二師団歴史』（昭和十八、十九年度）防衛省防衛研究所蔵
歩兵第六十三旅団司令部編『旅団歴史（自昭和十八年六月二十八日　至昭和二十年三月一日）』防衛省防衛研究所蔵
石第三五九五部隊（独立歩兵第十四大隊）編『部隊歴史』（昭和十八、十九、二十年度）防衛省防衛研究所蔵
独立歩兵第十四大隊編『京漢作戦戦闘詳報（自昭和十九年四月一日　至昭和十九年六月三十日）』防衛省防衛研究所蔵
独立歩兵第十四大隊歩兵砲中隊編『命令録（昭和二十年度）』防衛省防衛研究所蔵
『沖縄戦当時に於ける部隊所在表　防衛召集概況一覧表』防衛省防衛研究所蔵
第三十二軍残務整理部編『沖縄作戦ニ旅《ママ》ケル歩兵第六十三旅団戦闘経過ノ概要』昭和二二年、防衛省防衛研究所蔵
第三二軍残務整理部編『沖縄作戦ニ於ケル独立歩兵第一四大隊史実資料』昭和二二年、防衛省防衛研究所蔵
陸上自衛隊幹部学校編『沖縄作戦における62D関係史実資料』昭和三五年、沖縄戦関係資料閲覧室蔵
歩兵第五十一連隊史編集委員会『歩兵第五十一連隊史（中支よりインパールへ）』歩兵第五十一連隊史編集委員会、昭和四五年

旧日本軍写真資料

『北支方面各種写真資料』防衛省防衛研究所蔵
『北支方面軍関係写真資料』防衛省防衛研究所蔵
『北支那　独混第四旅団関係写真資料（昭・一三・一四年）』防衛省防衛研究所蔵
『北支那　土田兵吾少将　陽泉（4MBs）写真資料（昭・一四・一五年）』防衛省防衛研究所蔵
『北支写真帖（昭和十四〜十六年）』防衛省防衛研究所蔵
『支那事変写真帳（昭和十五年）』（一〜三）防衛省防衛研究所蔵
『吉田峯太郎中将　北支関係写真集（昭和一六・三〜一八・一〇・三〇）』防衛省防衛研究所蔵
『島貫武治中佐　北支戦線写真帳（昭和一六・四上〜一七・四・二八）』防衛省防衛研究所蔵
『北支那方面　第一軍関係写真資料（自昭・一六・八〜至昭・一七・七）』（一〜四）防衛省防衛研究所蔵
『第一軍関係写真資料（自昭十八年春〜至昭十九年春）』防衛省防衛研究所蔵
『河南（霊宝）作戦写真帖　第一軍参謀　市川芳人（昭和十九・五・九〜六・二八）』防衛省防衛研究所蔵

『戦史叢書』

防衛庁防衛研修所戦史室編『沖縄方面陸軍作戦』朝雲新聞社、昭和四三年
防衛庁防衛研修所戦史室編『北支の治安戦』朝雲新聞社、〈1〉昭和四三年〈2〉昭和四六年
防衛庁防衛研修所戦史室編『支那事変陸軍作戦』朝雲新聞社、〈1〉昭和五〇年〈2〉昭和五一年

沖縄戦（上記以外）

大西昇『沖縄戦記　石部隊の部』私家版、昭和五三年
「沖縄戦史：公刊戦史を写真と地図で探る『戦闘戦史』」www.okinawa-senshi.com/

豊橋陸軍教導学校

愛知大学東亜同文書院大学記念センター編『東亜同文書院大学と愛知大学』第一〜四集、一九九三〜九六年
高士会編『嗚呼、豊橋——学校所在碑除幕記念誌』高士会、一九九五

年
佃隆一郎「愛知大学豊橋校舎旧軍施設の変遷」愛知大学一般教育研究室『一般教育論集』第三一号、二〇〇六年
佃隆一郎「豊橋にあった、陸軍教導学校と予備士官学校――愛知大学の『施設面での〝前身〟』として」愛知大学東亜同文書院大学記念センター『愛知大学史研究』第三号、二〇〇九年

山西省関連

（日本語文献）

独旅会編『独旅』（独立混成第四旅団戦友会誌）独旅会、昭和四四年～
尾坂雅人『戦塵の足跡』私家版、発行年無記載
笠原十九司『南京事件と三光作戦――未来に生かす戦争の記憶』大月書店、一九九九年
秦郁彦『慰安婦と戦場の性』新潮社、一九九九年
石田米子・内田知行編『黄土の村の性暴力――大娘たちの戦争は終わらない』創土社、二〇〇四年
内海愛子・石田米子・加藤修弘編『ある日本兵の二つの戦場――近藤一の終わらない戦争』社会評論社、二〇〇五年
秦昌弘・尾西康充編『田村泰次郎選集』日本図書センター、二〇〇五年
班忠義『ガイサンシーとその姉妹たち』梨の木舎、二〇〇六年（同タイトルDVD、トランスビュー、二〇〇〇年）
林采成「日中戦争下の華北交通の設立と戦時輸送の展開」経済史学会編『歴史と経済』四九巻、二〇〇六年
尾西康充『田村泰次郎の戦争文学――中国山西省での従軍体験から』笠間書院、二〇〇八年
米濱泰英『日本軍「山西残留」』オーラル・ヒストリー企画、二〇〇八年
笠原十九司『日本軍の治安戦――日中戦争の実相』岩波書店、二〇一〇年

（中国語文献：盂県）

中国人民政治協商会議山西省盂県委員会文史資料研究委員会編『盂県文史資料』発行年無記載
盂県史志編纂委員会編『盂県志』方志出版社、一九九五年
『光緒盂県志・光緒寿陽県志』（中国地方志集成、山西府県志輯22）鳳凰出版社・上海書店・巴蜀書社、二〇〇五年
韓万徳主編『盂県百年老照片選集』山西出版集団・山西人民出版社、二〇〇九年
盂県史志編纂委員会編『盂県志』中華書局、二〇一一年
韓万徳「盂県老城的記憶」『新盂県』盂県文化研究会提供、二〇一二年

（中国語文献：仙人村）

仙人村志編委会『仙人村志』（草稿）

（中国語文献：陽泉）

中国人民政治協商会議陽泉市委員会文史資料研究委員会編『抗日戦争専集』（『陽泉文史資料』第三輯）一九八五年
陽泉煤務局鉱史編写組『陽泉煤鉱史』山西人民出版社、一九八五年
史桂娥主編『陽泉革命歴史文献図片集』陽泉革命歴史文献図片集編集委員会、二〇〇一年
樊盛武主編『太行明球・陽泉』中共党史出版社、二〇〇七年

（中国語文献：太原）

許東昇主編『太原旧影』人民美術出版社、二〇〇〇年
山西省史志研究院編『日本侵晋実録』山西人民出版社、二〇〇五年

宣撫工作、対日協力、国旗

青江舜二郎『大日本軍宣撫官　ある青春の記録』芙蓉書房、一九七〇年
岡田春生編『新民会外史 黄土に挺身した人達の歴史』五稜出版社、前編・昭和六一年、後編・昭和六二年
村上政則『黄土の残照――ある宣撫官の記録』文芸社、二〇〇四年

愛知大学現代中国学会編『特集　帝国の周辺：対日協力政権・植民地・同盟国』『中国21』三一号、二〇〇九年
小野寺史郎『国旗・国歌・国慶　ナショナリズムとシンボルの中国近代史』東京大学出版会、二〇一一年。
広中一成『ニセチャイナ――中国傀儡政権 満洲・蒙疆・冀東・臨時・維新・南京』社会評論社、二〇一三年

『東亜新報』

安藤達夫『新聞街浪々記――大正・昭和（前期）の侍たち』新濤社、一九六六年
中下正治『新聞にみる日中関係史――中国の日本人経営紙』研文出版、一九九六年

日本の戦時体制・戦争体験

藤井忠俊『国防婦人会――日の丸とカッポウ着』岩波書店、一九八五年
山本七平『一下級将校の見た帝国陸軍』文芸春秋、一九八七年
藤井忠俊『兵たちの戦争――手紙・日記・体験記を読み解く』朝日新聞社、二〇〇〇年
入江曜子『日本が「神の国」だった時代――国民学校の教科書をよむ』岩波書店、二〇〇一年
駒澤大学開校百二十年史編纂委員会『駒澤大学百二十年　過去からいま　そして未来へ』駒澤大学、二〇〇二年
矢野敬一『慰霊・追悼・顕彰の近代』（日本歴史民俗叢書）吉川弘文館、二〇〇六年
太田宏一「大正写真工芸所について」『和歌山市立博物館研究紀要』二四号、二〇一〇年一月
「三重県戦争資料館」（三重県庁健康福祉部地域福祉課）www.pref.mie.lg.jp/fukushi/heiwa/

［執筆者紹介］

田宮昌子（たみや・まさこ）

1961 年三重県生まれ。愛知大学文学部文学科中国文学専攻卒業。愛知大学大学院中国研究科博士後期課程満期退学。現在、宮崎公立大学人文学部准教授。中国文化論（中国文学・中国思想）。

加藤修弘（かとう・のぶひろ）

1943 年生まれ。元都立高校教員。著書『あの日、火の雨の下にいた―私の横浜空襲』。（社会評論社）。共編著『ある日本兵の二つの戦場―近藤一の終わらない戦争』（同）。

「北支」占領　その実相の断片　日中戦争従軍将兵の遺品と人生から

2015 年 6 月 15 日　初版第 1 刷発行

著　者＊田宮昌子
装　幀＊後藤トシノブ
発行人＊松田健二
発行所＊株式会社社会評論社
　　　　東京都文京区本郷 2-3-10　tel.03-3814-3861/fax.03-3818-2808
　　　　http://www.shahyo.com/
印刷・製本＊倉敷印刷株式会社

Printed in Japan